coleção filosofia

6

Marcelo Perine

FILOSOFIA E VIOLÊNCIA

sentido e intenção da filosofia de Éric Weil

segunda edição totalmente revista
com atualização bibliográfica

Edições Loyola

Dados Internacionais de Catalogação na Publicação (CIP)
(Câmara Brasileira do Livro, SP, Brasil)

Perine, Marcelo
Filosofia e violência : sentido a intenção da filosofia de Éric Weil / Marcelo Perine. -- 2. ed. rev. -- São Paulo : Edições Loyola, 2013. -- (Coleção filosofia)

Bibliografia.
ISBN 978-85-15-03992-0

1. Filosofia 2. Weil, Éric, 1904-1977 I. Título. II. Série.

13-01377 CDD-102

Índices para catálogo sistemático:

1. Filosofia : Ensaios 102

Capa: Manu Santos
Diagramação: So Wai Tam
Revisão: Renato da Rocha

Edições Loyola Jesuítas
Rua 1822, 341 – Ipiranga
04216-000 São Paulo, SP
T 55 11 3385 8500
F 55 11 2063 4275
editorial@loyola.com.br
vendas@loyola.com.br
www.loyola.com.br

ISBN 978-85-15-03992-0
2ª edição: junho de 2013
conforme novo acordo ortográfico da Língua Portuguesa

O que estamos para dizer não vem de nós...
PLATÃO, *Apologia* 20e

Das Denken ist ein Sprechen und dieses ein Hören.
KANT, *Opus Postumum*

Sumário

Siglas

AEW	—	*Actualité d'Éric Weil.* Actes du Colloque International, Chantilly 21-22 mai 1982, edités par le Centre Éric Weil, UER de Philosophie de Lille III, Paris, 1984.
Ec I	—	É. WEIL, *Essais et conférences* I. Philosophie, Paris, 1970.
Ec II	—	É. WEIL, *Essais et conférences* II. Politique, Paris, 1971.
EU XIII	—	É. WEIL, Raison, in *Encyclopaedia Universalis*, XIII, 969-975.
Fm	—	É. WEIL, *Filosofia moral*, São Paulo, 2011.
Fp	—	É. WEIL, *Filosofia política*, São Paulo, ²2011
Lf	—	É. WEIL, *Lógica da filosofia*, São Paulo, 2012.
Pk	—	É. WEIL, *Problemas kantianos*, São Paulo, 2012.
Pr	—	É. WEIL, *Philosophie et réalité.* Derniers essais et conférences, Paris, 1982.
Op I	—	I. KANT, *Oeuvres philosophiques*, I: Des premiers écrits a la Critique de la raison pure, Bibliothèque de la Pléiade, Paris, 1980.

Op II — I. KANT, *Oeuvres philosophiques*, II: Des prolégomènes aux écrits de 1791, Bibliothèque de la Pléiade, Paris, 1985.

Apresentação

Éric Weil ocupa, no panorama da filosofia contemporânea, uma posição singular. Ninguém, como ele, se manteve tão indiferente a essas flutuações da moda filosófica que costumam seduzir os que filosofam às margens do Sena. Ninguém tão infenso à pretensa originalidade em filosofia, ao esoterismo da linguagem ou do pensamento. Solidamente enraizado nas camadas mais profundas do solo histórico da filosofia, armado com a impecável acribia do *scholar* alemão, Weil ostenta o privilégio de unir a sólida formação da tradição universitária alemã aos predicados da não menos tradicional clareza latina. Francês por adoção, não obstante seu perfeito domínio da cultura francesa, a correção e a elegância da sua linguagem, a indiscutível força criadora do seu pensamento, Weil permaneceu em segundo plano, enquanto o *devant de la scène* era ocupado por nomes prestigiosos como os de Sartre ou Merleau-Ponty ou, mais tarde, de Michel Foucault ou Jacques Derrida.

Essa será, talvez, a explicação mais óbvia do pouco eco que sua obra encontrou no Brasil. O que representa uma lacuna importante na nossa informação filosófica, pois a obra de Weil o coloca, sem sombra de dúvida, entre os maiores filósofos do nosso tempo. Obra particularmente atual pelos seus temas e suas interrogações, que se levantam no campo de alguns dos nossos mais significativos e decisivos problemas. Entre essas interrogações, ocupa o primeiro lugar para Weil aquela que mais obstinadamente retorna na vida intelectual do Ocidente, sempre repetida porque nunca respondida de uma vez por todas: o que é e para que serve a filosofia?

Em boa hora, pois, a coleção "Filosofia" acolhe a brilhante tese de Marcelo Perine. Fruto de uma longa familiaridade com a obra de Weil, de uma intensa meditação dos seus textos, de um frutuoso intercâmbio de ideias com seus discípulos de Paris e Lille, ela conduz o leitor brasileiro ao próprio centro do universo filosófico weiliano.

Esse centro é atingido quando a interpretação weiliana da célebre distinção de Kant entre *conhecer* e *pensar* é compreendida no seu sentido profundo: esse o fio condutor que guiou Perine na sua leitura de Weil. A partir desse centro, é possível compreender, por outro lado, a importância atribuída por Weil à *Crítica do juízo* e acompanhá-lo no roteiro que leva à questão da filosofia tal como pode e deve ser posta hoje. Weil mostra ainda que o traçado de semelhante roteiro não pode contentar-se com contornar a titânica construção hegeliana de uma lógica do Absoluto. Deve escalá-la e passar além, mostrando que ela não fecha o horizonte do caminho filosófico, antes o descerra nas suas últimas profundidades, o que justifica a irretocável caracterização que Perine faz de Weil como um "kantiano pós-hegeliano".

Filosofia e violência: o título que Perine escolheu para a sua tese é o mesmo que Weil deu à sua introdução à *Logique de la philosophie*. Ele exprime a profunda significação ética do ato de filosofar segundo Weil, o ato de uma liberdade que escolhe a razão e, por isso mesmo, situa e julga a não-razão que tem lugar na recusa do consenso sensato, na recusa do universal, que abandona o indivíduo ao absurdo da violência.

A filosofia de Éric Weil parece ter tocado aqui um ponto extremo ou ter alcançado a fronteira última do espaço espiritual da nossa civilização — uma civilização que acolhe em seu seio o ato de filosofar e que, por conseguinte, admite como ideal a busca da satisfação, não na desrazão do mais forte, mas na razão do melhor ou do mais justo. É aí que supomos residir o motivo profundo dessa atualidade de Éric Weil, que se impõe irresistivelmente a quantos se aproximam da sua obra. Uma "lógica da filosofia" que começa com uma reflexão sobre "filosofia e violência" e termina com as categorias de Sentido e de Sabedoria não pode ser senão a lógica da recuperação ou da rememoração (segundo a *Erinnerung* hegeliana) da ideia de uma ação sensata — de uma *práxis* razoável, se não racional que a filosofia repropõe sempre como *leitmotiv* civilizatório aos homens do Ocidente.

Tal nos parece a tese desenvolvida por Marcelo Perine numa leitura de *todos* os textos de Weil, que alia o rigor demonstrativo da análise exaustiva à força persuasiva de uma síntese brilhante. Trata-se, pois, de uma contribuição de primeira ordem à bibliografia filosófica brasileira e de uma referência que passa a ser obrigatória na literatura weiliana.

H. C. de Lima Vaz

Introdução

Uma ideia particularmente cara a Éric Weil, e que constitui uma das principais características do seu modo de proceder, é a que define a filosofia como uma *coleção de banalidades*. Segundo Weil, se a filosofia não mostra que é do homem mesmo que ela se ocupa, ela se torna *original*, quer dizer: falsa; "e sua falsidade se mostrará seja na sua incoerência, seja na sua incapacidade de encontrar e conservar a possibilidade de compreender positivamente o que importa, segundo os discursos e as ações de todo mundo" (*Fm* 116) Assim, se quer ser compreendida, a filosofia deve simplesmente assumir em seu discurso o que todos *pensam*, o que todos *fazem*, numa palavra, o que verdadeiramente *interessa* a todos.

A afirmação da banalidade da filosofia pode escandalizar os ouvidos habituados a uma das mais antigas tradições da história da filosofia segundo a qual, pelo menos depois de Platão, "a filosofia tem a ver com o necessário, com o que não pode não ser e não pode ser diferente do que é" (*Pr* 25). Afirmar que a filosofia tem a ver exclusivamente com o que é ontologicamente necessário conduz, como é evidente, à afirmação de que a filosofia é necessária.

Essa tradição encontra sua plena realização na filosofia de Hegel, com a pretensão de um saber absoluto ou, o que é o mesmo, de um discurso absolutamente coerente e exaustivo na sua materialidade. Esse discurso, para responder à sua pretensão, deve se afirmar como um discurso divino, como "o pensamento de Deus antes da criação do mundo" (*Pr* 105).

Éric Weil, mesmo reconhecendo que essa concepção da filosofia pode ser amplamente justificada, sustenta que ela não se compreende e, assim, "esbarra em algumas dificuldades inextricáveis" (*Pr* 26). Situando-se entre as raras exceções da tradição que afirma a filosofia como ciência necessária do necessário, Weil sustenta que a filosofia não se ocupa do que é necessário, mas do que é; que a necessidade é um conceito aplicável só no campo do hipotético-dedutivo e que, portanto, não caracteriza a realidade da qual a filosofia se ocupa, dado que "a filosofia *se obriga*, por uma decisão livre e primeira, à coerência" (*Pr* 24). Weil afirma ainda que a filosofia, não sendo uma das ciências, compreende as suas compreensões parciais segundo as suas origens nas situações e nos discursos particulares e, assim, ela é "científica *eminenter*, exatamente porque se recusa a ser incoerente" (*Pr* 24).

Para dizer tudo isso em uma única tese: "*Philosophia per se est et per se concipitur*" (*Pr* 24). Isso equivale a dizer que o discurso coerente é uma *ideia*, no sentido que este termo tem para Kant. Com outras palavras: "Existe uma ideia do saber absoluto, mas não existe saber absoluto, o que equivale a dizer que a filosofia permanece sempre filosofar" (*Pr* 49).

Encontra-se aqui o gonzo de toda a filosofia, melhor dizendo, de todo o *filosofar* weiliano, que consiste na tentativa de conciliar, corrigindo uma pela outra, a consciência kantiana e a pretensão hegeliana[1]. De fato, todo o filosofar weiliano pode ser traduzido na fórmula com a qual ele mesmo se definia, familiarmente, em termos filosóficos, a saber, como um *kantiano pós-hegeliano*. Esta fórmula, que não se encontra nos seus escritos, estava destinada a ter sucesso no abundante anedo-

---

1. Cf. H. Bouillard, Philosophie et religion dans l'oeuvre d'Éric Weil, *Archives de Philosophie*, 40 (1977) 445.

tário das *ipsissima verba* desse pequeno-grande homem que, entre outras coisas, costumava dizer que queria pôr um ponto final na filosofia, como recorda Raymond Aron em suas *Memórias*[2].

Weil acolheu o grande desafio da filosofia contemporânea, o de filosofar depois do termo último imposto por Hegel à filosofia. Weil aceitou seguir Hegel até o fim e, para lhe ser fiel, foi conduzido a superá-lo. Nesse sentido, ao se definir como pós-hegeliano, ele é autenticamente hegeliano uma vez que, como ele mesmo afirma: "Ninguém mais do que Hegel levou a sério a história, e quem renega cento e cinquenta anos de história querendo ser fiel a Hegel, renega aquele que pensa venerar" (*Ec* I 141). Por isso pode-se dizer que "compreender a filosofia de Weil é compreender a sua compreensão e a sua crítica a Hegel"[3].

Em seu pós-hegelianismo, Weil é autenticamente hegeliano, como todos nós o somos, "se ser hegeliano quer dizer estar sob a influência de Hegel (de um Hegel aceito ou rejeitado), porque ele *informou* de tal modo o nosso tempo que, sem ele, este não seria o que é" (*Ec* I 140). Porém, o pós-hegelianismo de Weil vai além de uma simples influência. A sua fidelidade a Hegel o leva a *repensá-lo*; e fazer isso, segundo o espírito hegeliano, consiste em assumir a vontade hegeliana de constituir a filosofia em saber absoluto, para refutá-la em seguida se necessário.

Weil diz que Hegel não quis esperar, segundo a palavra do Apóstolo: "Hoje conheço em parte, mas, depois, conhecerei como sou conhecido" (1Cor 13,12). Para Hegel, o finito se conhece desde agora como tal no infinito: "O ontológico é verdadeiramente o pensamento de Deus antes da criação do mundo, antes da queda do conceito na realidade empírica, nesse *Dasein* que é uma das categorias mais primitivas, mais pobres, e por isso a de um pensamento que ainda não conhece a sua onipotência" (*Pr* 103).

A vontade de fidelidade à última das grandes filosofias obrigou Weil a julgá-la segundo a pretensão dela, e a se perguntar se o sistema, tal como se apresenta, corresponde ao que afirma ter realizado. Segundo

2. Cf. R. Aron, *Mémoires*, Paris, 1983, 1022.

3. G. Kirscher, Éric Weil: la philosophie comme logique de la philosophie, *Cahiers Philosophiques*, 8 (1981) 28.

Weil, embora Hegel reconheça que no início da reflexão filosófica se encontra sempre uma opção pela filosofia, só a necessidade do discurso consegue lhe assegurar o que ele quer, isto é, "a *mostração* da verdade, da universalidade do que o homem fez e disse, da qual o filósofo tem a tarefa de mostrar a coerência fundamental e, por isso, oculta" (*Pr* 102). Isso explica por que, segundo Weil, Hegel significa para nós a exigência do sistema, vale dizer, "da *mostração* do discurso coerente que *se quer* discurso coerente, e que só pode ser realizada pelo desenvolvimento lento e laborioso do conceito" (ibid.).

A exigência do sistema, "do pensamento na sua unidade que é verdade, da verdade que é unidade que se pensa" (*Pr* 97), é o que permite a Weil ser pós-hegeliano, mas um pós-hegeliano kantiano, não tanto por um *retorno* a *Kant*, mas por um *recurso* a Kant. Com efeito, por trás das questões que Weil apresenta ao sistema de Hegel, na sua tentativa de compreensão imanente e crítica, observa-se que a escolha de fundo do filosofar weiliano consiste na aceitação do pensamento, mais exatamente, do *pensar* de Kant. Só nessa perspectiva podemos compreender "a nossa resignação diante da finitude e à finitude, se queremos compreender o que somos" (*Pr* 105). Ao contrário de Hegel, Kant (e Weil) preferiu esperar pois, como escreveu Guimarães Rosa em uma de suas *Terceiras estórias*, "esperar é reconhecer-se incompleto" ("Desenredo", *Tutameia*).

Weil é kantianamente pós-hegeliano, mas não daqueles que puseram a finitude sobre o trono, como fizeram muitos dos que retornaram a Kant e não foram capazes de ir além da primeira revolução copernicana da filosofia. Weil é kantianamente pós-hegeliano porque se apropriou do *pensar* de Kant com os seus problemas, "sobretudo com eles" (*Pk* 11), e conseguiu ir além do próprio Kant, além da grande descoberta revolucionária da história da filosofia, segundo a qual a realidade é contraditória para quem quer falar dela sem contradição; a descoberta de que "não haveria nenhuma razão para falar da realidade, para querer pensá-la, se ela não fosse contraditória, se ela se oferecesse imediatamente ao discurso" (*Pr* 63).

Como já Platão com a sua alegoria da caverna, também Kant deparou-se com a questão fundamental, a questão do fundamento. O homem como ser cognoscente nunca sai do finito, mas na medida em que é "vontade razoável, razão que quer, vontade que quer ser razão, ele alcança o infinito, aquilo que não conhece exterioridade nem limite; um infinito que ele *pensa* e que, por isso mesmo, não *conhece* como conhece o dado, o sensível, o finito" (*Pr* 64). Esse ser finito no finito se pensa em verdade e, assim, no infinito, mas em uma infinitude que ele não pode preencher.

Nasce aqui a verdadeira dialética filosófica: "O homem, finito e razoável, não pode não buscar o infinito, o absoluto, o fundamento último, a totalidade do real, expressões estas que se equivalem ou que podem ser reconduzidas umas às outras" (*Pr* 64). Sempre finito, o homem não pode não finitizar o infinito, e o infinito finitizado é a fonte da verdadeira dialética, "dialética inevitável, dado que ela não é senão a projeção da dupla natureza do ser humano" (ibid.).

É verdade que o homem não pode falar do infinito sem risco de contradição, mas na qualidade de ser finito ele pode se elevar acima de si mesmo, pode *pensar* em vez de querer *conhecer*, pode pensar a si mesmo como ele é, simultaneamente finito e infinito. Isso significa que a dialética não se refere a uma relação entre sujeito e objeto, mas a uma "relação entre finito e infinito, entre conhecimento e pensamento, entre discurso coerente, porque infinito, e a inevitável incoerência de um discurso que, inevitavelmente, finitiza o infinito — entre a inteligência e a razão, segundo a linguagem kantiana" (*Pr* 65). Isso significa também que, verdadeiramente, só existe uma dialética, a da razão e do pensamento, não do conhecimento, "uma dialética do finito na sua totalidade com o infinito" (*Pr* 66).

Pode-se compreender, a partir daí, o que Weil chama de segunda e verdadeira revolução do pensamento kantiano, introduzida pela *Critique de la judiciaire* (assim Weil traduz a *Kritik der Urteilskraft* de Kant): "essa revolução que consiste na descoberta de que o sentido *é* e é imediatamente apreendido como sentido existente, nem mesmo como sentido de um existente, mas como existente sensato" (*Pk* 102). O homem não pode não buscar a totalidade e, ao mesmo tempo, desfazer-se da limitação do seu discurso indefinidamente finito. Todavia o mundo é mundo, isto é, "ele se oferece ao discurso, permite à ciência se constituir; mais ainda, ele permite ao homem se orientar, escolher, decidir e ele acolhe a ação da vontade livre, da vontade razoável da liberdade" (*Pr* 66).

O mundo é sensato e é uno. Foi isso que Kant descobriu, "embora o seu temor — justificado, é preciso dizer — de toda metafísica construtivista o tenha impedido de chegar ao fim do caminho que tinha iniciado com a *Crítica do juízo*" (*Pr* 350). A descoberta da terceira *Crítica* kantiana é esta: no seu sentido mais profundo, mais radical, *a realidade não é contraditória*, embora a contradição exista. Assim Weil a explica: "A totalidade não é contraditória, e nada do que ela contém é consistente, precisamente porque nada é a totalidade [...]. Todavia o todo existe e é verdadeiramente tudo, é *o* mundo e aparece como *o* mundo ao pensamento que o busca, e o busca exatamente porque já o encontrou sem o saber" (*Pr* 67).

Kant hesitou diante do que Weil chama de "resultados escandalosos" da sua descoberta (*Pk* 98). O seu temor era justificado porque ele não podia admitir que o sentido fosse fato fortuito; que fosse fortuito o que torna concebível a realidade do pensamento, de um pensamento sem o qual não haveria nenhum fato, dado que todo fato só é fato para um pensamento. Ele não podia admitir que o sentido da vida e do mundo, não sendo fortuito, se fundasse, para quem o pensa, sobre fatos, assim como ele não podia admitir que fosse possível compreender alguma coisa sem imergir na realidade, partindo de um ponto que só pode ser atingido mediante essa mesma realidade, e que só existe nela.

Por outro lado, a constatação fundamental, porque tudo está fundado sobre ela, de que a natureza é sensata, razoável, coerente, corria o risco de sucumbir a um construtivismo filosófico, isto é, o risco de querer "reconstruir a natureza e introduzir na ciência o que é de competência da filosofia, de inventar forças inobserváveis e incalculáveis, em uma palavra, de transformar a filosofia em pseudociência, a ciência em mito" (*Pr* 350).

Em poucas palavras: "A realidade natural e histórica *é* e é *sensata*, pois tudo é um Todo sensato" (*Pk* 103). É a realidade que funda tudo e, segundo uma expressão inadequada, porém inevitável (como diz Weil), *o finito não é pensado a não ser do ponto de vista do infinito*. E esse infinito, que não conhece exterior nem limite, "é o Todo sensato do mundo humano que *é*" (*Pk* 103). Essa constatação, para a qual Kant não encontrou linguagem adequada, corria o risco de dar origem ao que Weil chama de *profetismo em filosofia:* "atitude na qual qualquer um se acha autorizado a anunciar o conteúdo do sentido, como se o sentido possuísse um conteúdo ao lado de uma forma, e separável dela, como se a busca do sentido fosse diferente, pudesse ser diferente da ascensão difícil, laboriosa, lenta para os fundamentos do discurso do homem agente — tarefa, diria Kant, que é incumbência do filósofo" (ibid.).

Justifica-se assim o sentido desta pesquisa. Ela pretende demonstrar que o sentido e a intenção de toda a obra filosófica de Weil consistem na realização da tarefa que Kant atribui ao filósofo. Dito de outro modo, a obra de Weil oferece a Kant a linguagem que lhe faltou para enunciar o problema que ele foi o primeiro, talvez o único, a pôr: "o problema do sentido que é, do sentido existente" (*Pk* 102). O filosofar weiliano parte do que se pode chamar de "o termo do itinerário kantiano"[4], isto é, a união de sentido e fato, a constatação de que "fato e sentido se acham indissoluvelmente unidos: que todo fato é sensato, que todo sentido *é*" (ibid.).

A pesquisa quer demonstrar que, na obra de Weil, confirma-se a verdade do apólogo do anão nos ombros do gigante evocado no Prefácio de *Problemas kantianos*, seu último livro que, a meu ver, oferece a chave de interpretação de toda a sua obra. Weil é o anão sobre os ombros do gigante, anão que viu mais longe e que começou o seu caminho exatamente onde o gigante interrompeu o seu. Weil realiza em sua obra a tarefa que Kant atribuiu ao filósofo: a subida em direção aos fundamentos do discurso do homem agente. Além disso, ele dá o passo que Kant não ousou dar, isto é, "passar explicitamente de uma filosofia do ser (na qual reincidirá Hegel, após o fracasso da grande tentativa fichteana, que desejava deduzir e construir a realidade a partir do sentido) a uma filosofia do sentido" (*Pk* 102).

As epígrafes que escolhi para esta pesquisa traduzem, uma, de Platão, o seu conteúdo e a forma da sua exposição, a outra, de Kant, a

4. P. Fruchon, *Problèmes kantiens*. Pour une théologie naturelle, *Archives de Philosophie*, 34 (1971) 198.

convicção que a inspira; as duas juntas, a consciência dos seus resultados. Efetivamente, o *pensar* que estou para *dizer* não vem de mim: vem do que fui capaz de *ouvir*. Estritamente falando, isso significa que esta pesquisa não pretende e, por isso, não promete dizer o inaudito.

O estudo de um autor, no caso, de um filósofo, da sua filosofia, pode ser feito fundamentalmente de dois modos: ou se lhe apõe (não necessariamente se lhe opõe) outra filosofia, ou se o compreende *juxta propria principia*. O primeiro modo, que nem sempre é o mais fácil, é certamente o mais frequente, expressão clara de que em filosofia, se o que se busca é, como se diz, sempre a mesma coisa, os caminhos para alcançá-la são quase tão numerosos quantos são os que se põem em busca. O segundo modo, não necessariamente mais difícil, parece ser menos frequente, porque talvez menos filosófico, menos atraente para os filósofos que, por força do seu próprio ser, costumam ser injustos com os outros filósofos, mesmo quando não pretendem justiçá-los, frequentemente quando querem lhes fazer justiça.

Apor ou opor uma filosofia a outra filosofia supõe que quem escolhe este caminho seja filósofo, tenha uma filosofia para apor ou opor à outra. Esta é a razão fundamental pela qual não escolhi esta maneira de estudar Éric Weil e a sua filosofia. Mesmo que o amor da sabedoria seja o fim de meus esforços incessantes, (ainda) não posso exibir pessoalmente, no domínio sobre mim mesmo e no indubitável interesse pelo bem comum, o efeito infalível do amor da sabedoria, coisa que, como lembra Kant, os antigos exigiam dos pretendentes ao nobre título de filósofos[5].

A tarefa de compreender um filósofo *juxta propria principia* não exige, como condição necessária, ser filósofo, mas implica uma sintonia (que pode se transformar, ou não, em simpatia e até mesmo cumplicidade) só alcançável pelos que não consideram o próprio falar mais importante do que o pensar e o ouvir. Para dizer a verdade, não foi particularmente difícil preencher a condição suficiente da tarefa, ainda que, como é evidente, ela não estaria realizada pelo simples fato de

---

5. Cf. I. KANT, *Critique de la raison pratique*, *Op* II 740. O texto completo de Kant é citado na nota 131 do terceiro capítulo.

ter submetido o ouvido, isto é, o pensamento, ao discurso que pretendi compreender.

Tendo escolhido compreender Weil, ele mesmo por ele mesmo, só descobri o seu próprio princípio no final de uma primeira leitura de sua obra filosófica; descoberta que me conduziu a um longo e extenuante estudo de Kant, antes de voltar a percorrer a obra de Weil para verificar se o princípio encontrado era verdadeiro e seu. O leitor dar-se-á imediatamente conta da razão pela qual afirmo que as epígrafes traduzem forma e conteúdo, intenção e consciência dos resultados da pesquisa.

A única pretensão que alimento ao expor os resultados das leituras de Weil é a de apresentá-lo por ele mesmo, para que ele mesmo fale toda vez que se trate de compreender seu discurso, devolvendo-lhe a palavra para que ele mesmo responda às objeções que se lhe apresentem, recorrendo a seu próprio discurso, a fim de que ele mesmo se interprete para nós e, assim, mostre a sua coerência.

A apresentação dos resultados das leituras corresponde aproximadamente ao itinerário real da aproximação ao conjunto da obra de Weil. No primeiro capítulo, como uma espécie de propedêutica, percorrerei uma primeira vez as grandes linhas e etapas da obra de Weil, apresentando linearmente o seu desenvolvimento. O segundo capítulo pretende identificar o princípio ou a intenção à qual toda a sua filosofia responde. Uma vez identificado o seu princípio de compreensão, pretendo mostrar que este se verifica na sua obra sistemática: no terceiro capítulo o verificarei no sistema da *Lógica da filosofia*, e, no quarto capítulo, na *Filosofia moral*.

Qual é a novidade ou, se se prefere, a atualidade que resulta dessas leituras de Weil? Para ser coerente com o que disse acima, a atualidade desta pesquisa é a atualidade mesma de Éric Weil[6], atualidade de um

6. *Atualidade de Éric Weil* é o título do volume das Atas de um Colóquio Internacional promovido pelo Centro Éric Weil da Universidade de Lille e pelo Centro Cultural "Les Fontaines" de Chantilly, que reuniu mais de uma centena de participantes, entre especialistas e interessados no aprofundamento do pensamento de Weil. Cf. *Actualité d'Éric Weil*, Actes du Colloque International, Chantilly, 21-22 mai 1982, Centre Éric Weil, UER de Philosophie de Lille III, Paris, 1984; sobre este volume cf. M. Perine, Nota bibliográfica, *Síntese* (Belo Horizonte), 32 (1984) 87-96.

filósofo para quem a filosofia, se quer ser verdadeira, não é mais que uma coleção de banalidades. Há diversas medidas da atualidade, mas há uma que certamente não é a de Weil: a sua filosofia preferiu sempre falar a linguagem de todo mundo, ao preço de ser compreendida por qualquer um que *queira* viver compreendendo, que se decida a compreender em sua vida. Nesse sentido, "mais vale a banalidade de uma teoria verdadeira do que o brilho postiço de uma dialética vazia"[7]. A atualidade dos resultados dessas leituras de Weil é a atualidade da sua filosofia, a atualidade da realidade refletida no homem real.

Talvez a única novidade objetiva dessas leituras de Weil tenha consistido em verificar que ele é perfeitamente coerente, em toda a sua obra, com o modo como singelamente se definiu em termos de filosofia: como um *kantiano pós-hegeliano*. Dir-se-á, talvez, que não era necessária tanta fadiga para constatar uma evidência. Pode ser que a banalidade dos resultados não signifique um grande avanço na ciência. O que ela certamente significa, mas não posso demonstrá-lo agora, é que experimentei em primeira pessoa a verdade da afirmação weiliana que diz: "Pode-se aprender a filosofar com os filósofos, não se pode aprender deles a filosofia" (*Pr* 39).

7. Cf. R. Saint-Jean, Philosophie morale, *L'École*, 14 (1962) 610.

CAPÍTULO I

Filosofia e realidade. O discurso e o seu outro

La philosophie... est la réflexion de la réalité dans l'homme réel.
Éric Weil

1. O anão e os gigantes

"Ser *consequente* é a obrigação principal de um filósofo, e é o que se encontra menos frequentemente"[1]. Não é por acaso que escolhi uma citação de Kant para começar a falar de Éric Weil. O desenvolvimento desta pesquisa dará abundantes razões para isso. No momento, a fórmula kantiana me interessa porque parece ter sido cunhada sob medida, pela obrigação que impõe, para traduzir a vida desse pequeno-grande homem.

Éric Weil[2], sem dúvida, preencheu de maneira excelente a obrigação principal de um filósofo. O testemunho dos amigos e discípulos o evidencia à saciedade. Apresento em seguida alguns deles, sem medo de repetições ou prolixidade, para mostrar que a concórdia das expressões é uma prova suplementar da excelência do homem ao qual elas rendem a justa homenagem.

---

1. Cf. I. Kant, *Critique de la raison pratique*, *Op* II 634.

2. Éric Weil nasceu em 8 de junho de 1904, em Parchim, na antiga República Democrática da Alemanha, e morreu em Nice (França) a 1º de fevereiro de 1977.

Um de seus amigos, Livio Sichirollo[3], o definia como um homem "*del Seicento*": discreto, mas que não resistia ao prazer da conversação, da discussão; que não falava de si e falava de seus escritos como se não lhe concernissem, que vivia um pouco à parte, mas sabia de tudo graças à sua erudição sem limites, à sua curiosidade (que como para os homens do *Seicento* era ainda amor ao saber), à sua experiência humana com a qual construíra uma densa rede de amizades e conhecimentos. Bom conselheiro, interessava-se por tudo:

> História política contemporânea de um incrível número de Estados, história das religiões e história constitucional, ciências exatas e naturais, culinária e enologia, geografia em todas as suas versões [...], economia e finanças, estatuto e mecanismos do Fundo Monetário Internacional ou da Bolsa de Londres, do mercado de preciosos de Amsterdã ou das pedras de Bad Ems, o índice Dow Jones...

Homem erudito, cultor da palavra, amante das línguas (escrevia corretamente em alemão, francês e inglês), "lia os clássicos gregos e latinos e os humanistas do século XV, na língua original naturalmente, como se fossem os jornais matutinos, mas do mesmo modo lia os jornais matutinos como se fossem uma página de Heródoto". Weil costumava dizer que este era o único meio para chegar a *imaginar-se a realidade*, com aquela *imaginação realista forte* capaz de compreender (nos dois sentidos do termo) a realidade como ela é.

Homem comum, avesso à excentricidade e à originalidade tão cultivadas na nossa sociedade, Weil teve e conservou por toda a vida a capacidade e a força moral de dizer o óbvio. Este traço é recordado por Pierre Reboul[4]:

> Escutamo-lo falar, conversamos com ele e percebemos, depois de tê-lo deixado, que ele tinha razão e que devíamos ter encontrado aquilo sozinhos, que não havia necessidade de incomodá-lo para descobrir que 7 mais 5 é igual a 12, que acreditávamos ser originais (palavra que ele abomina) em querer que fosse igual a 6 ou a 24, mas que es-

3. Sobre o que se segue cf. L. SICHIROLLO, Éric Weil: la vita e la sua opera oggi, in É. WEIL, *Masse e individui storici*, trad. de M. V. Ferriolo, Milão, 1980, 14 ss.

4. Sobre o que se segue cf. P. REBOUL, Hommage à Éric Weil, *Archives de Philosophie*, 33 (1970) 371-372.

távamos errados. Mas... precisamente, temos necessidade dele para ter bom senso.

Weil nunca complicava as coisas. Tanto na filosofia como na vida ele exerceu sempre "a arte metódica de escolher a melhor solução". Em um mundo em que o bom-senso, confirmando a ironia de Descartes, é tão mal dividido, ele considerou sempre um dever e um prazer abrir o seu e distribuí-lo, de modo que "o mais rico, o mais fecundo dos milagres weilianos é o da generosa multiplicação do bom-senso"[5].

Bom-senso, eis a palavra que se tornou quase a divisa do homem, segundo a unanimidade dos seus amigos. Como Sócrates, diz Yvon Belaval[6], ele "amava o bom-senso", mais ainda, "fazia do discurso sensato a definição mesma da filosofia", e mostrava em sua vida e em sua obra que "o bom-senso conserva o gosto do conceito". Em outro lugar, o mesmo amigo e admirador afirma:

> A justo título ele distinguia a engenhosidade retórica que, muito frequentemente — infelizmente! —, leva à pretensão de originalidade a qualquer preço, da inteligência que se liga ao concreto e não esquece que o conhecido, segundo a fórmula célebre, precisamente porque é demasiado conhecido, não é conhecido. Sem dúvida, Éric Weil é o único filósofo atual que não se envergonhou de falar do *bom senso*: ele sublinhava que o *vernünftig* não significa somente *racional*, mas também *razoável*[7].

Bom-senso ou, se se prefere, sabedoria. Eis como o descreve o amigo Xavier Tilliette:

> Grande pensador exigente, Weil era um mestre e um sábio. Um mestre não no sentido autoritário e senhorial do termo, mas um pedagogo e um "prof", como ele dizia ironicamente. Não buscava

5. No já citado Colóquio de Chantilly (1982), Pierre Reboul retoma os traços da personalidade de Weil, que já salientara na homenagem de 1970: "A arte de analisar uma situação, de escolher, de dar conselhos", "o bom-senso quase infalível no tratamento dos fatos", a sua "ingenuidade" que o distanciava infinitamente dos sofistas e o aproximava da verdade, em poucas palavras: "onde passava Éric Weil, as evidências despercebidas, portanto paradoxais, floresciam". Cf. P. Reboul, Éric Weil, un philosophe naïf?, *AEW* 11-17.

6. Cf. Y. Belaval, Éric Weil, maître de maitrise, *AEW* 19-24.

7. Y. Belaval, Éric Weil (1904-1977), *Kant-Studien*, 69 (1978) 181-182.

> discípulos, mas quem se colocasse sob sua direção perdia o repouso, devia se sujeitar ao esforço exaustivo do conceito. Não era ele quem mantinha a palmatória: a coisa mesma se encarregava. Contudo, a serenidade do sábio era mais contagiosa que a energia do pensador. Ele amava discutir, mas dividindo o fio da conversação; ele amalhava suas afirmações com brincadeiras e anedotas divertidas. Ele não era apressado nem impaciente, era insensível a essas pequenas e grandes contrariedades da vida que desfazem bruscamente a calma de espíritos que acreditávamos mais bem temperados. Ele não corria atrás de honras nem de sucesso; ele tinha se estabelecido de uma vez por todas naquela altura de humanidade, equânime e lúcida, profundamente ética, de onde as provações e as desilusões não o fizeram descer[8].

Volto ainda ao testemunho de Sichirollo[9], entre outras razões, para justificar o título desta apresentação do filósofo. Weil não se esgota, diz o amigo, nas suas publicações. Seu universo de interesses, a história de sua formação e de suas leituras, é vastíssimo, como o testemunham as centenas de recensões publicadas em diversas revistas filosóficas ao longo de toda sua vida. Sua formação filosófica é solidíssima. Entre 1923 e 1928, teve por mestres Max Dessoir, em Berlim, e Ernst Cassirer, em Hamburgo, sob cuja direção apresentou em 1928 uma tese de doutorado sobre Pietro Pomponazzi[10]. Não por acaso, Aristóteles figura entre

8. X. Tilliette, Compte rendu à: Studi Urbinati, Anno LI, nuova serie B, n. 1-2, 1977. Studi in onore di Éric Weil, *Archives de Philosophie*, 43 (1980) 520.

9. Sobre o que se segue cf. L. Sichirollo, op. cit., 24.

10. Pietro Pomponazzi (1462-1525) foi um filósofo aristotélico-alexandrinista e uma das personalidades mais representativas do Renascimento italiano. Sua originalidade na tentativa de renovar o pensamento da escolástica então dominante consistiu no retorno a Aristóteles, não segundo os cânones do tomismo, mas numa retomada das conclusões dos comentadores gregos, particularmente Alexandre de Afrodísia. Mesmo sem ter renegado a fé, pelo seu espírito crítico e polêmico, passou à história como um dos precursores da filosofia moderna, por ter separado a razão da fé e por ter conferido àquela uma radical autonomia com relação à exigência religiosa. Sua obra mais conhecida é o *De immortalitate animae* (Bolonha 1516), na qual recolhia as suas meditações de psicologia, de metafísica e de moral (principalmente as consequências éticas da sua doutrina da mortalidade da alma: a impossibilidade de ligar o exercício da virtude à ideia de um prêmio ou castigo ultraterreno, e a afirmação decidida da autonomia da consciência moral). Cf. *Enciclopedia filosofica* (Centro di Studi Filosofici di Gallarate). vol. V, 149-154.

seus prediletos, e também se entende porque ele voltou até o final de sua vida aos problemas do Renascimento: a Maquiavel e a Burckhardt dedicou ensaios memoráveis[11], e a Aristóteles, estudos dignos de figurarem nas melhores antologias[12].

Para sair da Alemanha, escreve Sichirollo, "não esperou a noite dos cristais, sabia o que aconteceria: bastava conhecer um pouco de história, dizia, e refletir sobre o tinha acontecido depois de 1918"[13]. Emigrou para a França em 1933 e pôs-se imediatamente a trabalhar com um dos gigantes que marcaram sua vida, Alexandre Koyré, a quem dedicou a *Lógica da filosofia*), no periódico *Recherches Philosophiques*. Durante a II Guerra, alistado nas tropas francesas, passou a maior parte do tempo como prisioneiro num campo alemão. Terminada a guerra, voltou a Paris e, com Georges Bataille, Raymond Aron, Jean Wahl e outros, fundou a revista *Critique*, na qual colaborou decisivamente em seu primeiro decênio. É preciso mencionar ainda a sua amizade, uma das mais profundas que conheceu, com Alexandre Kojève, outro dos grandes nomes que marcaram o panorama da filosofia contemporânea e que fazia parte da rede de amizades de Weil.

Em 1950 apresentou, sob a direção de Jean Wahl, a *Lógica da filosofia* como tese de Doutorado de Estado, e *Hegel e o Estado* como tese complementar. Releitura de Hegel? *Fenomenologia do Espírito 1950?*, como disse o seu diretor[14]. Descoberta da *Filosofia do direito* como a

11. Cf. Machiavel aujourd'hui (*Ec* II 189-217); La Renaissance de J. Burckhardt, *Critique*, 17 (1961) 99-110.

12. Cf. L'anthropologie d'Aristote (*Ec* I 9-43); La place de la logique dans la pensée aristotélicienne (*Ec* I 44-80); Quelques remarques sur le sens et l'intention de la métaphysique aristotélicienne (*Ec* I 81-105).

13. É notável a clarividência das suas análises sobre a Alemanha publicadas em *Critique* sob o título de *Questions allemandes*. Cf. *Critique*, 1 (1946) 526-539; 2 (1947) 456-466; 3 (1947) 65-80; cf. também: Les origines du nationalisme, 3 (1947) 438-448 (*Ec* II 149-162); Le problème de l'État multinational: l'Autriche-Hongrie, 8 (1952) 613-631 (*Ec* II 163-188); Le conflit entre la violence et le droit, 27 (1961) 659-665 (*Ec* II 247-254); cf. ainda: Guerre et politique selon Clausewitz, *Revue Française de Science Politique*, 5 (1955) 291-314 (*Ec* II 218-224); além das numerosas recensões de publicações sobre a Segunda Guerra Mundial.

14. Cf. J. Wahl, Soutenance de thèse, *Revue de Métaphysique et de Morale*, 55 (1951) 445-448.

suma do pensamento hegeliano? Filosofia teórica do marxismo, de um Marx que se apropriou das lições de Hegel e de Max Weber? Todas essas são questões possíveis, nem sempre respondíveis com um sim ou não. Uma coisa, porém, é certa: o pressuposto de toda a reflexão é Kant, "mas a elaboração dos ensaios sobre Kant é adiada como algo demasiado profundo e 'seu', para ser dito". Kant no fundo, "mas o Kant dos últimos escritos que insistiu sobre a necessidade *moral* de uma união ou reunião dos dois reinos, reino dos valores (liberdade) e o dos fatos (natureza) [...]. É o Kant do homem finito e razoável, ser de necessidade *e* livre, violência *e* razão"[15]. Sem dúvida, entre os gigantes que ele conheceu e frequentou a figura de Kant foi a que ele mais amou, aquela da qual se sentia mais próximo.

Anão entre os gigantes, Weil deixou o ambiente concorrencial e agitado da capital e da Escola de Altos Estudos de Paris em meados dos anos 1950. De 1956 a 1968 foi catedrático de filosofia na Universidade de Lille onde deixou um grupo enorme de discípulos, entre os quais Emilienne Naert, Gilbert Kirscher e Jean Quillien, para só citar alguns, fundaram um Centro Éric Weil, transformado recentemente em Instituto Éric Weil junto à Universidade de Lille III[16]. O período de Lille foi marcado pelas grandes publicações sistemáticas: em 1956, a *Filosofia politica*, em 1961, a *Filosofia moral*, e em 1963 a primeira edição de *Problemas kantianos*.

De 1968 a 1974, foi professor em Nice. Nesse período, publicou a segunda edição de *Problemas kantianos* e preparou acuradamente, sob insistência de seus amigos e discípulos, a publicação dos dois volumes de *Ensaios e conferências*. Colaborou na revista *Confluence* da Universidade de Harvard, na revista *Daedalus* da American Academy of Arts and Sciences; em 1969 recebeu o título de doutor *honoris causa* da Universidade de Münster e em 1973 foi chamado a fazer parte do seu Board of Editors. Em 1976, foi eleito para o Institut de France, coisa que, segundo Sichirollo, o surpreendeu agradavelmente, "exatamente

15. Cf. L. Sichirollo, op. cit., 22-38.

16. Ver a página na rede mundial de computadores: http://eric-weil.biblio.univ-lille3.fr/

ele que viveu sempre à parte e nunca fez a mínima concessão àquele mundo político e universitário com o qual mantinha relações variadas e discretíssimas". E Sichirollo escreve ainda, para completar a sua apresentação do amigo:

> Sua vida foi magnificamente coerente com seu pensamento. Prova disso foi a sua indestrutível, incrível (para nós), serenidade, durante o exílio, prisão, doenças. Citava Epicuro, mas redivivo pelos "espíritos fortes" do *seicento*. Aludindo ao seu tempo, e ao nosso recente, as vezes calamitoso, considerou-o sempre de extremo interesse, e continuou a sustentar que nunca tinha encontrado águas tão agitadas a ponto de impedir o exercício do pensamento, da reflexão, da razão, isto é, do próprio ser moral[17].

Sua obra escrita cobre um arco de mais de 40 anos de reflexão fecundíssima. Além da tese sobre Pomponazzi[18], ainda na Alemanha seu nome já aparecia, em 1932, ao lado do de H. Kuhn, como redator de *Berichte der Kant-Studien*. Em 1933 publicou aí duas recensões, uma

---

17. Id., ibid., 31. Nesse sentido é interessante a comunicação de Yvon Belaval ao Colóquio de Chantilly (1982), que testemunha as "relações da alma e do corpo de Éric Weil" (AEW 22), e também o seu já citado necrológio em *Kant-Studien*, 69 (1978) 181 s., onde escreve: "O homem era admirável: um sábio, o único sábio que encontrei entre os filósofos. Bom vivente, ele se comportava como sem esforço, como estoico diante do sofrimento físico, entrando na sala de cirurgia como se entrasse num salão de barbeiro. A morte parecia-lhe natural, coisa que dizemos todos os dias sem propriamente acreditar. Ele a acolheu com serenidade".

18. A tese de Weil, *Die Pietro Pomponazzi Lehre von dem Menschen und der Welt*, foi publicada com o título Die Philosophie des Pietro Pomponazzi, *Archiv für Geschichte der Philosophie*, 41 (1932) 127-176. É interessante o comentário de Giuseppe Bevilacqua a esta obra de Weil: "Este primeiro trabalho sucinto e densíssimo [...] nasce como uma costela de Adão — nota-se já no título — de *Indivíduo e cosmo na filosofia do Renascimento* de Cassirer, publicado no ano anterior; e todavia ele já mostra [...] o que serão o estilo e os interesses de fundo do estudioso. A tese é de fato um magistral exercício de doxografia crítica [...], ao mesmo tempo, a problemática posta em primeiro plano introduz a um *leitmotiv* do pensamento de Weil: ele de fato deixa de lado o tema da alma mortal, que vem associado ao nome de Pomponazzi, e, considerando essa doutrina um ponto de chegada e não de partida, reconstrói a *Lehre von dem Menschen*, centrada sobre a que é, para Weil, a grande novidade do pensamento do filósofo italiano, ou seja, a autossuficiência da moral num horizonte vagamente eudemonístico É a primeira verificação ou confronto à qual vem submetida a base kantiana, que permanecerá solidamente adquirida...". Cf. G. Bevilacqua, Presentazione, in É. Weil, *Questioni tedesche*, L. Sichirollo (org.), Urbino, 1982, 15-26, aqui 18 s.

delas sobre o livro de Gerhard Krüger, *Philosophie und Moral in der kantischen Kritik* (Tübingen, 1931), para cuja tradução francesa escreveu, trinta anos mais tarde, um *Prefácio*, como se verá no próximo capítulo, colorido de discretas tintas autobiográficas, mas suficientemente expressivas da grande influência que o livro de Krüger exerceu sobre o *seu* Kant[19].

Tendo emigrado para a França, em 1935 já dominava suficientemente a língua para publicar, em *Recherches Philosophiques*, seu primeiro ensaio em francês, com um título que seria confirmado pela sua obra posterior como um autêntico programa: *Do interesse pela história*[20]. Trabalhou lucidamente até o final da sua vida, escrevendo, participando de seminários e discussões filosóficas. Sua última aparição em público data de outubro de 1976, num seminário no Centro de Pesquisa e Documentação sobre Hegel e Marx de Poitiers, onde pronunciou a conferência: A *Filosofia do direito e a filosofia da história hegeliana*. É ainda Sichirollo quem informa o fato:

> Com modéstia, no início, insiste sobre o método da pesquisa, sobre a importância decisiva da página publicada com relação ao inédito (dirigia-se aos *agrégatifs*, doutorandos, presentes, mas também a um noto estudioso de manuscritos hegelianos, o relator); depois redesenha o grande afresco da filosofia da história e do Estado, repercorrendo o inteiro espaço de Hegel, mas além de Hegel, além da *Logique*[21].

Não pretendo apresentar toda a obra de Weil, nem alimento a insensata pretensão de dar uma *introdução* ao seu sistema. Neste ponto serei estritamente weiliano, convencido que estou da verdade da sua afirmação seguinte:

---

19. O *Kant de Weil*, assim como o de Krüger, como se verá no próximo capítulo, não se reduz ao teórico do conhecimento, mas é predominantemente o Kant da Escola de Marburgo, na qual a herança kantiana era lida sobretudo como ética e como metafísica.

20. É. Weil, De l'intérêt que l'on prend à l'histoire, *Recherches Philosophiques*, 4 (1934-1935) 105-126 (*Ec* I 207-231).

21. L. Sichirollo, op. cit., 30. O artigo de Weil, La *Philosophie du droit* et la philosophie de l'histoire hégélienne, foi publicado em *Hegel et la philosophie du droit*, Paris, 1979, 5-33 (*Pr* 147-166).

> A simples introdução ao sistema se encontra, portanto, em seu fim, e consiste na justificação da escolha que foi feita do início. Ela se confunde com a prova da circularidade. Isso implica que todo livro filosófico só é verdadeiramente compreensível na segunda leitura, visto que a primeira "ideia" não é pensada, isto é, completamente desenvolvida e, assim, apreensível, na última, visto que somente então a aparência de uma primeira e de uma última ideia se dissipa (*Lf* 620).

Fiel à ideia hegeliana de sistema, também para Weil não existe introdução à filosofia: "Talvez uma introdução pedagógica seja possível, um *lógos protreptikòs prós philosophian*, que leva o homem, na situação concreta de seu momento histórico, à ideia da verdade" (*Lf* 620). Assim, em vista do salto para o sistema, escolhi alguns textos que podem servir de escada para quem quiser se elevar ao plano da filosofia, ao plano do filosofar weiliano.

A divisão da obra de Éric Weil em três períodos, mera divisão linear, responde unicamente a uma intenção prática e pedagógica, nada mais, isto é, nada menos, como ele costumava dizer. Os textos escolhidos pretendem constituir uma espécie de discurso *epagógico*[22], *vale dizer, discurso de condução* à verdade: verdade do sistema a que ele conduz, verdade do *pensar* que o produziu segundo a ideia da verdade.

2. De Hamburgo a Paris (1928-1950)
Do interesse pela história

O ensaio de Weil que representa o primeiro período de sua produção filosófica[23] traz no título o seu problema: *O que leva o homem a se ocupar de seu passado?* (*Ec* I 207). O objeto da questão, contudo, não é a história dos filósofos, a de uma filosofia da história que, seja pela busca do sentido do que aconteceu, seja pela pergunta se ter um passado é constitutivo do homem, parte sempre de um interesse sistemático. A

22. Sobre o sentido de *epagogé*, cf. É. Weil, Quelques remarques sur le sens et l'intention de la métaphysique aristotélicienne, *Ec* I 97 s.

23. Cf. supra nota 20. Todas as citações serão dadas, no corpo do nosso texto, a partir da edição em *Ec* I 207-231.

história de que se trata aqui é a dos historiadores, a que é pressuposta pelos filósofos, a história *ingênua*, se se prefere, não a história em si, nem a historicidade do homem. O que se quer saber é "se o interesse histórico é constitutivo do homem ou não" (*Ec* I 208)[24].

A história de que se trata, pois, não é algo absolutamente passado, pois nesse caso ela seria inapreensível[25]: "Trata-se do passado na medida em que é ainda apreensível no presente" (*Ec* I 208). Portanto, trata-se de um presente que passou, que não é mais. Visto que esse passado é infinito, o que interessa[26] nele, o que escolhemos para nos interessar, são os nossos ancestrais; dito de outro modo: é a nossa própria imagem que nos interessa.

Essa constatação não pretende ser um fato verificável, mas por isso mesmo ela é importante: "Não existem ancestrais no sentido objetivo da palavra: o historiador os escolhe, os *encontra* por um ato de decisão" (*Ec* I 209). Na história se encontra aquilo que se decidiu buscar e, em última análise, "sempre se encontra a si mesmo, porque foi a si mesmo que se buscou" (*Ec* I 210).

Que a história seja pertença ao âmbito da decisão significa que o objeto histórico, na medida em que é realidade humana, participa do

---

24. O modo como Weil põe a questão revela o seu modo de proceder em filosofia: antes de tudo o *interesse*, a atenção aos *fatos*. Efetivamente, perguntar se o interesse histórico é ou não constitutivo do homem é perguntar se ele constitui ou não um *fato filosófico*. O interesse pelos fatos revela, pois, o interesse pelo que é, pelo que há, pela realidade, "essa realidade que não temos de construir, mas analisar, apreender e não criar" (*Ec* I 93). Se o interesse pelos fatos é a expressão de um espírito kantiano, o modo como ele procede no tratamento dos fatos revela uma grande proximidade com o que Weil chama de a prática do Estagirita, o seu *método*, descoberto nos *Tópicos*, "se se conserva ao termo método o único sentido que ele pode ter em filosofia, procedimento de descoberta dos problemas — não: das soluções —, problemas postos ao filósofo na e pela sua própria vida de homem. Aí está a prática de Aristóteles..." (*Ec* I 56). Nesse sentido, tem razão L. Sichirollo quando afirma: "Aristóteles e a filosofia, a unidade da filosofia e da realidade são o tema constante da pesquisa de Weil sobre Aristóteles e das suas próprias pesquisas". Cf. L. SICHIROLLO, Aristotele. Antropologia, logica, metafisica, in *Filosofia e violenza*. Introduzione a Éric Weil, Galatina, 1978, 93-114, aqui 100.

25. Weil recorda que "para o homem, ser finito, uma estrela que se apagou para nós há milhões de anos não pode ser encontrada, mesmo que seus rastros possam existir para uma inteligência infinita; para o homem, ela jamais existiu" (*Ec* I 208).

26. O conceito de *interesse*, fundamental no sistema kantiano, mostra a sua influência no pensamento de Weil desde muito cedo.

caráter livre de tudo o que é humano. Escolhemos o objeto e tomamos dele o que nos interessa. Uma vez escolhido o objeto, porém, vinculamo-nos a ele. Mas o escolhemos livremente entre possibilidades infinitas em número e inesgotáveis em conteúdo. Escolhemos livremente porque podemos dizer *não* a um número infinito de possibilidades, desde que estejamos dispostos a pagar esse *não*: *Qui potest mori non potest cogi*. Dito de outro modo: "O homem é livre, visto que é mortal" (*Ec* 1, 211)[27], embora a escolha da morte seja uma possibilidade última, a última possibilidade de afirmar a liberdade de escolha.

O homem pode escolher a morte, mas o que ele normalmente escolhe é a vida com todas as suas condições, vale dizer, ele é livre *nos* limites *da* realidade ou, o que é o mesmo, a decisão nunca se dá no vazio, mas sempre em situação. E dado que o homem se decide sempre em vista de alguma coisa, quando se dirige ao seu passado, este só lhe restitui o seu presente para lhe dar o seu futuro: o presente e o futuro de uma situação dada "devem esclarecer minha decisão na minha situação" (*Ec* I 212). Desse modo, "a história se torna desejo de conhecer as situações e as decisões possíveis" (*Ec* I 213).

A reflexão feita até aqui parece supor que o homem entra no mundo vazio de todo conteúdo e que é a sua escolha, e só ela, que lhe dá o seu ser. Na realidade não é assim, porque o homem escolhe sempre em situação, porque as questões que ele põe à história lhe são impostas pela sua situação, e porque as respostas que ele busca devem ter valor naquela situação. O que, contudo, se pode perguntar é como o homem encontra as questões. Como consegue formulá-las de modo a responder à sua situação? Como ele apreende a situação? Como se apreende a si mesmo?[28]

27. O *qui potest mori non potest cogi*, como se verá no quarto capítulo, é uma das divisas do pensamentos moral de Weil.

28. No fundo dessas questões, encontra-se uma concepção da filosofia como discurso no qual o homem se compreende na realidade das suas realizações, naquilo que ele *fez* no mundo e naquilo que ele *se fez* no mundo, a partir da violência e em vista da coerência. Trata-se, como veremos, da filosofia do ponto de vista do homem que encontraremos na *Lógica da filosofia*, a filosofia primeira que é o desenvolvimento do *logos*, "do discurso, para ele próprio e por ele próprio, na realidade da existência humana, que se compreende em suas realizações na medida em que ela *quer* se compreender" (*Lf*

Parece que estamos em um círculo vicioso: o homem só existe para si mesmo por sua decisão e depois dela; e somente depois que se decidiu a sua situação se torna verdadeiramente sua. Dito de outro modo: é somente depois de ter apreendido a sua situação que o homem pode pôr uma questão sensata e se decidir de maneira razoável. Entretanto, o círculo é aparente, pois "desde sempre o homem já se decidiu", quer dizer, ele está desde sempre na história, vive sempre em um mundo humano, já possui ancestrais antes mesmo de se apreender como um *eu*, "antes de ser inquietado pela questão da necessidade de se decidir" (*Ec* I 215).

É certo que o homem não vem *necessariamente* a si mesmo, mas na situação em que se encontra "ele encontra a possibilidade da questão e da decisão". Ora, ele não decidiu a situação em que se encontra e, se ele quer viver, não pode permanecer na simples recusa da situação que não escolheu. É preciso que ele realize o novo, único modo de refutar o antigo: "Será preciso então conhecer o mundo no qual eu quero mudar de situação, com suas condições, com os caminhos que nele levam ao sucesso" (*Ec* I 216).

Daí que o interesse que temos pela história revela que acreditamos poder aprender dela, isto é, que podemos interrogar o passado para conhecer o que é necessário em vista da realização de um determinado desejo, desde que conheçamos as categorias dos fatores que concorrem para produzir os fatos desejados. É claro que as situações não se repetem integralmente, mas é certo que se quero mudar minha situação preciso conhecê-la, isto é, interpretá-la por comparação a outra coisa. Para isso só tenho a história: "Eu compreendo minha situação pela história e a história pela minha situação" (*Ec* I 217).

Existe, portanto, uma interação de compreensão entre minha situação presente e a história: "Aquilo que torna compreensível o presente ilumina ao mesmo tempo o passado: nada pode entrar na história que não se encontre no presente" (*Ec* I 217)[29]. A história oferece, pois, a

---

105). É em vista de saber como o homem se apreende concretamente na sua história e no seu discurso que a *Lógica* empregará as noções fundamentais de *atitude* e de *categoria*, assim como a de *retomada*, como se verá no terceiro capítulo.

29. Nesse sentido, Weil observa — e já aparece aqui uma das constantes do seu pensamento — que a história e a política são inseparáveis: "Com efeito, para a po-

possibilidade da orientação de uma decisão no mundo humano, isto é, no mundo que pode ser transformado pela atividade humana, mundo no qual o homem quer se modificar a si mesmo ao modificar suas condições.

Modificar-se a si mesmo? Sim, porque no momento em que o homem não se ocupa mais só da situação, mas da sua conformidade com essa situação, a partir do momento em que a reflexão se volta para o sentido e o homem se pergunta que sentido tem para ele querer o que pode ser querido em determinada situação, a partir desse momento, ela descobre "a origem da sua liberdade como possibilidade real de rejeitar as ofertas da sua situação, possibilidade decorrente da faculdade de morrer" (*Ec* I 219 s.). O homem pode sempre recusar uma situação, mas só a recusa por outra: "Ele não escolhe a morte, a não ser que as possibilidades da situação e a possibilidade essencial do seu próprio ser sejam irreconciliáveis" (*Ec* I 220).

Como é que o homem se constitui *para si mesmo*? Ele está sempre em situação e é o que são as suas possibilidades. Inicialmente ele não escolhe nada: ele começa por receber tudo dos outros. Entretanto, ele não poderá falar das suas condições sem conhecer outras condições, e não poderá apreender a sua vida sem saber que existem outras formas de vida: "Só a vida do outro, interrogada sobre a sua forma e o seu 'sentido', me permite buscar um sentido, uma forma, uma unidade para a minha própria vida" (*Ec* I 220)[30]. Eu não seria o que eu sou sem o outro no qual me apreendo, e "não há outra via para que eu seja concretamente *para mim*, para que eu possa buscar um sentido da minha vida" (*Ec* I 221). É, portanto, à história que me dirijo para saber como o homem se constitui para si mesmo. A história é a constituição do homem para si mesmo, ela é a história do interesse que o homem tem pela própria vida.

---

lítica, trata-se de ganhar um futuro concreto por meio do passado; para a história, o acontecimento importante (o acontecimento histórico) só é reconhecível enquanto tal pela questão que se dirige às decisões que eram possíveis na situação passada, e essas possibilidades só podem ser captadas pelas possibilidades presentes e concretas quanto às questões e decisões" (*Ec* I 218).

30. O quarto capítulo pretenderá mostrar que este é o ponto de partida, histórico e sistemático, da reflexão (moral) sobre a moral.

O interesse pela história pode, contudo, pretender uma cientificidade que neutralize a individualidade e busque a verdade objetiva sobre o passado; pretensão que, por impossível — seria preciso esgotar o infinito com meios finitos —, acaba levando ao seu contrário: é o infinito do passado que obriga o historiador a escolher e, portanto, "não existe nada que seja de importância absoluta; só existe importância relativamente a certos valores, atitudes, ideologias" (*Ec* I 223).

Paradoxalmente, a exigência de uma verdade absoluta leva à constatação de que "os pontos de vista diante da história são incomensuráveis" (*Ec* I 223). Desse modo, parece que o indivíduo só pode se interpretar arbitrariamente, de modo ideológico. Felizmente o ceticismo relativista é uma possibilidade exclusivamente teórica, e ele não se sustenta no mundo vivo e vivido. Basta ver que para os pontos de vista os ideológicos são sempre os outros, nunca eles mesmos, e cada ponto de vista quer determinar uma atitude no mundo, isto é, uma verdade à qual se conformar[31]. Isso significa que uma comparação entre os pontos de vista é possível e, se é verdade que os pontos de vista são fechados uns aos outros, nem por isso são incompreensíveis, porque "existem categorias com as quais se os pode captar" (*Ec* I 226). Existe, portanto, uma ideia de verdade. Mas de que espécie de verdade se trata em história?

A verdade de qualquer ponto de vista é determinada por duas condições necessárias e suficientes: a captação integral e a conexão completa. No interior de certo ponto de vista, o que se pede é que, por um lado, "todo acontecimento encontre seu lugar e possa ser avaliado no quadro da história constituída desse ponto de vista, e, por outro lado, que as avaliações procedam de um mesmo princípio, que a importância de todos os acontecimentos seja medida com o mesmo padrão" (*Ec* I 227). Os pontos de vista divergem, mas sempre a partir desses dois critérios.

---

31. Weil faz um breve excurso para constatar que o mesmo acontece em outros campos No da natureza, por exemplo, encontramos pelo menos dois sistemas de orientação: o quantitativo da física moderna e o qualitativo da física mágica. Ambos são completos, autônomos e se combatem, isto é, divergem sobre as intenções. E não adianta dizer que a técnica da física mágica é insuficiente com relação à da física moderna, e que não se alcançam com ela os mesmos resultados, pois, "como a base teórica condiciona a orientação, fins possíveis e realizações possíveis estão em harmonia" (*Ec* I 225).

Esses critérios, entretanto, são insuficientes, pois o que nos interessa é saber como os pontos de vista se relacionam uns aos outros, isto é: "Onde se encontra *a* verdade, não do ponto de vista, mas dos pontos de vista? qual é o sentido do ponto de vista?". É inegável que não existe história sem ponto de vista, mas é igualmente inegável que existem categorias de *synopsis* que vão além do ponto de vista. O que queremos saber é: "Com relação a que interpretamos os pontos de vista?" (*Ec* I 227).

Embora se trate aqui de um tema particular, é evidente que nossa questão é *a questão da filosofia*, e que nossa reflexão de natureza histórica, ao utilizar noções que têm uma história, manifesta uma intenção que não é de caráter histórico, pois ela busca a essência da história. De onde, portanto, procedem as questões da nossa reflexão? "Em última análise, do princípio segundo o qual uma resposta a essas questões é possível, segundo o qual, em outros termos, o mundo é razoável. O mundo do qual o homem se ocupa é o mundo do homem, e o homem que dele se ocupa, homem desse mundo. Ele não é sem mundo, o mundo não é sem ele" (*Ec* I 228). Só o homem possui um mundo, só ele conhece razoavelmente, só ele coloca questões. É certo que o homem encontra sempre o desrazoável em seu mundo, mas é razoavelmente que o compreende: "Seu mundo é razoável porque ele se constitui pela questão do homem na medida em que ele se quer razoável" (*Ec* I 229).

Se, portanto, não existe *história em si*, se a história é sempre *para o homem*, isso significa voltar ao relativismo? De modo nenhum, porque afirmar que a história é razoável equivale a afirmar que ela é constituída pela razão, "a razão sendo aquilo que liberta o homem da contingência da perspectiva, não porque suprime a particularidade, mas porque a compreende" (*Ec* I 229 s). É a razão que arranca o homem do isolamento: "O homem possui uma linguagem que é sua ao ser de todos, e ele possui assim uma tradição, ele possui (*em si*) a história" (*Ec* I 230).

A reflexão nos conduziu do interesse pela história à sua compreensão como *existência sensata*, compreensão que não suprime o ponto de vista, mas o compreende como aspecto razoável. Entretanto, questão decisiva não foi respondida, apenas levantada: "Que é o homem? Que é a razão no homem? A reflexão apenas indicou o fato, a facticidade da razão; não buscou o que isso significa. Que o homem pode discutir com o homem e que essa discussão é 'sensata' é o fato a que se chegou. Mas a reflexão se deteve depois de ter levado a pesquisa sobre o interesse pela história até o ponto em que ele se transforma em questão da razão do homem. Aqui está a questão mais elevada: a razão que, no homem, busca a si mesma é o fundamento de tudo e de si mesma. Não se vai além desse ponto: a razão é o 'em si' do homem e do seu mundo. Não se dá o terceiro passo da reflexão, não se pergunta aquilo que, contudo, seria preciso perguntar agora: como a razão apreende a si mesma, não mais somente como razão em si mesma e assim para si mesma" (*Ec* I 231).

Com a reflexão sobre o interesse pela história, Weil entra em grande estilo na história filosófica contemporânea. Além dos pontos que já assinalamos, no momento de sua entrada já se divisam tantas as referências à sua obra posterior, a ponto de Livio Sichirollo poder dizer, e com razão, que nesse artigo de 1934 já está presente o corpo da *Lógica da filosofia* de 1950, e "já são maravilhosamente antecipados os ensaios (sobre a moral e sobre a história) dos anos setenta", e que no fundo do pensamento weiliano, desde o início, não se encontra o historicismo hegeliano nem o existencialismo, mas a influência de Kant através do mestre Cassirer[32].

Basta reler a longa citação do final do artigo para se convencer disso. A questão do homem é, de fato, a suma das questões da *Crítica*: "O domínio da filosofia nesse sentido cosmopolita liga-se às seguintes questões: 1) que posso saber? 2) que devo fazer? 3) que me é permitido esperar? 4) que é o homem? À primeira questão responde a *metafísica*, à segunda a *moral*, à terceira a *religião*, à quarta a *antropologia*. Mas no fundo poder-se-ia reduzir tudo à antropologia, dado que as três primeiras questões se remetem à última"[33]. A questão do homem, a facticidade da razão, a questão do sentido, a pergunta pelo modo como a razão apreende a si mesma, tudo isso constitui, a meu ver, o programa filosófico que Weil realizou na filosofia desenvolvida em sistema.

---

32. Cf. L. Sichirollo, Éric Weil: la vita e la sua opera oggi, in É. Weil, *Masse e individui storici*, trad. de M. V. Ferriolo, Milão, 1980, 26.

33. Cf. I. Kant, *Logique*, 2ª ed., Paris, 1982, 25.

3. De Paris a Lille (1950-1968)
Filosofia e realidade

Convidado em 1963, pela Sociedade Francesa de Filosofia, para uma exposição e debate sobre a sua *Lógica da filosofia*, Weil apresentou o texto intitulado *Filosofia e realidade*[34]. A sua exposição é de uma clareza extraordinária e, conforme o princípio enunciado no final da *Lógica*, por isso mesmo, de difícil leitura. A meu ver, a conferência de Weil constitui a melhor *exposição pedagógica do sistema*. Prova disso, além de seu conteúdo, é o fato de que a exposição se desenvolve sob a garantia da circularidade, o que depois de Hegel é a exigência fundamental da verdade de um sistema.

De fato, Weil apresentou, junto com a conferência, um texto de pouco mais de uma página, no qual expõe o itinerário da conferência na ordem inversa. Este fato, evidentemente, não é *inocente* para quem queria demonstrar exatamente as motivações filosóficas que determinaram a formulação daquelas teses. Dada a sua importância pedagógica, antes de percorrer o itinerário weiliano nessa conferência, apresento integralmente as teses nas quais ele mesmo se sintetiza.

I. A filosofia é a busca de um discurso coerente que se dirige ao todo da realidade.

Corolário: Não existe realidade primeira à qual o resto deva ser reduzido: a ilusão, o erro, o perecível são reais.

II. A filosofia é o empreendimento de um ser finito e razoável, cujo discurso, que quer ser coerente e exaustivo, nunca é, contudo, acabado.

Corolários: a) filosofia (o filosofar) se funda sobre uma decisão livre.

b) É impossível (absurdo) demonstrar a necessidade da filosofia (do filosofar).

c) A filosofia é essencialmente histórica.

d) Não existe *philosophia perennis*, mesmo que a *sophia* visada seja formalmente a mesma.

---

34. O texto e o debate foram publicados no *Bulletin de la Société Française de Philosophie*, 57 (1963) 117-147, depois em *Pr* 23-57 (citamos segundo esta edição, no corpo do nosso texto, com a sigla seguida do número da página).

III. O ser finito e razoável, que se decide a filosofar, por um lado, é *interessado* de modo determinado e, por outro, quer julgar essa determinação pré-filosófica, relacionando-a com a ideia de um discurso que compreende todas as atitudes determinadas.

Corolários: a) O ser finito e razoável, determinado e livre, ativo na passividade, busca na reflexão filosófica o sentido de sua ação sob condições dadas.

b) A passividade só aparece como tal à vontade de realizar um sentido (à liberdade que busca a felicidade).

c) As formas históricas do sentido (e da felicidade) que existem em uma época determinada fazem parte das condições (da realidade).

IV. A realidade é estruturada, vale dizer, compreensível e sempre compreendida, mas por uma compreensão que se revela parcial e particular à vontade de compreender o todo da realidade, do qual as compreensões particulares fazem parte.

V. *Philosophia per se est et per se concipitur.*

Corolários: a) A filosofia não tem a ver com o que é necessário, mas com o que é.

b) A necessidade, conceito aplicável no domínio do hipotético-dedutivo, não caracteriza a realidade de que se ocupa a filosofia; a filosofia *se obriga*, por uma decisão livre e primeira, à coerência.

c) A filosofia só é uma das ciências, e a rainha das ciências, no sentido de que ela compreende as compreensões particulares e parciais dessas ciências a partir de suas origens em situações e em discursos particulares. Ela é científica *eminenter* por sua recusa da incoerência.

É voz corrente e antiga em filosofia, pelo menos depois de Platão, a afirmação de que a filosofia tem a ver com o necessário, com o ontologicamente necessário, e exclusivamente com ele. Mesmo nas raras exceções a essa tendência — Aristóteles, Epicuro e, por certos aspectos do seu pensamento, Kant — encontra-se sempre o conceito de um saber absoluto, de uma *epistéme* que se subtraia às *dóxai*, pelo menos como ideal e medida de todo conhecimento. Esta concepção da filosofia pode ser largamente justificada, "mas talvez ela não se compreenda a si mesma e incorra assim em dificuldades inextricáveis" (*Pr* 26).

A primeira é que a filosofia passa a ser concebida como um discurso formalmente coerente, cuja tarefa principal e exclusiva consiste em separar o essencial do que não o é. É assim que uma pluralidade de discursos essenciais e, pelo menos idealmente falando, não contraditórios, se desenvolve na história, e não há juiz, exceto a violência, que possa arbitrar entre eles. Isso mostra que a necessidade interna desses discursos não é de modo nenhum universal: "Se aceito as regras do jogo, sou obrigado a me abster da incoerência". A segunda dificuldade se refere ao conceito mesmo de necessidade, que pode ser buscado no domínio do *ser* e no do *discurso*. Para a filosofia como ciência do necessário é o necessário do ser que funda o do discurso. O que assim ela esquece é que "o necessário é necessariamente afirmado, visto que ele só se encontra em um discurso" (*Pr* 27). Dito de outro modo: "O necessário das coisas só existe no discurso, e se reduz à necessidade do juízo" (*Pr* 28)[35].

A necessidade, como necessidade de coerência, se refere assim ao discurso. Ela é, portanto, hipotético-dedutiva, e a coerência do discurso

35. Ver sobre isso o artigo *De la réalité*, escrito dois anos mais tarde, no qual Weil exprime as mesmas ideias. R. CAILLOIS, Politique et philosophie chez Éric Weil, *Revue de l'Enseignement Philosophique*, 28 (1978) 1-10, aqui 9 s., apresenta uma excelente síntese do pensamento de Weil nesse artigo: "A tese pode ser resumida desse modo: a separação de aparência e realidade é própria do homem, que é interessado nesta por sua ação. O mundo se mostra à vontade. Os discursos e o discurso total buscam apreendê-lo em sua necessidade. Todavia, necessidade e possibilidade são também categorias do discurso e têm por fundamento a realidade. O homem esquece facilmente que a realidade não é somente aquilo sobre o que ele age [...] mas aquilo no que ele age, no que pode livremente dizer não a isto ou aquilo, e no limite a tudo. Por sua vez, não existe realidade sem o discurso negativo do homem livre, livre em sua condição, limitante, mas fundante. A realidade não é, pois, exclusivamente objeto, nem sujeito, mas fonte da subjetividade e da objetividade [...]. Se a realidade é o que permite ao homem não só ser livre negando, mas também elaborando positivamente discursos necessários [...] é porque esta é desde sempre totalidade sensata, estrutura fundamental [...] fonte das estruturas 'lógicas', e ainda porque a liberdade desde sempre operou nela. O homem, em particular o filósofo que revela a realidade a si mesma, pode nela se orientar com conhecimento de causa e trabalhar para a realização de um mundo sensato".

é definida "pelas regras do discurso e pelos pressupostos últimos sobre os quais esse discurso materialmente se funda" (*Pr* 28). Esses pressupostos, sempre limitados, circunscrevem o domínio no interior do qual tudo é regrado pela necessidade que, como se viu, pertence ao discurso, não aos acontecimentos ou aos objetos de que fala o discurso. Não só a filosofia, mas também as ciências positivas mais rigorosas comprovam que "a necessidade não é senão relativa; a necessidade absoluta não é senão afirmada, ela não é nunca demonstrada nem se torna demonstrável, dado que só se define no interior de um discurso que, ele mesmo, pode sempre ser outro" (*Pr* 29).

Daí decorre que a filosofia não é uma ciência, uma vez que ela não possui um domínio, mas é científica *eminenter*[36]: "A tarefa que ela considera sua é o estabelecimento de um discurso não arbitrário, vale dizer, totalmente coerente e consciente de sua necessidade como necessidade posta por ela mesma". Mas daí decorre também que a filosofia não é necessária: "Ela é vontade de compreender e de se compreender e não pressupõe nada além da vontade radical de compreensão" do que é, pois é somente a partir do que é que o possível e o necessário são concebidos e pensáveis: "Eles só existem no discurso humano" (*Pr* 29).

---

36. Cf. La philosophie est-elle scientifique?, *Archives de Philosophie*, 33 (1970) 353-369. Esta conferência foi pronunciada em 1969, quando Weil recebeu o título de doutor *honoris causa* da Universidade de Münster. Para nós, ela se apresenta como uma *lógica da Lógica da filosofia*. A partir do problema do estatuto científico da filosofia, Weil retoma Aristóteles, não mais a partir do *Organon* e da *Metafísica*, mas a partir dos *Analíticos* e dos *Tópicos*; dirige-se em seguida a Spinoza, com quem o problema é resolvido pela constituição da filosofia como uma ciência hipotético-dedutiva; chega a Kant, para quem o problema motivou a tentativa de constituição de uma "metafísica sistemática escrita tomando por regra a crítica da razão pura" (como escreveu no prefácio à 2ª edição da *Crítica da razão pura*); e conclui o seu percurso considerando a solução do problema no saber absoluto de Hegel, em cuja obra a filosofia fecha o círculo da reflexão e se constitui como ciência necessária. Depois de concluída a *história filosófica da questão*, Weil apresenta a *sua* solução, vale dizer, a *questão do sentido* como a verdadeira questão científica e filosófica ao mesmo tempo e inseparavelmente. É a *necessidade livremente escolhida* e aceita de pensar o sentido, até mesmo do que não tem sentido, a violência (da natureza e da história), que constitui o filósofo, homem que só quer compreender e que, portanto, "deve compreender porque os homens recusam compreender, recusam querer compreender; pois compreender é sempre compreender, começando por considerar *o outro* do que é a compreender" (363).

A filosofia pode querer compreender por que o mundo é *mundo*, isto é, "algo que se dá como compreensível" (*Pr* 30) e, de algum modo, sempre já compreendido. Tanto isto é verdade que a filosofia nasce de uma atitude extraordinária, ou seja, a admiração diante de algo que o homem — e o filósofo é um homem como os outros — não compreende. O filósofo, que não constrói o mundo, mas o encontra, se admira quando se choca com o incompreensível, com o que foge ao quadro natural; e ele se admira quando encontra outras pessoas que, sem ser loucas, orientam-se de modo diferente do seu. Ele se admira da incoerência dos discursos, da incoerência entre os discursos, cada um deles formalmente coerente, aos olhos de quem os profere.

O mundo é estruturado, vale dizer, ele permite uma orientação, embora a questão sobre em que consiste essa estrutura permaneça aberta. O filósofo quer compreender a estrutura do mundo, a que engloba "o que é dito do mundo no mundo". Mas a pluralidade dos discursos demonstra ao filósofo que o mundo se presta a um número indefinido de interpretações e, assim, "ele compreende que toda compreensão elaborada é parcial e particular e que a compreensão do mundo lhe escapa" (*Pr* 31).

Voltando-se para si mesmo, o filósofo, que busca a coerência total, que quer ser razoável, se descobre como um ser dado, condicionado, finito. Até mesmo o sentido de sua vida, a felicidade que ele busca incondicionalmente, assume uma forma histórica e participa das condições da realidade. Ele constata que é, ao mesmo tempo, livre e condicionado, livre na condição, ativo na passividade, "liberdade que busca o sentido nos sentidos dados e contra eles". Ele está acima de toda condição, mas não acima da condição. Prova disso é que "até mesmo o conceito de condição só aparece ao ser livre na medida em que é livre" (*Pr* 33).

Isso significa que o homem só é um ser teórico ou teorético na medida em que é agente, pois "o mundo só se mostra à vontade" (*Pr* 33). Isso significa também que a admiração é apenas a raiz que se descobre mais facilmente para a filosofia. O homem se admira porque a sua vontade não atinge os seus próprios fins sem a mediação do discurso, da reflexão sobre as condições da sua situação. A filosofia existe concretamente desde o dia em que uma vontade que se sentiu livre, mesmo que ela ainda não se soubesse livre, começou a agir sobre o mundo que, para ela, tinha se tornado duvidoso. Aparece assim que a condição necessária do discurso é a liberdade, pois "a liberdade agiu antes de se compreender como liberdade" (*Pr* 34).

O homem pensa porque ele é um ser *interessado*, mas ele se torna filósofo quando tenta compreender a natureza e o sentido do seu interesse, "quando submete esse interesse ao juízo de sua vontade de razão, de coerência, de sentido universal porque universalmente aceitável, senão aceito" (*Pr* 34).

Não existe uma *philosophia perennis*, "embora aquilo que os filósofos visam seja sempre a mesma coisa, a saber, a compreensão do mundo e da própria vida a partir de um sentido e com vistas à realização do sentido" (*Pr* 34). É certo que os filósofos podem se compreender entre si, mas só se compreendem como diversos, "diversificados pela condição a partir da qual eles se puseram a refletir sobre si mesmos e sobre seu mundo" (*Pr* 35). Não existe filosofia, existe o *filosofar*, e é o interesse livre pelo pensamento do passado que impede que este se torne simples doxografia[37].

Isto equivale a dizer que "a filosofia é histórica na sua essência", pois ela é "o ato no qual o homem se compreende como histórico, historicamente condicionado — e superior a toda condição" (*Pr* 35). Que ela seja histórica, contudo, não significa, como pretende o historicismo, que ela possa ser deduzida de suas condições, pois a história é sempre uma reflexão livre sobre uma situação histórica. De fato, seria absurdo pretender demonstrar que é necessário filosofar. Depois de escolhido o discurso, os homens poderão até mesmo justificar sua opção, mas não antes.

37. Weil afirma essa mesma ideia no artigo *De la réalité*: "A filosofia não é um saber acumulado e não pode sê-lo sem deixar de ser filosofia, sem se tornar doxografia. É possível que todas as respostas tenham sido dadas: restará sempre a escolher a que é a boa, a verdadeira, a que faremos nossa, não porque nos pareça mais atraente, mais simpática, mais conforme ao resto de nossas opiniões e de nossas convicções, mas com conhecimento de causa, responsáveis por nosso juízo diante do tribunal de nossa razão [...]. Quando se trata de filosofia, o reconhecimento de nossa dívida com o passado não nos desresponsabiliza: somos obrigados a justificar a fidelidade da qual nos decidiríamos a dar provas" (*Ec* I 297 s.).

A filosofia é também histórica na medida em que é ação na história e sobre ela, ação que a transforma, pois todo resultado da livre decisão constitui um fato que fará doravante parte das condições para a liberdade. O caráter histórico da filosofia não impede, todavia, que a qualquer momento da história ela possa ser tomada como simples saber, como resultado disponível, como saber sobre os objetos e, no limite, como saber materialmente exaustivo. Nesse caso, porém, "ela deixa de ser filosofia e se transforma em ciência inconsciente dos seus fundamentos, do interesse que a guia — ou ela se torna discurso vazio sobre o vazio, um silêncio deserto" (*Pr* 37).

A filosofia recomeça sempre, mas não está sempre nos seus inícios; isso, porém, não quer dizer que "a sua história não tenha importância para quem quer filosofar" (*Pr* 37). Na sua busca de um discurso coerente e exaustivo, a filosofia deixa na história sedimentações que, se devem retomar vida, "devem ser mergulhadas de novo no rio do discurso da liberdade que quer ser universal e quer se compreender ao compreender tudo" (*Pr* 38). Tudo o que contribui para a constituição do discurso universal tem valor inestimável para quem busca esse discurso: "A filosofia é eminentemente comunicável, mas somente para quem está preparado para receber a comunicação viva, quem quer viver compreendendo e quer compreender em sua vida" (*Pr* 38 s.). Dito de outro modo: "Pode-se aprender a filosofar com os filósofos, deles não se pode aprender a filosofia" (*Pr* 39).

A razão última disso é que a filosofia tem a ver com a realidade pura e simplesmente, com o que é, sem exclusão alguma; e ela não reduz o que é ao necessário, ao fundamento, ao absoluto, visto que ela é, para si mesma, o fundamento e o absoluto, em sua liberdade decidida a, sempre de novo, ver a realidade na coerência de seu discurso. Não se pode demonstrar a necessidade do que é, porque o Todo é o que é, e o Todo é "sem *hipótese*, sem *fundamento*, pois ele mesmo é fundamento de toda possibilidade e de toda necessidade" (*Pr* 39).

A filosofia faz parte dessa realidade como discurso infinito do ser em situação. Nascida de uma liberdade encarnada na história, ela é "o devir da consciência que ela é e quer ser, devir no qual se desenvolve, para a razão livre, o que ela sempre trouxe em si mesma e o compreende como conteúdo em seu passado porque o busca em seu presente". O discurso da filosofia é estruturado, como a realidade o é, e tão inesgotável quanto a própria realidade, visto que ele é a realização da liberdade razoável. Quando o discurso toma consciência disso, como discurso da filosofia, ele pode *querer mostrar* a estrutura das estruturas, ciente de que "a estrutura não é o estruturado", de que "ele mesmo não é razão pura ou liberdade vazia", e que a tarefa, quando se trata do estruturado, nunca está acabada. Dito de maneira mais breve: "o discurso filosófico sabe que é vivo" (*Pr* 40).

A conferência *Filosofia e realidade* representa perfeitamente o período da atividade filosófica de Weil marcado pelo *sistema*. De fato, ele começa com a publicação da *Lógica da filosofia* e de *Hegel e o Estado*, em 1950, obras com as quais Weil se estabeleceu definitivamente no cenário filosófico francês e europeu, dominado então pela atualidade do existencialismo, a cujo fascínio Weil nunca fez a menor concessão[38].

Se, por um lado, o aparecimento de *Hegel e o Estado* marcou o início de uma redescoberta da *Filosofia do direito* de Hegel na França, sob nova ótica — de fato, na França dos anos cinquenta, ninguém ousava afirmar que Hegel não foi o defensor do estatismo, nem o apologista do Estado prussiano[39] —, por outro lado, o discurso austero da *Lógica da filosofia* não encontrou ouvidos preparados para escutá-lo. Basta ver o número de recensões que a obra recebeu nas revistas especializadas:

---

38. Sobre o existencialismo, ver na Introdução da *Lógica da filosofia* o subtítulo "Insuficiência e legitimidade da resposta existencialista: a violência no discurso" (*Lf* 94-98). J. Quillien, La sagesse comme fin de la *Logique de la philosophie*, *Annali della Scuola Normale Superiore di Pisa* (serie III), 11 (1981) 1236, identifica aí o "contexto da época" de aparecimento da *Lógica*. Ver também a categoria "O Finito" (*Lf* 521-553); e também duas breves conferências radiofônicas de Weil: French philosophy today, *The Listener*, 1 (1952) 710-711, e The strength and weakness of existentialism, *The Listener*, 8 (1952) 743-744. Sobre a relação com Heidegger, cf. Le cas Heidegger, *Les temps modernes*, 3 (1947) 128-138. Ver ainda: J. Quillien, Heidegger et Weil. Le destructeur et le bâtisseur, *Cahiers Philosophiques*, 10 (1982) 7-62.

39. Num pequeno estudo sobre a questão da essência do Estado na *Filosofia do direito* de Hegel, servi-me amplamente das teses de Weil a respeito. Cf. M. Perine, A essência do Estado nos §§ 257 e 258 da *Filosofia do direito* de Hegel, *Síntese* (Belo Horizonte), 30 (1984) 41-49.

foram poucos os que se aventuraram a emitir juízos de avaliação global sobre a *Lógica da filosofia*.

Cinco anos depois da *Lógica*, Weil publica a *Filosofia política* e, mais cinco anos, a *Filosofia moral*, como se se tratasse dos movimentos estudados de uma Sinfonia. Com a *Moral*, Weil concluiu a elaboração do seu sistema. Efetivamente, a *Política* e a *Moral* não são obras de ocasião; elas integram harmoniosamente o discurso do sistema, não como enxertos extemporâneos e destoantes, mas como sistemas especiais fundados no sistema total, que captam no final da sua elaboração exatamente a sua relação com o sistema total, isto é, a sua compreensão em verdade.

Seria supérfluo insistir sobre cada um dos pontos de sintonia da conferência *Filosofia e realidade* com o todo do pensamento sistemático de Weil. O desenvolvimento desta pesquisa evidenciará alguns, talvez os mais importantes. O que é preciso notar é que, como escreveu Sichirollo, "a veneranda figura de Kant"[40] aparece sempre no fundo da reflexão weiliana. Basta reler a conferência para reencontrar todos os temas que tecem o enredo da filosofia de Weil: filosofia e história, contingência da filosofia, irredutibilidade e indemonstrabilidade da escolha da razão e, portanto, da escolha moral; liberdade e finitude do homem, o homem como ser interessado, a dualidade irredutível de filosofia e violência ou, se se prefere, o discurso e seu outro.

4. De Lille a Nice (1968-1977)

O fim da história

A expressão "fim da história"[41], popularizada em nossos dias principalmente pelo marxismo e por uma interpretação duvidosa da filosofia de Hegel, traduz a conhecida tese de um "fim inevitável e, ao mesmo tempo, feliz da história" (*Pr* 167).

O fim de que se trata aqui, naturalmente, não é o fim por extinção do homem, sujeito da história, nem pela desintegração do universo à

40. Cf. L. Sichirollo, op. cit., 26.

41. O ensaio *La fin de l'histoire* foi publicado em *Revue de Métaphysique et de Morale*, 75 (1970) 377-384 (*Pr* 167-176).

qual nenhum ser sobreviveria. É evidente que essas duas hipóteses, ademais não impossíveis, implicam o fim da história, pois só o homem possui uma história e a história do mundo físico só existe para o homem. O fim de que se fala quando se promete o fim da história se apresenta como "um acontecimento desejável, com consequências agradáveis e alegres" (*Pr* 168); como algo de que os homens poderão tirar proveito. Isto implica que o tempo continuará correndo, que as coisas continuarão acontecendo, que, segundo uma expressão familiar, "será sempre a mesma história" (*Pr* 169).

Seríamos tentados a dizer que é insensato falar de um fim da história que, por não ser fim material, não atinge o essencial, se a ideia de um fim da história não fosse tão difundida, se "a humanidade não fosse unânime em considerar a história [...] como um mal" (*Pr* 169); se os homens não esperassem sempre a libertação desse mal, se, enfim, a humanidade não fosse sempre levada a explicar o nascimento desse mal na história, atitude que exprime o sentimento e a convicção de que nos encontramos em uma espécie de má fase da qual só podemos desejar sair.

Contudo, essa mesma constatação ajuda a ver que o fim que aqui está em questão é o fim da "má história, da história na qualidade de mal" (*Pr* 169). O que se quer é o fim do mal, fim de uma história dominada pelo mal e pelo sofrimento. O que a humanidade deseja é viver feliz. Mas a humanidade constata que ainda não é feliz, que a história ainda não é o que se deseja que fosse, que ela ainda é "uma história sofrida e que deve ser suportada, mas que não escolhemos e não devíamos ter a ideia de escolher" (*Pr* 170).

Desse modo, o fim da história passa a ser uma meta visada pela humanidade: "O fim das nossas infelicidades, dessas infelicidades pelas quais não somos responsáveis, que nos acontecem, que caem sobre nós" (*Pr* 170). É certo que essa esperança existe desde sempre e é onipresente na humanidade, mas esta não se limita mais a apenas esperar. Em nossa época, "o homem *quer* o fim dos tempos históricos, dito de outro modo, quer que a violência, a injustiça, o sofrimento não culpável cessem e desapareçam" (ibid.).

O homem de nossa época se compreende como ser agente com vistas ao fim da história que ele, agora, conhece em profundidade, a ponto de poder mudar o curso dos acontecimentos. Aqui está o maior de todos os acontecimentos revolucionários: "O homem, pela primeira vez, se considera trabalhador, produtor, transformador das condições de sua própria vida, mestre e senhor, primeiro da natureza, em seguida da história" (*Pr* 170 s.). A fatalidade persiste, mas para o indivíduo e, para ele, talvez ela nunca desapareça por completo. A espécie humana, a comunidade mundial de trabalho, porém, tem boas razões para afirmar a aproximação do fim da história, pois ela não apenas sabe em que ele consiste, mas também conhece os meios que a ele conduzem. Certo, é possível fracassar, "mas o fracasso ainda será o nosso fracasso, não a cegueira do destino ou a maldade de alguma potência malévola" (*Pr* 171).

O que se quer, pois, com o fim da história, é uma vida boa, um mundo humano. Pode-se não saber exatamente o que é isso, mas sabe-se que a vida e o mundo não são o que deveriam ser, o que não é pouco! O que se quer é ser livre e feliz, mas não se consegue exprimir isso positivamente. Só se consegue exprimir isso por meio de negações: o que se quer é a ausência da infelicidade e da coerção, que desapareça o que nega a humanidade, e a humanidade está convencida de que a verdadeira história começará a partir do fim dessa história de negações.

Não se pode dar um conteúdo positivo ao positivo que se quer porque, se os homens devem ser livres, então "nada nem ninguém, e sobretudo esses seres não livres que somos hoje, pode, deve querer determinar antecipadamente o conteúdo dessa vida por vir, que não seria livre se pudesse ser determinada antecipadamente" (*Pr* 172). O conteúdo da minha felicidade futura não me pode ser imposto por ninguém, nem mesmo por mim, pois, se se prescrever antecipadamente à liberdade a sua ação positiva, ela não será mais livre.

É evidente que o fundo da questão é o que se chama de *moral*: "O fim da história é o fim da vida imoral" (*Pr* 172). Efetivamente, a moral não quer outra coisa senão "libertar-me para a liberdade, para a responsabilidade, para a possibilidade de minha felicidade, possibilidade que coexiste com a de todo outro" (*Pr* 173). Em poucas palavras, a moral quer oferecer a todo homem a possibilidade — e é preciso sublinhar isto, dado que posso sempre recusar a liberdade e a felicidade — de encontrar um sentido não arbitrário para a vida, vale dizer, um sentido nos limites da razão.

Sabe-se agora de que se trata quando se fala de fim da história. Porém, pode-se perguntar se esse mundo moral no qual se pensa, esse mundo no qual cada um poderá levar uma vida sensata sem entrar em conflito com os outros, não é um sonho. Ademais, a afirmação de que se deve agir em vista desse mundo, em vista de lhe dar a realidade que ele não tem, não é o reconhecimento da infelicidade atual, da insatisfação presente, da indigência, da necessidade? E tudo isso não é o reconhecimento de que a humanidade permanece prisioneira da má história?

Essas suspeitas, infelizmente, são fundadas: "Basta constatar a prosperidade das indústrias de soníferos morais e outros, o crescimento da clientela dos especialistas do equilíbrio dos outros e que não atingem necessariamente o seu próprio, as violências gratuitas, os crimes desinteressados, os suicídios das pessoas *de sucesso* [...]. E ainda queremos falar em felicidade? Não seria mais razoável, mais modesto, falar de alívio ou de paliativo?" (*Pr* 174). É possível, contudo, que o honesto reconhecimento de tudo isso remeta a uma visão mais positiva da felicidade que seja, ao mesmo tempo, uma visão realista.

Efetivamente, agimos na história para não termos mais de agir na história; agimos para viver no presente, para gozar do que é, do que é bom, belo, sensato. Se isso é verdade, quando falamos de fim da história, não nos referimos a algo desconhecido, absolutamente transcendente, infinitamente distante, mas falamos "do que todo mundo conheceu e conhece nos momentos em que reconhece a natureza bela, a arte, a poesia, a vida na presença do espírito e do sentimento, o ser humano no amor — nesses momentos nos quais ele não é mais interessado, não espera nada, não teme nada, mas é todo presente à presença de algum ser, natural, humano, sobre-humano, sobrenatural se é crente, que não quer nada dele, do qual ele não quer nada, cuja simples presença o preenche" (*Pr* 175)[42].

42. A ideia da *vida na presença* aparece na categoria da Sabedoria na *Lógica da filosofia*, assim como no final da *Filosofia política* e da *Filosofia moral*. Sobre isso cf. H. BOUILLARD, Philosophie et religion dans l'oeuvre d'Éric Weil, *Archives de Philosophie*, 40 (1977) 600 ss.

O fim da história não significa, pois, a impossibilidade de tragédias ou de sofrimentos para o indivíduo, que estará sempre exposto aos conflitos, às decepções, ao fracasso, justamente porque só depende de si mesmo para ser homem. "Mas as infelicidades do homem livre e razoável em um mundo livre e razoável serão suas próprias infelicidades" (*Pr* 175). Portanto, o fim da história não significa que ninguém mais será infeliz: "Significa que o infeliz terá querido sua infelicidade e que todo homem, sob a condição de o querer... será feliz, porque nada o impedirá de querer sê-lo" (*Pr* 176). É certo que ainda não chegamos a este ponto, nós que já temos pelo menos a ideia desse mundo moral. Todavia, é possível que desde agora liberdade, dignidade e felicidade não estejam fora do nosso alcance.

A escolha do ensaio *O fim da história* para representar o último período da atividade filosófica de Weil não é de modo nenhum ingênua. Excetuando o último grande ensaio sobre a moral, que tomarei em consideração ao tratar do problema do mal radical[43], o ensaio apresentado contém uma espécie de suma do pensamento moral e político de Éric Weil.

Algumas considerações finais poderão ajudar a compreender melhor as razões da escolha. No período de Lille, depois de ter completado a publicação do sistema, Weil publicou seus *Problemas kantianos* (a segunda edição aumentada aparece no período de Nice) e, assim, completou o grupo das suas obras sistemáticas. Segundo a minha hipótese de interpretação, com os *Problemas kantianos*, Weil, ao mesmo tempo que fechava a formulação do sistema, entregava a sua chave de leitura. Isso sinaliza que, de algum modo, o sistema deverá permanecer aberto. Essa evidência, contudo, só se mostrará no final da segunda leitura da sua filosofia.

É importante ainda observar que o último período da atividade filosófica de Weil se abre com uma conferência que leva um título ex-

43. O último grande ensaio sobre a moral é a conferência *Faudra-t-il de nouveau parler de morale?*, in *Savoir, faire, espérer: les limites de la raison*, Bruxelas, 1976, 265-284 (*Pr* 255-278), que será apresentado detalhadamente no 4º capítulo.

tremamente significativo — Preocupação pela filosofia, preocupação da filosofia[44] —, pronunciada em um debate sobre *o futuro da filosofia*. De acordo com seu modo de proceder em filosofia, o que Weil diz ali manifesta a grande unidade e coerência de todo o seu pensamento.

A filosofia não tem de se preocupar com o seu futuro porque essa preocupação é insensata: a filosofia tem a ver com o presente, e ela pode até mesmo declarar que o seu desaparecimento "significaria que a humanidade encontrou a satisfação verdadeira — desaparecimento ao qual ela certamente não se oporia, na medida em que é a busca consciente da verdadeira satisfação do homem" (*Pr* 22). Ademais, a filosofia não deve se preocupar com seu futuro, porque os homens foram, são e serão filósofos, enquanto colocarem a questão do sentido de suas vidas e de seu mundo: "Eles esquecem a filosofia — melhor: eles deixam de filosofar — quando acreditam possuir o sentido ou quando desesperam dele" (ibid.).

O último período é marcado pelos grandes ensaios sobre a moral e sobre a história[45] e por uma série de ensaios sobre Hegel, que comprovam a seriedade com que se defrontou e ultrapassou a última das grandes filosofias[46]. Isso demonstra que Weil realizou com perfeição a obrigação principal do filósofo — ser consequente —, conforme a palavra de Kant com a qual comecei a falar de Weil.

O discurso de Weil alcançou o fim da história. Não podia ser diferente: "Todo discurso coerente é o fim da história que a ele conduziu"

---

44. Sorge um die Philosophie, Sorge der Philosophie, *Die Zukunft der Philosophie*, Olten-Friburgo, 1968, 222-238, depois em *Pr* 7-22 (trad. de G. Kirscher e J. Quillien).

45. Além do ensaio sobre o fim da história, Weil publicou: Morale, *Encyclopaedia Universalis*, XI, 311-316; Politique. La philosophie politique, *Encyclopaedia Universalis*, XIII, 225-231; Pratique et praxis, *Encyclopaedia Universalis*, XIII, 449-453; What is a breakthrough in history?, *Daedalus*, 104 (1975) 21-36 (*Pr* 193-223); Werte und Würde der erzaehlenden Geschichtsschreibung, *Veröffentlichung der Joachim Jungius-Gesellschaft der Wissenschaften*, Hamburgo, 1976 (*Pr* 177-191).

46. Cf. Hegel et nous, *Hegel-Studien, Beiheft*, 4 (1969) 7-15 (*Pr* 95-106); De la dialectique objective, *Les Études Philosophiques*, 1970, 339-346 (*Pr* 59-68); The hegelian dialectic, in *The legacy of Hegel*, Haia, 1973, 49-64 (*Pr* 107-125); Hegel et le concept de révolution, *Archives de Philosophie*, 39 (1976) 3-19 (*Pr* 127-145); La *Philosophie du droit* et la philosophie de l'histoire hégélienne, in *Hegel et la Philosophie du droit*, Paris, 1979 (*Pr* 147-166).

(*Lf* 123). Mais ainda, "Todo sistema é o fim da história, de sua história, dessa história sem a qual ele não seria e que só se compreende nele como história sensata" (*Lf* 124). Esse é o resultado que seu discurso já havia alcançado em 1950, e que se confirmou ao longo dos anos de face a face com a *realidade*, com o seu *outro*, esse outro sem o qual ele não seria, porque "é a violência que, época após época, dá a si mesma, no discurso, o que ela pode negar e que, ao se apreender como liberdade em seu discurso e, ao mesmo tempo, contra seu discurso, produz a filosofia" (*Lf* 113). Mas seu discurso compreendeu também que a *ideia da presença* com a qual se conclui, "não é uma ideia inventada: ela está no fundo e no ponto de consumação de todo discurso humano" (ibid.).

CAPÍTULO II

Problemas kantianos. A suspensão do discurso

On ne critique la penseé kantienne que contraint e forcé.
Éric Weil

1. A escolha do problema

O apólogo do anão sobre os ombros do gigante encerra o Prefácio da primeira edição de *Problemas kantianos* (1963). Na segunda edição (1970), Weil repropõe o mesmo Prefácio, advertindo o leitor de que alguns pontos menores da primeira edição foram corrigidos e completados, e que um novo capítulo foi introduzido, a fim de completar uma lacuna já observada na primeira edição. É de fundamental importância, para esta segunda leitura da obra de Weil, ter sempre presente o conteúdo desse Prefácio, verdadeiro Sésamo da interpretação weiliana de Kant e, segundo minha hipótese, do sentido e da intenção de toda a sua filosofia.

Problemas kantianos, diz o autor, não é obra de doxografia, não pretende servir de introdução ao pensamento kantiano e, menos ainda, de resumo do seu sistema. Trata-se de outra coisa: mais que dos pensamentos, do *pensar*, menos dos resultados que dos problemas e do seu nascimento. Trata-se de compreender o *pensar* de *Kant*, "tal como ele se cria a partir de uma intenção primeira" (*Pk* 8), a de compreender tudo e até a sua própria compreensão. Weil pretende "desvelar a coerência do discurso kantiano" (*Pk* 9), sem fazer violência ao texto.

Essa vontade de ser fiel ao todo do pensamento kantiano, segundo Weil, permite a crítica e a oposição, possibilita e legitima a descoberta das "insuficiências, lacunas, trincas, a ausência de conclusões últimas", coisa inevitável quando se trata de um autor, cujo pensamento influiu sobre o presente de tal modo que, tendo elevado esse pensamento a um plano superior àquele do qual partiu, ofereceu a seus sucessores a vantagem de dispor "de um trampolim daquilo que, para o grande homem, seria o resultado" (*Pk* 10).

É assim que Weil nos introduz ao apólogo da sabedoria das nações. A importância dessa conhecida parábola, no texto de Weil, não é a de uma simples imagem de efeito a título de *captatio benevolentiae*. É preciso ler a parábola com os olhos de Weil para dar-se conta de que ela assume o caráter de relato autobiográfico. Mas isso só se compreende na segunda leitura.

A sabedoria das nações aconselha ao anão, se quiser ver mais longe, instalar-se sobre os ombros de um gigante, em vez de arrastar-se na poeira para constatar que o gigante, como todo mundo, tem os pés no chão, ou para murmurar que os cadarços dos seus sapatos não estão limpos como deveriam estar. Porém, essa sabedoria, que não se engana, mas raramente diz tudo, não diz que o anão deve ter os olhos bem abertos e não deve querer saltar sobre a cabeça do gigante, na suposição de que ele possa saltar assim tão alto. Ela não diz que não se deve cavar diante do gigante algo que para o anão seria um abismo, mas para o gigante seria uma fissura quase invisível, de onde ele nem ouviria elevarem-se os gritos do pobre precipitado. Aquela sabedoria também não diz que é do interesse do anão não descer para caminhar sozinho, antes que o gigante tenha terminado o seu caminho, e esperar até que seja realmente obrigado a encontrar sua própria estrada.

Weil conclui com uma observação de agudo conhecedor da história da filosofia: parece que Kant não teve muitas ocasiões de carregar esse tipo de anões. Daí a suspeita não retórica de que "o pensamento de Kant ainda esteja à nossa frente, que ainda não tenhamos sabido nos apropriar da herança que ele nos deixou, que mesmo com os seus problemas, sobretudo com eles, ele possa nos tirar de certas dificuldades nas quais caímos porque tomamos isso ou aquilo de Kant, mas não aceitamos seu pensamento, livres para nos separarmos dele, mas sabendo do que nos afastaríamos" (*Pk* 11).

Este Prefácio é a porta de acesso à interpretação weiliana de Kant. Nada de novo nesta afirmação. De fato, que outra função poderia ter o prefácio de uma obra composta de capítulos, três na primeira edição, quatro na segunda, que não foram escritos para compor um livro, mas foram reunidos, numa ordem que não é fortuita, simplesmente porque tratam de alguns problemas kantianos?

A novidade que quero destacar, e que constitui a hipótese de fundo da minha pesquisa, é que *Problemas kantianos* pode ser considerado um livro autobiográfico, uma espécie de autobiografia intelectual de seu autor. Éric Weil é o anão sobre os ombros de Kant, o anão que viu mais longe, que começou o seu próprio caminho a partir do ponto em que o gigante interrompeu o seu. Numa palavra, os *problemas kantianos* são *problemas weilianos*. É a escolha do problema que permite compreender o problema da escolha e a escolha como problema. Dito de outro modo, é a partir de *Problemas kantianos* que se compreende a filosofia de Weil na unidade do seu sistema, isto é, na *Lógica da filosofia* e na *Filosofia moral* (assim como na *Filosofia política*).

Para compreender o sentido e a intenção da obra filosófica de Weil, não basta considerar o anão entre os gigantes, isto é, a relação de Weil com os grandes filósofos que ele estudou. O anão viu mais longe porque escolheu subir sobre os ombros de um gigante. É inútil e desnecessário para a filosofia querer *explicar* o porquê dessa escolha. A explicação não vai além da via regressiva das causalidades, que não é a via real da filosofia. Aqui é preciso *compreender* a escolha de Weil. E, como a compreensão vai pela via real da finalidade, é só no final que se revela o sentido e a intenção da escolha feita no início e do início. A afirmação vale tanto para a obra de Weil como para o meu esforço de compreensão. A minha hipótese de interpretação só poderá ser verificada ao final de uma leitura sistemática que dê razão da escolha feita no início.

Para quem quer compreender, basta a constatação inicial de que Weil escolheu o gigante que é Kant, e que essa escolha o conduziu à estatura dos grandes homens, dos que são capazes de carregar sobre os seus ombros outros anões que queiram seguir os conselhos da sabedoria das nações. Se fosse preciso antecipar as *razões da escolha*, não se iria além da *escolha da razão*.

2. Por que Kant é problema?

Provavelmente uma das melhores respostas a esta questão foi a de Gerhard Krüger: "O que torna muito difícil a interpretação de Kant não é uma obscuridade ou uma complexidade particular de sua filosofia, mas o fato de ela ser para nós *historicamente longínqua*"[1]. Toda interpretação histórica depende do que Krüger chama de *tradição viva*, isto é, "o domínio que exercem no *interior* de uma época as afirmações dogmáticas próprias dessa época". A nossa tradição viva remonta, em seu conjunto, ao início do assim chamado período moderno, a ponto de só podermos "compreender realmente de modo imediato a filosofia a partir de Descartes". Nosso acesso à filosofia mais antiga só se dá indiretamente, na medida em que conseguirmos dominar nossos preconceitos mais evidentes, evitando assim introduzi-los nas filosofias mais antigas.

É justamente o conhecimento da nossa tradição viva, matriz de nossos preconceitos, que nos permite exercitar a primazia de princípio da história da filosofia, característica da época moderna: "Toda história da filosofia deve primeiro passar pela história da sua tradição viva". Assim, segundo Krüger, é só depois de Kant que começa a atividade filosófica propriamente moderna. E aqui está a resposta à minha questão: "Essa é a importância excepcional de Kant para a história da filosofia: Kant é o nosso mais antigo 'contemporâneo' filosófico. Foi ele quem 'criou' a época moderna da atividade filosófica". Mas, como é o criador, ele já começa a ficar fora das preocupações do pensamento moderno. Ele está, no dizer de Krüger, "na divisão do tempo", pois ele é o autor de tudo o que ainda está vivo na nossa tradição filosófica, "e nós o encontramos na entrada do passado que já nos *escapa*".

---

1. G. KRÜGER, *Critique et morale chez Kant*, trad. M. Régnier, Prefácio de Éric Weil, Paris, 1961. Os textos entre aspas nestes parágrafos são extraídos do item 3 da Introdução do livro de Krüger, 26-28.

O livro de Krüger é de 1931. Para a tradução francesa, publicada trinta anos mais tarde, Marcel Régnier, amigo pessoal de Weil, solicitou que ele escrevesse um prefácio. Não é sem importância observar que Weil escreve esse prefácio dois anos antes da primeira edição de *Problemas kantianos*. Se minha hipótese tem fundamento, poder-se-á constatar mais uma vez que, ao falar de Kant, Weil fala da sua própria filosofia, do seu acordo e do seu desacordo fundado com Kant ou, o que é o mesmo, do caminho que ele percorreu após ter descido dos ombros do gigante.

Weil observa que o livro de Krüger surpreende, e até escandaliza, os que conservaram de Kant apenas a Analítica Transcendental da primeira *Crítica*, como se Kant não tivesse "mais e outra coisa a dizer" além da dedução transcendental das categorias[2]. O mau hábito de recorrer a Kant simplesmente por "necessidade de encontrar um aliado ou um protetor na luta contra o cienticismo e o pragmatismo ingênuo, por um lado, contra o dogmatismo político e religioso por outro", conduziu kantianos e antikantianos, que liam menos Kant que seus comentadores, ao desastroso e infundado preconceito de considerá-lo apenas como um teórico do conhecimento.

O livro de Krüger destrói esse preconceito pela raiz, ao opor a ele a constatação fundada de que Kant foi o que sempre se proclamou, isto é, "metafísico no sentido mais tradicional", e que ele só pode ser chamado teórico do conhecimento porque "quis fundar o que a velha metafísica (tornada *velha* por sua intervenção) tinha afirmado sem provas válidas: a existência de Deus, a liberdade, a imortalidade da alma". Segundo Weil, essa constatação se impõe com clareza para qualquer um que tenha "tomado a decisão de escutar Kant, em lugar de buscar nele argumentos em favor de uma boa causa".

Quando se trata de Kant, ele mesmo, e não de "filosofemas pessoais que a ele se empresta generosamente", é impossível utilizar a sua filosofia "sem se dar ao trabalho de compreendê-la", assim como se torna insustentável a suposição ingênua de que se está necessariamente à frente do velho mestre. Quando se compreende Kant não se pode falar dele como se ele não tivesse observado a pretensa contradição, o abismo que hoje se

2. Todos os textos citados entre aspas nos próximos parágrafos, salvo indicação em contrário, são extraídos do Prefácio de Weil ao livro de Krüger, 5-11.

descobre entre seus diferentes ensinamentos. A descoberta do Kant metafísico, iniciada por alguns autores alemães do entre guerras, ensinou a ler Kant, "não somente com uma intenção biográfica [...], mas para descobrir a fonte do seu pensamento, a estrutura do seu sistema".

Se é verdade que Kant quis fundar a antiga metafísica com a ajuda de um novo método, então a questão essencial que se deve pôr é a do motivo filosófico que o levou a querer salvar a metafísica. Segundo Weil, o grande serviço prestado por Krüger aos que se interessam como filósofos pela história da filosofia é ter posto a questão do motivo da filosofia de Kant e ter dado a esta questão uma resposta convincente.

Weil destaca dois pontos da filosofia de Kant, centrais na interpretação de Krüger: "A filosofia, aos olhos de Kant, é uma questão dos homens na vida, não é questão do intelectual ou do especialista, se bem que só o filósofo formado saiba conduzir a bom termo o empreendimento filosófico; ela é [...] questão do mundo dos vivos, não questão de escritório; ela procede do que Krüger chama *Lebenserfahrung*, a experiência viva e vivida, a que dá vida e a *informa*. A filosofia é assim, e este é o segundo ponto, moral na sua essência, fundada sobre a moral e reveladora desse fundamento à consciência [...]. Se uma metafísica é necessária, é porque o homem, ser moral e finito ao mesmo tempo, a exige para não desesperar do sentido da sua existência e para poder ser moral, sem desespero, na sua vida finita e dependente".

Assim como para Krüger, também para Weil não se compreende a filosofia dos nossos dias sem referência a Kant, até mesmo naquilo que é criticável na *Crítica*. O procedimento crítico diante do sistema kantiano não o falsifica, porque só a crítica filosófica permite captar a intenção do filósofo, sob a condição, entre outras, de compreender a unidade do seu pensamento, "e de considerar que se trata de um sistema, não de uma rapsódia". Para Weil, o mérito fundamental de Krüger consiste em discutir *com* Kant e, ao fazer isso, discutir "com o mundo moderno e sua filosofia [...] a partir, portanto, da sua origem". Efetivamente, segundo Krüger, a fraqueza de Kant é também, e ainda, a nossa[3].

---

3. Note-se o paralelo desta afirmação com a conclusão do Prefácio a *Problemas kantianos*: "Ficaríamos satisfeitos e contentes se o presente trabalho pudesse contribuir para uma discussão *com* Kant" (*Pk* 11; destaque meu).

Weil, porém, manifesta uma divergência com Krüger, que não pretende ser uma crítica. Krüger vê a fraqueza de Kant no fato de ele ter permanecido um homem da *Aufklärung*, "embora tenha *também* ultrapassado o seu espírito". Para Krüger, o conceito kantiano de consciência de si não é real e fundamentalmente renovado, no sentido da autonomia moral, principalmente porque Kant não admitiu, contrariamente ao que fez Agostinho, que os princípios objetivos da razão não são o produto da razão, mas que a razão os descobre e deles se apropria na obediência: "A consciência de si humana é fundamentalmente uma consciência de si *diante de Deus*"[4].

Weil não quer discutir diretamente este juízo de Krüger, pois o importante para ele (como para Krüger) é discutir com Kant, coisa que Krüger faz com admirável maestria, mesmo quando ataca o cerne do sistema kantiano. Todavia, Weil pergunta se Kant, sendo cristão consciente, embora pouco ortodoxo, não teve boas razões "para não considerar a consciência *coram Deo* como fundamento suficiente da filosofia: sem dúvida ele quis justificar essa consciência *coram Deo* como a única verdadeiramente humana, mas quis, precisamente, *justificá-la*". Para Weil, isso significa que ele teria acreditado ser impossível distinguir, na ausência dessa justificação, entre os que invocam o nome divino em espírito e em verdade e os outros. Isso equivale a dizer que "o *teoretismo* que Krüger considera o defeito congênito do kantismo é talvez o defeito de toda filosofia, e que em filosofia não pode haver verdade *da qual se possa falar* senão na forma de um discurso coerente e consciente das condições de sua coerência".

A importância da questão levantada por Weil está no fato de poder ser lida como uma questão autobiográfica, pois é na sua interpretação de Kant que encontro a chave de compreensão da sua própria filosofia. A conclusão do Prefácio ao livro de Krüger traz mais uma discreta, porém preciosa, confirmação da hipótese que pretendo aplicar à obra de Weil.

Weil diz que Krüger restitui ao pensamento contemporâneo não algumas ideias, mas a problemática e o sistema de um dos maiores filó-

---

4. G. Krüger, op. cit., 267. Ver também sobre isto toda a conclusão do livro, 263-272.

sofos de todos os tempos: "Ele permite assim a esse pensamento compreender-se melhor, compreendendo aquele do qual lhe vem a sua 'modernidade', modernidade à qual todos pertencemos, mesmo quando nos voltamos contra ela [...] em nome dos bons velhos tempos da filosofia, bons e velhos porque não são mais os nossos".

3. Kant, o problema de Weil

Anunciei nos dois primeiros momentos desta segunda leitura, a partir de dois prefácios considerados autobiográficos, uma hipótese de interpretação sistemática da obra de Weil. As razões dessa hipótese, após a leitura e a releitura de toda a obra de Weil, são evidentes a partir dos textos considerados, mas essa evidência só se mostra ao final de uma segunda leitura.

Antes de prosseguir com esta segunda leitura, quero reafirmar que minha hipótese pretende dar *uma* interpretação da filosofia de Weil. É próprio das grandes filosofias, como diz Weil a respeito de Berkeley[5], admitir mais de uma interpretação. Só os pequenos filósofos são lidos unilateralmente, inequivocamente, sem discussão. Creio poder afirmar, com conhecimento de causa (que aqui é conhecimento de problema), da obra de Weil o mesmo que ele afirmou do livro de Krüger, ou seja, que o melhor que se pode dizer de um livro de filosofia é que "ele desencadeia a discussão sobre problemas fundamentais"[6].

Minha interpretação pretende ser uma interpretação de Weil *juxta propria principia*. Em vista de aprofundar a discussão e de melhor evidenciar a justeza da hipótese, apresento a seguir uma interpretação da obra de Weil diametralmente oposta, embora o ponto de referência seja o mesmo.

Trata-se de uma breve contribuição de Pierre Billouet ao Colóquio Internacional de Chantilly (1982) sobre a atualidade de Éric Weil[7]. A tese

---

5. É. Weil, recensão a G. Berkeley, *The works of bishop of Cloyne I*, Londres-Edimburgo-Paris, 1948; A. A. Luce, *Berkeley's immaterialism*. A commentary on his A *treatise concerning the principles of human knowledge*, Londres-Edimburgo-Paris, 1945, *Critique*, 5 (1949) 169.

6. É. Weil, Prefácio a G. Krüger, op. cit., 10.

7. P. Billouet, Pourquoi Kant fait-il problème?, AEW 327-339.

do autor aparece logo no início de sua comunicação. Depois de passar rapidamente sobre o conjunto da obra de Weil, pincelando aqui e acolá algumas expressões das suas obras maiores, o autor afirma que Kant, encontrado a cada momento, "é incontornável". Porém, Kant "permanece no individual e no finito, sua posição é filosoficamente insustentável: ele só pode ser ultrapassado", dado que a sua solução aos problemas da moral, da política e da lógica "é sempre vazia" (AEW 328).

Aparece assim o que o autor chama de *contradição weiliana*: "Incontornável, Kant é insustentável *e* insuperável". Ao contrário de Aristóteles e de Hegel, "verdadeiros positivamente [...] mas não completos", Kant ocupa uma posição singular: "Suas análises nada têm de vivo porque, parando sempre na metade do caminho, elas não permitem racionalmente nenhuma *posição*: não se pode integrar suas análises e simplesmente mostrar os seus limites [...], é preciso contestá-las" (AEW 328 s.). Não podendo ser ultrapassado por complementaridade, não sendo falso por ser unilateral, mas porque "contrário à razão", não sendo erro, "mas loucura (finito que quer permanecer finito)", Billouet afirma que "Kant é o problema (em si) de É. Weil" (AEW 330).

Assim o autor resume o itinerário filosófico de Weil. Partindo da *Lógica da filosofia* (1950), passando pela *Filosofia política* (1956), para chegar à *Filosofia moral* (1961), ele afirma que "uma vez que já vivemos num mundo sensato, no qual a escolha contra a violência já foi feita e é sempre a refazer [...], uma vez compreendido o sofrimento pessoal, o pensamento dialético weiliano só teria de produzir discursos pedagógicos [...] ou se superar na *ação*" (AEW 330). Porém, dado que Weil pensa os *Problemas kantianos*, isto é, continua a pensar mesmo quando não se vê o que mais ainda poderia ser pensado, então Kant tornou-se explicitamente problema: "Por que o filósofo Kant, uma vez que sua posição é filosoficamente insustentável, não se ultrapassa a si mesmo?" (AEW 31).

O autor apresenta então uma alternativa radical ao empreendimento de Weil: "Se Kant não é o que Weil tinha compreendido nas críticas parciais", então toda a sua filosofia é posta em questão; mas, ao contrário, "se Weil tem razão, ele (se) inscreve plenamente (no) nosso tempo como o herdeiro" (AEW 331). Dito de outro modo: ou *Problemas kantianos*, publicado no final do itinerário filosófico de Weil, representa um repensamento que põe em questão toda a sua filosofia, ou é a prova da apropriação da herança kantiana pela filosofia de Weil.

A análise de *Problemas kantianos* feita por Billouet visa destacar os pontos que concorrem para a afirmação da sua interpretação, isto é, os que apontam na direção do primeiro termo da alternativa acima apresentada. Desse modo, o autor *produz* a sua conclusão, que pretende ser coerente com as análises: "Kant, portanto, constitui problema porque, filósofo, ele não é 'kantiano', e porque ele seria louco se o fosse" (*AEW* 337).

A consequência é clara: "Weil, agora incontornável, insuperável e insustentável, constitui problema. Incontornável: ele reconcilia filosofia e política, e ninguém, a não ser que recuse a linguagem (violência), pode mais ignorá-lo seriamente; insuperável: a própria violência é compreendida, e todo o pensável pensado; insustentável, dado que o próprio Weil pensa mais do que todo o pensável" (*AEW* 337 s.).

O autor defende, em seguida, que Weil se ultrapassa duas vezes no seu pensamento: "Primeiro ele conduz a filosofia à vida ordinária e a uma primeira autocompreensão (*Lf*), em seguida, faz a trajetória inversa (*Fm* e *Fp*), e não teria então mais nada a pensar, dado que só há o Todo (organizado), o indivíduo e a organização social e política dos indivíduos, e dado que ele apresentou dinamicamente a organização ao indivíduo e a partir do indivíduo; mas como o homem é essencialmente filósofo, ele deve apreender seu próprio discurso como fato, compreender a sua própria compreensão: opera-se assim uma segunda revolução mais profunda com problemas kantianos, um segundo retorno a si do pensar" (*AEW* 338)

Conclui o autor: "Mesmo se isso é impensável, não tendo cessado de pensar nem depois da *Lógica*, nem depois da *Moral*, Weil indica que há sempre o novo a pensar", e que "pensar é uma atividade insensata, nunca fechada sobre si, dado que ele só pode tentar voltar mais profundamente sobre si desconhecendo a circularidade precedente" (*AEW* 338).

A alternativa proposta ao pensamento de Weil apresenta-se claramente: "Se o pensar weiliano só se compreendeu e se fundou com *Problemas kantianos*, a *Lógica da filosofia* pensa verdadeiramente todo o pensamento? Se sim, não se vê muito bem o porquê de um desacordo fundado a respeito de Kant, nem mesmo a possibilidade desse desacordo — nunca seriamente visado antes" (*AEW* 338). Entretanto, "depois de *Problemas kantianos*, Weil não é tão insustentável como se mostrou, dado que pode enfim *razoavelmente* deixar de pensar, e murmurar que os cadarços dos sapatos do gigante não estão tão limpos como deveriam estar..." (*AEW* 339).

4. Problemas kantianos, problemas weilianos

A apresentação detalhada da tese de Billouet teve em vista não só contrastá-la com a minha interpretação, mas também assinalar meu débito com essa curiosa leitura da obra de Weil. De fato, a tese de Billouet foi um momento importante da minha pesquisa, tendo contribuído para formular mais adequadamente minha hipótese de interpretação.

É certo que a figura de Kant esteve presente desde o início da minha primeira leitura da obra de Weil, a ponto de me introduzir ao mundo do gigante que lhe serviu de trampolim. Depois de ter seguido os passos de Kant até o final do seu caminho, produziu-se em mim a convicção de que era preciso reler a obra de Weil a partir da interrupção do discurso do gigante.

Na segunda leitura da obra de Weil verifiquei que, quando se parte da filosofia de Kant, não se pode simplesmente voltar sobre seus ensinamentos e seus interditos. Como afirmou um estudioso de Kant, "quem escolheu apelar para a sua autoridade não pode senão estender o seu método e completar a sua doutrina"[8]. Entregando a seus leitores, no final de seu caminho filosófico, os seus problemas kantianos, Weil revela de que modo toda a sua obra é uma resposta a esta exigência, que é a do próprio *pensar* de Kant.

4.1. Pensar e conhecer, a fé e a coisa-em-si

A primeira impressão produzida pela leitura do primeiro capítulo de *Problemas kantianos* é que Weil pretende apenas rejeitar as interpre-

8. B. Rousset. *La doctrine kantienne de l'objectivité*. L'autonomie comme devoir et devenir, Paris, 1967, 12.

tações dogmáticas e céticas da coisa-em-si, ao combater, por um lado, o antigo preconceito sobre Kant como simples teórico do conhecimento e, por outro, a afirmação igualmente insatisfatória de que ele teria sido o salvador da metafísica. Weil afirma muito mais do que o que há de verdade nessa primeira impressão. O capítulo é particularmente difícil porque, antes de tudo, é preciso "retirar os sedimentos que obstruem o acesso" (*Pk* 15) à obra de Kant.

Weil começa por uma comparação entre as duas edições da *Crítica da razão pura*, mostrando onde se encontram os mal-entendidos dos quais o próprio Kant se lamentou e como ele tentou responder, na segunda edição, às críticas que eles produziram. Se a intenção de Kant não era destruir toda metafísica, mas fundar uma metafísica sistemática que tivesse por regra a crítica e permanecesse como um legado para a posteridade, como escreveu no Prefácio da segunda edição[9], parece que seu empreendimento não teve muito sucesso. Prova disso é que muitas vezes até mesmo grandes filósofos, como Hegel, declararam o seu fracasso. Com efeito, como falar de metafísica sistemática escrita segundo as regras da crítica; como falar de metafísica positiva, conforme se lê na segunda edição, se Kant afirma igualmente que precisou "abolir o *saber* para dar lugar à *fé*"[10]?

A dificuldade manifesta a estreita relação entre os quatro problemas kantianos discutidos no primeiro capítulo de *Problemas kantianos*, que começa com uma reflexão sobre o problema da *fé da razão*, verdadeiro *hápax* do vocabulário da história da filosofia alemã[11], e ponto central para a compreensão de Kant. Efetivamente, se é possível falar de um Kant metafísico, "não se poderá dizer nada enquanto não se elucidar o que pode significar uma metafísica que, ciência, repousaria, todavia, sobre a fé" (*Pk* 19).

Trata-se, portanto, de superar os mal-entendidos na compreensão dessa fé que não é *ciência*, mas possui *objetos* e os *pensa*. Dois devem ser descartados de início: a fé, para Kant, não é determinada por um *credo*,

9. I. Kant, *Critique de la raison pure*, *Op* I 748.

10. I. Kant, ibid.

11. A expressão é de L. Sichirollo, Morale et politique. Actualité de Weil (et de Kant), *AEW* 266.

pois todo credo histórico é inadmissível; e a fé do coração é apenas *entusiasmo*[12]. Para Kant, só a razão prática pode ser portadora legítima da fé, "mais exatamente, já que existe apenas uma razão, a razão na medida em que é prática" (*Pk* 20)[13].

Com isso, porém, a dificuldade parece mais agravada que solucionada, pois fica a impressão de que a razão pura admite aquilo que a Analítica e a Dialética lhe tinham recusado, a saber: a faculdade de conhecer fora do campo espaçotemporal. Neste ponto, diz Weil, é a linguagem kantiana que opõe os maiores obstáculos à compreensão, pois, para Kant, por definição, o termo *conhecimento* é reservado ao conhecimento por categorias esquematizadas. Essa orientação determina a sua terminologia, mas não a fixa, "pois o sentido de palavras como saber (*wissen*), conhecer (*erkennen*), pensar (*denken*) permanece sempre função do contexto no qual elas se encontram" (*Pk* 22).

Assim, o próprio Weil fixa o uso das palavras, opondo *pensar* e *conhecer*, *saber* e *ciência*, reservando pensar e saber à metafísica e à sua forma particular de saber, e as outras duas aos objetos próprios da ciência. Desse modo, se, por um lado, Kant nega à razão pura a possibilidade de *conhecer* e de desenvolver uma ciência, por outro, reconhece que a razão tem a "possibilidade de adquirir um *saber* que, em vez de *conhecer*, *pensa*". A fé da razão pode, portanto, ser definida como "a adesão fornecida pela razão prática, a razão do ser finito, àquilo que a razão especulativa pode ser capaz de pensar sem contradição interna, adesão que ela concede razoavelmente, por boas e válidas razões" (*Pk* 22).

As razões dessa adesão são boas e válidas porque o fim da vida e do pensamento humanos, isto é, o *interesse* de todo homem é conhecido, mais exatamente, sabido pela presença imediata da lei moral, princípio

12. Sobre o sentido de entusiasmo (*Schwaermerei*) na filosofia de Kant, ver especialmente a quarta parte da *Religião nos limites da simples razão*.

13. G. Kirscher afirma que "Éric Weil interpreta a fé da razão segundo Kant como atividade hermenêutica e não como adesão, certeza, crença que renuncia a pensar". Cf. G. Kirscher, La philosophie comme logique de la philosophie, *Cahiers Philosophiques*, 8 (1981) 28, nota 17. A afirmação poderia ser mais matizada pois, segundo Weil, a fé da razão se caracteriza pela "adesão dada a um juízo de existência irrefutável, mas incapaz de prova (juízo que não contém contradição interna)" (*Pk* 20, nota 6). Sobre a fé da razão em Kant, ver especialmente a 3ª seção do Cânon da razão pura, *Op* I 1376-1384.

da universalidade do ser finito e dependente. O homem dá sua adesão por razões subjetivamente necessárias e universais, pois a vida não seria humana "sem possibilidade de pensar um mundo no qual não seja insensato obedecer à lei moral e tender para o fim" (*Pk* 23). Assim, o que nenhuma experiência promete à existência empírica do homem, a saber, as condições para que o ser finito-infinito possa observar a lei moral, é garantido pelo saber da fé que permite ao homem viver sob a lei. É, portanto, a razão prática que "desenvolve a fé razoável, contida, mas como que envolvida, em todo ato humano, mesmo que seja de pesquisa 'desinteressada'" (*Pk* 24).

A dificuldade, contudo, parece apenas melhor circunscrita. A questão, em última análise, permanece: "como o uso de categorias não esquematizadas pode ser legitimado? [...] Como a razão, sendo prática, sabe a que, na fé, ela dá sua adesão se, na medida em que é teórica, ela não consegue pensar o conteúdo da sua fé?" (*Pk* 25). A comparação de alguns textos das duas edições da *Crítica da razão pura*[14] revela que Kant acentuou progressivamente a função metafísica das categorias puras, a ponto de, na segunda edição, afirmar "a possibilidade, ou mesmo a necessidade, de um uso, analógico, é verdade, mas real, das categorias, nas situações em que o sensível não intervém no início, mas é visado somente no fim" (*Pk* 27). Nesse caso, pergunta Weil, haveria ainda alguma diferença entre um pensamento por categorias puras e o pensamento ordinário da ciência?

Os textos mostram que a *contradição* não escapou a Kant e, no entanto, o ensinamento da primeira edição da *Crítica da razão pura* sobre a constituição do conhecimento jamais foi abolido. Trata-se, segundo Weil, de compreender o que aos olhos de Kant deve ter sido evidente e natural, ou seja: as categorias esquematizadas nos dão o *conhecimento* dos objetos, enquanto nas categorias puras "a razão *pensa* objetos e não os *conhece*, já que o conhecimento analítico-analisante, em suma, discursivo, é apanágio exclusivo do entendimento e das categorias esquematizadas" (*Pk* 29).

---

14. Weil concentra a sua análise sobre duas versões de um texto do 1º capítulo da Dialética Transcendental ("Dos paralogismos da razão pura"). Cf. *Op* I 1465 e 1069.

Daí se segue que a necessidade que temos da ideia de um ser originário e em si mesmo necessário, do qual e de cuja necessidade absoluta não podemos adquirir o menor conceito discursivo, isto é, a ideia de um *intellectus archetipus*, que pensamos, mas não conhecemos, e que funda o que conhecemos, torna-se compreensível para uma razão que o pensa e se situa relativamente a ele: "ela [a razão] *se* compreende porque ela *o* pensa, e sob a condição de que ela o pense, e se compreende então como finita, como dependente, em todos os seus conhecimentos, de dados que não lhe são necessariamente fornecidos, que poderiam lhe faltar, podem sempre vir a lhe faltar" (*Pk* 30).

A interpretação de Weil atinge aqui um ponto-chave. A *Crítica da razão pura* é, em última análise, crítica do entendimento e libertação da razão. A razão libertada pela crítica pode pensar Deus, a alma, a liberdade, e, na medida em que é razão do homem agente, pode aderir ao que ela pensou. Fé e pensamento coincidem no conteúdo e na forma; se diferença existe entre eles, esta deve ser buscada na natureza do ser finito e razoável que, teórico e agente, isto é, moral, pensa ao mesmo tempo o conteúdo da fé como simples possibilidade lógica, por um lado e, por outro, afirma "a pressuposição indemonstrável (mas também irrefutável) de uma pesquisa que caminha inevitavelmente para a unidade e totalidade de tudo o que é, para o sistema do pensamento e da ciência, tanto quanto de sua realidade, mas que não tem nenhum meio de provar que essa totalidade una e seu fundamento existem — existem da única maneira de existir que ela conhece, a dos objetos particulares com os quais ela lida" (*Pk* 32).

É por isso que Weil pode demonstrar em seguida, a partir do conceito kantiano de *interesse da razão*[15], que o fundamento último da filosofia kantiana deve ser buscado na sua antropologia filosófica, não na teoria do conhecimento ou mesmo na metafísica. Kant não *tematiza* esse fundamento do seu pensamento, mas seus traços principais são visíveis em toda a obra crítica: finitude e universalidade (segundo Weil se-

15. Ver toda a 3ª seção da Dialética Transcendental ("Do interesse da razão em conflito consigo mesma"), *Op* I 1117-1127, e também as duas primeiras seções do Cânon da razão pura ("Do fim último do uso de nossa razão", e "Do ideal do soberano Bem com fundamento para a determinação do fim último da razão humana"), *Op* I 1359-1376.

ria mais exato dizer *universabilidade*), desejo de felicidade e vontade de uma felicidade proporcional aos méritos do ser razoável no ser animal; em última análise, Deus como necessidade última e primeira de um ser que não poderia viver sem crer num sentido de sua existência e saber-se justificado na sua fé. Esta é a razão pela qual "só a prova moral da existência de Deus é válida, apenas ela pode sê-lo, pois só ela se funda sobre o fundamento mesmo da humanidade do homem" (*Pk* 33).

A filosofia é para Kant uma questão do homem na vida, ainda que ela fale sempre a linguagem da teoria. A filosofia transcendental, cuja parte crítica torna possível uma metafísica como ciência, só quer ajudar o homem a perseguir seu interesse "com plena consciência" (*Pk* 33). O verdadeiro interesse da razão é reunir seu interesse especulativo com seu interesse prático[16], para viver em paz consigo mesma, isto é, com vistas ao contentamento ou, o que é o mesmo, para dar ao homem a possibilidade de viver como "cidadão de um mundo sensato e que deve realizar o sentido da sua existência e o do mundo" (*Pk* 36).

Resumindo a interpretação weiliana até este ponto, pode-se dizer que, quanto ao essencial, segundo Kant, o homem não tem a ver com os fenômenos, mas com as coisas-em-si, pois o essencial para o homem não é o conhecimento, é a ação, mais exatamente, a decisão com vistas à ação; "e a decisão é de uma ordem inteiramente diferente daquela do conhecimento: ela lida com as coisas-em-si, sendo o ato de uma coisa-em-si" (*Pk* 36).

Para demonstrar o bom fundamento deste resultado da sua interpretação, Weil analisa o predomínio da interpretação especulativa da coisa-em-si. Como bom leitor de Kant, ele não tem dificuldade de encontrar os textos que tratam da coisa-em-si na obra de Kant. Esses textos mostram que, para Kant, o *eu* é coisa-em-si e, por isso, o sujeito não é nunca uma coisa, ele "não é apreendido a partir de suas relações com outra coisa, mesmo que essa fosse o sujeito cognoscente" (*Pk* 39). Em poucas palavras, "a *coisa-em-si* não é nem *coisa* nem *em-si*: ela é, na verdade, *sujeito* e *para-si*" (*Pk* 40)[17].

---

16. I. Kant, *Critique de la raison pure, Op* I 1319.

17. Weil parte do § 25 da Analítica Transcendental na 2ª edição da *Crítica da razão pura*. A correta interpretação da coisa-em-si deve ser coerente com o primado da razão

Segundo Weil, é na discussão das teses de Mendelssohn[18] que Kant se exprime positivamente sobre a coisa-em-si, definindo-a como o fato irredutível, cuja possibilidade não pode se tornar problema, pois não se pode "ir além desse *dado* primeiro, que é ao mesmo tempo a condição última na ordem da descoberta: o todo incondicionado" (*Pk* 40). Deus e a alma são coisas-em-si, "tais como eles são para si mesmos" (*Pk* 41). a respeito disso, tanto o pensador especulativo como o homem da razão comum e moralmente sadia possuem um saber imediato, e seria contrário ao interesse da razão querer transformar esse saber em saber mediatizado, isto é, em ciência. Para a realização do interesse da razão basta uma pura fé da razão[19].

A consequência da correta interpretação da coisa-em-si mostra-se imediatamente. O homem, ser finito, só se compreende a partir do infinito: "O homem é criatura e *imago dei* [...] é a partir da ideia de Deus que a ideia do homem é formada, por redução e diminuição. Deus não é antropomorfo [...], o homem é teomorfo; o que faz que ele só se compreenda como criatura e cópia, como razão éctipa, não arquétipa, se compreenda a partir do seu *original*, da sua origem" (*Pk* 42 s.)[20]. Desse modo, Kant é consequente quando afirma que a coisa-em-si é o sujeito-para-si, ou seja, "o sujeito que se determina razoavelmente e por meio da razão" (*Pk* 44).

Mas é preciso não esquecer que todo conhecimento, toda ciência objetivante da coisa-em-si vai contra o interesse da razão, porque a posse

prática com vistas à realização do interesse da razão, ponto central compreender toda a filosofia kantiana. Cf. J. M. J. García-Viedma, La primacía de la razón práctica y la fe racional en Kant, *Pensamiento*, 29 (1973) 409-430; M. Guéroult, Canon de la raison pure et Critique de la raison pratique, *Revue Internationale de Philosophie*, 30 (1954) 331-357.

18. I. Kant, *Algumas observações de Kant*, in L. H. Jakob, *Exame de A Aurora de Mendelssohn* (1786), citado por Weil segundo a edição de M. Weischedel (Insel-Verlag), III, 290 s.

19. I. Kant, *Qu'est-ce que s'orienter dans la pensée?*, *Op* II 539 s.

20. J.-L. Bruch, *La philosophie religieuse de Kant*, Paris, 1968, 138, nota 24, apoiando-se sobretudo em alguns textos das *Reflexionen* de Kant, afirma que estes não autorizam a interpretação de Weil: "Mesmo admitindo o tema, além do mais cristão, do homem teomorfo, eles não permitem remontar do homem a Deus". A interpretação de Weil, contudo, além de bem-fundada no texto kantiano, é apoiada por outros intérpretes de Kant.

desse conhecimento transformaria o ser livre e responsável "em escravo obediente ou revoltado de um senhor cuja onipotência [...] faria dele, na melhor das hipóteses, um técnico da felicidade" (*Pk* 43). Entretanto, o fato de não (se) conhecer, e não poder (se) conhecer, não impede que ele possa (se) pensar, antes o obriga.

A coisa-em-si que é o homem, substância no sentido forte do termo, mas substância incompleta e dependente, ser finito e razoável, sempre submetido às condições da sensibilidade, sempre passivo em sua atividade, cuja existência é fortuita, é obrigado a remontar ao incondicionado, "em cuja ausência o mundo e a existência humana como um todo seriam inconcebíveis" (*Pk* 44). Essa passagem para além do limite do determinado e do finito é *permitida* à razão teórica que, contudo, não tem o direito, nem qualquer motivo válido, de afirmar que alguma realidade corresponde à sua ideia.

Mas, a razão na medida em que é prática, a razão para si e não para outra coisa, na consciência imediata da lei moral, descobre um fundamento sólido para a afirmação de um ser ontologicamente perfeito, um ser que é o fundamento de toda realidade derivada, humana e mundana. Porque é imagem desse puro ser-para-si, o homem *pode* falar de Deus e transferir para o original o que ele descobre na cópia, sob uma dupla condição: "de que só veja em si suas 'qualidades' internas e suas faculdades ativas, e que não esqueça que a conclusão da imagem ao original só poderia ser analógica" (*Pk* 46)[21].

Superada a interpretação especulativa da coisa-em-si, o pensamento kantiano mostra sua originalidade: "as coisas-em-si são as almas como substâncias livres e que se autodeterminam". Mas como essas almas — humanas ou angélicas — não se *fundam* a si mesmas, o pensamento de Kant nos abriga a ver que "*a* coisa-em-si é Deus. [...] Sem Deus o

21. Weil adverte em nota que na *Crítica da razão pura* "Kant se serve sem hesitação do conceito de analogia, fiel, nisto, à tradição metafisico-teológica" (*Pk* 47, nota 37). A questão da analogia, porém, só será discutida profundamente na *Crítica da faculdade de julgar*, particularmente no § 90, cujo problema central é o da relação possibilidade-realidade. Sobre a noção de analogia em Kant, cf. F. MARTY, *La naissance de la métaphysique chez Kant*. Une étude sur la notion kantienne d'analogie, Paris, 1980, cujas conclusões concordam substancialmente com a interpretação weiliana da filosofia de Kant.

mundo seria puro fato, fenômeno constatável, mas não compreensível". A razão finita descobre, se não a presença, pelo menos a possibilidade assegurada de um sentido, ao pensar um fundamento da realidade e um garante da ordem moral. Em poucas palavras: "Só Deus é, no sentido estrito desse termo, sendo *causa sui et rerum omnium*" (*Pk* 49)[22].

Uma vez que o pensamento de Kant foi compreendido em sua originalidade, Weil se permite superar as fórmulas kantianas e dizer que, para Kant, "o homem só é homem por Deus, mas que Deus só existe para o homem, no sentido que mesmo a questão positivamente resolvida da existência em si de Deus, sem relação ao homem, é uma questão posta pelo homem" (*Pk* 50).

Weil conclui o capítulo dizendo que, se fosse preciso designar brevemente o objetivo e o conteúdo da filosofia segundo Kant, "seria preciso dizer que ela põe a questão do sentido do mundo e da vida, do mundo para a vida do ser livre, razoável e sempre finito" (*Pk* 54).

4.2. *Sentido e fato*

O segundo capítulo de *Problemas kantianos* é uma espécie de gonzo entre a filosofia do grande homem e sua continuação na filosofia de Weil. A tese que ele apresenta consiste na afirmação de que o problema da unidade da *Crítica da faculdade de julgar*[23] é o da unidade do sistema

---

22. B. Rousset, op. cit., 162-177, espec. 165, discorda da interpretação weiliana da coisa-em-si "como substância espiritual na sua absolutidade", porque "se não podemos pensar a espiritualidade e a liberdade senão em-si, nada nos autoriza a dizer que o em-si é espírito ou liberdade, dado que ele não é nada de *cognoscível* para nós" (destaque meu). A falha da leitura de Rousset sobre a interpretação de Weil consiste em desconhecer que querer *conhecer* "o incondicionado de que se trata no fundo", como diz Kant na Observação final sobre a antinomia da razão pura (*Op* I 1191), é um contrassenso pois, segundo Weil, "não é o conhecimento discursivo do entendimento, mas, pelo contrário, o pensar que é *natural* à razão" (*Pk* 48). A imperfeição ontológica do homem não impede que Deus seja pensado analogicamente, "em analogia com o homem" (*Pk* 47); não impede, pois, que o homem possa fazer dele, "na ausência de um conceito científico, uma *ideia*" (*Pk* 48).

23. Weil traduz *Kritik der Urteilskraft* por *Critique de la Judiciaire*. Segundo Philonenko, em francês esta tradução seria preferível a *Critique du jugement*, como traduzem Barni e Gibelin. Cf. I. Kant, *Critique de la faculté de juger*, trad. A. Philonenko, Paris 1982, 7. Cito a partir da tradução de J.-R. Ladmiral, M. B. de Launay et J.-M. Vaysse, *Op* II.

kantiano e o da unidade do mundo; o problema do sentido da existência e da existência do sentido.

Weil identifica o problema da filosofia kantiana na existência e na coexistência de dois *fatos* fundamentais: o fato da ciência e o fato da razão moral. Como a filosofia só pode ser sistemática, ela deve ligar esses dois fatos entre si num discurso que seja coerente. A solução de Kant é conhecida: existe uma *ciência* do fenomênico, que não pode se pronunciar sobre os problemas do numênico, e existe um *saber* da razão, que não pode se transformar em ciência. A razão pode e deve admitir, além da coexistência, uma interpenetração do reino da natureza e do reino dos fins, e isso se faz pela afirmação da existência de Deus como garante da unidade do mundo, unidade ao mesmo tempo "incognoscível e necessariamente concebida" (*Pk* 56).

Daí não decorre que o mundo da ciência seja sensato nele mesmo. O máximo que o nosso entendimento pode afirmar é que esse mundo funciona segundo leis de fato, e que ele nos aparece segundo as estruturas da nossa receptividade. Não somos legisladores da natureza, mas somente das nossas decisões. Tudo o que pertence à natureza, mundana e humana, encontra-se sob o signo do dado, do finito, e poderia ser outro: "O fato não possui sentido em si mesmo" (*Pk* 57). O fato pode e deve receber um sentido de nós, que o pensamos segundo o nosso *interesse* fundamental[24].

Por brilhante que seja esta solução, ela permanece insuficiente em um ponto decisivo: ela não vai além da não-contradição. A fé da razão pode se dar a garantia de um sentido da vida e do mundo, mas não *mostra* a presença positiva de um sentido no mundo e, o que é mais grave, o próprio pensamento do sentido sofre do caráter do fortuito, pois o ato não-contraditório que põe o sentido é o ato de um ser do mundo sensível, um ser que só pode pensar o reino dos fins a partir do tipo de uma natureza organizada, um ser que não pode ser moral sem determinar a máxima da sua ação na sua própria natureza fenomênica[25]. Mas, se este

---

24. Cf. supra: "Pensar e conhecer, a fé e a coisa-em-si".

25. Cf. F. Marty, op. cit., 251. Sobre este ponto ver também: F. Marty, La typique du jugement pratique pur. La morale kantienne et son application aux cas particuliers, *Archives de Philosophie*, 19 (1955) 56-87; Id., Loi universelle et action dans le monde

mundo fosse contraditório em si mesmo, o que seria do nosso pensar, e onde poderíamos usar nossa liberdade? Põe-se assim o problema da harmonia entre o espírito do homem e a natureza dada, de modo que "trabalho, busca e escolha sejam nela possíveis" (*Pk* 59).

O problema não passou despercebido a Kant desde o início do seu trabalho crítico[26]. Entretanto, nas duas primeiras *Críticas* ele se contenta com a consideração da unidade do mundo como ideia, enquanto na *Crítica da faculdade de julgar* ele enfrenta a unidade como fato. Eis por que na terceira *Crítica* o que está em jogo é a unidade do pensamento kantiano.

No espírito de Kant, o problema formula-se deste modo: se a realidade deve ser considerada como realmente estruturada, se há adequação entre homem e mundo, é necessário que intervenha outra faculdade, a meio caminho entre a autonomia da razão prática e a passividade do entendimento teórico, e que esteja em relação com o que há de mais imediato no homem, a saber, o sentimento puramente subjetivo

sensible. L'universel et le particulier dans la morale de Kant, *Recherches de Sciences Religieuses*, 70 (1982) 39-58; Id., L'impératif catégorique: jonction de l'universel et du particulier, in *Justifications de l'éthique*, Bruxelas, 1984, 281-287.

26. Prova disso é o seguinte texto da 1ª edição da *Crítica da razão pura*: "É na verdade uma lei puramente empírica aquela em virtude da qual as representações que frequentemente se seguem ou se acompanham acabam por se associar entre si, formando assim uma ligação em virtude da qual, mesmo sem a presença do objeto, uma dessas representações faz passar ao espírito a outra segundo uma regra constante. Mas essa lei da representação supõe que os próprios fenômenos estejam realmente submetidos a essa regra, e que no diverso das suas representações haja acompanhamento e sucessão, conforme certas regras; pois sem isso nossa imaginação empírica nunca poderia operar nada que fosse conforme ao seu poder e, por consequência, permaneceria encerrada no interior do espírito como uma faculdade morta e desconhecida para nós mesmos [...], por consequência, nenhuma síntese empírica da reprodução poderia ter lugar" (*Op* I 1407 s). Como fica claro, é o *fato* do acordo entre a atividade humana e o dado ao qual ela se aplica que tornam possíveis o exercício efetivo da ciência e da moralidade na sua estrutura e na sua atualidade. Weil, contudo, observa que este texto desaparece completamente na 2ª edição, e que a única explicação plausível é que, no momento em que Kant prepara a 2ª edição (1787), a *Crítica da faculdade de julgar* já está em gestação no seu espírito, e, aquilo que em 1781 apareceu como observação evidente, tornou-se posteriormente problema, mais exatamente, o problema de toda a filosofia de Kant, a saber: a relação entre homem e natureza empírica, entre fato constatado e estrutura; e esta seria, segundo Weil, a razão pela qual Kant procedeu a uma nova *Crítica*. Cf. *Pk* 60.

do prazer e do desprazer, sentimento que não contribui de nenhum modo para a constituição do objeto[27].

Kant, de fato, chocou-se com um problema novo: o dos juízos não dedutíveis e de conteúdo irrecusável, com os quais o homem reage diante do mundo e age sobre um mundo compreendido tal como aparece, e não somente na forma da sua aparição. Do mesmo modo que o entendimento não teria necessidade de crítica e nem se faria conhecer se não fosse o *fato* da ciência; do mesmo modo que a razão não poria problemas sobre a sua própria natureza se não fosse o *fato* da presença da lei moral, assim também a faculdade de julgar não seria submetida à investigação "se o homem não descobrisse nele esse *fato* da percepção de uma estrutura concreta, de estruturas concretas" (*Pk* 62).

A *Crítica da faculdade de julgar*, portanto, não tem em vista os fatos desprovidos do sentido que a ciência organiza, nem o *sentido* postulado no nível da razão prática, mas a compreensão dos *fatos de sentido*, do *fato de sentido*, e pretende pensá-lo na sua realidade. Kant quer compreender a realidade como totalidade, e o seu próprio discurso como unidade-totalidade não pressuposta, mas de fato.

Sem poder sacrificar os resultados das duas primeiras *Críticas*, Kant mostra-se insatisfeito com o *abismo* existente entre "o domínio do conceito da natureza sensível, e o domínio do conceito de liberdade suprassensível [...] como se se tratasse de mundos diferentes dos quais o primeiro não pode influir sobre o segundo"[28]. Partindo, porém, do conceito de fim realizado, vale dizer, de finalidade presente e imediatamente percebida, Kant afirma que o mundo da liberdade *deve* (*soll*) influir sobre o da natureza e, portanto, que é necessário (*muss*) que a natureza possa ser pensada "de tal modo que a legalidade (*Gesetzmässigkeit*) da sua forma possa pelo menos concordar com a possibilidade dos fins que, segundo as leis da liberdade, devem ser realizados nela"[29].

27. I. Kant, *Critique de la faculté de juger*, *Op* II 927-933.

28. I. Kant, op. cit., *Op* II 929.

29. Id., ibid. O texto de Kant continua: "É preciso pois que haja um fundamento da unidade entre o suprassensível que se encontra no fundamento da natureza, com aquilo que o conceito de liberdade contém de modo prático, fundamento cujo conceito, se não chega nem teoricamente nem praticamente a dar um conhecimento [...]

Weil observa que, para Kant, a passagem entre o domínio da natureza e o da liberdade ocorre no campo do prático, dos fins, do interesse fundamental da razão (*sollen* exprime sempre a obrigação moral); mas esse interesse não se contenta com a simples não-contradição, pois ele afirma para o todo do pensamento e da realidade a necessidade lógica, filosófica, metafísica (*müssen*) de uma passagem entre o modo de pensar segundo os princípios da liberdade e o modo de pensar segundo os princípios da natureza. Esta passagem não é apenas artigo de fé, simples possibilidade de reconciliação no transcendente, mas o pensamento de uma finalidade realizada, de um sentido de fato, de um fato de sentido.

Aqui está o ponto que não pode, absolutamente, ser negligenciado: Kant não se cansa de insistir no caráter não necessário, não dedutível da presença do sentido, de modo que a função da faculdade de julgar deve ser, precisamente, a de conservar o fortuito da realidade na sua totalidade una e compreensível, dado que Kant quer evitar, ao mesmo tempo, o determinismo fatalista e um Deus que, presente aos olhos do homem empírico e *conhecido* por ele, tornaria impossível toda ação e decisão, que, por serem livres, não procederiam do temor, "mas do puro respeito pela lei que a liberdade se dá a si mesma" (*Pk* 66).

O caráter fortuito da finalidade[30] acentua a sua primazia de *fato* fundamental: a finalidade *é*; a finalidade se encontra, ela não é obra

torna, todavia, possível a passagem do modo de pensar segundo os princípios de um ao modo de pensar segundo os princípios do outro". Este texto é fundamental para a compreensão da problemática da *Crítica da faculdade de julgar*. É interessante notar que o mesmo texto é citado por Weil em: Pensée dialectique et politique, *Revue de Métaphysique et de Morale*, 60 (1955) 1-25 (*Ec* I 232-267). Para a minha hipótese de interpretação é importante observar a data de publicação desse artigo (no qual Weil sustenta que na *Crítica da faculdade de julgar* é que se torna perfeitamente consciente a dialética que já estava presente nas duas *Críticas* anteriores), pois ela mostra que muito tempo antes da primeira publicação de *Problemas kantianos* Weil já tinha formulado, pelo menos nas suas grandes linhas, a sua tese de interpretação da terceira *Crítica* kantiana como o lugar da unidade de todo o sistema.

30. Os textos mais importantes da *Crítica da faculdade de julgar*, nos quais Kant sublinha o caráter fortuito dos objetos que fornecem à faculdade de julgar a ocasião da sua reflexão específica, são: Introdução V, §§ 70, 75, 77 e 85. Weil chama a atenção para o fato de que já na *Crítica da razão pura* Kant tinha chamado "fortuita" a experiência

de um espírito ou o resultado de uma ação. Quer se trate de finalidade *subjetiva* (o belo, o grandioso), quer de finalidade *objetiva* (o organismo vivo) ou, ainda, da unidade-totalidade fundamental de estrutura do mundo, "é preciso ater-se ao fato, a saber, de que somos imediatamente tomados por esse caráter específico da coisa ou do evento que faz dele um semiquerido, semi-intencionado, semiconstruído em função de um fim" (*Pk* 67).

As análises da teoria kantiana do belo e da finalidade objetiva encontrada na estrutura do organismo vivo mostram que, para Kant, é essencial que encontremos o conceito de finalidade, tanto no sentido de adequação subjetiva como no sentido de adequação objetiva a um fim. A finalidade não é e não pode ser um conceito científico. Porém, uma vez que o encontramos, ele se mostra inevitável e em certo sentido superior ao mecanismo. Seja no domínio da estética seja no da teleologia natural, o que interessa a Kant não é a existência de coisas particulares e particularmente construídas, mas o nosso espírito e sua estrutura. E aqui, como em toda parte, tudo é puro fato, tudo é fortuito: "Não é apenas que a relação a um fato, o sentido de um objeto nos deva ser revelado a partir do exterior; que sejamos obrigados a pensar em fins, isto ainda é fortuito, fato dado e a ser aceito" (*Pk* 76).

A conclusão não deixa de chocar, principalmente porque, a partir desse ponto, Kant dirige sua atenção para a relação entre o finito e o infinito, ao afirmar que o pensamento do finito pelo finito implica o do infinito: o caráter específico e dado de nosso entendimento só pode ser discernido no pensamento de um intelecto arquétipo para o qual, ao contrário do nosso, não haveria nem possibilidade, nem necessidade, mas só realidade[31]. É a partir da ideia de um entendimento criador, porque intuitivo, e intuitivo, porque criador, que nos compreendemos: "Nós não podemos renunciar a esse fundamento último da realidade, dos fatos; porém, sabemos que mesmo essa exigência absoluta tem a

possível sem, contudo, desenvolver a partir daí o que constituirá o problema central da terceira *Crítica*. Cf. *Pk* 65 s., nota 4. O texto de Kant está em *Op* I 1315.

31. Ver principalmente: *Crítica da faculdade de julgar*, §§ 76 e 77. Sobre a questão da antinomia da faculdade de julgar teleológica, cf. A. PHILONENKO, L'antinomie du jugement téléologique chez Kant, *Revue de Métaphysique et de Morale*, 82 (1977) 13-37.

sua origem em nossa finitude: seres finitos, nós nos compreendemos por meio da ideia do infinito, da realidade pura, da *omnitudo realitatis*" (*Pk* 77).

Desse modo Kant é levado a pôr a grande questão da *Crítica da faculdade de julgar*, assim formulada por Weil: "como compreender que o compreensível e a compreensão sejam, ambos, *fatos*, e assim, em última análise, insensatos?" (*Pk* 77). Trata-se, como é evidente, do sentido do todo, da finalidade do mundo na sua totalidade. De onde nos vem, uma vez que não a criamos, a ideia de finalidade? Certamente não da faculdade de julgar, que não cria os conceitos e as ideias que ela maneja; nem do entendimento, que ignora toda finalidade, mas somente da razão, única faculdade capaz de visar e de pensar a totalidade.

Ora, a razão possui um interesse: ela quer pensar o mundo. Mas ela permanece diante do mundo. Assim não se ultrapassam as teses das duas primeiras *Críticas*: "O mundo e a vida *devem* receber um sentido — um sentido a ser visado pelo homem, mas cuja presença só é concebida na fé e na esperança do ser moral". Entretanto, os resultados atingidos pela *Crítica da faculdade de julgar* provocam uma mudança radical na concepção do mundo. A ordem e a coerência do mundo, isto é, aquilo que era apenas visado nas ideias da razão aparece agora como o fato fundamental a ser admitido e compreendido. Tirando as últimas consequências das teses da terceira *Crítica*, Weil pode afirmar que "toda a filosofia crítica não seria concebível se não houvesse o *fato* do sentido do mundo, de um sentido do mundo para o homem" (*Pk* 79). É importante reter este resultado[32].

O que distingue a terceira *Crítica* das duas anteriores é que a insistência sobre a finalidade moral não pretende descartar ou enfraquecer a importância da teleologia natural, mas fundar "uma teleologia natural que possa tornar compreensíveis o mundo em sua totalidade e a exis-

32. Weil afirma que essa fórmula não se encontra no texto kantiano, mas que ela faz justiça ao seu pensamento. Para prová-lo, basta a leitura dos §§ 82-84 da *Crítica da faculdade de julgar*, nos quais Kant faz a articulação da teleologia moral com a teleologia natural, distinguindo entre *fim último* (*Letzter Zweck*) e *fim final* (*Endzweck*) da criação; distinção que deve a Weil o seu pleno esclarecimento no texto kantiano. Cf. F. Marty, Le surgissement de la question du sens chez Kant selon Éric Weil, *AEW* 343.

tência do homem como ser ao mesmo tempo razoável e membro da natureza" (*Pk* 81).

A consequência dessa *mudança de acento* será uma verdadeira *inversão de perspectivas*: o homem só é humano pela natureza[33], quer se o considere como ser sensiente quer como ser moral. Tudo no homem é um favor da natureza, e é a teleologia natural que indica como este ser natural, que é o homem, pode descobrir o que ultrapassa a natureza, e levantar a questão das questões: "por que homens?" (*Pk* 83).

A inversão atinge o fundo do pensamento kantiano, e a prova moral da existência de Deus sofre uma transformação decisiva. Nas duas *Críticas* anteriores, a existência do Deus moral foi postulada porque o ser finito e razoável permanece submetido à necessidade da natureza animal, apesar da autonomia da sua razão prática. Na terceira *Crítica*, o problema é o da *existência*, não da satisfação, desses seres morais e razoáveis[34]. Dito de outro modo, "não se trata mais de felicidade; trata-se da possibilidade de se orientar no mundo: toda vontade concreta *pressupõe* um mundo sensato, na medida em que é — e ela o é em sua essência — vontade de ação sensata" (*Pk* 86).

Até mesmo a concepção de liberdade é afetada pela mudança de perspectiva da *Crítica da faculdade de julgar*. Efetivamente, Weil observa que Kant reconcilia o conceito problemático da razão, a saber, a liberdade transcendental da primeira *Crítica*, com o fato demonstrado pela experiência, ou seja, a liberdade prática da segunda *Crítica*, quando afirma que a ideia de liberdade é a única das ideias da razão pura cujo objeto seja um fato, e que se deva contar entre os *scibilia*[35].

---

33. Weil funda sua interpretação principalmente nos §§ 67 e 83 da *Crítica da faculdade de julgar*. Alexis Philonenko discorda dessa interpretação, afirmando que ela inverte o pensamento kantiano e conduz, inevitavelmente, a uma ontologia pré-crítica. Cf. A. PHILONENKO, *L'Oeuvre de Kant* II, 2ª ed., Paris, 1981, 208 s. Na sequência da exposição, ficará claro o que Philonenko descuidou: a mudança de acento da *Crítica da faculdade de julgar* atinge o fundo do pensamento kantiano.

34. O. REBOUL, *Kant et le problème du mal*, Montreal, 1971, 168, viu com precisão que, segundo Weil, a fé moral em Kant responde menos à exigência eudemonista de uma felicidade do que à busca razoável de um sentido.

35. I. KANT, *Critique de la faculté de juger*, § 91; *Op* II 1279. Ver sobre isso: B. CARNOIS, *La cohérence de la doctrine kantienne de la liberté*, Paris, 1973.

Isso significa que a liberdade se prova na ação, portanto, que "*há* ações sensatas" (*Pk* 87). Dito de outro modo, "a liberdade é liberdade em um mundo que se presta à sua ação, à ação do homem que se descobre livre, porque uma natureza sensata lhe permite essa descoberta e o conduz a ela" (*Pk* 88).

Assim se mostra claramente a novidade da terceira *Crítica*: para que o homem possa pôr a questão do sentido, para que ele possa descobrir que o mundo é estruturado de fato, mas espera dele um sentido; para que o homem possa compreender o fato de pôr a questão das questões, é necessário admitir que esse mundo, "insensato no que se refere ao sentido absoluto, possui em si mesmo uma estrutura e uma orientação, ainda que ambas só recebam sentido e sejam orientadas no sentido absoluto no homem livre e por meio dele" (*Pk* 89 s.).

Kant teria, desse modo, respondido à questão da passagem do sentido absoluto ao mundo e, inversamente, do fato de sentido à finalidade, que é o sentido do fato. O mundo é visível ao homem como unidade sistemática, como contendo estruturas que são captadas, imediatamente, como elas são, isto é, sensatas. Mais ainda, a mediação do entendimento e da ciência só é possível porque o mundo é estruturado, ele é "estrutura das estruturas naturais" (*Pk* 90).

As coisas belas ou grandiosas e os organismos vivos fornecem o *símbolo*[36] da coisa-em-si ao homem que, ao pôr a questão do sentido da existência do mundo e da sua própria existência, "torna-se a consciência na qual o mundo se sabe mundo e é compreendido como unidade natural para uma vontade não natural, mas encarnada no mundo" (*Pk* 91). O pensamento kantiano teria alcançado assim a sua unidade: a supremacia da razão prática permite compreender até mesmo o fato da ciência, atividade do homem no mundo, pois o mundo se revela como prestando-se a essa atividade, como criado com vista às decisões sensatas do ser finito e razoável, do ser que ultrapassa toda condição, fixando-se *o* fim-em-si, isto é, "a realização de um mundo harmonioso segundo

36. I. Kant, op. cit., § 59; *Op* II 1141 ss. Weil, contudo, adverte que para Kant o símbolo (assim como o esquema) pertence ao domínio do intuitivo e não do discursivo. Cf. *Pk* 90 s., nota 32.

esse fim da liberdade, que é a liberdade propriamente dita, mas que só supera todo dado enquanto membro do mundo" (*Pk* 91). Isso quer dizer que o homem ultrapassa a condição porque a condição o prepara para essa superação. Para dizer tudo em poucas palavras, não existe abismo entre natureza e liberdade porque elas estão indissoluvelmente ligadas.

Weil apresenta em seguida uma última questão de importância decisiva para quem quer ir ao fundo do pensamento kantiano e "compreender, a partir daí, sua forma e o conflito entre ela e esse fundo" (*Pk* 91). Por uma opção metodológica, que só poderá ser justificada posteriormente[37], postergo a consideração dessa última questão que, a meu ver, constitui a chave da interpretação weiliana de Kant e, ao mesmo tempo, segundo minha hipótese, a chave de compreensão do sentido e da intenção da filosofia de Weil.

4.3. *História e política*

No Prefácio de *Problemas kantianos*, Weil afirma que não é fortuita a ordem de apresentação dos capítulos que, contudo, não foram escritos como partes de um livro. O capítulo *História e política*, efetivamente, foi publicado separadamente[38], e o último capítulo, *O mal radical, a religião e a moral*, foi incluído na segunda edição para cobrir uma lacuna já observada na primeira. O que é digno de nota, e confirma de algum modo a minha hipótese de interpretação da obra de Weil, não é tanto o seu aspecto cronológico, contudo, não negligenciável, mas a sua compreensão sistemática.

Já observei anteriormente que a interpretação weiliana da terceira *Crítica* kantiana não é aquisição de última hora do seu pensamento, e que já exercia papel ativo na sua reflexão filosófica antes mesmo da primeira publicação de *Problemas kantianos*[39]. O terceiro capítulo do livro, cronologicamente anterior aos dois primeiros, oferece uma confirmação *a posteriori*, na ordem de apresentação, das teses desenvolvidas

37. Cf. infra: "A segunda revolução kantiana".

38. Cf. É. Weil, La philosophie politique de Kant, *Annales de Philosophie Politique* IV, Paris, 1962, 1-32.

39. Cf. supra nota 29 deste capítulo.

naqueles, ao mesmo tempo que mostra, do ponto de vista sistemático, a unidade e a coerência da interpretação weiliana de Kant. O próprio Weil o confirma quando diz, no Prefácio, que o terceiro capítulo foi retomado no livro "porque ele permite ver, com base em um exemplo concreto, como a segunda revolução do pensamento kantiano, a da *Crítica da Judiciária*, fornece a Kant o meio para pensar não só o fundamento necessário de todo juízo científico ou moral, como a realidade que esses juízos apreendem" (*Pk* 8)[40].

O fato político e os problemas dele decorrentes têm sido objeto de reflexão de uma tradição filosófica praticamente ininterrupta desde os tempos de Platão. Kant situa-se nessa tradição e assume grande parte da herança dos antecessores. No campo da política, assim como em todos os outros campos da reflexão filosófica, Kant "marca uma virada na história da filosofia" (*Pk* 106).

A novidade de Kant consiste em que a reflexão política é desenvolvida com relação ao seu sistema e em função dele. Kant se interessa menos pelos *problemas políticos* do que pelo *problema da política*. É sua filosofia que o conduz à reflexão sobre a política, e de tal modo que sua metafísica e sua moral ficariam incompletas se não dessem uma resposta ao "problema que elas põem e impõem ao filósofo" (*Pk* 107)[41].

---

40. Além disso, em uma nota do terceiro capítulo que, por um arranjo de edição, remete aos capítulos precedentes, Weil define a oposição entre *conhecer* e *pensar* como fundamental para a compreensão do pensamento kantiano, e afirma que os objetos da razão, incognoscíveis porque fora do quadro espaçotemporal, dirigem, no plano da teoria, o trabalho da pesquisa, exigindo o progresso metódico da ciência e, no plano infinitamente superior da moral, garantem ao homem a possibilidade de uma vida sensata. Cf. *Pk* 108, nota 2. É, pois, evidente que as teses fundamentais de *Problemas kantianos* já estavam presentes na reflexão de Weil muito tempo antes da sua publicação.

41. Weil observa que Kant não deu grande importância aos acontecimentos políticos antes de se interessar pela filosofia política. É somente nos grandes escritos dos anos 90, a *Religião nos limites da simples razão* (1793) e a *Metafísica dos costumes* (1797), que encontramos um tratamento explícito de certos acontecimentos políticos mas, então, como parte de um sistema, não como fruto de interesse pessoal (cf. *Pk* 106 s.). É sabido que um dos poucos acontecimentos políticos que chegaram a modificar o andamento do "relógio de Königsberg" foi a Revolução Francesa. Num admirável estudo sobre o pensamento político de Kant, G. VLACHOS, *La pensée politique de Kant*. Métaphysique de l'ordre et dialectique du progrès, Paris, 1962, 7-9, sustenta que a Revolução não determinou nenhuma mudança radical no que concerne à concepção

Portanto, é dentro do sistema crítico que se deve compreender a reflexão de Kant sobre a política e sobre a história[42].

O centro da reflexão kantiana deve ser buscado numa fórmula da *Crítica da razão prática* que, segundo Weil, embora muito repetida, não chamou suficientemente a atenção dos intérpretes "pós, anti e neokantianos" (*Pk* 107), e que define o homem como ser *finito e razoável*[43]. O homem é um ser de necessidades, de instintos, de paixões, submetido aos mecanismos da natureza, numa palavra, violento. Esse ser finito é também razoável, isto é, "capaz de *pensar* o que, por sua constituição e pela do conhecimento, ele é para sempre incapaz de *conhecer*" (*Pk* 108), a saber, a totalidade estruturada do mundo. A fórmula da segunda *Crítica* encerra, de certo modo, todo o problema crítico[44].

---

geral do sistema filosófico crítico, mas veio perturbar seriamente a concepção do direito e do Estado à qual Kant tinha chegado antes de 1789, de tal modo que "a Revolução veio separar praticamente a política kantiana em dois períodos desiguais". Weil não ignora o papel da Revolução no pensamento político de Kant, e o reconhecimento da sua importância decisiva não enfraquece, mas confirma a tese weiliana. Quando o ruído dos canhões da Revolução se fez sentir na Alemanha, Kant já tinha elaborado a terceira *Crítica* (1ª ed. em 1790) e, portanto, já tinha atingido a unidade do seu sistema. O próprio Vlachos reconhece que "é praticamente impensável conceber uma política kantiana separada da metafísica e da moral, uma política que seria inteiramente voltada para o seu objeto, sem relação às análises e às técnicas intelectuais que, segundo as afirmações explícitas de Kant, determinam-lhe de modo durável as possibilidades e os limites" (op. cit., 102).

42. Sobre o criticismo da reflexão kantiana sobre a história, cf. P. Chiodi, La filosofia kantiana della storia, *Rivista di Filosofia*, 58 (1967) 263-287; também, numa perspectiva diferente da weiliana, F. J. Herrero, *Religión e historia en Kant*, Madri, 1975, 194 ss.

43. I. Kant, *Critique de la raison pratique*, *Op* II 635. A fórmula, muito frequente na *Crítica da razão prática*, constituirá, como pretendo mostrar, a pedra angular do edifício filosófico weiliano.

44. Creio poder afirmar que a definição do homem como ser *finito e razoável* é a resposta à quarta questão crítica: "Que é o homem?", tal como Kant a apresenta na introdução a sua *Lógica* (cf. I. Kant, *Logique*, 2ª ed., Paris, 1982, 25), depois de ter retomado as questões sobre o saber, o fazer e o esperar. Kant não dedicou uma obra crítica à questão do homem, o que dá razão a Weil quando afirma que o fundamento último da filosofia kantiana deve ser buscado na antropologia filosófica que, contudo, Kant não tematiza. O fato pode ser compreendido filosoficamente: o saber transcendental como tal, isto é, a explicação das condições de possibilidade e de legitimidade dos nossos conhecimentos, obrigações e esperanças, numa palavra, a filosofia como obra do ser finito e razoável, é a maneira (a única segundo Kant) pela qual a finitude razoável do

Não é, pois, sem razão que Weil a toma como bússola da sua interpretação da filosofia da história e da filosofia política de Kant. Com efeito, o problema da política surge no contexto da moral, dado que se trata da construção da civilização (*Kultur*) à qual aspiram todos os seres finitos e razoáveis, seres necessitados que desejam que suas necessidades sejam satisfeitas; seres razoáveis para os quais "a fé em um sentido da história, no progresso moral, é dever" (*Pk* 111); seres que devem realizar a intenção da natureza (ou o plano divino) e que, portanto, são moralmente obrigados a fazer do fim da natureza o seu próprio fim, isto é, são obrigados a colaborar para a criação de uma sociedade e de um Estado, a querer o bem da humanidade neste mundo. Mas, para isso "a moral pura deve superar os limites da individualidade" (*Pk* 112).

Em *História e política*, Weil segue a reflexão kantiana a partir do seu primeiro ensaio "político": *Ideia de uma história universal do ponto de vista cosmopolita* (1784), até a elaboração do seu "projeto filosófico" *Para a paz perpétua* (1795)[45]. A apresentação do pensamento político kantiano é rica de detalhes e de referências a outros escritos nos quais o problema é tratado: *Resposta à questão: que é Aufklärung* (1784)[46]; *Conjecturas sobre o início da história humana* (1786); *Sobre o lugar-comum: isto pode ser verdadeiro em teoria, mas nada vale na prática* (1793); a *Doutrina do direito* da *Metafísica dos costumes* (1797), e o último escrito publicado pelo próprio Kant: *Conflito das faculdades* (1798).

---

homem pode falar de si mesma e chegar a se fazer compreender. Cf. M. Barale. Éric Weil interprete de Kant et de Hegel, *AEW* 353 s.; R. Vancourt, Quelques rémarques sur le problème de Dieu dans la *Logique de la philosophie*, *Archives de Philosophie*, 33 (1970) 473.

45. Weil observa a ambiguidade do título *Zum ewigen Frieden*: "Pode constituir uma simples alusão a essa insígnia de um albergue holandês, situado diante da entrada de um cemitério, de que Kant fala no início do ensaio; pode significar, também: em vista à, ou em direção da paz; pode, ainda, ser traduzido por: observações a respeito da paz; pode, enfim, querer dizer: em favor da paz. É provável que esta última tradução se aproxime mais da intenção de Kant" (*Pk* 127, nota 53).

46. O termo *Aufklärung* apresenta alguma dificuldade de tradução. Historicamente a palavra designa o período das luzes, do despotismo iluminado e a filosofia das Luzes dos séculos XVII e XVIII, também chamada Iluminismo. Dado que o termo possui um sentido muito preciso na filosofia de Kant, a saber, o esforço do homem para se conhecer, para se pôr às claras, para se elevar à consciência de si, numa palavra, para alcançar a sua plena maturidade, prefiro deixar o termo no original.

Todos os pontos-chave da filosofia kantiana da história são tomados em consideração e sistematicamente analisados por Weil: a vontade individual e a vontade coletiva; o estado de natureza e o estado de direito; a astúcia da natureza (ou da Providência) e o antagonismo da insociável sociabilidade; o contrato original e o contrato social; os limites da legislação positiva; o soberano, o povo, o Estado e o cidadão; a constituição e as formas de governo; a revolução e o progresso das instituições, a lista não pretende ser exaustiva. Dado que o projeto filosófico *Para a paz perpétua* representa um espécie de suma do pensamento político de Kant, e que nele Kant funde em uma unidade, "todos os seus conceitos fundamentais" (*Pk* 128), limito-me a considerar a questão que Weil levanta ao pensamento político de Kant, depois de passar em revista o conteúdo daquele escrito. A questão é: "Acreditou Kant que essa paz seria algum dia estabelecida?" (*Pk* 132).

A questão de Weil prepara a conclusão de seu capítulo e revela sua interpretação do problema kantiano da história e da política. Comparando o projeto filosófico *Para a paz perpétua* com um parágrafo da *Metafísica dos costumes*, publicada dois anos mais tarde[47], Weil observa que é notável o crescimento do pessimismo kantiano quanto às possibilidades do estabelecimento da paz perpétua entre as nações. É possível que os acontecimentos dos anos intermediários aí tenham pesado, mesmo que em nenhum momento Kant tenha tomado posição contra a Revolução Francesa. A explicação mais provável é que "uma das constantes do pensamento moral kantiano tenha agido: o homem, ser finito, pode e deve progredir indefinidamente, mas seu progresso deve permanecer progresso, não deve nunca se deter, não deve haver repouso para o ser moral" (*Pk* 132).

Na *Metafísica dos costumes*, porém, Kant apresenta uma dificuldade técnica que faz que a paz perpétua seja apenas uma *ideia irrealizável*. Todavia, um problema técnico corretamente posto é solucionável em princípio. Ele só se torna insolúvel quando e se implica um problema filosófico insolúvel, a saber: "a legalidade repousa sobre a coerção, esta é exercida por um homem ou homens que não se encontram a ela submetidos, o que tem por resultado que a perfeição da legalidade supõe, pelo menos da parte de alguns, a da moralidade — suposição, aos olhos de Kant, inad-

47. I. Kant, *Métaphysique des moeurs*. Doctrine du droit, 2ª ed., Paris, 1979, 233 s.

missível" (*Pk* 133). Este problema, segundo Weil, não é tematizado por Kant, embora decorra dos princípios primeiros de seu pensamento.

Em última análise, o que interessa a Kant não é a política enquanto tal, nem mesmo a história e o progresso das luzes, mas sim a moral. Aqui está o que permite compreender a fraqueza da teoria kantiana considerada como teoria filosófica da história: "o papel da história, embora reconhecido em toda a sua grandeza quando o pensamento moral o *tematiza*, é curiosamente reduzido quando se trata de problemas sociais" (*Pk* 133). A razão deve ser buscada no fato de que "a teleologia da história, por fundamental que seja para a moral, jamais esteve no centro da reflexão kantiana, que, mesmo quando desenvolve o conceito de finalidade, quer sempre ver o mundo como mundo da física e, somente em seguida, como cosmo" (*Pk* 134)[48].

O interesse último de Kant — a moral — constitui sua fraqueza quando ele quer compreender positivamente a história e a politica. Mas, ao mesmo tempo, é isso mesmo que funda a grandeza do seu pensamento político: os problemas que ele levantou continuam sendo ainda hoje *os* problemas da filosofia política, cujas questões só se tornam compreensíveis no contexto da filosofia[49].

48. Weil faz uma importante observação sobre este ponto: "A *Crítica da Judiciária* é de 1790, a igual distância dos primeiros e dos últimos escritos políticos e históricos de Kant. Ela contém (§ 83) o mais sucinto e mais rico resumo do pensamento político-histórico de Kant, que ela situa de maneira significativa no 'Apêndice' da obra consagrada à teleologia *natural* da prova *moral*; a história é *sensata* porque a natureza o é" (*Pk* 134, nota 69). Nesse sentido, não se sustenta a afirmação de Philonenko de que a interpretação weiliana inverte o pensamento kantiano e conduz a uma ontologia pré-crítica (ver nota 33 deste capítulo). A observação de Weil é importante para a compreensão da sua interpretação de Kant, e para a minha interpretação da sua obra. Aqui está, em substância, o *problema kantiano* da história e da política em relação à segunda revolução do pensamento kantiano operada pela terceira *Crítica*. Como se verá a seguir, o núcleo da interpretação weiliana de Kant está na constatação de que o *pensar* de Kant na *Crítica da faculdade de julgar* supera a sua linguagem. É também a partir desse núcleo que se podem compreender as afirmações de Weil sobre a fraqueza e a grandeza da teoria kantiana da história e da política.

49. Aparece aqui um dos traços fundamentais do pensamento político de Weil: os *problemas técnicos da política* são postos e, em princípio, solucionados pela *racionalidade*, característica fundamental da sociedade moderna; por sua vez, o *problema da política* só pode ser compreendido quando corretamente colocado como o problema

Kant foi o primeiro a formular esses problemas e a pôr a questão do sentido da história e da política para o homem: "A política, com Kant, deixa de ser uma *preocupação* para os filósofos; ela se torna, ao mesmo tempo que a história, *problema* filosófico, agindo em, e sobre, a totalidade do pensamento: não se trata mais somente de *ordenar* história e política, trata-se de compreender seu sentido comum, o sentido que deve decidir sobre todo ordenamento" (*Pk* 135).

Na conclusão de seu capítulo, Weil apresenta uma interessante nota sobre a virada que Kant representa na história da filosofia da história e da política. Dada a sua importância[50], vale a pena lê-la na íntegra. Tendo afirmado que com Kant a política passa a ser problema filosófico agindo em e sobre a totalidade do pensamento, Weil acrescenta: "Nesse sentido, Hegel permanecerá kantiano ortodoxo. Se a interpretação tradicional não o viu, é Hegel mesmo que é responsável por isso, ao se interpretar como adversário, não como sucessor de Kant (certos textos, todavia, admitem o quanto, e de maneira decisiva, ele deve a Kant). A razão histórica parece ser que o seu conhecimento dos escritos kantianos foi limitado, que ele leu Kant por intermédio de Fichte e, em particular, Jacobi, e que ele, dessa forma, se equivocou sobre o pensamento kantiano, a ponto de não atacar, segundo o seu próprio preceito, na força do adversário (onde, é verdade, ele provavelmente não teria desejado atacar se a tivesse discernido)" (*Pk* 135, nota 71).

Queiramos ou não, em matéria de filosofia política, para não falar de toda a filosofia, "nós somos todos pós-kantianos"[51], e não somente por pura casualidade histórica.

4.4. *O mal radical, a religião e a moral*

Como foi observado anteriormente, o último capítulo de *Problemas kantianos* foi incluído na segunda edição para "preencher um vazio

---

da ação razoável, filosoficamente, isto é, no interior do sistema. Cf. *Lf*, 556-581; *Fm*, 279 ss., e toda a sua *Filosofia política*.

50. B. Rousset, op. cit., 622, foi dos poucos que prestaram atenção a esta importante nota da interpretação weiliana de Kant (e de Hegel).

51. A expressão é de Y. Belaval, *Leibniz, critique de Descartes*, Paris, 1960, 18.

que o prefácio à primeira edição já observara" (*Pk* 11). Efetivamente, no Prefácio da primeira edição, Weil afirma que o livro trata de alguns problemas kantianos, e que, se se quisesse tratar dos mais essenciais, daqueles sobre os quais a interpretação tradicional mais se enganou, daqueles que comportam os mal-entendidos mais graves, seria preciso falar da moral de Kant, e seria preciso também falar da descoberta do mal radical como *fato* que, segundo Weil, "decorre dessa revolução efetuada pela última das *Críticas*" (*Pk* 9).

O último capítulo de *Problemas kantianos* encara este problema, concentrando-se principalmente no fato do mal radical que tanto escandalizou os contemporâneos de Kant[52]. Weil se esforça por compreender o fato dentro do sistema de Kant e em coerência com a sua interpretação desse sistema[53].

O início da reflexão weiliana é a constatação, a partir de uma carta de Kant a Lavater (28 de abril de 1775) e de um projeto de carta destinado ao mesmo Lavater, certamente da mesma época, de que as grandes linhas da filosofia religiosa de Kant já estavam presentes no seu espírito muito antes da publicação do capítulo sobre o mal radical, que seria o primeiro capítulo de a *Religião nos limites da simples razão* (1793). Weil reconhece que os contemporâneos de Kant, ao desconhecer seu pensamento religioso, não expresso anteriormente, tinham razão de estranhar o aparecimento, de certo modo imprevisto, desse corpo es-

52. Cf. J.-L. Bruch, op. cit., 75 ss., onde o autor faz um balanço das reações que a publicação do ensaio sobre o mal radical provocou.

53. Que a perspectiva sistemática seja a única a dar acesso à verdadeira compreensão da doutrina kantiana do mal radical é confirmado também pelo estudo de Reboul já citado (ver nota 34 deste capítulo). Por sua vez, Bruch sustenta que a teoria kantiana da religião "repousa efetivamente sobre um fato novo — o mal radical — indedutível a partir das três *Críticas*"; que o mal radical "estava filosoficamente ausente no kantismo até 1793", e que a *Religião* apresenta o mal como "um fato de espécie nova no kantismo" (op. cit., 25 ss.). As afirmações de Bruch precisariam ser mais matizadas, inclusive porque ele afirma, algumas páginas adiante, que "esse corpo estranho (i.e., o mal radical) incorpora-se profundamente à filosofia kantiana, porque já estava enraizado nela" (op. cit., 46). Que o mal radical seja um fato novo não há dúvidas; mas a sua ausência filosófica deve ser *compreendida* filosoficamente, como fez Weil. O livro de Bruch, admirável por muitos aspectos, está, contudo, baseado em alguns pressupostos falsos sobre o kantismo. Ver a respeito F. Marty, Le problème métaphysique dans la philosophie de Kant, *Archives de Philosophie*, 34 (1971) 118 ss.

tranho à *Crítica*. Todavia, o fato pode ser explicado e compreendido filosoficamente (o que é mais importante no caso).

A explicação de Weil para a ausência do mal radical nos escritos anteriores à *Religião* é coerente com uma das suas teses de interpretação do sistema kantiano, a saber: que a moral de Kant não se encontra na *Fundamentação da metafísica dos costumes*, nem na *Crítica da razão prática*, que se ocupam do estatuto do juízo moral, mas na *Metafísica dos costumes*[54].

Efetivamente, a *Fundamentação* e a *Crítica da razão prática* tratam do fundamento do discurso moral como discurso absolutamente válido "para todos os seres dotados de razão, obrigando tudo o que é finito e razoável". Elas não constituem "um sistema de regras para situações concretas, de prescrições precisas, de proibições a serem observadas" (*Pk* 142). Nelas Kant *funda* a moral universal sobre o *fato da razão*: o imperativo categórico. A moral assim fundada é válida para todos os seres que, graças a esse *fato numenal*, têm o direito ao título de razoáveis e se sabem livres na sua finitude específica. Assim, quando se trata de *fundar* a moral, a antropologia não tem nenhum papel. É na *Metafísica dos costumes* que o princípio primeiro e último da moral é aplicado "à natureza humana tal como a conhecemos por experiência interna e externa" (*Pk* 144)[55].

Assim se compreende a ausência do mal radical nas obras críticas, pois sua presença nesse nível é inconcebível. O mal radical se revela na observação dos homens, "ele pertence à *metafísica* moral, à qual compete desenvolver o sistema *dos* deveres, não fundar o conceito *do* dever" (*Pk* 144). Ele pertence, pois, à antropologia, antropologia nunca

54. A tese é antiga no pensamento de Weil. Cf. É. WEIL, La correspondence d'Alexis de Tocqueville et d'Arthur de Gobineau, *Revue Internationale de Philosophie*, 49 (1959) 343.

55. No Prefácio da *Crítica da razão prática*, Kant se expressa claramente sobre a questão: "A determinação particular dos deveres, como deveres humanos, com vistas à sua divisão, não é possível a não ser que antes o sujeito dessa determinação (o homem) tenha sido conhecido tal como ele existe realmente [...]; ora, essa determinação não compete a uma crítica da razão prática em geral, que deve somente indicar de maneira completa os princípios da sua possibilidade, da sua extensão e dos seus limites, sem referência especial à natureza humana". Cf. I. KANT, *Critique de la raison pratique*, *Op* II 615.

tematizada por Kant, que nasce da moral pura e lhe serve de fundamento metafísico[56]; antropologia que está contida, mas veladamente, na fórmula tão repetida dos escritos críticos, que define o homem como ser finito e razoável[57].

Ora, no ser razoável e finito, a existência de uma faculdade de desejar é dada, e a ligação dessa faculdade com o predicado transcendental da liberdade pode ser deduzida *a priori* por meio da lei, vale dizer, por meio "de um imperativo categórico cuja principal característica é que não leva em conta qualquer outro fato além da existência da vontade, mais particularmente, de uma vontade que se quer livre, isto é, independente, em sua autodeterminação de todo dado que não seja o de sua natureza de vontade" (*Pk* 146 s.). A vontade do ser finito e razoável não é onipotente, pois o homem é um ser dependente na sua natureza mundana, mas ela é onipotente quando se trata de querer sua liberdade. Em termos estritamente kantianos, esse poder absoluto se exprime na fórmula sobre a qual Kant fundou o ensinamento moral e da moral: *tu podes, portanto, tu deves*[58], o que equivale a dizer que a possibilidade de obedecer à lei é inerente à própria lei.

É evidente que o ser finito e razoável só pode se querer livre nas condições de um ser indigente; mas se essas condições são, por um lado, tentações, são também possibilidades oferecidas à vontade de se afirmar como livre, "uma vontade que sempre se quer e só pode se querer livre nas condições que são as de um ser indigente" (*Pk* 148). As tentações não são coerções; a vontade é livre e, contudo, o homem faz o mal.

Aqui explode o escândalo do mal radical. Se o homem sucumbe é porque quer sucumbir à tentação; se ele deve, ele pode obedecer à lei que a sua razão prática dá a si mesma, e que conhece imediatamente como um fato. Se ele não obedece à lei é porque não *quer* obedecer.

---

56. *Metafísico* aqui é tomado no sentido que lhe dá Kant na *Crítica da faculdade de julgar*: "Um princípio é chamado metafísico se ele apresenta a condição que é a única a permitir avançar *a priori* na determinação de objetos cujo conceito deve ser dado empiricamente...". Cf. I. KANT, *Critique de la faculté de juger*, *Op* II 936.

57. Cf. supra notas 43 e 44 deste capítulo.

58. É inútil e desnecessário querer enumerar todos os textos nos quais aparece a fórmula. Weil remete particularmente à teoria do método da *Crítica da razão prática* e ao "Fragmento de um catecismo moral" da *Metafísica dos costumes*.

O ser que, na medida em que é moral, constitui o sentido do mundo e justifica a existência dele é imoral e não somente fraco; ele escolheu sua fraqueza, ele quis o mal: "Sua natureza é depravada, ele a depravou" (*Pk* 149).

O que interessa reter da apresentação da complexa doutrina do mal radical são as conclusões a que Weil chega e a interpretação sistemática que dá a elas. O mal é radical no homem, ele é inextirpável, sua possibilidade está fundada na natureza mesma do homem; mas é igualmente inextirpável e imperdível a possibilidade do bem, pois a lei moral permanece em toda a sua pureza e severidade imediatamente presente ao espírito do homem que se perverteu a si mesmo, que se sabe pervertido e que, por isso, não pode não se julgar[59].

Segundo Weil, é preciso distinguir dois aspectos na afirmação de que o mal é radical no homem. Quando se trata da inadequação natural no homem entre sua vontade e a lei, o homem é sempre culpável diante do tribunal divino, mas essa culpabilidade não é, por assim dizer,

---

59. A análise de Weil se concentra em dois textos da *Religião*. No primeiro, Kant define o sentido de natureza humana como "o fundamento subjetivo do emprego da própria liberdade enquanto tal (sob leis morais objetivas) que precede todo ato que entra no âmbito dos sentidos [...]. Esse fundamento subjetivo, por sua vez, deve sempre ser ele mesmo um ato de liberdade [...] (*de modo que*) quando dizemos: o homem é bom por natureza ou mau por natureza, isso significa somente que ele contém um primeiro fundamento (para nós insondável) da aceitação de máximas boas ou de máximas más, e isto de modo geral, na medida em que é homem, de tal modo que assim ele exprime ao mesmo tempo o caráter da sua espécie". Cf. I. Kant, *La religion dans les limites de la simple raison*, Paris 1983, 66 s. Segundo F. Marty, *La naissance de la métaphysique chez Kant*, op. cit., 457, esta é a melhor expressão que Kant deu do mal radical. No segundo texto analisado por Weil, Kant distingue entre *maldade* e *malignidade* da natureza humana, se se toma malignidade no sentido rigoroso, isto é, "como intenção primeira (princípio subjetivo das máximas) de admitir o mal como mal na sua máxima (pois tal máxima é diabólica)", de modo que a maldade da natureza humana é antes "uma *perversão* do coração [...] que pode coexistir com uma vontade geralmente boa; e que nasce da fragilidade da natureza humana [...] unida à insinceridade". Cf. I. Kant, *Religion*, 80. Neste texto há um problema de tradução: Gibelin traduz *Bösartigkeit* por *malignité* e *Bosheit* por *méchanceté*, enquanto J.-L. Bruch, op. cit., 69, nota 81, propõe uma tradução exatamente inversa dos termos. Weil traduz *Bosheit* como Gibelin e vai buscar no francês arcaico uma palavra para traduzir *Bösartigkeit*: *mauvaistié*. Não se trata, pois, de um neologismo criado por Weil, como quer J. Roy, Mal radical et existence sensée, AEW 306. Traduzo *mauvaistié* por maldade.

culpável de uma falta: ela leva o peso do seu defeito ontológico. Quando se trata da falta nascida da decisão, a culpabilidade coincide com a escolha intemporal, pré-temporal, presente no interior de cada decisão. A vontade moral pode querer ou não querer a tentação moral (imoral) que decorre da sua finitude.

Os dois aspectos[60], embora opostos, unem-se aqui para se completar: "Ontologicamente, o homem é moralmente insuficiente; empiricamente, ele se mostra criminoso precisamente porque, em seu fundo, ele permanece livre e não pode perder a consciência da lei moral, lei de sua própria liberdade" (*Pk* 154). O homem é ontologicamente chamado ao bem, mas mostra, empiricamente, ter escolhido livremente e malgrado a liberdade, contra a lei e a liberdade. É certo que esses atos são fenomênicos, observáveis, mas só se os compreende sobre o fundo ontológico. A conclusão de Weil é que não se pode compreender a vida moral do homem na sua fenomenalidade, vale dizer, tal como a experiência no-la dá a conhecer[61], sem a admissão do mal radical: "Atemporal, incognoscível, inapreensível em si mesmo, fato e ato antes de todo fato e ato, o mal radical é a condição de possibilidade de uma vida moral, e seu reconhecimento, a de uma apreensão da vida como vida moral" (*Pk* 155).

A partir dessa conclusão, a reflexão de Weil atinge seu momento propriamente sistemático: ele quer compreender a doutrina do mal radical no interior do sistema crítico e, ao mesmo tempo, as razões das reações negativas que a sua formulação provocou. Uma primeira explicação para o surgimento da doutrina do mal radical no pensamento

60. Sobre isto cf. M. Soetard, Éric Weil. Philosophie et éducation, *AEW* 298. Um texto de P. Ricoeur, *Le conflit des interprétations*. Essais d'hermeneutique, Paris, 1969, 425, traduz com exatidão o fundo do pensamento weiliano (e kantiano): "O mal cessaria de ser mal se ele cessasse de ser 'uma maneira de ser da liberdade que lhe vem da liberdade'. O mal não tem, pois, origem no sentido de causa precedente: 'Toda má ação, quando se lhe busca a origem racional, deve ser considerada como se o homem aí tivesse chegado diretamente do estado de inocência'. Tudo está nesse 'como se', que é o equivalente filosófico do mito da queda; é o mito racional do surgimento, da passagem instantânea da inocência ao pecado; como *Adão* (antes que em Adão) nós começamos o mal". A compreensão do pensamento kantiano só se dá tomando em consideração a correta interpretação da doutrina kantiana do caráter *inteligível* da *Crítica da razão pura*. Neste sentido, são extremamente iluminadoras as análises de B. Carnois, op. cit., 133 ss.

61. As expressões sublinhadas são de Kant. Cf. I. Kant, *Religion*, 70.

kantiano deve ser buscada em uma das preocupações dominantes do pensamento da segunda metade do século XVIII: a compreensão do cristianismo como a religião mais perfeita e mais razoável que a humanidade conheceu. Kant quer compreender e tornar compreensível o dogma cristão. Mas ele quer compreendê-lo, não justificá-lo moralmente. E, por querer compreendê-lo na religião, é levado a admitir as ideias do homem criatura, de um Deus juiz, da Trindade, do mal, do pecado, enfim tudo aquilo que o pensamento do tempo das luzes recusava. Por isso Kant aparece como "um retardatário, quando não um reacionário que retoma o ensinamento da mais severa, mais rígida ortodoxia luterana" (*Pk* 156)[62]. Entretanto, as diferenças com o cristianismo tradicional são profundas em pontos fundamentais como a doutrina do pecado original, a da redenção, a da divindade do Cristo, a da Trindade e outras. Isso, contudo, não impede ver que Kant "quer salvar o cristianismo, compreendê-lo de maneira positiva e não como a *infâmia*; ele o compreende à medida que pode torná-lo compreensível para a *simples razão* — um cristianismo sem *escândalo*" (*Pk* 157).

Mas a razão principal não se encontra aí. Kant, segundo Weil, "viu o mal porque não podia deixar de vê-lo" (*Pk* 157). Efetivamente, como passar do fundamento da moral, da justificação do discurso da razão prática, da descoberta do *fato da razão*, da evidência do imperativo categórico à compreensão da moralidade concreta dos homens? Como compreender que a razão do homem seja boa, que sua consciência não possa errar, que sua liberdade esteja acima de toda constrição, e que esse homem se mostre sempre frágil, insincero e mau, resistindo sempre à insuprimível e infalível voz de seu juiz interior, não querendo resistir à tentação?

Se quisermos compreender a necessidade e a existência de uma moral, é preciso admitir o mal radical, "como uma escolha anterior a todas as escolhas, fonte de tudo aquilo que será desejado pelo indivíduo temporal, fenomênico, observável" (*Pk* 159). Se o homem não *devesse*

62. Nesse sentido, segundo Weil, Kant se torna "o pai de toda filosofia da religião" (*Pk* 156): a religião deve ser compreendida como ensinamento, como dogma, não como sentimento, revelação individual; e o seu fundamento deve ser moral.

se purificar, se sua vontade fosse sempre pura, ele não teria necessidade de lei nem saberia da existência de uma lei para sua vontade[63].

Kant não usa, como Weil observa, a expressão *felix culpa*, mas teria podido fazê-lo, pois "é a queda que leva à salvação um ser que, sem ela, apenas vegetaria; a história — história moral e a história simplesmente — começa pelo mal, pois o bem não tem história" (*Pk* 162). Entretanto, para Kant a marcha da história é orientada, sensata, e o progresso é real. É a insociável sociabilidade, a violência em última análise, que impulsiona a humanidade, primeiro para a via da civilização, em seguida para a moralização, e "tudo isso guiado, secretamente organizado pela astúcia da razão e da Providência" (*Pk* 161).

É verdade que ainda não estamos no reino dos céus, mas estamos em marcha para ele, e somos capazes de realizá-lo progressivamente nesta terra, "porque conhecemos agora o inimigo dentro de nós". Uma vez que nos conhecemos na nossa perversão, uma vez que tomamos consciência do bom princípio que nos revela como pervertidos, a vitória desse bom princípio está assegurada: "A revolução de Cristo se torna revolução do mundo moral, revolução moral no mundo e do mundo que habitamos" (*Pk* 163).

As últimas páginas do capítulo de Weil revelam nitidamente onde está e em que consiste o problema kantiano do mal radical, da religião e da moral. Entendido como Kant o entendeu, o paradoxo do mal radical se explica, mas "para dar lugar a uma tese pelo menos tão surpreendente aos olhos daqueles para quem Kant é o filósofo da moral absoluta, do simples e único imperativo categórico" (*Pk* 164). O problema de Kant, como demonstra a análise weiliana, é a passagem do fundamento da moral à moral concreta, à moral da comunidade humana construída por leis positivas, moral de uma comunidade com vistas ao reino dos

63. Assim, não se sustenta a tese de J.-L. BRUCH, op. cit., 63, segundo a qual a afirmação do mal radical por Kant "constitui uma opção filosófica a rigor injustificável", e que a convicção da existência do mal moral "é uma certeza indemonstrável". Essa tese, ademais, é criticada por F. J. HERRERO, op. cit., 110-115, cujo pensamento pode ser assim resumido: embora a experiência por si só seja insuficiente para provar a universalidade do mal, ela demonstra uma universalidade de ações que permite pensar a universalidade do mal; e a afirmação real do mal pode ser feita, mesmo que nunca tenhamos uma evidência, o que não significa, porém, que ela seja uma opção filosófica injustificável.

fins a ser progressivamente realizado pelo desaparecimento progressivo da violência, da guerra, da tirania política e religiosa.

No Prefácio da primeira edição de *Problemas kantianos*, Weil chama a atenção para o fato de que a solução do mal-entendido que pesa sobre a moral de Kant teria como consequência que as velhas objeções contra o formalismo kantiano mostrar-se-iam infundadas ou insustentáveis. Prova disso seria a simples comparação do imperativo fundamental dos escritos críticos com o imperativo da moral mesma. Ora, a moral de Kant está mergulhada no mundo porque a moralidade dos indivíduos é moralidade no mundo, e "a coisa-em-si, visível enquanto tal somente *à* coisa-em-si que é Deus, deve tornar-se fenômeno, tornou-se fenômeno e só se apreende na sua fenomenalidade". Dado que "o mundo exprime a razão como ela é em si" (*Pk* 164), malgrado o fato de continuar a ser mundo, ele *deve* ser, vale dizer, *pode* ser moralizado.

A compreensão dessas afirmações, contudo, só é possível a partir da revolução que se produziu no pensamento kantiano com a *Crítica da faculdade de julgar*, anterior, não por acaso, à *Religião nos limites da simples razão*, à *Metafísica dos costumes* e aos escritos sobre a política e a história. Resta, portanto, a tarefa de apresentar esse ponto fundamental da interpretação weiliana de Kant, a fim de compreender as afirmações conclusivas de Weil no capítulo analisado acima, e a fim de compreender a unidade e a coerência da sua interpretação da filosofia de Kant.

5. A segunda revolução kantiana

No final da exposição do capítulo *Sentido e fato*, interrompi o discurso por uma opção metodológica que deve agora ser justificada. Uma opção metodológica é a opção por um caminho, que só se justifica ao fazer o caminho. Isto é ainda mais verdade no caso presente, no qual a questão do método coincide com a questão de fundo. Tenho uma hipótese de interpretação da obra de Weil, e tenho todo o interesse em formulá-la da melhor maneira possível, dado que da sua formulação depende grande parte do caminho que conduzirá à sua verificação.

Minha hipótese consiste na suposição fundada de que o sentido e a intenção de toda a obra filosófica de Weil devem ser buscados na sua relação com a filosofia de Kant. O Prefácio a *Problemas kantianos* ofereceu, no apólogo do anão sobre os ombros do gigante, o ponto de partida para a escolha do problema. O Prefácio de Weil ao livro de Krüger forneceu alguns elementos discretos de confirmação da hipótese. Antes de percorrer o caminho dos problemas kantianos, defrontei-me com uma hipótese diametralmente oposta, sempre referida ao lugar de Kant no pensamento weiliano. De fato, a resposta de Pierre Billouet à questão: "Por que Kant é problema?" põe em crise toda a filosofia de Weil e, consequentemente, minha hipótese de interpretação dessa filosofia.

Se, efetivamente, com *Problemas kantianos*, Weil se torna problema para Weil porque, incontornável, ele se mostra insuperável e insustentável, então a filosofia que ele quis inscrever no mundo dos gigantes se revela incoerente e, assim, indigna dessa pretensão; ou então, se se quiser dar ouvidos a seu discurso, será preciso discerni-lo em meio ao murmúrio dos anões que só enxergam a poeira nos cadarços dos sapatos dos gigantes.

Mas... e se Kant se tornasse problema para Kant? E se Kant, incontornável, se mostrasse insuperável e insustentável? E se os problemas kantianos fossem de fato os *problemas* da filosofia de Kant? E se os problemas da filosofia de Kant fossem os que viu a filosofia de Weil? E se o anão tivesse realmente visto mais longe, depois de permanecer sobre os ombros do gigante até a interrupção de seu caminho? E se os problemas da filosofia de Weil fossem os que o gigante viu, porque não pedia deixar de vê-los, mas não respondeu, porque já não podia respondê-los? E se todas essas questões encontrassem uma resposta na filosofia de Weil?

Foi assim que empreendi a releitura da obra de Weil a partir dos problemas que ele encontrou na filosofia do gigante. Na sua interpretação da filosofia do gigante, encontrei a resposta para os problemas daquela filosofia, assim como a chave de compreensão do seu sentido e intenção. O ponto central de todas as questões, e de todas as respostas, é a resposta de Weil à última questão que levantou sobre a filosofia de Kant, no final do capítulo *Sentido e fato*. A questão é decisiva para quem quer "ir ao fundo do pensamento kantiano e compreender, a partir daí, sua forma e o conflito entre ela e esse fundo" (*Pk* 91).

Dado que aqui se entrecham as questões de Weil sobre Kant, e as minhas sobre Kant e Weil, optei por apresentar separadamente este ponto que, para mim, constitui o norte da interpretação weiliana de Kant e da minha interpretação da filosofia de Weil.

A questão decisiva é: "por que Kant não diz claramente, ao final da *Crítica da Judiciária*, que ele atingiu o seu objetivo? Por que, pelo contrário, ele faz tudo para esconder um resultado que, todavia, ele anunciara no início?" (*Pk* 91). A questão surge porque, como mostrou a análise weiliana da terceira *Crítica*, "Kant manteve a promessa de indicar uma passagem do razoável ao racional, do sentido absoluto, *a priori* estabelecido e passível de ser descoberto, ao mundo e, inversamente, do fato do sentido à finalidade que é o sentido do fato" (*Pk* 90). O abismo entre a natureza e a liberdade estaria assim superado, mais exatamente, não existe abismo algum porque "natureza e liberdade são indissoluvelmente ligadas" (*Pk* 91).

Acontece porém que, desse modo, Kant, que nunca quis servir aos interesses das religiões que ele chama de históricas e dogmáticas, encontra-se diante de um problema para sua própria filosofia. Trata-se do seguinte: "Uma prova teológica muito boa, se pudermos nos expressar assim, reintroduziria uma forma de fé, que, em lugar da fé da razão, seria a do escravo que treme diante de um senhor arbitrário" (*Pk* 92). A moral só pode ser moral da liberdade: imposta por uma autoridade exterior, ela seria imoral. Além disso, a ideia de Deus é uma ideia prática, não o conceito de uma coisa, nem mesmo de uma pessoa, "quando se deixa ao conceito de pessoa seu caráter limitante, sem o qual ele não significa mais nada" (*Pk* 92).

Como é evidente, o Deus de Kant "não é o dos teólogos das religiões reveladas". Para Kant, somente Deus é ser-para-si em sentido absoluto, mas ele só aparece ao ser-para-si criado que é o homem, e não ao homem *cognoscente*, que não pode ir sem sub-repção além da ideia do grande relojoeiro, mas ao homem *agente*, que dá sentido à existência do mundo e à sua própria com a sua ação. Assim, é compreensível que Kant tenha querido enfraquecer sua prova: "sua força, se pudéssemos tê-la julgado como irresistível segundo a metafísica *coisificante*, teria sido sua derrota" (*Pk* 92). É a razão, na medida em que é prática, que põe a questão do sentido, pois a razão teórica só é reflexão sobre o entendimento, reflexão que descobre a inanidade do entendimento quando ela reflete sobre si mesma e, assim, se descobre interessada, vale dizer: prática[64].

Eis por que Kant insiste com igual intensidade sobre a natureza finita do homem e sobre a sua essência infinita: nós somos *criaturas*. Essa insistência pode ser explicada por um desejo de permanecer fiel à inspiração cristã, embora de um cristianismo pouco ortodoxo. Segundo Weil, porém, este traço autobiográfico seria apenas uma *explicação*, e não seria legítima, a menos que uma *interpretação filosófica* se mostrasse incoerente: "É preciso, então, primeiramente, perguntar se não existe um fundamento filosoficamente válido para essa insistência kantiana" (*Pk* 93).

Weil encontra esse fundamento na filosofia de Kant. O ser agente é essencialmente limitado, mas é essa limitação que constitui a grandeza do animal razoável: "se ele conhecesse suas próprias disposições, se possuísse um conhecimento exaustivo da marcha do mundo, não se trataria mais de decisão, para ele, e a escolha lhe seria imposta; é sua ignorância no nível dos fatos que, no plano da prática, torna-o senhor do sentido" (*Pk* 94).

---

64. Weil adverte que o problema da existência e sua relação com o sentido não nasce com a terceira *Crítica*, pois ele funda toda a reflexão crítica. A novidade da terceira *Crítica* consiste na união dos dois mundos até então separados. Na primeira *Crítica*, o problema aparece sob o aspecto do ser necessário, e se mostra insolúvel; do mesmo modo que na segunda *Crítica*, onde o sentido não é encontrado, mas postulado. Sem entrar na discussão de uma evolução do pensamento kantiano, Weil cita um texto da *Crítica da razão pura* que mostra claramente a identidade do problema fundamental, e a mudança de perspectiva sob a qual ele é visto na *Crítica da faculdade de julgar*: "A necessidade incondicionada da qual temos tanta necessidade como suporte último de todas as coisas, é o verdadeiro abismo para a razão humana [...]. Não podemos nos defender contra esse pensamento, assim como não podemos suportá-lo: que um ser que representamos também como o mais elevado de todos os seres, se diga quase assim: Eu sou de eternidade em eternidade, fora de mim nada existe exceto o que é alguma coisa para minha vontade; *mas de onde venho eu mesmo?* (grifado por Kant). Aqui, tudo desaparece sob nossos pés, e a maior perfeição, assim como a menor, flutua sem apoio *diante da razão especulativa* (grifado por mim), à qual não custa nada fazer desaparecer sem obstáculo a ambas" (*Pk* 93, nota 34). Cf. I. KANT, *Critique de la raison pure*, *Op* I 1225. Portanto, se se trata só de teoria, até mesmo o fundamento de todos os fatos é fortuito. As duas primeiras *Críticas* opõem sentido e fato.

Kant é, pois, coerente quando não admite que a prova moral da existência de Deus se torne prova teoricamente suficiente. É inevitável, portanto, que a teologia natural seja apenas uma ideia necessária para o ser finito que, no nível da ciência, deve se ater aos fatos e à sua explicação causal. A teleologia permite compreender, não explicar; ela é uma *ideia*, princípio de compreensão, não um *conceito*, meio ou condição de explicação. Na realidade, "somos senhores e fontes do sentido *porque* não somos senhores dos fatos: se nós os dominássemos, seríamos Deus e não teríamos qualquer sentido a descobrir ou a realizar" (*Pk* 95).

Podemos *pensar* Deus como fundamento incognoscível e indubitável dos fatos, não podemos *conhecê-lo* como um fato. Nesse sentido, Weil afirma que não se trairia a linguagem kantiana ao dizer que "Deus é somente uma ideia do homem; mas ele é desse modo a realidade mais alta possível, aquela que torna possível até a dúvida" (*Pk* 95), dado que é em vista dessa realidade e a partir dela que o homem põe a questão do sentido; é em vista dela e a partir dela que ele se compreende como homem, como criatura, como ser finito e razoável.

Não é na qualidade de *spectador mundi* que o homem dá sentido ao mundo, mas como liberdade razoável e responsável, como coisa-em-si, isto é, vontade[65]. O homem é o sentido do mundo, mas o mundo não é por isso insensato em si mesmo. Do ponto de vista da razão prática, uma relação sensata entre a criação e a criatividade do homem se revela, porque o homem é livre como númeno, e porque ele concebe essa natureza, à qual pertence na qualidade de animal, como natureza criada com vistas à realização da liberdade no sensível.

65. O § 86 da *Crítica da faculdade de julgar* é fundamental para compreender esta afirmação: "Não é com relação à sua faculdade cognitiva (a razão teórica) que a existência de todo o resto do mundo toma o seu valor, por exemplo, a fim de que haja alguém que possa *contemplar* o mundo. Pois, se essa contemplação do mundo não lhe apresentasse senão coisas sem objetivo último, nenhum valor resultaria para a sua existência do simples fato de que esse mundo seria objeto de conhecimento; e é preciso antes supor um objetivo último do mundo, a fim de que, com relação a este, a contemplação do mundo possua valor [...]. O valor que só ele pode se dar e que consiste no que ele faz, no mundo e nos princípios segundo os quais ele age, não como membro da natureza, mas na *liberdade* da sua faculdade de desejar, quer dizer, só uma boa vontade é aquilo pelo que sua existência pode ter um valor absoluto e com relação a que a existência do mundo pode ter um objetivo último". Cf. I. KANT, *Critique de la faculté de juger*, *Op* II 1247 s.

Porém, embora o homem, como razão prática encarnada, descubra o sentido no plano dos fatos, *não é necessário* que o sentido aí se estabeleça e exista independentemente do homem: "o *como se*, que a *Crítica da Judiciária* repete insistentemente, quando trata da finalidade das coisas e de seu sistema, deve, no espírito de Kant, preservar o pensamento de toda afirmação dogmática, científica, ontológica à maneira da metafísica tradicional, cristã e pós-cristã, que atribuía um sentido ao mundo abstraindo do homem, ser livre, ser que, livre na condição, transcendendo o dado no dado, é o único a pôr e a resolver a questão do sentido" (*Pk* 97).

É com essas restrições, e graças a elas, que Kant responde à questão do porquê da criação. Deus criou o mundo para a liberdade, e isso significa: para que nele haja seres livres e capazes de dar um sentido à criação, e para a liberdade em busca do sentido. Efetivamente, o mundo é sensato e contém seres que não são somente fatos, seres aos quais os fatos aparecem; "fatos que, por serem fatos só em seu aparecer (em sua fenomenalidade), só são, já em sua constituição, somente *para* o homem" (*Pk* 97). É preciso, pois, que o homem saiba que o sentido depende dele, a fim de que possa querer realizá-lo. Se a partir dessa vontade de realizar o sentido ele descobre a existência fortuita, isto é, a existência de fato de uma harmonia natural e, assim, *pensa* um criador dessa harmonia, ele não deve esquecer que ele a pensa, mas não a conhece, e a pensa analogicamente, pela razão prática: "ele pensa um Deus que é sentido do mundo para o homem" (*Pk* 98).

Weil tira as consequências da compreensão filosófica do fato de Kant ter querido esconder os resultados da terceira *Crítica*: "Poderíamos dizer que Deus é a *causa essendi* do homem, entretanto, que o homem é a *causa cognoscendi* de Deus, o qual, em uma criação privada de seres livres, seria inconcebível, não concebido e morto. O homem é a imagem de Deus criador, mas a imagem de um original que só existe para essa imagem e, nesse sentido, por essa imagem de sua própria criatividade: ao criar o homem, Deus cria a si próprio no homem, e seria insensato que o homem se perguntasse o que Deus poderia ter sido antes de criar" (*Pk* 98)[66].

66. Weil observa em nota: "Isto sem insistir sobre o caráter extratemporal, *em-si*, do ato criador, que incide sob o domínio do suprassensível, no qual não há nem antes

Alcança-se assim o núcleo do que Weil chama de resultados escandalosos da descoberta do fato do sentido: "o que é essencial é fortuito quanto aos fatos sensatos, simples *como se* quanto ao fundamento do pensamento e dos seres, e que o inessencial, o insensato, é o único a se prestar a uma ciência certa" (*Pk* 99). Ora, isso é inadmissível para Kant, dado que "não podemos nos contentar com um conceito do fortuito e do fato que não possui mais nenhuma significação, porque nada de não fortuito se opõe a esse fortuito e permite pensá-lo" (*Pk* 100). Em outros termos, o escândalo do *sentido fortuito* é a resposta ao que Weil chama de a grande questão da terceira *Crítica*: "como compreender que o compreensível e a compreensão sejam, ambos, *fatos*, e assim, em última análise, insensatos?" (*Pk* 77).

Daí decorre, para Weil, a necessidade de perguntar novamente por que Kant fala de fortuito quando fala da finalidade, da estrutura, do sentido, para poder compreendê-lo melhor do que ele mesmo se compreendeu[67]. A pergunta encontra resposta no ensinamento explícito de Kant, uma vez que o necessário ao qual o fortuito se opõe compete à ciência e à lógica da ciência: "É necessário o que não pode ser negado sem contradição, e o belo e o vivo não são tais que sua negação, sua negação real, sua ausência introduziriam uma contradição na ciência natural. [...] Em outros termos, conhecimento necessário e compreensão fortuita se contrapõem de maneira irredutível" (*Pk* 101).

---

nem depois" (*Pk* 98, nota 41). É muito iluminador, para a compreensão da coerência da interpretação weiliana de Kant, comparar as fórmulas acima citadas com as que se encontram no final do capítulo "Pensar e conhecer, a fé e a coisa-em-si", particularmente as que aparecem em *Pk* 53 s.

67. A pretensão é legitimada pelo próprio Kant: "Eu observo que não há nada de extraordinário que [...] se chegue, confrontando os pensamentos que um autor exprime... a compreendê-lo melhor do que ele mesmo se compreendeu a si mesmo porque, não tendo determinado suficientemente o seu conceito, ele foi conduzido a falar contra a sua própria intenção, ou mesmo a pensar contra ela". Cf. I. KANT, *Critique de la raison pure*, *Op* I 1027. Este texto de Kant justifica uma história da filosofia; e o trabalho do intérprete que, reportando um autor a si mesmo, pode superar e até mesmo contradizer a letra de um texto filosófico. Esta é a intenção de Weil ao recolocar a questão da *compreensão* do esforço kantiano por esconder, no final da terceira *Crítica*, os resultados aos quais tinha chegado e tinha anunciado no início.

Eis por que Kant põe a *questão do homem*, que resume as três questões da *crítica*, e só é compreensível como *questão do sentido*. Todo o empreendimento kantiano se resume no esforço de compreensão. O que ele sempre quis, como filósofo, foi compreender o sentido da vida humana, "o interesse fundamental do homem e da filosofia, da filosofia viva e agente (*Weltbegriff der Philosophie*), não de uma filosofia escolar e escolástica (*Schulbegriff*)" (*Pk* 101). Foi esse esforço que o conduziu à terceira *Crítica*, cuja novidade está em não mais buscar determinar o sentido, mas pensá-lo na sua realidade. Se a primeira *Crítica* tem a ver com o possível e a segunda trata do necessário, "a terceira se volta para o real para constituí-lo em seu problema" (*Pk* 102).

A exposição weiliana da *Crítica da faculdade de julgar* mostra como a questão do sentido é resolvida, e o trabalho do intérprete demonstra que, verdadeiramente, não há nada de extraordinário em que se compreenda um autor melhor do que ele mesmo se compreendeu. Se o sucesso do empreendimento kantiano conduz a *resultados escandalosos*, é porque "Kant utiliza uma linguagem que não é adequada nem à sua solução nem mesmo ao problema que ele foi o primeiro, talvez o único, a propor: o problema do sentido que *é*, do sentido existente" (*Pk* 102).

A linguagem de Kant era ainda a da filosofia tradicional, da filosofia do ser, para a qual o sentido não é, se *ser* se refere aos objetos. Kant descobre que o ser das coisas só é compreendido a partir de um sentido existente, anterior a todo fato e a todo dado, porque fato e dado só se revelam ao homem que, na sua busca do sentido, os interroga. Entretanto, Weil observa, Kant "não ousa falar uma linguagem que possa exprimir que fato e sentido se acham indissoluvelmente unidos: que todo fato é sensato, que todo sentido *é*" (*Pk* 102).

Na realidade, a *Crítica da faculdade de julgar* mostra que Kant deu o passo decisivo, isto é, chegou à compreensão da realidade como sentido, e de que se trata de assumi-la livremente como sensata. O abismo entre o finito e o infinito, entre natureza e liberdade, é superável e superado porque o sentido é oferecido a quem o busca. O escândalo do sentido fortuito só é escândalo para a linguagem da filosofia do ser. Para esta, o escândalo consiste na *ausência de fundamento* para aquilo que, contudo, funda a compreensão. Mas, exatamente, a busca de fundamento é o próprio da filosofia do ser, para a qual o sentido é sempre extrínseco: o ser é, independentemente do fato de a liberdade lhe dar ou não um sentido. Ora, uma vez que a única linguagem de que Kant dispunha era a da tradição metafísica, particularmente a da metafísica leibniziana-wolffiana com a qual ele tinha rompido, é perfeitamente compreensível que ele tenha procurado esconder um resultado para o qual não dispunha de uma linguagem adequada[68].

No final do seu itinerário filosófico, que conduz à junção de sentido e existência, "Kant procede a uma segunda revolução, pois é levado a ver que o finito só é pensado do ponto de vista [...] do infinito, e que esse infinito, que não conhece nenhuma exterioridade nem qualquer limite, é o Todo sensato do mundo humano que *é*" (*Pk* 103). Os resultados dessa revolução escondida são, contudo, visíveis em filigrana, e se Kant explicitamente os camuflou, foi porque quis manter a exigência de rigor científico característica de toda a obra crítica; o que não teria nenhum inconveniente se o seu critério negativo não fosse o incognoscível, mas o incompreensível.

Kant não proclamou seu sucesso porque teve de falar a linguagem do seu tempo e, dado que permaneceu prisioneiro do ideal da ciência hipotético-dedutiva, foi forçado a considerar como fortuito o que funda toda reflexão sobre o necessário e seu contrário. Ele não quis falar de sentido existente e de realidade sensata porque isso comportaria o risco do que Weil chama de *profetismo em filosofia*, "atitude pela qual qualquer um se acha autorizado a anunciar o conteúdo do sentido, como se o sentido possuísse um conteúdo ao lado de uma forma, e separável dela, como se a busca do sentido fosse diferente, pudesse ser diferente da ascensão difícil, laboriosa, lenta para os fundamentos do discurso do homem agente" (*Pk* 103).

É também a partir dessa segunda revolução operada no pensamento de Kant que se tornam compreensíveis os resultados da análise weiliana do problema kantiano do mal radical, da religião e da moral. Como foi

68. Cf. F. Marty, Le surgissement de la question du sens chez Kant selon Éric Weil, *AEW*, 344 s.

visto anteriormente, Kant descobre o *fato* do mal radical quando quer passar do fundamento da moral à moral dos homens na vida. Ora, essa passagem comporta uma mudança fundamental, dado que a moral dos homens na vida se situa no plano da experiência, exterior e interior, da história, do exame da consciência empírica da comunidade humana sob leis positivas, comunidade que visa ao reino dos fins a ser realizado sobre essa terra.

É verdade que a *Crítica da razão prática* já tinha visto na natureza o *tipo* do reino dos fins, mas então a natureza se apresentava como sistema de leis universais, não como unidade de fatos sensatos. É a *Crítica da faculdade de julgar* que descobre que todo esse sistema de leis concretas é ontologicamente fortuito e não comporta nenhuma necessidade de existência: "a natureza é coerente e se oferece ao homem como bela, grandiosa, como conveniente às suas faculdades" (*Pk* 165).

A terceira *Crítica* coloca a razão na contingência do belo e do ser vivo que se dá a conhecer, abrindo para o homem a via de descobrimento da natureza como unidade sensata, numa palavra, como *cosmo*. Diante de seres que só podem ser compreendidos por recurso à finalidade, vale dizer, a um princípio interior que os faz viver e que os designa, assim, como fins a si mesmos, o homem capta o mundo na sua unidade dinâmica e estruturada.

É certo que o mundo só se revela como sensato aos olhos do homem moral, mas esse sentido é o seu, isto é, um sentido que não lhe é imposto por nenhuma ontologia, dado que o mundo "exprime a razão tal como ela é em si" (*Pk* 171). Os fatos mostram seu sentido a quem tem olhos para vê-lo. É a descoberta do fato do sentido que permite a descoberta do mal radical como fato insondável[69]; que permite uma filosofia da religião e uma filosofia da história do retorno à revolução do Cristo, que foi o primeiro a anunciar o caminho para a moral pura; que permite uma filosofia que justifique e, portanto, torne moralmente

69. F. MARTY, *La naissance de la métaphysique chez Kant*, Paris, 1980, 460, manifesta seu total acordo com Weil sobre este ponto. Voltarei a considerar este texto de Marty, quando tratar, no quarto capítulo, da questão da relação entre mal radical e existência sensata na filosofia de Weil.

inevitável a retomada da revolução que se tornou "revolução do mundo moral, revolução moral no mundo e do mundo no qual habitamos" (*Pk* 163).

Querer introduzir a moral como força agente no mundo tal como o conhecemos não é o mesmo que buscar o fundamento do discurso moral. Eis por que Kant não podia não ver o mal e eis por que a religião devia ser compreendida nos limites da simples razão. A lei moral que, na condição de fundamento, é formal e critério negativo na sua pureza aparece agora como lei para uma vontade, não absolutamente má, mas manchada de maldade. E essa lei exige a ação com vistas à construção de um mundo humano que seja o mundo de uma justiça sempre mais profunda. Nós *pensamos* o reino dos fins, mas agora podemos buscá-lo, e até mesmo fazer dele a experiência antecipadora, dado que sua possibilidade está inscrita no mundo histórico, que é o mundo da natureza moral do homem. A descoberta do mal radical revela, ao mesmo tempo, a sua função positiva como sólido fundamento para o otimismo histórico de Kant: "Não é para desvalorizar o homem, é para lhe dar sua oportunidade de humanização que Kant fala do mal radical" (*Pk* 166).

O problema kantiano do mal radical, da religião e da moral, posterior não por acaso ao problema do sentido e do fato, situa-se coerentemente no interior do seu sistema. O pensamento religioso de Kant na *Religião nos limites da simples razão* apresenta, comparado ao período pré-crítico[70], uma única novidade essencial, a saber, "o Cristo como revolucionário cujo empreendimento deve e pode ser levado a bom termo em nossos dias, o reino dos fins e a comunidade invisível dos homens de boa vontade a instaurar, aqui na terra" (*Pk* 166). Dito de outro modo, a novidade é a referência à história e à política compreendidas como representantes do mundo-em-si, como símbolos e esquemas sensatos do que antes só podia ser *pensado* a partir do tipo da legalidade de uma natureza caracterizada pela coerência de suas leis, quaisquer que fossem.

É num mundo de fatos sensatos, de sentido presente nos fatos metafisicamente fortuitos, que a moral deve agir e age, que a religião do espí-

70. Cf. supra a referência à carta de Kant a Lavater.

rito deve conquistar os corações e libertá-los da tirania das observâncias e da crença histórica com vistas à ação. Esse mundo não seria mundo sem o mal radical, mas é nele que "o reino dos fins não é somente uma ideia nascida da exigência de justiça, de uma proporção realizada entre os méritos e os graus de felicidade". Nesse mundo, que contém inevitavelmente o mal, o reino dos fins já está presente, mas seus traços devem ser visibilizados pela ação e na ação do homem, e eles podem sê-lo porque foram postos nesse mundo por uma Providência na qual o homem deve crer "para poder dar sentido e direção a suas decisões" (*Pk* 167). É certo que as decisões do homem permanecem sempre submetidas à lei quanto *à universalidade* de suas máximas; porém, essas máximas, nesse mundo sensato, são concretamente orientadas para a busca ativa e consciente do reino de Deus sobre a terra.

Tendo compreendido Kant melhor do que ele se compreendeu, Weil mostra que Kant procedeu a uma segunda revolução com a *Crítica da faculdade de julgar*. Mesmo sem ter encontrado uma linguagem à altura do seu pensamento, objetivamente falando, Kant conseguiu "preencher o abismo que separava fato e sentido: se não recomeçou sua filosofia a partir desse resultado, a idade e o esforço empregado constituem desculpas mais do que suficientes. Resta-lhe o imenso mérito de ter terminado com a filosofia do ser absurdo e do sentido inexistente" (*Pk* 104).

Tendo acompanhado o gigante até o final do seu caminho, até o último resultado do seu pensamento, Weil constata que ele não fracassou quanto ao essencial. O sucesso de Kant, mesmo que ele não tenha se dado conta disso, consistiu em mostrar que toda filosofia do ser conduz ao fracasso, "pois ela impede ascender ao sentido e, em particular, ao sentido que a sua própria questão pode ter para aquele que a põe". Como a filosofia grega, Kant também encontra o cosmo sensato como o todo da compreensão; mas ele o encontra sem ingenuidade, vale dizer, criticamente, como cosmo para o ser razoável que age no mundo a partir do sentido sempre real e sempre a descobrir, isto é, sempre a realizar e sempre assegurado a quem o busca: "pode ser que a revolução copernicana ainda esteja em seu início" (*Pk* 104).

6. Weil e o problema de Kant

No final do Prefácio de *Problemas kantianos*, Weil manifesta a suspeita de que o pensamento kantiano ainda possa estar à nossa frente porque talvez não tenhamos sabido nos apropriar do *pensar* de Kant. Ao concluir o Prefácio do livro de Krüger, afirma que a problemática e o sistema que são restituídos ao pensamento contemporâneo com aquela obra permitem a esse pensamento uma compreensão melhor de si mesmo, ao compreender aquele de quem procede a sua modernidade[71]. Evidentemente, isto só vale para quem *quer* compreender. O *pensar* e os *problemas* do nosso mais antigo contemporâneo filosófico, para falar como Krüger, permitem que nos compreendamos melhor porque, antes de tudo e depois de tudo, precisamos saber de onde partimos. Isso é particularmente verdadeiro quando afirmado da filosofia de Weil.

Esta é minha hipótese de interpretação desta filosofia que escolheu pagar o preço da compreensão: Weil aceitou *o pensar* de Kant; apropriou-se dos seus problemas, uma vez que eles são *incontornáveis* para quem quer compreender e se compreender; caminhou sobre os ombros do gigante até o ponto em que o seu pensar, não tendo encontrado uma linguagem à altura da revolução que produziu, tornou-se *insustentável*; ponto em que, pela revolução que produziu, isto é, objetivamente falando, por ter conseguido fechar o círculo da compreensão e superar o abismo que a filosofia do ser absurdo e do sentido inexistente mantinha entre sentido e fato, mostrou-se *insuperável*.

Kant, portanto, insustentável, é incontornável e insuperável. Este é o ponto de partida da filosofia de Weil. Mas é Kant, ele mesmo, isto é, o Kant que teve de renunciar ao saber para dar lugar à fé, não somente o Kant da Analítica e da Dedução Transcendental das categorias; o Kant do *fato da razão* como força agente no mundo dos homens, não somente o Kant do formalismo inevitável do imperativo categórico. Em uma palavra, o Kant da razão que se dá a conhecer e a encontrar no concreto, isto é, o Kant do sistema, do homem finito e razoável, para

71. Cf. G. Krüger, op. cit., 11.

quem a realidade é sentido e o cosmo não se esfacela em episódios de uma tragédia má, para usar uma expressão de Aristóteles[72].

A obra de Weil, na qual a questão do sentido encontra a linguagem que faltou a Kant, ensina a ler Kant[73]. É verdade que certo tom superior em filosofia impediu muitos intérpretes de compreender que o *recuso a Kant* na filosofia de Weil é fecundado por sua compreensão da filosofia de Hegel; impediu ver que para compreender não é necessário fazer profissão de fé em alguma filosofia, contra alguma outra; impediu ver que, se é preciso voltar a Kant para saber de onde partimos, essa volta só é volta depois de Hegel. Refiro-me à fórmula *kantiano pós-hegeliano* com que Weil se definia para os amigos em termos de filosofia[74], sobre a qual voltarei a seguir.

Se fosse preciso antecipar o final do caminho a ser percorrido aqui (correndo o risco de mal-entendidos e incompreensões), diria que a tarefa de Weil consistiu na *retomada* do empreendimento kantiano, com vistas a elaborar uma *filosofia crítica do sentido*. Isso porque, depois da terceira *Crítica* kantiana, a única questão que ainda podia ser posta à filosofia é aquela na qual Kant reuniu as três questões da *Crítica*: "Que é o homem?"[75].

A última questão de Kant é a primeira e a grande questão da filosofia de Weil[76]. Este é o ponto de onde parti, isto é, o ponto de onde partiu Weil, e o ponto de onde deve partir, depois de Kant, toda filosofia digna desse nome, até mesmo "a última das grandes filosofias"[77], a de Hegel. Se é verdade que o próprio Hegel reconhece no final da vida que Kant não foi suficientemente compreendido, embora o próprio Hegel tenha sido um dos maiores responsáveis por isso, então posso empreen-

---

72. Cf. ARISTÓTELES, *Metafísica*, 3, 1090b 19-20.

73. Cf. F. MARTY, Le surgissement de la question du sens chez Kant selon Éric Weil, *AEW* 345, onde o autor afirma que se é verdade que Kant não fracassou quanto ao essencial, não é interditado pensar que um dos seus sucessos seja a própria obra de Weil.

74. A fórmula não se encontra na obra de Weil, mas é confirmada pelos que o conheceram pessoalmente.

75. Cf. I. KANT, *Logique*, 2ª ed., Paris, 1982, 25.

76. É extremamente significativo que a *Lógica da filosofia* de Weil comece a sua introdução por uma reflexão sobre "o sentido da definição do homem" (*Lf* 11 ss.).

77. Cf. É. WEIL, Hegel, *Ec* I 127.

der meu caminho com conhecimento de causa porque, pensando bem, "nos nossos dias, o próprio Kant não seria mais exatamente kantiano"[78]. Ele seria, certamente, um kantiano pós-hegeliano.

78. Cf. A. Philonenko, *L'Oeuvre de Kant* I, 3ª ed., Paris, 1983, 336.

CAPÍTULO III

Lógica da filosofia. A consumação do discurso e a violência

La philosophie, qui ne requiert que la constance dans la pensée,
fournit à elle-même ce qu'elle exige d'elle-même.
Éric Weil

A. FILOSOFIA E VIOLÊNCIA

1. O problema da escolha

No já citado debate na Sociedade Francesa de Filosofia, interrogado sobre como distinguiria seu pensamento do de Hegel, Weil responde: "Eu afirmei nesta exposição que não existe saber absoluto. Isso me parece uma distinção bastante radical. Existe uma ideia do saber absoluto, mas não existe saber absoluto, de modo que a filosofia permanece sempre filosofar" (*Pr* 49)[1].

Um dos participantes da discussão repropõe a mesma questão em outros termos, ao afirmar que, se bem compreendeu o pensamento de Weil, parece que ele conserva a carcaça hegeliana, isto é, a ideia de um saber enciclopédico, de um discurso coerente da totalidade, e abando-

1. O texto da conferência e da discussão foi publicado no *Bulletin de la Société Française de Philosophie*, 57 (1963) 11-147 (depois em *Pr* 23-57, cito esta edição). Note-se que a conferência de Weil é do mesmo ano da primeira edição de *Problemas kantianos*.

na a substância e a carne mesma do pensamento hegeliano: o saber absoluto. A resposta de Weil é desconcertante: "Dado que o senhor quer me obrigar à discussão histórica, eu direi que o que conservo não é a casca, mas a substância do pensamento kantiano" (*Pr* 51). O mesmo interlocutor pergunta se é preciso, então, escolher entre Kant e Hegel. Weil responde: "Não creio que seja preciso escolher. Creio que é preciso escolher entre a consciência kantiana a pretensão hegeliana. Quanto ao conteúdo, creio que ele seja idêntico" (*Pr* 52)[2].

O problema está claramente posto: o problema da escolha coincide com a escolha do problema. Esclarece-se aqui a ambiguidade intencional com que introduzi a segunda leitura da obra de Weil. De fato, ao falar, no início do capítulo anterior, em escolha como problema, a fórmula visava provocar uma leitura ambígua, a saber: a escolha feita *por Weil* do problema de toda a sua filosofia, e a escolha feita *por mim* ao interpretar sua filosofia. Dito de outro modo: a escolha do problema, *para Weil,* consiste na escolha *de Kant* como o problema da sua filosofia, e a escolha *de Weil* constitui, *para mim,* o problema da correta interpretação da sua filosofia.

Ao pôr o problema da escolha entre a consciência kantiana e a pretensão hegeliana, Weil afirma que o seu conteúdo é idêntico. O conteúdo é, sem dúvida, o da filosofia de Kant e de Hegel, da filosofia de Weil e de toda filosofia digna desse nome. O conteúdo é o que constitui, desde as origens mais remotas, o motor e o fio condutor de toda filosofia e de toda história da filosofia. Para dizer em poucas palavras, o conteúdo é a *razão*, a *ratio* latina que, originalmente, se refere à faculdade do cálculo e da reflexão, e que traduz o *logos* grego que, por sua vez, remete à palavra, mas que em sua origem não é estranho ao sentido de cálculo[3].

A razão designa, desde o nascimento da filosofia, o discurso coerente, o enunciado sensato e admissível porque universalmente válido.

---

2. A resposta de Weil continua: "Mas quando se olha em detalhe a evolução da atitude de Hegel com relação a Kant, vê-se que, quanto mais avança em idade, mais se torna admirador de Kant. Os últimos artigos que publicou em Berlim contêm elogios a Kant, nos quais ele diz que Kant não foi suficientemente compreendido. Mas, em grande parte, ele mesmo foi responsável por isso" (*Pr* 52).

3. Sobre todo esse desenvolvimento cf. É. Weil, Raison, *EU* XIII 969 ss.

O conteúdo é a razão que caracteriza o discurso e é revelada por ele, razão que caracteriza o homem falante e, ao mesmo tempo, aquilo de que ele fala, isto é, o mundo, que se presta ao discurso porque sua natureza é razoável. O conteúdo, em última análise, é o homem: "Se toda filosofia toma sua origem na Grécia, é porque os gregos muito cedo admitem, sem se escandalizar com isso, que os discursos, as crenças, as concepções do mundo, as morais concretas diferem: trata-se sempre de homens" (*EU* XIII 969).

Se o conteúdo é idêntico, se é preciso escolher entre a consciência kantiana e a pretensão hegeliana, e se Weil decidiu conservar em sua filosofia, não a casca, mas a substância do pensamento kantiano, é legítimo supor que, para ele, a pretensão hegeliana constitui um problema.

2. Por que Hegel é problema?

No já reduzido número dos grandes filósofos aos quais Weil se refere explicitamente, poucos mereceram a atenção que ele dedicou a Hegel. Uma rápida visão da sua produção filosófica o atesta. Com exceção de Aristóteles, a nenhum outro filósofo Weil dedicou tantos estudos monográficos e, excluindo *Problemas kantianos*, que não foi escrito como um livro, a nenhum filósofo Weil consagrou toda uma obra, como é o caso do seu pequeno livro *Hegel e o Estado*, apresentado como tese complementar à *Lógica da filosofia*, e que fez escola nos estudos da filosofia hegeliana do direito[4].

Considerando as questões que normalmente se levantam à filosofia de Weil, é quase uma unanimidade entre os intérpretes afirmar que Hegel é o grande interlocutor filosófico de Weil, tal o fascínio que exerce sobre muitos uma leitura hegeliana de Weil, ou o que eles chamam de *o*

4. São 7 os artigos sobre Hegel, escritos no arco de mais de vinte anos: La morale de Hegel, *Deucalion*, 5 (1955) 101-116 (*Ec* I 142-158); Hegel, in *Les philosophes célèbres*, Paris, 1956, 258-265 (*Ec* I 125-141); Hegel et nous, *Hegel-Studien, Beiheft*, 4 (1969) 7-15 (*Pr* 95-106); De la dialectique objective, *Les Études Philosophiques*, 1970, 339-346 (*Pr* 59-68); The hegelian dialectic, in *The legacy of Hegel*, Haia, 1973, 49-64 (*Pr* 107-125, em tradução francesa); Hegel et le concept de révolution, *Archives de Philosophie*, 39 (1976) 3-19 (*Pr* 127-145); La *Philosophie du droit* et la philosophie de l'histoire hégélienne, in *Hegel et la Philosophie du droit*, Paris, 1979, 5-33 (*Pr* 146-166).

hegelianismo de Weil, a ponto de se poder dizer que compreender a filosofia de Weil "é compreender sua compreensão e sua crítica a Hegel"[5].

A filosofia de Weil revela que ele foi um grande leitor de Hegel e um profundo conhecedor de sua filosofia. Weil é um escritor parco de citações, e as referências aos outros filósofos apelam sempre para a inteligente colaboração de seus leitores. Exceto nos ensaios de investigação textual, como nos trabalhos sobre Aristóteles, em *Problemas kantianos* ou em *Hegel e o Estado*, ocorre frequentemente que ao discutir com algum filósofo Weil deixa ao leitor o trabalho de saber com quem, sobre que ponto e com qual obra está discutindo[6]. Contudo, o nome de Hegel é dos mais frequentes no conjunto da obra de Weil[7], e o tratamento que dispensa a ele é sempre privilegiado, mesmo quando ataca o cerne do pensamento hegeliano, seguindo o preceito de Hegel, de atacar sempre o adversário no seu ponto forte.

A filosofia de Hegel é definida por Weil como "a última das grandes filosofias", e também como "a primeira filosofia contemporânea, no sentido de que ela não foi substituída por nenhuma outra" (*Ec* I 127). Hegel "não é um autor cômodo", ele é "inquietante", "severo", "exigente" (*Ec* I 125), "difícil entre os filósofos" e não somente porque filósofo, visto que sua filosofia constitui, como a de Platão e a de Kant, "um nó da história" (*Ec* I 128).

Hegel é difícil porque "quis compreender, nada mais que compreender, mas tudo compreender" (*Ec* I 130). Ele é um filósofo que

---

5. Cf. G. Kirscher, La philosophie comme logique de la philosophie, *Cahiers Philosophiques*, 8 (1981) 28.

6. Livio Sichirollo, amigo pessoal de Weil e bom conhecedor da sua filosofia, assim descreve o *estilo* weiliano: "Um pensamento claro, que esconde sempre a sua própria pré-história e toma forma só no final de um percurso que superou a obscuridade, dificuldades, desvios; todavia as 'dificuldades', aporias, estão presentes e operantes como instrumentos de trabalho, objeções e contra objeções que enriquecem a página e tornam límpido o ditado, o argumentar [...]. Neste sentido, Weil não apresenta 'soluções', mas ama oferecer ao leitor resultados [...]. Poder-se-ia dizer, em sentido positivo, que não é imediatamente possível estabelecer onde termina o pensamento do autor e onde começa a 'interpretação': o resultado, é claro, é o pensamento do autor". Cf. L. Sichirollo, Aristotele. Antropologia, logica, metafisica, in *Filosofia e violenza*. Introduzione a Éric Weil, Galatina, 1978, 106.

7. Basta observar que, entre os 78 nomes que aparecem na *Lógica da filosofia*, o de Hegel é o segundo mais citado (18 vezes), depois de Platão (23 vezes). O de Kant aparece 13 vezes.

nos diz respeito, porque "está presente no pensamento de nossa época" (*Pr* 95), e porque, ao compreendê-lo, "esperamos compreender melhor a nós mesmos" (*Pr* 96). Hegel é "o mais conscientemente sistemático entre todos os filósofos" (*Ec* I 131), é um filósofo "que julgamos e que nos julga" (*Pr* 103), é "o último a pôr questões de filósofo", e está sempre conosco, "se queremos compreender" (*Pr* 106).

Para Weil, Hegel *informou* de tal modo o nosso tempo, "que não seria o que ele é se ele não tivesse existido", a ponto de todos nós sermos hegelianos, "se ser hegeliano é estar sob a influência de Hegel (de um Hegel aceito ou recusado)" (*Ec* I 140). Todavia, para nós que estamos sob a influência de Hegel, não se trata de "recitar Hegel ou de ver nele o mestre do qual cada palavra seria sagrada" (*Pr* 103). É possível que, subscrevendo cada palavra do mestre, muitos se creiam hegelianos, mas seguramente "não o serão no sentido daquele que querem seguir: ninguém mais do que Hegel levou a sério a história, e aquele que, querendo permanecer fiel a Hegel, nega cento e vinte anos de história renega aquele que pensa adorar" (*Ec* I 141).

Entretanto, apesar de tudo e por tudo que significa para nós, para Weil, Hegel é problema. É preciso ocupar-se de Hegel porque "é contra ele e o que ele representa que nos definimos: ele permanece o ponto de referência com relação ao qual nos orientamos" (*Pr* 100). E, se é preciso atacar o adversário em sua força, é na dialética e na ideia do saber absoluto que Hegel deve ser atacado.

O problema central, duplo em sua unidade, uno em seu desdobramento, é o da realidade e da compreensão da realidade pela razão: "A realidade é compreendida, mas a compreensão é real — ou, com uma fórmula que teria parecido natural a Hegel e que inquieta grandemente nossos contemporâneos, trata-se da realidade que se pensa em seu discurso real" (*Pr* 101). Para dizer o mesmo com uma fórmula hegeliana, trata-se de *pensar a realidade*, problema que só se põe para a filosofia no momento em que a unidade de pensamento e realidade não é mais evidente. Trata-se de compreender a realidade e a compreensão, compreender tudo e compreender o Todo[8].

8. Cf. J. Quillien, Discours et langage ou la *Logique de la philosophie*, *Archives de Philosophie*, 33 (1970) 402 s.

Esse problema, que, no fundo, é o problema de sempre da filosofia, foi elevado à consciência filosófica da filosofia com Kant, que, "ao pôr a questão filosófica filosoficamente em questão"[9], descobre as reais possibilidades da compreensão total. Vê-se, pois, que é sob o solo kantiano que Hegel, assim como Fichte e Schelling, malgrado todas as suas diferenças, tentaram levar a cabo a empresa de constituir um discurso único que apreenda o todo da realidade natural e intelectual. Esse empreendimento, segundo Hegel, não foi concluído por Kant porque ele não superou, mas radicalizou os dualismos entre entendimento e sensibilidade, entre razão teórica e entendimento, razão teórica e razão prática, conhecimento dos fenômenos e pensamento de um absoluto não empírico, mundo da experiência e mundo da lei da razão, em uma palavra: finitude do homem e infinidade da liberdade.

Segundo Weil[10], para Hegel o finito não está diante do infinito ao modo de um parceiro ou um adversário. O infinito só é verdadeiro se nada se opõe a ele ou o limita: ele só pode ser *a totalidade estruturada do finito*. Daí decorre que o finito não possui consistência verdadeira, quer no plano do conceito, quer no da existência: ele se aniquila para ser compreendido como aspecto particular sem o qual o Todo não seria, mas também como aspecto que não pode ser transformado em substância existente por si mesma.

Opondo-se a Kant, Hegel afirma que a razão é capaz de pensar por si mesma o sensível, pelo menos no que ele possui de estrutura e razão, de modo que não é *como se* o mundo fosse razoável. Se convém falar de um *como se*, é como se o fato e o conceito isolados fossem compreensíveis em si mesmos, sem serem conduzidos pela dialética ao seu papel de simples aspecto (momento), embora essencial. Prova disso é que, quando queremos manter um conceito particular nele mesmo, ele se inverte: o Ser puro mostra-se como Nada, a causa encontra seu ser no efeito etc. Trata-se, como é evidente, da dialética hegeliana, que não é um método, não é a exigência de um discurso que pretende falar de

9. A expressão é de G. Kirscher, art. cit., 39.

10. Para todo esse desenvolvimento, cf. É. Weil, Hegel, *Ec* I 132-138, e também, Raison, *EU* XIII 974 ss.

um ponto de vista superior ou de fora da realidade, mas é a exposição do processo intemporal no qual a razão expõe e desenvolve o que é na medida em que é, e no qual se expõe a situação de todo particular no interior desse processo.

Hegel quer compreender a razão em razão, tal como ela existe concretamente, isto é, na unidade das contradições. A dialética não é senão a realidade que se compreende a si mesma, o próprio mundo tal como se apresenta no discurso do homem, que não é o outro do mundo, mas está na realidade, que é da realidade. O filósofo que quer compreender não inventa nada, não acrescenta nada ao espetáculo a que simplesmente assiste e interroga, espetáculo em que toda particularidade que quer se conservar se transforma em seu contrário sem, contudo, desaparecer; espetáculo em que o novo é, justamente, a inversão do precedente, e só se compreende como aquele anterior que, *suprassumido*, permanece na negação, não de si mesmo, mas de sua pretensão à realidade incondicionada. As contradições da realidade só são contradições na medida em que cada uma delas pretende ser o todo da verdade, na medida em que cada aspecto da realidade se dá ou se toma pela realidade. Em última análise, a contradição se revela como a contradição do que, no seu futuro, é uno: *a realidade*, que se revela no discurso como razoável, porque é acessível ao discurso, porque produz o discurso que é discurso do homem real.

O *real é razoável e o razoável, real*. É mais do que conhecida esta divisa da filosofia hegeliana. A razão é tudo e em tudo, mesmo quando se trata do indivíduo humano que, em sua individualidade, deve ser pensado. Mas não é ele, como indivíduo determinado, que pensa: é a razão nele. O sentido de sua existência não é para ser criado, mas descoberto, visto que esse sentido existe na história, na sociedade, no Estado, nas instituições e pelas instituições a que ele pertence e nas quais é universalizado.

É claro que no plano da individualidade histórica, como no da natureza, o desrazoável e o a-razoável existem: a revolta contra a razão e a recusa de pensar em seu lugar no mundo podem levar à afirmação de uma individualidade empírica, isto é, arbitrária e, enquanto tal, compreendida pela filosofia; uma individualidade independente e, portanto, falsa, a menos que a paixão produza, sem querer ou saber, por uma astúcia da razão, um resultado secretamente exigido para uma realização mais ampla da liberdade razoável e da razão libertadora das paixões egocêntricas e destruidoras.

A casca exterior que resiste ao conceito só é um limite quando se trata do finito em sua finitude, em sua não-essencialidade, em seu *Nichtiges*, que não é o nada, mas o acidental em sua existência própria, "exatamente a do que é no ato de desaparecer" (*Pr* 113). Esse acidental é compreendido pela razão como acidental necessário, que não limita nem refuta o discurso da razão, pois "mesmo o que se recusa ao pensamento é pensado em sua função e em seu lugar no discurso" (*EU* XIII 974).

Weil afirma que é supérfluo insistir sobre a identidade da dialética hegeliana com a ontologia: "Se a razão é, se o mundo é razoável, se a totalidade do que é real e agente é compreensível, e se a compreensão apreende o que dá a todo particular sua consistência, sua essência e sua verdadeira substância, o discurso é necessário em si mesmo — ele não poderia ser outro sem deixar de ser coerente — e revela o que a realidade contém de necessário" (*Pr* 116).

Dado que ontologia e lógica coincidem em uma *onto-lógica*, a tarefa que a razão se deu desde quando começou a falar estaria então realizada: nenhum incognoscível ou indizível limitaria o império da razão, e não seria mais o caso de pensar o indivíduo finito. Tratar-se-ia então do que é pensado em todo pensamento, do pensamento no qual se revela a realidade em sua verdade, isto é, no "Ser mesmo tal como se desdobra em suas manifestações particulares, retomadas no Todo que é Razão-Ser, tornado consciente de si mesmo em uma consciência de si não individual, consciência do discurso absolutamente coerente" (*EU* XIII 974).

O caráter necessário do discurso assegura a Hegel o que ele pretendeu: "A *mostração* da verdade, da universalidade do que o homem realizou e afirmou" (*Pr* 102). Encontra-se aqui, como é evidente, da exigência do sistema, da mostração do discurso coerente, que só pode ser efetuada pelo desenvolvimento lento, laborioso do conceito, o "único capaz de apreender a realidade porque a realidade o contém, e o contém exclusivamente quanto ao essencial, quanto ao que conta para a filosofia" (*Pr* 102 s).

A pretensão hegeliana é, pois, de constituir a filosofia em saber absoluto, unidade que se funda a si mesma, que não tem necessidade de fundamento exterior. Para Hegel, o finito se conhece desde agora no infinito, e a ontologia é verdadeiramente "o pensamento de Deus antes da criação do mundo, antes da queda do conceito na realidade empírica, nesse *Dasein* que é uma das categorias mais primitivas, mais pobres e, por isso, a de um pensamento que ainda não se compreendeu na sua onipotência" (*Pr* 104). É a partir de sua pretensão que Hegel deve ser compreendido e julgado. É preciso perguntar se Hegel realizou o que pensou ter realizado; se o sistema, tal como se apresenta, cumpre o que afirma ter cumprido.

Weil observa que já os discípulos diretos de Hegel descobriam lacunas no interior do sistema, e que para seus adversários contemporâneos "a coerência dedutiva se devia a um vício de sub-repção escondido a duras penas" (*Pr* 104). Para Weil, levar a sério as questões que se põem ao sistema é fazer a Hegel a mais elevada honra, uma vez que "não é impossível que nossa época esteja particularmente qualificada para esta obra de compreensão, ao mesmo tempo imanente e crítica segundo os próprios critérios do sistema" (*Pr* 105).

A tarefa a que nos obriga a filosofia de Hegel consiste em proceder ao que ele mesmo chamou de *Nachdenken*, atividade de pensar o que os outros pensaram; tarefa de fazer o que Hegel fez com seus predecessores, para constituir o que se chama hoje "a história da filosofia, compreendendo com este termo [...] a história filosófica da filosofia, uma história que não acumula simplesmente, mas reflete sobre o passado da filosofia presente e a reflete assim em seu passado" (*Pr* 103).

Na conclusão do ensaio A *dialética hegeliana*, Weil afirma que é possível pôr questões pertinentes a essa dialética, desde que essas questões "toquem o que esse pensamento considera como as suas condições" (*Pr* 123). Weil apresenta três questões que respondem a essa exigência.

A primeira diz respeito ao preço que a filosofia deve pagar para chegar ao que pretende ser segundo Hegel, isto é, saber absoluto. Hegel afirma que é preciso desembaraçar-se do acidental, do fortuito. Nesse sentido, "é lógico que Hegel reprove a Kant sua *ternura pelas coisas finitas*; elas são, com efeito, o que não se apreende sem resto, sem casca exterior impenetrável ao conceito" (*Pr* 123). Porém, para quem vive, finito no finito, o sacrifício pode ser demasiado e "pode-se recusar ascender ao saber a este preço" (*Pr* 124), como a história o demonstra.

A segunda questão refere-se ao processo que conduz ao saber absoluto. Tudo começa pelo imediato, mas esse imediato contém seu outro que o nega, mas também o conserva e o contém, porque é seu outro. Mas esse processo da contradição do imediato só é constatado quando ele é *dito*: a filosofia começa na linguagem. "Ora, Hegel, que celebra em textos magníficos, sobretudo na *Fenomenologia* (e, em uma visão mais estreita, na *Enciclopédia*, § 459) a grandeza da linguagem, não a trata explicitamente, não a *tematiza*" (*Pr* 125). Weil admite que esta questão pode ser respondida pela afirmação de que toda a *Fenomenologia* é uma história da linguagem, tese que lhe parece sustentável, mas que conduz a outra dificuldade não menos inquietante: "Seria então preciso que o sistema, para conservar a circularidade que o prova, conduzisse ao ponto de partida no finito, que é a *Fenomenologia*, a qual, como Hegel afirmou inicialmente, seria necessariamente a primeira parte do sistema — enquanto que a *Enciclopédia*, que tem grande dificuldade de situar a *Fenomenologia*, volta ao início da *Lógica*, ao Ser, e termina com um texto de Aristóteles que afirma o *Nous* como substância-sujeito e como vida, como objeto-sujeito da visão, da *theoria*, na qual desaparece a linguagem junto com o indivíduo" (*Pr* 124)[11].

A terceira questão diz respeito à relação entre experiência histórica e dialética na qualidade de pensamento de Deus antes da criação do mundo. Weil pergunta: "Não é então o criado que constitui tanto o ponto de partida quanto o ponto de chegada da filosofia, que permaneceria atividade do ser finito, mesmo que chegasse ao Absoluto e à união (aristotélica) com o Nous? Dito de outro modo, e para dizer em uma linguagem da moda, não é o estruturado que nos interessa, e a estrutura não nos concerne só na medida em que esclarece o estruturado? Ou,

11. A mesma questão aparece na já citada discussão na Sociedade Francesa de Filosofia: "Em Hegel, para quem a circularidade é a prova do saber absoluto — e que crê tê-lo alcançado, coisa que eu duvido —, vê-se muito bem como se passa da *Fenomenologia* ao sistema; mas o próprio Hegel renunciou a dizer como se passa da *Enciclopédia* à *Fenomenologia*" (*Pr* 52).

enfim, para formular o problema ainda de maneira diferente, o Sistema não deveria proceder por via de reflexão regressiva (transcendental-analítica), em vez de se apresentar como pedagógico?" (*Pr* 124 s.).

No final do ensaio *Hegel e nós*, Weil resume as questões que nossa época, particularmente qualificada para a tarefa de compreensão crítica e imanente do sistema, tem o direito de levantar. O texto é longo, mas merece ser citado por inteiro:

> O universal engendra verdadeiramente o particular e o individual? Ou o universal é alcançado a partir do individual e do particular, alcançado pelo e no particular e individual? O pensamento de Deus antes da criação do mundo não é o pensamento divino em uma consciência humana, histórica, situada no mundo, mesmo sendo pensamento divino, isto é, verdadeiramente infinito? A apresentação hegeliana, que vai do abstrato ao concreto, em vez de descobrir o abstrato no concreto para mostrar em seguida o concreto do que primeiro parecia abstração, essa apresentação por via dedutiva, por construção da riqueza do mundo concreto do qual pretende nada saber de início, essa dedução fichteana não está em conflito com a vontade de apreender o pensamento real de homens reais em um mundo real? Sem dúvida, todo discurso que quer ser não arbitrário comporta, visto que a estipula, a sua necessidade, mas essa necessidade basta para fazer nascer o real só da necessidade? O finito se compreende no infinito, e isso é uma verdade formal, dado que o finito só se vê a si mesmo como tal ao se opor ao infinito; mas o finito é encontrado no final do percurso? e a *Fenomenologia* (ou, se se prefere, a introdução à *Lógica* da *Enciclopédia de Berlim*) renasce do sistema concluído? (*Pr* 105).

Todas estas questões poderão passar como água sobre pedra para muitos hegelianos que, com certo tom superior, diriam que elas só são sensatas no interior do sistema e que é preciso escolher entre "um discurso absolutamente coerente do absoluto (como sujeito e como objeto) e o arbitrário, que só existe sob a forma da violência, único meio de decidir onde não há critério filosófico" (*Pr* 125).

Para quem fez profissão de fé hegeliana, repensar Hegel é uma simples questão de soletrá-lo, particularmente nos textos escolhidos "por homens que querem construir suas próprias casas com os escombros de um palácio em ruínas" (*Pr* 97). Essa escolha pode ser legítima. O próprio Hegel conta no passivo de seu gênio com muito do que ele reuniu dos escombros de seus antecessores e contemporâneos. O problema é que, para Hegel, ele mesmo, tal como se expressou e se compreendeu, tal como é preciso compreendê-lo, a escolha exige um critério, e esse critério ou é evidente e, portanto, passível de ser oposto a outros igualmente evidentes, ou é justificado e, então, no interior de algum discurso e de algum sistema do tipo hegeliano, coisa que, segundo Weil, ainda não apareceu[12].

Para Weil, porém, as questões que levanta a Hegel só pretendem julgar Hegel na medida em que nos obrigam a um juízo sobre nós mesmos; da mesma maneira que, "julgando-nos a nós mesmos, somos obrigados a julgar Hegel" (*Pr* 103). Por isso, *repensar Hegel*, para Weil, significa apropriar-se da vontade hegeliana, para refutá-la em seguida, se necessário; a vontade de constituir a filosofia em saber absoluto, "como unidade que se sustenta a si mesma, comparável ao mundo que é seu próprio fundamento ou que, antes, não tem necessidade de fundamento exterior" (*Pr* 103).

É do nosso mais profundo interesse pôr essas questões a Hegel, "se queremos nos compreender, se queremos compreender nossa resignação, consciente ou não, diante da finitude e à finitude" (*Pr* 105). Esta é a razão pela qual, mesmo tendo frequentado longa e profundamente o pensamento de Hegel, Weil se define como *kantiano pós-hegeliano*[13]. Para Weil, "trata-se simplesmente de distinguir com a ajuda de Hegel e, em seguida, escolher livremente" (*Pr* 102).

---

12. Cf. *Pr* 97. É importante levar a sério esta afirmação, principalmente diante da tentação constante de muitos intérpretes de considerar a *Lógica da filosofia* um discurso de tipo hegeliano. Weil afirma explicitamente a distância dos dois discursos (cf. *Lf* 478 s.), e, mesmo que a sua *Lógica* seja verdadeiramente "a filosofia desenvolvida em sistema", a compreensão do sistema para Weil não coincide com a de Hegel. Cf. P. Venditti, La philosophie du sens, *AEW* 93-104.

13. A fórmula, como já se disse, não se encontra nos escritos de Weil, mas é seguramente autêntica. Cf. P. Ricoeur, *Le conflit des interprétations*. Essais d'hermeneutique, Paris, 1969, 403.

3. Kantiano pós-hegeliano

Weil não afirmou que é preciso escolher entre Kant e Hegel, mas entre a consciência kantiana e a pretensão hegeliana; afirmou também que o conteúdo de ambas é idêntico, pois o conteúdo é a razão real e a realidade razoável, a realidade compreendida e a compreensão real. Esse conteúdo é o problema de fundo de toda filosofia que, desde sua origem, é questão dos homens na vida, mesmo que épocas inteiras tenham visto a filosofia viva e agente transformada em simples questão de escola.

O fundo do problema é o homem que compreende com uma compreensão real, o homem que quer compreender tudo, até a sua própria compreensão. É a partir desse fundo que se pode distinguir e escolher livremente entre a resignação consciente diante da finitude e o saber absoluto ou, o que é o mesmo, entre a filosofia do ponto de vista do homem e a filosofia do ponto de vista de Deus, se esta expressão pode ter algum sentido.

Toda a filosofia de Weil só é compreensível a partir da escolha que fez em face dessa alternativa. Weil escolheu *a filosofia do ponto de vista do homem*. Ele sempre se recusou a dar explicitamente uma interpretação de sua filosofia. Porém, definindo-se como *kantiano pós-hegeliano*, certamente não quis confundir seus interlocutores nem fazer um simples jogo de palavras. A meu ver, compreender a fórmula weiliana significa compreendê-lo como ele se compreendeu, e é isto que pretendo mostrar.

Uma compreensão possível da fórmula vai na linha da superação de Hegel por um retorno a Kant, como propõe, por exemplo, Pierre-Jean Labarrière[14]. A interpretação da fórmula, neste caso, parece exigir exclusividade: entre Kant e Hegel, a escolha de um exclui o outro. E mais, segundo esta interpretação, a única superação possível de Hegel não se dá pelo retorno a Kant, mas pela renovada interrogação, a partir de dentro, "das normas e do funcionamento de um discurso que deve talvez fazer justiça, de modo mais explícito e mais total, à permanência

14. P.-J. Labarrière, *Le discours de l'altérité*. Une logique de l'expérience, Paris, 1983, 86-98.

da diferença e da alteridade, sem ceder à suspeita de resolvê-las demasiado depressa na unidade da contradição"[15].

Segundo esta interpretação Weil, ao se definir como kantiano pós-hegeliano, teria excluído Hegel de seu retorno a Kant, depois de tê-lo frequentado longamente e conservando os traços essenciais do pensamento hegeliano. Assim, o kantismo pós-hegeliano de Weil deve ser interpretado como *ante* e como *anti*-hegeliano, vale dizer, como absurdo e arbitrário. Com efeito, não afirma Weil que ser anti-hegeliano é, ao mesmo tempo, ser antifilósofo, vale dizer, rejeitar a compreensão e a vontade de compreender? Não é Weil quem afirma que não se pode negar a história posterior a Hegel?

A fórmula weiliana, contudo, admite outra compreensão. E é preciso dizer de início que seria ingênuo operar um retorno a Kant nos termos acima propostos, no momento em que o kantismo está em vias de ser superado, e não pelo conceito de historicidade, pretensamente "a grande conquista da filosofia posterior a Kant"[16], pois já se celebra na filosofia kantiana o encontro decisivo entre filosofia e história, característica da modernidade da qual, segundo Weil, Kant é o pai. A superação do kantismo foi operada, quanto às ciências, por homens como Einstein, Durkheim, Malinowski, Watson e Crik, e quanto ao direito e à moral, Michel Villey e Max Scheler. Porém, afirmar que uma doutrina está em vias de ser superada "é afirmar sua fecundidade, sua riqueza e sua atualidade na superação que é a sua"[17].

O kantismo de Weil é pós-hegeliano porque assume, na retomada de Kant, tudo — e não é pouco — que Hegel trouxe de definitivo para a filosofia, entre outros aspectos, com a sua crítica e a sua incompreensão de Kant. Weil assume Hegel por inteiro, e não poderia ser diferente, para poder rejeitar a sua pretensão. Mas, ao dizer isso, estou ciente de ter indicado a pedra de tropeço da filosofia de Weil para uma leitura hegeliana.

A meu ver, o kantismo pós-hegeliano de Weil representa um modo de ser autenticamente kantiano, mais de dois séculos depois que a razão

---

15. Id., Ibid., 96 s.
16. P. Salvucci, *L'uomo di Kant*, 2ª ed., Urbino, 1975, 611.
17. A. Philonenko, *L'Oeuvre de Kant II*, 2ª ed., Paris, 1981, 273.

pura foi submetida à crítica, mais de cento e cinquenta anos depois que a filosofia pretendeu ter alcançado o pensamento de Deus antes da criação do mundo. Com efeito, em um mundo que ainda não aprendeu definitivamente os limites da razão, o único modo de ser verdadeiramente kantiano é o modo pós-hegeliano, que consiste em levar a sério os resultados da filosofia de Hegel.

Weil escolheu a consciência kantiana contra a pretensão hegeliana. Ora, a consciência kantiana é a da autonomia e dos limites da razão, a da universalidade da razão no ser finito, a consciência do finito a partir do infinito, do finito que é imediato ao infinito. Ela é a consciência de que o pensamento humano, se quiser compreender e se compreender, não poderá renunciar à busca do absoluto, do fundamento de toda a realidade humana e mundana. Ela é a consciência do *homem de Kant*, que conhece o necessário porque é interessado, ser moral porque é imoral, que espera uma justiça verdadeiramente divina no além porque reconhece, nesta terra e nesta vida, o valor absoluto de todo indivíduo. A consciência kantiana é a do interesse da razão que quer unificar seu interesse teórico com seu interesse prático, porque a razão pensa o mundo e visa à ação, ela é teórica e prática, mais exatamente, teórica na medida em que é prática, *conhece* o mundo na medida em que é interessada e *pensa* a totalidade incondicionada na medida em que é agente, isto é, sensata.

A consciência kantiana é a da razão que é autônoma, mas não onipotente. No seu aspecto teórico, a razão discursiva, sob o nome de entendimento, fornece as categorias de toda ciência do possível, mas tem necessidade dos dados materiais (sensíveis) que lhe vêm de fora. No seu aspecto prático, ela constitui a moral da universalidade quanto ao fundamento, pois dá a si mesma a lei que prescreve a si mesma, sendo assim livre na universalidade da sua regra absoluta. Mas é da experiência comum da humanidade que ela aprende como é realmente o ser em que reside, aprendendo assim a particularizar suas regras para um ser que *deve ser* razoável e moral, porque é, ao mesmo tempo, ser de necessidade e de desejos. Dito de outro modo, a razão não inventa, mas encontra e purifica as máximas segundo as quais os seres razoáveis e finitos agem.

Na unificação jamais acabada de seu interesse teórico com seu interesse prático, a razão pensa a totalidade cósmica e sensata, condição de possibilidade de toda coerência teórica e prática, mas a pensa ao modo do *como se*, e só pode pensá-la desse modo, pois é esse *como se* que a protege contra todo ceticismo e impede sua queda em uma metafísica coisificante, que "transforma em afirmação pseudocientífica o que só se justifica no pensamento do Todo: o que torna possível a compreensão coerente do dado não é e não pode ser da ordem do dado" (*EU* XIII 973).

A presente interpretação da filosofia de Weil se desenvolve em chave kantiana. Porém, não de um kantismo ingênuo, que ignora as próprias insuficiências, lacunas, falhas, a falta de conclusões últimas, mas um kantismo que pretende compreender Kant melhor do que ele mesmo se compreendeu, levando a cabo a segunda revolução do seu pensamento, pela elaboração de uma filosofia crítica do sentido. Ora, um projeto filosófico como este só é filosoficamente realizável pós-hegelianamente, não só porque Hegel é historicamente posterior a Kant, e Weil posterior a Hegel, mas porque o nosso tempo não seria o que é se Hegel não tivesse existido, assim como Hegel não teria pretendido a compreensão total se, anteriormente, Kant não tivesse compreendido o que é compreender.

O kantismo de Weil é, segundo uma feliz expressão de Paul Ricoeur, "mais a fazer do que a repetir", justamente porque nós, leitores tardios de Hegel e de Kant, vamos de um ao outro, e constatamos que "em nós algo de Hegel venceu algo de Kant; mas algo de Kant venceu Hegel, porque somos tão radicalmente pós-hegelianos quanto somos pós-kantianos". Efetivamente, essa permutação e essa troca entre Kant e Hegel estruturam o discurso filosófico contemporâneo, de modo que a tarefa dos nossos dias é, justamente, pensá-los sempre melhor, "pensando-os juntos, um contra o outro e um pelo outro"[18]. Dos discursos filosóficos verdadeiramente contemporâneos, o de Weil ilustra essa tarefa filosófica à perfeição.

Weil é pós-hegelianamente kantiano, no sentido de que só pode pretender levar a cabo a segunda revolução kantiana depois de Hegel ter descoberto "a categoria filosófica da própria filosofia" (*Lf* 480), isto

18. P. Ricoeur, op. cit., 402 s.

é, o Absoluto, e, assim, ter posto às claras o que a filosofia é para si mesma desde seu início, a saber, *sistemática* e *monista*; pois "ela sempre mantém a unidade da compreensão, mesmo quando ela considera essa unidade como irrealizável para o homem, e ela mantém a unidade do compreensível, mesmo quando a encara como inacessível" (*Lf* 485).

Dito de outro modo, o Absoluto é o que a filosofia visa desde sempre, como compreensão de tudo e de si mesma. Isso não significa que não tenha existido filosofia antes do sistema e do saber absoluto de Hegel. Existe filosofia antes de o saber absoluto ter se constituído em sistema da totalidade da particularidade e das contradições, porque "o Absoluto *é* antes de se *saber* Absoluto no particular, porque o Absoluto é compreendido antes de se compreender" (*Lf* 484).

Pós-hegelianamente kantiano, Weil é kantianamente pós-hegeliano: onde há filosofia, há discurso coerente, e a ideia do discurso coerente, isto é, a *ideia* do absoluto, "é a ideia que produz a filosofia" (*Lf* 484), mas o discurso absolutamente coerente é apenas uma ideia, no sentido forte, isto é, kantiano do termo.

Na já citada discussão na Sociedade Francesa de Filosofia, ao responder a uma questão a respeito das condições sob as quais um discurso coerente seria possível, Weil afirma que a liberdade agiu no mundo antes de se compreender como liberdade, e que esta é a condição necessária, não suficiente, do discurso para o discurso. Porém, as condições de possibilidade de um discurso coerente e concretamente exaustivo seriam a onisciência e a onipotência, e o discurso coerente e materialmente exaustivo seria um discurso divino. Ora, diz Weil, "Deus e discursivo não vão muito bem juntos" (*Pr* 41). Em se tratando de um discurso humano, a condição necessária e suficiente de sua existência e de sua coerência é a vontade de coerência, "uma vontade que, como vontade infinita de um ser finito, nunca se completa no finito" (ibid.).

Para Weil, existe efetivamente uma estrutura do discurso, mas ela é apenas uma estrutura que "não coincide com o estruturado" (*Pr* 49), porque "o estruturado é inesgotável" (*Pr* 50). Nisso se revela o seu kantismo pós-hegeliano. Chamar o estruturado de *schlechte Wirklichkeit*, como faz Hegel, é negar um problema sem, contudo, resolvê-lo. Para Weil, a casca exterior impenetrável ao conceito não é uma *schlechte*

Wirklichkeit, não é um *Nichtiges*, um acidental na sua existência própria. Há, para Weil, algo verdadeiramente impenetrável ao conceito, algo definitivamente irredutível no homem, algo irremediavelmente outro da razão; e essa realidade real é exatamente o que está na origem da razão, e permanece para sempre como escândalo da razão; uma realidade que exige uma definição humana do homem, por aquilo que ele deve ser, mas não é; uma realidade que limita o campo de toda universalização possível porque é "a negação universal e absoluta do universal e do absoluto" (*Lf* 488). Esta realidade não é senão a *violência*.

Na dualidade de filosofia e violência se verifica de maneira particularmente clara o kantismo pós-hegeliano de Weil como empreendimento de retomada de Kant, sem renunciar ao significado definitivo de Hegel para a filosofia; porém, renunciando à pretensão hegeliana de constituir a filosofia em saber absoluto. Para Weil, assim como já para Kant, "não se deve querer fazer uma filosofia do ponto de vista de Deus nem aspirar à onisciência" (*Pk* 97)[19].

4. Filosofia e violência

A Introdução da *Lógica da filosofia* tem como título geral *Filosofia e violência*. Para bem compreender essa Introdução, é importante ter sempre presente que não se trata propriamente de uma *introdução à lógica da filosofia*[20], mas de um texto autônomo que não dependente do livro que ele introduz[21]. Pode-se considerá-lo uma espécie de posfácio posto no início, não para *introduzir* à Lógica da filosofia, mas para *ini-*

19. Sobre isso, ver particularmente o § 85 da *Crítica da faculdade de julgar*.

20. Weil decidiu apresentar o texto *Filosofia e violência* como introdução à *Lógica da filosofia* para atender a uma sugestão de Jean Wahl, seu diretor de tese. Sobre isso ver H. Bouillard, Philosophie et religion dans l'oeuvre d'Éric Weil, *Archives de Philosophie*, 40 (1977) 545.

21. Sobre a Introdução da *Lógica da filosofia* ver: R. Morresi, Logique de la philosophie: introduction, in *Filosofia e violenza. Introduzione a Éric Weil*, Galatina, 1978, 59-92; P. F. Taboni, L'introduction à la Logique de la philosophie ou de l'interprétation authentique de cette Logique, *AEW* 29-44. Sobre o sentido de *epagogé* como condução, ver: É. Weil, Quelques remarques sur le sens et l'intention de la métaphysique aristotélicienne, *Ec* I 97 s.

ciar o filosofar. Trata-se, pois, de uma espécie de *lógos protreptikós prós philosophian*, cuja função é pedagógica, mais exatamente epagógica, no sentido de conduzir o leitor ao que está lançado à sua frente.

Uma leitura atenta da Introdução revela que nela está contido todo o pensamento de Weil *sob a formalidade da história*[22], de tal modo que se pode tomá-la como campo de verificação da presente interpretação da obra de Weil. Não vou seguir todos os passos da reflexão weiliana na Introdução da *Lógica da filosofia*, nem pretendo incorrer no erro de querer *resumir* o seu pensamento. Isto porque vale para Weil o que ele afirma de todo resumo: "o resumo cria somente confusão lá onde todo o trabalho só se destina a desenvolver o que está envolvido em tudo que é humano" (*Lf* 618 s.). Concentro-me o tratamento dado ao tema de fundo — filosofia e violência —, no qual se verifica o específico weiliano.

A Introdução tem três partes: *Reflexão sobre a filosofia*, *Reflexão da filosofia* e *Filosofia e violência*. É importante ter presente que Weil, mesmo ao apresentar seu pensamento sob a formalidade da história, não pretende fazer obra de historiador nem traçar um esquema da evolução histórica da filosofia. Ele afirma claramente não ser esta a sua intenção. É como filósofo que Weil se interessa pela história da filosofia, e sua reflexão realiza, em última análise, a tarefa que ele afirma ser essencial para a história da filosofia, vale dizer, a tarefa de repensar toda a filosofia, constituindo a "história filosófica da filosofia [...] que reflete sobre o passado da filosofia presente e a reflete assim no seu passado" (*Pr* 103).

Na primeira parte da introdução, a reflexão weiliana se desenvolve em dois momentos articulados: O *homem como razão* e O *homem como violência*. Partindo de uma interrogação sobre o sentido da definição do homem como "animal dotado de razão e de linguagem, mais exatamente de linguagem razoável" (*Lf* 11), Weil mostra que o sentido desta definição é que "os homens não costumam dispor da razão e da linguagem razoável, mas que *devem* delas dispor para serem homens *plenamente*", uma vez que essa definição *humana* de homem, que se

22. H. Bouillard, art. cit., 545, exprime com precisão o sentido da introdução dizendo que "ela reconhece numa perspectiva de reflexão aquilo que a própria *Lógica desenvolve sob a forma de doutrina*".

opõe às definições científicas, "não é dada para que se possa reconhecer o homem, mas a fim de que se possa realizá-lo" (*Lf* 14).

Ora, definir o homem pelo que ele *deve ser* não contribui em nada para aquilo em vista de que a definição foi dada. O sentido da definição do homem como razão somente se mostraria na realização da razão. Mas a definição do homem pelo que ele *não é* tem a vantagem de destacar o traço essencial que Hegel chamou de *a negatividade do homem*: o homem é animal como muitos outros, mas não é só isso porque, além das necessidades, tem "também desejos, isto é, necessidades que ele próprio formou, que não estão em sua *natureza*, mas que ele deu a si mesmo" (*Lf* 17). É a negatividade que o move a agir sobre o que se encontra ao seu redor para satisfazer suas necessidades, e também o impulsiona a agir sobre o seu modo de agir sobre a natureza, para satisfazer os desejos, isto é, as necessidades que ele mesmo criou.

Não a necessidade, mas o desejo e a negatividade distinguem o homem dos outros animais porque ele é "o único animal que emprega a sua linguagem para dizer *não*" (*Lf* 18), para exprimir o seu desejo, isto é, aquilo que ele (não) é e (não) quer, em uma palavra, seu *interesse*[23]. E seu interesse, no final das contas, consiste em "libertar-se do descontentamento" (*Lf* 19). Nesse sentido, ser razoável significa criar o contentamento pela vitória sobre o descontentamento.

A descoberta do interesse último do homem revela não só aquilo em função de que todos os homens sempre agiram, mas também que, desde que os homens traduzem em um discurso coerente o que todos praticam, isto é, desde que se dedicam à filosofia, é também o contentamento que lhes interessa, mais exatamente, é só isso que lhes interessa em filosofia: "Contentamento e descontentamento, razão e animalidade, ser (presença) e não-ser (devir), liberdade e dado — toda filosofia gira em torno desses polos" (*Lf* 24). A origem da filosofia está, portanto, "no desejo e na negatividade primitiva" (*Lf* 27).

23. Cf. J. QUILLIEN, La cohérence et la négation. Essai d'interprétation des premières catégories de la *Logique de la philosophie*, in *Sept études sur Éric Weil*, Lille, 1982, 145-185, espec. 154 ss. Note-se que o conceito de *satisfação* aparece na filosofia de Kant sob o nome de *interesse*. Ver principalmente a 3ª seção da Dialética Transcendental da *Crítica da razão pura* (*Op* I 1117 ss.) e o Cânon da razão pura (*Op* I 1358 ss.).

Mas isso significa que a filosofia não é a única possibilidade para o homem, "tão logo se tenha de admitir que ela brota de um solo que pode produzir outras plantas e outros frutos, e que os produz" (*Lf* 28). Isso significa também que a "busca do contentamento na razão e pela razão" (*Lf* 31) é uma busca livre, portanto sem razão: "A escolha da razão não é uma escolha não razoável (pois o razoável e o não razoável se opõem no interior dos limites da razão), mas uma escolha a-razoável ou, num sentido distinto do temporal, pré-razoável" (*Lf* 32).

Segue-se daí que a filosofia pode ser recusada, sem que por isso se deva considerar quem a recusa menos homem ou um louco. Com efeito, a realidade mostra que a maioria dos homens na vida corrente busca o contentamento na satisfação das necessidades, no apaziguamento do desejo, na realização da negatividade, e não na razão e pela razão, como propõe o filósofo. E o que é mais grave para o filósofo é que recusar a filosofia não constitui um problema para o homem na vida corrente, mas para aquele cujo contentamento é a razão; aquele para quem nem todas as formas de realização da negatividade, nem todas as formas de apaziguamento do desejo e de satisfação das necessidades são legítimas, isto é, razoáveis.

Surge aqui uma verdadeira oposição entre a razão do filósofo e a vida, entre a razão do filósofo e essa realidade no interior da qual as possibilidades do homem se desenham. Na vida de todos os dias, não é a negatividade que se opõe à filosofia, não é o desejo legítimo que recusa o contentamento na razão e pela razão, não é a necessidade que impede a realização da razão. O filósofo sabe que o homem não está sempre na razão, que ele conserva a animalidade do ser vivo mesmo sendo razoável, que ele pode negar certos desejos, mas não pode interditar o desejo. O filósofo sabe que o homem nunca será totalmente satisfeito enquanto a razão não tiver penetrado toda a sua existência e a da humanidade, enquanto o homem não for razão e não viver na presença da razão.

Para o filósofo, o que se opõe à filosofia, o que recusa o contentamento na razão e pela razão, o que impede a realização da razão é "uma forma determinada da negatividade" (*Lf* 32), é o desejo do ilegítimo, do que não é razoável, em uma palavra: a *violência*, e tudo o que contribui para aumentar a quantidade de violência que entra na vida do homem.

Assim, graças ao que se opõe à filosofia, o filósofo descobre o segredo da filosofia: "o filósofo quer que a violência desapareça do mundo" (*Lf* 35 s.). Mas como a razão só pode ser para o homem no *meio* da violência, visto que o homem nunca está fora do domínio em que a violência e o medo são possíveis, então é preciso que o pensamento do filósofo encare a violência. De fato, o filósofo não pode saltar para a presença da razão realizada, pois o único caminho que conduz à razão passa pelo conhecimento da *realidade*, "do que resiste e ameaça e só pode ser negado pelos meios que são de sua própria natureza" (*Lf* 36).

A partir desse resultado da reflexão sobre a filosofia, a partir da descoberta do segredo da filosofia, compreende-se o desenvolvimento da segunda parte da Introdução da *Lógica da filosofia*. O que Weil chama de "reflexão da filosofia" é o caminho pelo qual o homem tentou concretamente fazer a violência desaparecer do mundo; caminho pelo qual o homem buscou o contentamento na razão e pela razão. A reflexão da filosofia é o caminho da filosofia no mundo, com vistas ao desaparecimento da violência do mundo.

Nesta segunda parte da Introdução, a reflexão se desenvolve em três momentos: *A lógica da comunidade*, *O discurso do indivíduo e o Ser* e *O saber do ser e a ciência daquilo que é: teoria e práxis*. Sem pretender fazer obra de historiador, Weil segue os grandes momentos do desenvolvimento histórico da filosofia, desde a sua forma mais simples e original, da lógica do diálogo; passa pela transformação do *diálogo* em *discurso*, com a morte da comunidade e o isolamento do indivíduo diante da violência, que "marca a data do nascimento da *ontologia*" (*Lf* 46); acompanha o desenvolvimento do discurso ontológico e a constituição dos discursos científicos, e o consequente "abandono dos discursos ontológicos como resultado das condições históricas de nossa comunidade" (*Lf* 61 ss.), até chegar à "reflexão revolucionária" (*Lf* 68) da filosofia transcendental, que prepara a consumação da filosofia no discurso absolutamente coerente da hegeliana "*onto-lógica*" (*Lf* 82).

Para compreender o pensamento de Weil, não é necessário percorrer com ele todos os passos do desenvolvimento da segunda parte da Introdução. Interessa-me sobretudo a terceira parte, na qual reflete diretamente sobre *filosofia e violência*, porque ali se decide a superação de

Hegel e aparece o específico weiliano, isto é, seu kantismo pós-hegeliano. Parte-se, pois, do resultado da pretensão hegeliana, ou seja, do indivíduo em posse do discurso absolutamente coerente, mais exatamente, do discurso absolutamente coerente que possui o indivíduo.

Para o discurso absolutamente coerente, a oposição aparentemente irredutível entre violência e discurso é compreendida e vencida. Só existe violência para o indivíduo, isto é, para o homem não universalizado. Mais ainda, a violência é a essência mesma do indivíduo como tal. Mas, para o homem universal, o homem do discurso absolutamente coerente, toda violência concreta possui um sentido para a razão, visto que, para esse homem, "o mundo é sentido, o único sentido, sentido totalmente revelado por si mesmo a si mesmo". Nesse mundo do absoluto realizado, a violência é compreendida positivamente, como "a mola sem a qual não haveria movimento" (*Lf* 84). Dado que em cada um dos seus pontos particulares a violência é negatividade, na sua totalidade ela será a positividade do Ser que se reconhece razoavelmente como liberdade.

O resultado do discurso absolutamente coerente é que o indivíduo é compreendido pelo discurso, mais exatamente, ele pode compreender sua individualidade, assim como pode também não se compreender, não querer se compreender razoavelmente. Com efeito, "o discurso absolutamente coerente não ensina justamente que o homem é objetivamente livre, que o mundo foi transformado em mundo da liberdade, e que o indivíduo pode se permitir viver, visto que o mundo já não tem lugar para o descontentamento razoável, isto é, que o mundo garante o contentamento ao indivíduo que vive nas instituições razoáveis produzidas pela negatividade em sua história?" (*Lf* 85). Dito de outro modo: o que fecha o círculo do sistema hegeliano não é justamente o que permite sua superação? Kantianamente falando, não é a liberdade que funda o discurso? Weilianamente falando: o fundamento do discurso não é, ele mesmo, não discursivo?

O indivíduo não é o que não conhece as possibilidades do discurso absolutamente coerente, mas "um homem que conhece o saber absoluto e que o recusa" (*Lf* 85). Para esse homem, a violência não é menos violência pelo fato de ser compreendida por um saber que o destrói. É certo que, a partir do saber absoluto, pode-se dizer que essa dificuldade não é coerente. Entretanto, o que é grave é que o homem que conhece o saber absoluto pode preferir a incoerência.

Hegel certamente não ignora a violência. Ninguém seria ingênuo a ponto de afirmar o contrário; mas o filósofo da *Fenomenologia* tem a pretensão de ter domesticado a violência, e sabe que o único modo de justificar essa pretensão é obrigar a violência a fazer o jogo da razão, a ser uma espécie de "arma da razão"[24]. Para Weil, porém, a questão do homem revoltado contra o saber absoluto não é desprovida de sentido: "o homem pode escolher entre a razão e a não-razão, e aqui se evidencia que essa escolha em si jamais é uma escolha razoável, mas uma escolha livre — o que significa, do ponto de vista do discurso absolutamente coerente, uma escolha absurda" (*Lf* 86).

Desse modo, tendo partido de uma definição do homem como ser agente e falante, como um ser que age razoavelmente, isto é, segundo um discurso, chega-se ao resultado de que o homem pode recusar o discurso *com conhecimento de causa*. Ora, isso significa que o homem não é essencialmente discurso, não é por essência razão, mas sempre e somente razoável, isto é, passível de razão possível, mesmo na sua desrazão. Isto significa que a razão é uma *possibilidade* do homem, e que "a outra possibilidade do homem é a violência" (*Lf* 88)[25].

Depois do discurso absolutamente coerente, para Weil, a oposição entre os discursos não é mais o problema fundamental da filosofia, mas volta a ser o problema que, desde o início, revelou o segredo da filosofia, ou seja a oposição entre o discurso e a violência. A diferença é que, depois do discurso absolutamente coerente, a oposição é entre o discurso coerente na sua totalidade e a violência pura; entre a filosofia consciente de si mesma e essa atitude pós-filosófica e antifilosófica do homem que conheceu a filosofia e, apesar dela e contra ela, a recusa[26].

---

24. A expressão encontra-se em A. de Waelhens, Sur une *Logique de la philosophie*, in *Existence et signification*, Louvain, Paris, 1958, 39.

25. Sobre isso cf. G. Almaleh, Philosophie et histoire de la philosophie dans la *Logique de la philosophie*, *Archives de Philosophie*, 33 (1970) 453 ss.

26. Cf. J. Quillien, Discours et langage ou la *Logique de la philosophie*, *Archives de Philosophie*, 33 (1970) 407 s. A afirmação da violência como atitude pós-filosófica encontra-se em G. Almaleh, art. cit., 442.

Essa oposição indica que o homem é, "no fundo de seu ser, tudo menos discurso, um ser que pode se voltar para o discurso, que pode se compreender em seu discurso, mas que não é e jamais será discurso" (*Lf* 87). Kantianamente falando, isto é, para Weil, violência e liberdade definem o homem. A violência é original, radical e irredutível, e a liberdade só se afirma sobre o fundo da violência ou, o que é o mesmo, a liberdade é sempre em situação[27].

Para Weil a violência é uma possibilidade humana irredutível ao discurso, possibilidade que permanece para sempre fora do discurso, como ameaça constante ao discurso, pois seu princípio não pode ser eliminado pelo discurso. Isso significa que a escolha da razão, logicamente anterior a toda razão, é uma escolha livre, isto é, sem razão, uma "escolha primordial porque anterior a todo discurso para o próprio discurso, se ele quiser se compreender" (*Lf* 90). A violência revela a liberdade originária que constitui o fundo não discursivo de todo discurso humano.

Diante da violência pura, que só tem sentido para a filosofia, a filosofia, que é recusa da violência, redescobre o que ela tinha *esquecido* ao se interpretar como ciência do Ser, a saber, que a filosofia só é necessária para quem se decidiu livremente a filosofar. Levar a sério a violência pura, que se tornou pura por força do discurso absolutamente coerente, é pôr às claras que o fundamento da filosofia não é uma *necessidade* qualquer — histórica ou absoluta —, mas a *liberdade* do homem, a vontade de coerência e de sensatez. A filosofia é *fato* da liberdade, quer dizer, "fato de um sujeito finito que se eleva acima da sua finitude pelo seu pensamento agente, pela sua ação pensada"[28]. Os gregos já tinham *mostrado* este fato antes de Kant tê-lo elevado à consciência filosófica da filosofia.

O discurso absolutamente coerente pretende compreender tudo. Todavia, não compreende que a ele se opõe a violência pura; não compreende que se o *possa* rejeitar, e que se o rejeite *de fato*. O discurso absolutamente coerente não pode se compreender como possível, por-

---

27. Cf. J.-M. Buée, L'identité de la philosophie et de l'histoire de la philosophie dans la *Logique de la philosophie*, AEW 74 s.

28. Cf. G. Almaleh, art. cit., 446 s.

que não compreende a possibilidade de recusá-lo. Contudo, é um *fato* que se pode recusá-lo. *De fato*, só existe filosofia para mim porque "eu *quero* que exista filosofia, porque *postulo* a existência de um sentido, porque *estipulo* que existe a possibilidade de elaborar um discurso que compreenda a tudo e a si mesmo" (*Lf* 93).

Weil manifesta a especificidade de seu pensamento em seu kantismo pós-hegeliano, que pretende "conciliar, corrigindo uma pela outra, a reserva kantiana e a pretensão hegeliana"[29]. Kant pôs o problema filosófico fundamental da possibilidade da própria filosofia, fundada em uma decisão livre, que não faz parte do discurso porque o funda. A decisão pelo discurso, pela filosofia, "é o princípio absoluto, o início que compreende, mas ao qual é inútil aplicar a ideia de compreensão" (*Lf* 93).

Dito de outro modo, o fundamento do discurso está aquém do discurso, na liberdade que é vontade sensata, vontade de sentido[30], e isso significa que todo sentido "tem sua origem no que não é sentido e não tem sentido — e essa origem só se mostra ao sentido desenvolvido, ao discurso coerente". Por isso só se pode ser verdadeiramente kantiano pós-hegelianamente. Efetivamente, o discurso absoluto *tem razão* na medida em que a recusa absoluta do discurso só é possível senão *com conhecimento de causa*: "Somente a destruição do discurso — seja pelo silêncio, seja pela linguagem não coerente — corresponde à violência pura, que só é pura *com conhecimento de causa*" (*Lf* 94).

O kantismo pós-hegeliano de Weil se mostra na escolha livre da filosofia, na não necessidade da filosofia, na consciência de que o homem pode escolher entre o discurso e a violência, consciência de que, finalmente, "é um empreendimento absurdo para o próprio discurso querer impor o discurso ao indivíduo dado". É só depois de Hegel que o filósofo pode se dedicar à filosofia *com conhecimento de causa* e *sem má consciência*, e pode querer "compreender sem buscar a impossível justificação da compreensão antes da compreensão" (*Lf* 98). A boa consciência do filósofo está ancorada na convicção, indemonstrável, porque toda demonstração depende dessa convicção, de que a filosofia se funda

29. Cf. H. Bouillard, art. cit., 592.
30. Cf. G. Almaleh, art. cit., 445.

na liberdade e que, portanto, para a filosofia, compreender sua própria possibilidade significa compreender que ela é possível para o homem concreto, isto é, para mim e não para si mesma.

A filosofia pode, certamente, se interpretar como ciência, como científica, e até como eminentemente científica[31], desde que assim ela não interdite a compreensão de si mesma como possibilidade do homem, uma possibilidade exposta ao protesto e à recusa do indivíduo concreto, uma possibilidade que não pode ser imposta, nem pelo discurso, nem pela violência, ao indivíduo que não pode ser considerado louco ou criminoso pelo fato de recusar o discurso[32].

Na medida em que é possibilidade do homem, a filosofia é efetivamente real, porque é o homem que elabora o seu discurso e, discorrendo sobre o que todos fazem, isto é, sobre seu interesse, dá conta a si mesma de suas possibilidades realizadas: "ela é o discurso do homem, que, tendo escolhido estabelecer sua própria coerência para ele próprio, compreende tudo ao compreender toda compreensão humana e a si mesmo" (*Lf* 99).

Weil, com Kant e como Kant, compreendeu que o homem não é essencialmente razão, ele é apenas razoável, ele é primeiro violência e pode sempre voltar à violência da qual saiu[33]. De Hegel e depois de Hegel, Weil aprendeu que o homem pode recusar o discurso com conhecimento de causa; mais que isso, a verdadeira recusa do discurso só pode aparecer depois que o discurso desenvolveu todas as suas pos-

---

31. Sobre o sentido dessa afirmação, cf. É. Weil, La philosophie est-elle scientifique?, *Archives de Philosophie*, 33 (1970) 353-369.

32. Efetivamente esse é o risco de certas *filosofias do absoluto* que, frequentemente, acabam por recorrer à violência ou, pelo menos, acabam por justificar o recurso a ela para impor ao mundo a marca da razão. Cf. J. Havet, Philosophie de l'Absolu et philosophie de l'action. À propos de la *Logique de la philosophie* d'Éric Weil, *Revue de Métaphysique et de Morale*, 61 (1956) 283-302.

33. Ver principalmente os escritos históricos e políticos de Kant, nos quais aparece a relação entre violência e liberdade de maneira quase didática. A ideia kantiana que melhor traduz essa relação é a da "insociável sociabilidade", e a sua melhor imagem é aquela, tão cara a Lutero, do "tronco retorcido do qual não se pode tirar nada de reto". Cf. I. Kant, *Idée d'une histoire universelle au point de vue cosmopolitique*, Paris, 1947, 65-68. Cf. também: A. Philonenko, L'idée de progrès chez Kant, *Études kantiennes*, Paris 1982, 52-75; Id., Kant et le problème de l'éducation, in I. Kant, *Réflexions sur l'éducation*, Paris, 1984, 9-65.

sibilidades, tomando assim plena consciência de si mesmo, isto é, de sua possibilidade, não de sua necessidade, e da outra possibilidade de si mesmo, isto é, da violência.

Weil se empenha em manter acordada a consciência da violência pura, essa possibilidade posterior à filosofia com a qual a filosofia tem de fazer as contas depois de Hegel. A filosofia sempre teve a ver com a violência, pelo menos depois da condenação de Sócrates, mas é só com a recusa absoluta do discurso absolutamente coerente que ela (re)descobre a irredutibilidade de seu outro, ao (re)descobrir, ao mesmo tempo, sua não necessidade, seu fundamento na liberdade, isto é, sua boa consciência.

A filosofia de Weil é o desenvolvimento sistemático da fórmula kantiana que define o homem como ser finito e razoável. Nessa filosofia, a fórmula kantiana se mantém na sua integridade, e nela "a palavra mais importante é o *e*: o homem, finito *e* razoável"[34]. Weil não ignora os resultados da filosofia de Hegel, mas é positivamente pós-hegeliano porque sua filosofia é perdeu a má consciência diante da ciência, porque sabe que tem a ver com o discurso do homem que escolheu a coerência e a compreensão. Com efeito, a filosofia de Weil não se pergunta mais *como* o discurso é possível, pois sabe que ele é real; ela se pergunta como o homem realizou o discurso, como chegou à coerência que a tudo compreende, isto é, compreende todos os discursos e todas as realizações humanas. Esta é a tarefa que se propõe realizar a *Lógica da filosofia*.

A compreensão do homem como ser apenas razoável, que pode escolher a razão, que é "liberdade com vistas à razão (ou para a violência)" (*Lf* 103), significa que a filosofia é histórica e só se compreende em sua história. Existe filosofia, existe história da filosofia, porque o homem *quer* pensar seu mundo e a si mesmo nesse mundo, em função do sentido que esse mundo possui e, assim, *quer* realizar o sentido do mundo pelo discurso, pela razão, pela ação razoável. Existe filosofia porque o homem é vontade de sentido, vontade sensata de um mundo sensato. É o homem concreto que *faz* filosofia, e a filosofia é o discurso de um ser para quem

34. Cf. G. Kirscher, art. cit., 52.

a outra possibilidade, realizada em primeiro lugar, é a violência, pois "o discurso se forma, o homem forma seu discurso na violência contra a violência, no finito contra o finito, no tempo contra o tempo" (*Lf* 105).

Para compreender o kantismo pós-hegeliano de Weil, contudo, é preciso ir além da formalização do discurso transcendental. Ir além significa, exatamente, completar a segunda revolução do pensamento kantiano, ir ao fato de sentido, ao sentido que é fato, isto é, ir ao homem concreto em sua realidade real, em suas realizações, porque "é só em sua história que o homem se revela a si mesmo, é só em seu discurso que ele toma consciência dessa revelação" (*Lf* 105).

Desse modo, ao mesmo tempo que se assume a consciência kantiana para completá-la, assume-se, para recusá-la, a pretensão hegeliana. Afirmar que "não existe filosofia do ponto de vista de Deus" (*Lf* 105), afirmar que o homem que escolheu o discurso só se compreende em suas realizações significa que existe uma *ideia* do discurso coerente, mas não existe o discurso coerente materialmente exaustivo, vale dizer, existe a ideia do saber absoluto, mas não existe saber que seja absoluto e humano ao mesmo tempo. Existe filosofia, mas sempre e somente como filosofar.

Na terceira parte da Introdução da *Lógica da filosofia*, Weil apresenta sob a perspectiva da reflexão o que a *Lógica* realizará em termos de doutrina, ou seja, a ideia de uma *primeira filosofia*, que não será uma teoria do ser, mas "o desenvolvimento do *logos* — do discurso, para ele próprio e por ele próprio, na realidade da existência humana —, que se compreende em suas realizações na medida em que ela *quer* se compreender" (*Lf* 105). Esta é uma "declaração decisiva que o leitor deve conservar sempre em seu espírito se quiser apreender o de que se trata" na filosofia de Weil[35].

Na filosofia de Weil, trata-se da ideia de uma lógica do discurso humano concreto, dos discursos humanos concretos, que formam o discurso na sua unidade, ou, o que é o mesmo, da ideia de uma *lógica (filosófica) da filosofia*, que tem em vista pôr às claras como o homem se apreende concretamente em sua história, em suas realizações, em

35. Cf. H. Bouillard, art. cit., 546.

suas atitudes que se expressam em seus discursos efetivamente mantidos. Trata-se, pois, da *Lógica da filosofia*.

B. LÓGICA DA FILOSOFIA

1. Ideia de uma lógica da filosofia

O tema da dualidade de filosofia e violência não se esgota na Introdução da *Lógica da filosofia*, antes, a Introdução é apenas o desenvolvimento reflexivo do que constitui o fundo da doutrina, isto é, a *Lógica* propriamente dita. Pode-se até afirmar que toda a filosofia de Weil é uma grande meditação sobre essa dualidade constitutiva da existência humana e indicadora de suas possibilidades radicais.

Violência e filosofia são intimamente relacionadas e só se compreende uma pela outra, e estão de tal modo implicadas na existência humana, que esta não se a compreende sem elas. De fato, na qualidade de ser natural, o homem é violento, mas esse ser violento *se compreende* e, por esse mesmo fato, não é pura violência. Mais ainda, o homem só se compreende como violência "*porque* ele não é somente isso: a rocha que cai e arrasa uma casa com seus habitantes, o leão que mata e devora sua presa não são violentos senão para o homem que, só ele, tem já a ideia da não-violência e que, por essa razão, pode ver a violência na natureza" (*Fm* 20 s.)[36].

A ideia de uma lógica da filosofia surge do fato de que o homem se compreende em seu discurso, a partir da violência e com vistas à coerência. Com outras palavras, ela surge do *fato da filosofia*, que surge do *fato da violência*. Com efeito, a coerência constitui sempre um fim a ser atingido na história, ela não é nunca dada ou simplesmente pressuposta, porque o dado e o pressuposto anterior a qualquer coerência é sempre a violência. Mas a coerência como fim é, de certo modo, um fim já sempre atingido, pois a violência só é um dado e um pressuposto para um ser que não é só violência. Em poucas palavras: "a violência só tem *sentido* para a filosofia, a qual é recusa da violência" (*Lf* 90).

36. Entre os textos de Weil que ilustram bem esta questão, podemos citar: Violence et langage, *Recherches et Débats*, 59 (1967) 78-86.

A ideia de uma lógica da filosofia traduz a tarefa que Kant atribuiu essencialmente ao filósofo, visto que diz respeito ao que mais importa ao homem em sua vida: a busca do sentido, que só pode ser "a ascensão difícil, laboriosa, lenta para os fundamentos do discurso do homem agente" (*Pk* 103). Essa tarefa incumbe essencialmente ao filósofo porque, tendo escolhido a compreensão, carrega a inquietação de quem quer compreender até a sua própria compreensão[37]. Para alcançar os fundamentos do discurso do homem agente, para descobrir o sentido das compreensões do mundo e de si mesmo expressas nos discursos do homem agente, numa palavra, para realizar uma "análise compreensiva da compreensão" (*Ec* I 296), Weil emprega os conceitos de *atitude* e *categoria*[38].

"O homem está no mundo (compreendido como aquilo no que ele vive) de determinada maneira, ele vive numa determinada *atitude*" (*Lf* 105 s.). A atitude é a própria vida do homem: ele vive *na* sua atitude, vive a sua atitude. A atitude, ordinariamente, não se pensa porque tudo lhe é natural, mas ela pode ser pensada pelo homem que quer compreender o que vive: o homem pode apreender sua atitude em seu discurso. Ao fazer isso, porém, ele realiza um ato revolucionário, pois "o homem que compreendeu o que ele faz já não é o homem que fez, e sua tomada de consciência é a um só tempo a apreensão de sua atitude e sua libertação dela" (*Lf* 106).

É importante ter presente que a tomada de consciência "não se efetua sempre, nem necessariamente" (*Lf* 106). O homem pode se manter sempre em uma atitude que lhe pareça natural, sem querer compreender o que vive. Mas ele pode também se compreender no discurso, em um discurso que apreenda o que, para determinada atitude, é o seu essencial. Os discursos dos homens são compreendidos com relação ao que se pode chamar de atitudes *puras* ou *irredutíveis*, isto é, as que apreendem "o essencial de seu mundo como conceito" (*Lf* 108). Esse conceito recebe aqui o nome de *categoria*.

---

37. Ver sobre isso J. Quillien, art. cit., 405.

38. Cf. R. Caillois, Attitudes et catégories, *Revue de Métaphysique et de Morale*, 58 (1953) 273-291.

Categoria deve ser entendida aqui como o conceito sob o qual se organiza e adquire sentido tudo o que os homens fazem em uma determinada atitude. Ela é, pois, a categoria de uma atitude pura e irredutível, cuja pureza e irredutibilidade se revelam no discurso que ela produz. Categoria deve ser, portanto, entendida como categoria filosófica, categoria do discurso e não como categoria metafísica[39].

É a categoria que determina a pureza e a irredutibilidade da atitude, mas é a atitude que produz a categoria. Historicamente posterior à atitude, a categoria tem a primazia para a filosofia[40], e é só o conjunto das categorias que permite a compreensão do homem, que permite ao homem se compreender, que permite a ideia de uma lógica da filosofia como "sucessão dos discursos coerentes do homem" (*Lf* 109), nos quais ele compreendeu suas realizações e se compreendeu em suas realizações.

A tarefa de uma lógica da filosofia consiste, pois, em mostrar como o discurso se desenvolve, isto é, "como o discurso pode se formar na história a partir de uma atitude primeira da qual nada obriga o homem a sair" (*Lf* 111). Em outras palavras, trata-se de compreender como o que é reconhecido implicitamente na atitude chega à luz da consciência da atitude; como a ideia do discurso coerente, que se compreende a si mesmo, permite ao filósofo orientar a sucessão dos discursos particulares com vistas a uma compreensão compreensiva, a uma primeira filosofia, "fundamento de toda filosofia posterior, seja qual for o nome

39. Numa nota ao cap. VI da *Lógica da filosofia*, Weil expõe a diferença entre categorias metafísicas e categorias filosóficas. As metafísicas são desenvolvidas para uso das ciências particulares, são os "conceitos fundamentais que determinam as questões segundo as quais é preciso considerar, ou analisar, ou questionar tudo o que é para saber o que é. São metafísicas nesse sentido de que só a ciência primeira, a do Ser como tal, pode fornecê-las; mas são essencialmente científicas em seu emprego; em outras palavras: elaboradas pela metafísica, elas não guiam esta última" (*Lf* 212, nota 1). É essencial, insiste Weil, distinguir os dois sentidos de categoria para compreender a *Lógica da filosofia*, que "só se interessa pelas categorias *metafísicas* na medida em que elas revelam categorias *filosóficas*, esses centros de discurso a partir dos quais uma atitude se exprime de modo coerente" (ibid.).

40. É a anterioridade histórica da atitude e a prioridade filosófica da categoria que permitirão compreender que a categoria fundamental da moral, o dever, seja de formação historicamente tardia. De fato, "a consciência categorial segue sempre a atitude vivida" (*Fm* 113).

desta última: ontologia, moral, psicologia, política, filosofia da natureza, da existência ou da ciência: é na lógica da filosofia que todas elas se compreendem em seu sentido para o homem que as *faz*" (*Lf* 110)[41].

A lógica da filosofia não ignora que "a violência está na origem de todo discurso que se pretende coerente" (*Lf* 113); não ignora que "o homem forma seu discurso na violência contra a violência" (*Lf* 105). Mas ela compreende que todo discurso nascido na história tem em vista o desaparecimento definitivo da violência, tem em vista a *presença*, isto é, o contentamento na razão e pela razão. Com efeito, "a eternidade da presença não é uma ideia inventada: ela está no fundo e no ponto de consumação de todo discurso humano" (*Lf* 113). Em última análise, todo discurso elaborado na história tem em vista o fim da história.

Assim, uma *lógica da filosofia* deve ser caracterizada como "*logos do discurso eterno em sua historicidade*, compreendido por ele próprio e compreendido como possibilidade humana que se escolheu, mas que sabe também que ela se escolheu e que ela não seria se pudesse ser necessária". Em outras palavras, a lógica (o *logos*) compreende todos os discursos coerentes que visam "à presença, à eternidade, à essência do homem e do mundo" (*Lf* 115), na medida em que pretendem ser coerentes, porque todos estão presentes no *logos* final, ao mesmo tempo em que ela se compreende a si mesma como tal, porque ela se compreende como possibilidade humana livre, como livre escolha do homem diante da outra possibilidade do discurso, isto é, a violência.

41. Um texto da *Filosofia moral* é extremamente iluminador desta questão: "Qualquer domínio filosófico é constituído por uma única categoria, que fixa aquilo que, no interior desse campo, é essencial e que delimita assim esse domínio ao separá-lo dos outros. A categoria constitui, consequentemente, o princípio organizador do discurso particular que desenvolve os conceitos (as categorias particulares) de um domínio. Segue-se que nenhuma categoria de domínio é capaz de fundar, ou apenas compreender, a filosofia enquanto totalidade do discurso infinito (que não conhece mais nada que lhe seja exterior) nada é essencial definitivamente para a filosofia, nada é não essencial de maneira absoluta, e ela sabe que só terá cumprido a sua tarefa no momento em que for capaz de indicar para todo particular o lugar (lógico) em que ele se torna essencial, para todo essencial o lugar em que ele se mostra transitório. Do ponto de vista da filosofia, a categoria isolada constitui assim não uma solução, mas um ponto de partida: eis por que a moral permanece problema para a filosofia, sem que ela deixe por isso de constituir um dos seus aspectos e uma de suas entradas, talvez a entrada 'natural' para determinadas épocas" (*Fm* 110).

A lógica da filosofia "é o *logos* que se reflete no fato e o fato que se reflete no *logos*, um e outro humanos e cientes de sua humanidade, liberdade na condição e condição para a liberdade, eternidade no tempo e tempo apreendido na presença, violência para o discurso sem o qual ela não se saberia violência e discurso da violência que se pretende discurso" (*Lf* 115). Weilianamente falando, isto é, a partir de Kant, o fato só se torna inteligível no sentido no qual se reflete, porque só no sentido ele se torna coerente com todos os outros fatos coerentes, formando com eles o sistema coerente do sentido total, que Weil chama de "a realidade"[42]. Reciprocamente, o sentido só é corretamente compreendido no fato humano, porque só é sentido do fato humano para o homem, que, por excelência, é fato de sentido.

A lógica da filosofia é possível porque a compreensão é real e porque a realidade é compreensível. Mas, se é verdade que a realidade só é compreensível na ideia desenvolvida da compreensão, também é verdade que a realidade "não segue o esquema da sucessão das categorias, esquema absolutamente legítimo para a lógica da filosofia, fonte de toda reflexão sobre a legitimidade, mas legítima e necessária apenas para essa lógica". Isso quer dizer que o *logos do discurso eterno em sua historicidade* não é uma filosofia da história, mesmo que para ela as categorias se sucedam coerentemente, as atitudes se pressuponham umas às outras, e uma nova atitude só apareça "depois que a anterior se formulou num discurso coerente, produziu seu sistema e assim produziu sua categoria" (*Lf* 119).

A lógica da filosofia traça a sequência dos atos livres, isto é, atos de ruptura pelos quais o homem passou de uma atitude a outra, sem que essa passagem tenha sido exigida *necessariamente* pela anterior. Com efeito, uma atitude pode ser superada, mas somente por uma escolha livre, por um ato que não se justifica no discurso daquela atitude, daquele mundo, que ele recusa e para o qual ele é incompreensível, e que receberá um sentido "somente a partir de sua própria categoria, que apreenderá, em sua legitimidade relativa, em sua coerência *parcial*, aquela que ela ultrapassou" (*Lf* 108). Esta observação é particularmente

42. Cf. É. Weil, De la réalité, *Ec* I 297-323.

importante "para uma *lógica da filosofia que se alicerça na liberdade* e só pode retraçar, portanto, uma sequência de atos que só são compreensíveis depois de realizados" (*Lf* 248)[43].

A passagem de uma atitude a outra é livre, é um ato de ruptura que se apresenta como violência, obra do descontentamento para o mundo com o qual rompe. Efetivamente, ninguém deixa uma atitude natural a não ser que esta não mais o satisfaça, a não ser que ela já não seja tão natural ou evidente, a não ser que ela já não exija e produza um discurso. Essa passagem mostra que a história é "a um só tempo circular e linear" (*Lf* 120), porque nela se revela *o ser eterno do homem no progresso da sua realização*[44]. Isso significa que somente quando realizadas as possibilidades do homem se mostram a ele, e significa também que "o discurso só pode reduzir à unidade as atitudes que o homem tomou", em outras palavras, "o homem se compreende, porque ele agiu e na medida em que ele assume como suas as ações do passado" (*Lf* 121).

Encontra-se aqui o que Weil chama de "fenômeno fundamental na história do pensamento e na história, simplesmente, a apreensão do novo em linguagem antiga" (*Pk* 18 n. 4): a *retomada*. A retomada é um fenômeno histórico, expressão da circularidade e da linearidade da história. Efetivamente, no início de uma nova época, no momento em que um novo *interesse* pretende destruir um mundo envelhecido e organizar um mundo novo, é "uma antiga categoria que apreende a nova atitude e fala da nova categoria, e ao falar a seu respeito, também a esconde e deturpa" (*Lf* 122).

Como fenômeno histórico, o conceito de retomada revela o conteúdo da história e, como fenômeno da história do pensamento, ele "permite a aplicação da lógica à realidade histórica [...], permite a

43. Ênfase minha. Weil continua: "Isso porque a passagem de uma categoria a outra não se compreende do ponto de vista da primeira, e só aparece como necessária após o aparecimento da nova categoria, necessária com a necessidade que esta cria livremente. O homem pode se estabelecer em qualquer categoria, e homens aí se estabelecem efetivamente. Ultrapassar uma atitude é o que caracteriza o grande homem, saber que houve passagem caracteriza o filósofo. Tanto um como outro são raros, e é mais raro ainda que o mesmo homem seja um e outro" (*Lf* 248).

44. Essa fórmula não é literalmente weiliana, mas traduz, a meu ver, sua compreensão da fórmula kantiana que define o homem como ser finito e razoável.

compreensão dos discursos concretamente sustentados pelos homens do passado e do presente" (*Lf* 123)[45]. Para usar um conceito kantiano, diz Weil, a retomada "é o *esquema* que torna a categoria aplicável à realidade e permite assim realizar concretamente a unidade da filosofia e da história" (ibid.), que só existe no discurso coerente, na ideia desenvolvida da compreensão.

Alcança-se aqui um dos pontos-chave do pensamento weiliano, no qual se repropõe toda a problemática de seu kantismo pós-hegeliano, de sua superação de Hegel e da conclusão da segunda revolução do pensamento kantiano pela elaboração de uma filosofia crítica do sentido. A questão de fundo é a dualidade de filosofia e violência que, de fato, é *a* questão *da* filosofia, visto que a violência é problema para a filosofia, mas a filosofia não é problema para a violência. Eis como se põe o problema a partir do resultado da reflexão desenvolvida até aqui sobre a ideia de uma lógica da filosofia.

O resultado a que a reflexão conduziu pode ser expresso da seguinte forma: "Todo discurso coerente é o fim da história que a ele conduziu" (*Lf* 123). Efetivamente, a passagem da atitude à categoria por meio da retomada, dado que "é por meio da retomada que a atitude se torna categoria" (*Lf* 144), é a *passagem violenta da violência à coerência*. A explicitação de uma categoria, isto é, de uma coerência parcial, determina o fim de uma atitude, da que produziu a categoria: a coerência parcial da categoria dá sentido ao conteúdo incoerente (para a categoria) da atitude que ela apreende e, porque a apreende, a supera. Não se deve esquecer, porém, que é só para a lógica que a categoria pura e a atitude irredutível têm um valor particular e legítimo, "porque a filosofia escolheu compreender e só pode compreender por meio do que se desenvolveu na coerência" (*Lf* 123). A filosofia encontra o sentido da história na coerência, mas o seu conteúdo ela o encontra no que é incoerente, contraditório, em uma palavra: violento.

---

45. Na expressão de G. Almaleh, art. cit., 455, a *retomada* "é a mediação entre a racionalidade total do discurso categorialmente puro e a racionalidade parcial das linguagens históricas". Por sua vez, W. Kluback, Éric Weil: a propedeutic, *Tijdschrift voor Filosofie*, 42 (1980) 258, afirma que é justamente o movimento circular das categorias, dado pelas *retomadas*, que exprime o sentido do termo *lógica* para Weil.

Ora, a lógica da filosofia, na medida em que é "discurso dos discursos humanos"[46], supõe que já se tenha alcançado o fim da história, e isso parece pôr em questão a ideia e a realização de uma lógica da filosofia[47]. Entretanto, diz Weil, é melhor tomar a objeção no seu conteúdo positivo e admitir que, com efeito, "a lógica da filosofia só é possível no fim da história" (*Lf* 124). Aqui aparece o núcleo do pensamento de Weil.

Que significa que a lógica da filosofia só é possível no fim da história? Isso só pode significar que ela só é possível no fim da história que é a sua: "Em outras palavras, ela só é possível a partir do momento em que a violência foi vista em sua pureza e em que, consequentemente, a vontade de coerência, como decisão violenta (livre e não justificável) do homem contra a violência (até então 'natural'), é compreendida como o centro do mundo no qual essa decisão se toma" (*Lf* 124). Esta afirmação decisiva de Weil traduz, a meu ver, a sua *Lógica da filosofia*, na qual *repensa* toda a filosofia a partir do seu fim (nos dois sentidos do termo), e, ao fazer isso, constitui a história filosófica da filosofia.

A lógica da filosofia só é possível "a partir do momento em que a violência foi vista em sua pureza": esta afirmação traduz *o problema da filosofia para a própria filosofia*, a saber: "Como a não violência pode se compreender a partir da violência, a coerência a partir do incoerente?" (*Lf* 92)[48].

O problema da filosofia para a filosofia se mostrou em sua radicalidade no discurso absolutamente coerente, isto é, discurso que pretende tê-lo solucionado ao se afirmar como discurso *onicompreensivo*: "ele é o Ser que se pensa, ou a Liberdade que toma consciência dos resultados de seu trabalho inconsciente e se encontra — a palavra deve ser tomada

46. Cf. R. Caillois, art. cit., 248.

47. Efetivamente, Weil reconhece isso: "como evitar a aplicação dessa tese a nosso próprio discurso?" (*Lf* 123).

48. Com efeito, diz Weil a propósito do problema da filosofia para a própria filosofia: "se a filosofia é apenas uma possibilidade do homem, se essa possibilidade só pode ser reconhecida como tal pelo aparecimento de seu contrário, a violência em toda a sua pureza, que recusa absolutamente o discurso absolutamente coerente, a filosofia deve ser compreendida por seu outro — problema que não seria difícil, visto que tudo que é compreendido é compreendido por meio de seu outro, se aquilo que compreende nessa compreensão não fosse aquilo que deve ser aí compreendido, a própria filosofia" (*Lf* 92).

literalmente: faz essa constatação na realidade — contente e fora do âmbito de todo descontentamento" (*Lf* 93).

Weil afirma ter todo o interesse em conceder ao discurso absolutamente coerente a sua pretensão, com vistas a formular mais radicalmente o problema: apesar de tudo que afirma o discurso absolutamente coerente, o indivíduo pode estar insatisfeito, pode recusar o discurso com conhecimento de causa, depois de tê-lo conhecido. Isso significa que o discurso não existe necessariamente, não existe fora da decisão livre de uma vontade coerente de coerência, que é o "princípio absoluto, início que compreende, mas ao qual é inútil aplicar a ideia de compreensão" (*Lf* 93). Em poucas palavras: "A filosofia permanece sempre filosofar" (*Pr* 49).

Todavia, afirmar que a lógica da filosofia só é possível depois que a violência foi vista em sua pureza é reconhecer que "a história não está terminada, naquele sentido de que a violência não foi expulsa da realidade, de que sempre os homens podem recorrer a ela e de que sempre a decisão pela coerência pode ser esquecida, recusada, pode já não ser compreendida como possibilidade concreta do homem" (*Lf* 124)[49]. A filosofia, para Weil, é a um só tempo histórica e eterna: eterna porque busca sempre a compreensão, histórica porque é o homem concreto que se põe em busca da coerência.

O homem concreto que se põe em busca da coerência é o homem que exige a satisfação, a presença, a coerência de seu discurso na condição e sobre a condição, de modo que "a *formalização* que fala *do* homem e *do* mundo e *da* coerência, por mais indispensável que ela seja ao empreendimento da lógica da filosofia, não apenas não basta, como deve ter sua insuficiência reconhecida para que esse empreendimento não se enrede no intemporal e na abstração da inteligência do intelectual" (*Lf* 125).

49. Sob a forma da luta à morte, Hegel acolhe a violência no processo pelo qual o espírito lentamente se mostra a si mesmo. Mas o progresso da consciência, na *Fenomenologia do Espírito*, permite a Hegel recuperar especulativamente a violência, enquanto para Weil ela permanece como irrecuperável, como "o que é irredutível no homem" (*Lf* 90). Sobre isso cf. H. Niel, Raison et histoire, *Cahiers de l'ISEA* (série M), 10 (1961) 57-77.

É bastante evidente que Weil se refere aqui ao discurso transcendental que, "ao formalizar *o* real com relação *ao* discurso e *à* possibilidade *do* discurso, coloca o problema de modo tal que ele se torna insolúvel" (*Lf* 105). Entretanto, é igualmente evidente que a solução de Weil ao problema da filosofia para a própria filosofia revela em filigrana o Kant dos últimos escritos, que tinha insistido sobre a necessidade moral de uma união do reino da liberdade e do reino da natureza[50], o Kant da segunda revolução, que, segundo Weil, pode ainda estar apenas nos seus inícios.

Se o kantismo de Weil, como fica claro na reflexão desenvolvida até aqui, não é um kantismo qualquer, mas o que se reporta ao Kant da unidade do sistema crítico, só alcançada na *Crítica da faculdade de julgar*, o pós-hegelianismo de Weil se reporta à verdade do sistema de Hegel, e à sua superação *de fato*, visto que "todo sistema é verdadeiro e sempre verdadeiro, porque uma coerência foi nele alcançada", mas também "é sempre ultrapassado, porque sua categoria, uma vez revelada, aparece (pode aparecer e apareceu na história) como uma condição, como o *outro* do homem que se revolta contra o que lhe é apresentado como válido de uma vez por todas" (*Lf* 125).

É verdade que, na medida em que é sistemática, a lógica da filosofia está submetida à condição de todo sistema, e o indivíduo poderá fazer com ela o que pode fazer com qualquer sistema coerente. A diferença fundamental, contudo, é que a lógica da filosofia compreende até mesmo essa possibilidade de negá-la, e, para ela, é tão legítimo negá-la como se contentar com ela. "Em outras palavras, ela seria realmente o fim da história, assim como todo sistema é o fim da história — de sua história, que é aqui a história da filosofia ou (pois a filosofia não tem história, só o homem tem história), o fim da busca do contentamento *pelo discurso*" (*Lf* 125 s.).

Aqui está, sob a forma da reflexão, a solução do problema que, na *doutrina*, se resolve na passagem da categoria do Absoluto à categoria da Ação, e se dissolve na passagem da Ação à Sabedoria por meio do Sentido (passagem que, contudo, só se dá para a *Lógica da filosofia*). Com

50. Cf. L. Sichirollo, Éric Weil: la vita e la sua opera oggi, in É. Weil, *Masse e individui storici*, Milão, 1980, 38 ss.

efeito, o homem depois de ter passado pela lógica não seria mais filósofo, porque teria alcançado todo o contentamento que poderia esperar do discurso, porque teria compreendido a filosofia a partir da verdade e da violência, porque saberia que ele se encontra sempre na verdade e na presença na medida em que as busca, e saberia que "na medida em que ele quer ser razoável, ele o é" (*Lf* 126).

Assim, mesmo que a lógica se tornasse insensata para uma humanidade que se tornou violenta (a possibilidade deve ser tomada com a seriedade que ela exige), ela teria, pelo menos, "compreendido e mostrado que o discurso para o homem [...] é apenas uma das possibilidades da linguagem, e que lhe resta a expressão: é possível que o homem se volte para essa expressão, não mais para protestar contra o discurso, mas com boa consciência e livremente, na segurança de que o está consumado" (*Lf* 126). Depois da lógica, e por meio da lógica, o homem poderia já não se ocupar do discurso, não por revolta contra o discurso, mas na boa consciência de que o discurso estaria consumado, isto é, realizado no mundo da universalidade realizada e da não violência.

Ora, é evidente que a história não está acabada em todos os sentidos do termo, e que o mundo da universalidade realizada não é o nosso mundo. Ainda não somos livres para viver *na presença*, no "sentimento da presença". Em nosso mundo e em nosso tempo, a lógica da filosofia, que não pode garantir que o mundo da universalidade realizada seja possível de fato, pode, contudo, afirmar que "a verdade *é*, que o discurso é acabável porque está acabado". A lógica da filosofia "pode mostrar que as categorias se revelaram em sua totalidade porque, de fato, a categoria da categoria, o centro que não organiza apenas os discursos, mas o discurso, se mostra a ela e nela". Assim, "ela compreende a tudo e a si mesma, porque compreende o homem na filosofia, a filosofia no homem; porque compreende a coerência na violência e a violência no discurso coerente" (*Lf* 127).

2. Por que Weil é problema?

Ao concluir seu grande livro de memórias, Raymond Aron afirma que teve a sorte de ter por amigos na sua juventude três homens, cuja superioridade não podia dissimular para si mesmo: Jean-Paul Sartre,

Éric Weil e Alexandre Kojève. Falando da sua familiaridade com esses três seres excepcionais, Aron confessa: "Eu invejava, não sem um sorriso, Éric Weil que me disse um dia, seriamente, que ia pôr um ponto final na filosofia"[51].

Ora, um filósofo que pôs pontos de suspensão na filosofia de Hegel, considerada por ele a última das grandes filosofias, e que pretendeu pôr um ponto final na filosofia, não pode não ser problema, e não só para os hegelianos. Efetivamente, Weil é problema para toda filosofia digna desse nome.

Para responder a esta pergunta, formulada em contraponto às perguntas sobre Kant e sobre Hegel, é preciso reconsiderar a problemática do kantismo pós-hegeliano de Weil que, segundo minha hipótese de interpretação, decide sobre o sentido e a intenção da filosofia de Weil. Não se trata de repetir as questões já consideradas na primeira parte deste capítulo[52]. Naquela primeira aproximação, a questão foi apresentada e desenvolvida no nível da reflexão, como aparece nos escritos de Weil *sobre* Hegel, e como se encontra na Introdução da *Lógica da filosofia*, na dualidade de filosofia e violência[53].

Trata-se agora de ver o problema em sua expressão sistemática, como ele aparece na *Lógica da filosofia*. Não se pode duvidar que a *Lógica da filosofia* seja a concretização da ideia de lógica da filosofia que se descobre na Introdução. O próprio Weil o *mostra* claramente quando, depois de ter afirmado que a lógica da filosofia, se não pode garantir a existência *de fato* do mundo da não violência, pode ao menos afirmar que a verdade é. Depois de ter afirmado que o discurso é acabável porque está acabado e que, pela categoria da categoria, ele compreende

51. R. Aron, *Mémoires*, Paris, 1983, 1022. Ele escreve ainda: "Éric Weil, cujo nome não é conhecido senão de alguns milhares de pessoas, possuía uma cultura excepcional, quase sem falhas. Eu discutia muitas vezes com ele sobre os acontecimentos mais do que sobre a filosofia. Mas, quando nossas conversas chegavam à filosofia, eu sentia quase fisicamente uma força intelectual superior à minha, a capacidade de ir mais longe, de pôr em pé um sistema. Ele conhecia já naquele tempo, melhor do que eu, os grandes filósofos" (1021).

52. Cf. supra o item 3. Kantiano pós-hegeliano, 125-130.

53. Cf. supra o item 4. Filosofia e violência, 130-142, e o que foi dito sobre a Introdução da *Lógica da filosofia*, na nota 21 deste capítulo.

tudo e a si mesmo, Weil acrescenta que a justificação dessa pretensão "só pode ser fornecida pela própria lógica da filosofia, cuja possibilidades só será demonstrada pela sua realização" (*Lf* 127). Ao virar a última página da Introdução, encontra-se, justamente, "*a verdade como fundo do discurso*" (*Lf* 131), o início da demonstração da possibilidade realizada da ideia de lógica da filosofia.

A *Lógica da filosofia* é o sistema de Weil, sistema *total* no qual e sobre o qual se fundam todos os sistemas *especiais*. Weil confirma isso no modo como introduz sua *Filosofia política*, por exemplo, ao dizer que esta, enquanto pensamento da ação razoável, pressupõe e não deduz aquilo que a funda, isto é, a ação razoável que só se compreende, como categoria. "no interior do sistema" (*Fp* 17)[54].

Mas Weil é problema porque, sistemático, se inscreve na herança de Kant e de Hegel[55]. Contudo, "ao compreender Hegel diferentemente do que ele se compreendeu a si mesmo"[56], por um *recurso a Kant*, que pretende tê-lo compreendido melhor do que ele se compreendeu, Weil se define como kantiano pós-hegeliano.

Weil é problema porque retém *inteiramente* o sistema hegeliano, ao apreender e explicitar "a categoria filosófica que torna esse sistema possível para nós e necessário para ele próprio" (*Lf* 478), isto é, a categoria do Absoluto, da qual o sistema hegeliano é *mais do que uma ilustração*: é a *realização* mesma da categoria. Mas, ao reter inteiramente o sistema de Hegel, Weil também o supera. Não se pode recorrer a conceitos hegelianos para definir essa superação. Se isso fosse legítimo, poder-se-ia dizer que Weil aplica a Hegel uma *Aufhebung* hegeliana[57]. Não se

54. Ao afirmar isso na Introdução da *Filosofia política*, Weil remete, justamente, à categoria Ação da *Lógica da filosofia*. Também na *Filosofia moral* Weil confirma que a *Lógica da filosofia* é o seu sistema, quando diz que incumbe à "filosofia desenvolvida em sistema" (*Fm* 75), isto é, à lógica da filosofia, a tarefa de destruir, pela compreensão positiva do seu sentido, os preconceitos que na mentalidade moderna resistem, não tanto ao reconhecimento da validade filosófica da moral da universalidade, mas à sua aceitação.

55. Sobre a concepção moderna de sistema a partir de Kant e de Hegel, cf. A. RENAUT, Système et histoire de l'être, *Les Études Philosophiques*, 1974, 245-264.

56. Cf. G. KIRSCHER, Hegel aujourd'hui?, *Archives de Philosophie*, 47 (1984) 320.

57. De fato, J. HAVET, art. cit., 283, sustenta que os 13 primeiros capítulos da *Lógica* de Weil são análises, se não hegelianas, pelo menos de espírito hegeliano, e que os 5 últimos capítulos aplicam a Hegel uma *Aufhebung* hegeliana. A afirmação de Havet

pode falar em termos hegelianos porque, como é evidente, a linguagem hegeliana não é indiferente ao sistema que ela traduz.

Weil retém de Hegel a exigência da filosofia como sistema, mas não a concretiza como Hegel o faz. Antes de tudo porque, para Weil, o sistema não é e nunca se torna ontologia; em seguida, porque Hegel é compreendido pelo sistema de Weil, que "apreende um sentido no sistema hegeliano que este não percebeu"[58]. Para dizer em linguagem weiliana, que também não é indiferente a seu sistema, Weil vem depois de Hegel e não pode ser pensado sem este; mas Hegel não pode ser compreendido, criticado e ultrapassado, sem a categoria elaborada e tornada apreensível no sistema de Weil[59].

É inegável que "Weil filosofa a partir de Hegel", mas é preciso compreender weilianamente esta evidência[60]. Ele filosofa a partir de Hegel, não só porque Hegel é "o último na breve série dos grandes filósofos", mas porque ele "descobriu a categoria filosófica da própria filosofia" (*Lf 480)*, vale dizer, "o Absoluto como categoria na qual a filosofia se constitui para si mesma", ou ainda como "primeira categoria da filosofia" *(Lf 481)*. Porém, a partir de Hegel, Weil pretende ter descoberto algo além de Hegel, isto é, "uma atitude e uma categoria que compreendam as do Absoluto e, assim, as ultrapassem" *(Lf 457)*.

---

deve ser lida com reservas, porque ela esconde que a passagem de uma categoria à outra, na *Lógica*, é sempre livre, e porque ela não leva na devida consideração as diferenças entre o sistema de Hegel e a análise categorial de Weil que, segundo o próprio Weil, "são demasiado claras no que tange ao fim e também ao início" (*Lf* 478).

58. Cf. G. Kirscher, La philosophie comme logique de la philosophie, *Cahiers Philosophiques*, 8 (1981) 34 ss. O autor afirma que a interpretação da filosofia hegeliana permite a Weil tomar a medida do seu próprio pensamento. É nesse sentido que se deve interpretar a afirmação de Kirscher, anteriormente citada (cf. supra nota 5), de que compreender a filosofia de Weil é compreender a sua compreensão e a sua crítica de Hegel.

59. Segundo G. Almaleh, art. cit., p. 459 ss., a distinção do pensável e do compreensível, ao especificar e reforçar a distinção entre discurso concreto e categoria pura, invalida mais uma vez toda tentação de leitura hegeliana da *Lógica da filosofia*. Além do mais, essa distinção permite compreender que, diferentemente do que acontece no sistema de Hegel, no sistema de Weil, o lógico e o histórico, depois do aparecimento da categoria do Absoluto, longe de se desenvolverem paralelamente, são de fato completamente invertidos um com relação ao outro. Cf. também sobre isso: R. Morresi, art. cit., 81 ss.

60. Cf. P. F. Taboni, La *Logique de la philosophie* e i problemi dell'interpretazione, *Annali della Scuola Normale Superiore di Pisa* (serie III), 11 (1981) 1267-1283.

Para que o problema de Weil apareça com maior clareza possível, passo a palavra a dois intérpretes que, além de terem conhecido diretamente o filósofo que interpretam, já deram suficientes provas de conhecimento esclarecido das filosofias que interpretam. Exponho a seguir as questões de um "hegeliano" e as de um "kantiano" à filosofia de Weil[61].

2.1. *As rupturas irreparáveis do discurso weiliano*[62]

Já me referi anteriormente ao livro de Labarrière[63], cujo título traduz o projeto do autor de elaborar uma "lógica da experiência", uma *superação* de Hegel, mas *não* "por um retorno a Kant" (96). O projeto de Labarrière é tão audacioso quanto deixa transparecer a epígrafe que escolheu para sua obra, à qual se refere diversas vezes, isto é, o aforismo hegeliano do tempo de Iena: "Não poderás ser melhor que teu tempo, mas serás teu tempo da melhor maneira possível".

É na introdução de seu livro que Labarrière chama em causa Éric Weil sobre a questão da superação de Hegel[64]. Como bom leitor de Hegel e de Weil, ele capta imediatamente o que está em questão entre os dois: a violência. A violência coloca o homem do discurso diante de uma aporia: "Ele não pode, sem se negar a si mesmo, renunciar a dizer que o discurso que ele desenvolve tem um alcance universal, e deve confessar, contudo, que esse fenômeno humano escapa de início e talvez definitivamente à sua apreensão das coisas" (88). A grandeza e a cruz de Weil estariam, então, no fato de "não ter querido renunciar nem a uma nem à outra dessas afirmações" (ibid.). A pretensão de man-

61. Ao identificar Labarrière como hegeliano, e Ricoeur como kantiano, não pretendo dar uma etiqueta simplificadora às suas filosofias, apenas apelar para a autoridade intelectual de cada um no campo dos estudos hegelianos e kantianos, respectivamente.

62. A expressão *rupturas irreparáveis* foi usada por Labarrière em uma das discussões sobre a *Lógica* de Weil, no Colóquio Internacional de Chantilly (1982). A expressão é retomada por Ricoeur, na sua comunicação de encerramento do Colóquio. Cf. De l'Absolu à la Sagesse par l'Action, *AEW* 407-423; aqui 412.

63. Cf. supra nota 14. Todas as citações serão indicadas com o número da página no corpo do texto.

64. Observe-se que o único filósofo com o qual Labarrière discute, nominalmente, é com Éric Weil.

ter juntas a exigência de reduzir a violência e a de compreendê-la como o outro irredutível da razão evoca, para Labarrière, um interessante comentário sobre o filósofo: "Éric Weil é um homem impossível, ele quer tudo e o resto" (89).

Aqui aparece o problema de Weil para Labarrière: "Existe um 'resto' fora do 'tudo'? Hegel diria não, sem mais, Kant o admitirá, e, se posso dizer, limitará o todo para deixar espaço ao resto. Éric Weil, por sua vez, afirma vigorosamente que não há nada fora do discurso; posto isto, desenvolve um discurso rompido ao meio, de tal modo que o resto se encontra ao mesmo tempo dentro e fora. E isso duas vezes" (89). O texto compacto da *Lógica* de Weil é dividido por Labarrière em três momentos. O primeiro, e o mais desenvolvido, é formado pelos 13 primeiros capítulos, que "expõem o ato de compreender, em seu funcionamento autêntico como em suas disfunções possíveis" (90).

Em seguida, uma virada brusca apresenta três capítulos — a Obra, o Finito e a Ação —, que "se esforçam por fazer justiça a atitudes que não são mais da ordem do compreender, mas se ligam precisamente a essa espécie de antifilosofia para a qual é preciso primeiro agir, contornando ou ignorando a exigência de coerência racional" (90). Nesse segundo momento aparece a primeira ruptura irreparável do discurso, visto que ela se apresenta como a tentativa de reconhecer no discurso a atitude do homem violento.

Segundo Labarrière, de duas, uma: "Ou essa atitude se diz efetivamente na categoria que lhe corresponde, e ela é de certo modo domesticada, ao encontrar lugar em um discurso de razão que a integra à filosofia; a totalidade, nesse caso, é salva, mas não há mais resto; ou se trata, realmente, de uma virada no movimento da obra, e a razão filosófica é despedida para dar lugar a expressões que não respondem mais aos cânones de coerência; então é a totalidade que é posta em crise, e o discurso [...] se encontra uma primeira vez rompido ao meio" (90). Como é evidente, o problema de fundo aqui, como em toda a filosofia de Weil, é o problema da violência e de sua relação com o discurso.

Labarrière sustenta que Weil jamais explicou claramente o que entende por violência, de modo que é preciso perguntar se ela é "o irracional a título de uma antirrazão clara e definitiva, ou no sentido de um não-ainda-tornado-razão?". No primeiro caso, o universo humano teria duas cabeças, e o homem da filosofia e o da violência representariam as duas possibilidades do homem. Nesse caso, porém, a fronteira entre um e outro não seria totalmente impermeável porque, por um lado, "o filósofo não pode se contentar com uma inteligibilidade regional"; por outro, se não pode integrar sem sub-reptícios a violência ao seu sistema de ideias, ele "retira necessariamente algum questionamento essencial de seu confronto com a antifilosofia". No segundo caso, o filósofo se encontraria investido de um sacerdócio: "Despertar a razão na imediatez da contingência pré-racional" (91). Mas aí uma dupla questão se apresenta: por um lado, passando do primeiro ao segundo sentido de violência, passa-se (e não inocentemente) da violência à contingência; por outro, é preciso ver se "a razão que enfrenta a contingência é da mesma textura e do mesmo funcionamento da que se opõe à violência" (92).

O próprio Labarrière se encarrega de reunir as duas faces da questão no ponto fundamental que, segundo ele, qualifica na origem toda filosofia: "Pensa-se que o mundo é tecido, definitivamente, de razão e de antirrazão, e que só existe escolha entre resignação e combate sem esperança, tendo talvez como única perspectiva sucumbir nobremente à injustiça e ao absurdo, ou se acredita que é próprio da razão se apropriar de toda força contrária para fazer dela a substância de sua própria afirmação, não por totalitarismo, mas porque assim vão as coisas, e porque a liberdade consiste em dizê-lo e em fazê-lo, sob o risco de uma palavra e na imprevisibilidade do mundo?" (92).

Com vistas ao segundo termo da alternativa, entretanto, uma condição se apresenta: "Que a violência, por intolerável que seja, não seja fixada em suas formas extremas [...], mas que se decifre nela uma potência que, arrancada à sua disfunção e à sua loucura, possa sempre voltar de uma negação aniquilante a uma negação criadora, e se tornar então razão da razão, fundamento de um movimento de origem que só pode encontrar ali sua justificação" (92). O fundo da questão não poderia ser colocado de maneira mais clara! Mais uma vez é a violência, e o seu possível papel na história, que constitui o fundo da questão.

Passo à segunda ruptura irreparável do discurso weiliano, na qual, para Labarrière, se mostra mais uma vez que Weil quer sempre tudo e o resto. Ao analisar a passagem das atitudes às categorias por meio das retomadas, e a sucessão dessas atitudes-categorias, fundada sobre a liberdade, Labarrière constata que todas as categorias da *Lógica* são "com-possíveis" e que sua sucessão, por não ser histórica, salvaguarda a intemporalidade essencial do gesto lógico. Mas, apesar disso, no termo de seu discurso, "Éric Weil, em última análise, convida o homem da razão e o homem da obra a se superarem um e outro — a se suprassumirem — nas duas últimas atitudes-categorias, a do Sentido e a da Sabedoria" (95).

Labarrière sustenta que Weil não responde claramente à pergunta sobre o que representam as duas últimas categorias, particularmente a Sabedoria, e que a razão disso deve ser buscada no fato de que o seu discurso é levado a se concluir em um além de si mesmo, visto que o próprio Weil afirma que a Ação é a última categoria do discurso. Mas, se a intemporalidade na qual a *Lógica* se conclui é uma intemporalidade lógica, então a *Lógica da filosofia* "deixa escapar ao seu império uma atitude e uma categoria — a Sabedoria, realização do Sentido — de onde já não se vê como ela ainda pode, privada dessa estruturação, existir em figura de história" (95). Assim Weil, na categoria da Sabedoria, foge e não pode não fugir "ao processo de coerência que elaborou com tão grande labuta", pois é forçado a dizer que a Sabedoria "permanece coisa do tempo; contudo todo o movimento de seu pensamento o leva [...] a apresentá-la como uma realidade fora do tempo" (96).

Estas seriam as "duas rupturas de um discurso que não sabe ou não pode aceitar nem sua limitação nem sua não limitação. Violência e sabedoria são, a um só tempo, interiores e exteriores ao processo que ele desenha". A explicação se encontraria "no secreto arrependimento de um movimento iniciado para se afirmar como absoluto, e que de repente se dá conta de que não pode se afirmar como absoluto sem se renunciar a si mesmo". Surge daí uma última questão com a qual, por contraposição, Labarrière indica o essencial de seu projeto no *Discurso da alteridade*: "Se a negação sob forma de renúncia e de limitação acaba por se impor, e do exterior, no curso do processo, não será porque ela não foi corretamente posta na origem como princípio de determinação criadora?" (96). Para Labarrière, como para Weil, trata-se de superar

Hegel. A diferença está no *como* e no *por quê*, no ponto de partida e no ponto de chegada dessa superação.

2.2. A *aporética do discurso weiliano*[65]

Na comunicação conclusiva do Colóquio de Chantilly (1982), Paul Ricoeur anuncia que na sua exposição se concentrará nas transições difíceis pelas quais a *Lógica da filosofia* de Weil mantém seu projeto de discurso coerente além da categoria do Absoluto. Esse é o sentido do título da comunicação — *Do Absoluto à Sabedoria pela Ação* —, que pretende assumir as questões constitutivas do que ele chama de "a aporética do discurso weiliano". Eis as questões:

> 1) "Qual a significação da categoria *Absoluto*? 2) Em que sentido a categoria *Ação* permite retomar o projeto de discurso coerente além da categoria *Absoluto*? 3) De que maneira as últimas categorias, o *Sentido* e a *Sabedoria*, preservam o caráter de discurso coerente que parece ter sido rompido, ou ao menos profundamente alterado, a um só tempo pela saída da categoria Ação e pela permanência de uma irrupção da violência fora do discurso no discurso?" (407).

Entre os leitores de Weil, Ricoeur foi dos poucos a reconhecer devidamente o caráter antropológico da Lógica da filosofia[66], de modo particular "o caráter deliberadamente antropológico da categoria Absoluto" (409). Para Ricoeur isso indica que não há relação entre o Absoluto e o Espírito absoluto, "que teria atravessado as etapas do Espírito subjetivo e do Espírito objetivo" (408). Para Ricoeur, o Absoluto de Weil é absoluto "em termos inteiramente humanos, na sua relação com a crise e com o conflito que marcam a categoria *Personalidade*" (410).

Com efeito, Ricoeur observa com razão que a palavra absoluto já é pronunciada na categoria Personalidade que, precisamente, precede

---

65. P RICOEUR, art. cit., p. 407. As indicações das páginas referem-se ao texto publicado em AEW.

66. Também G. ALMALEH, art. cit., p. 443, ao constatar que a *Lógica da filosofia* se apresenta como "a consciência filosófica da filosofia" (*Lf* 591), interpreta-a como uma *antropo-lógica*, que não esconde para si mesma que sua origem está no ato livre de um sujeito racional que se decidiu pela razão em um mundo de violência, e que seu fim é a supressão da violência pela realização da razão.

imediatamente a do Absoluto[67]. Em sua interpretação, o Absoluto é "o salto da atitude para fora do conflito a fim de colocá-lo sob o título da particularidade compreendida". O Absoluto de Weil possuiria assim "um *conteúdo* não-hegeliano", mesmo exercendo uma "*função hegeliana*" no sentido de que "o discurso no qual o *Absoluto* se compreende tem um caráter total que parece excluir que haja um depois, um além do *Absoluto*" (410).

A dificuldade de compreensão das últimas categorias da *Lógica* se enraíza, segundo Ricoeur, justamente na função totalizante, isto é, hegeliana, do Absoluto weiliano, entendido como unidade de homem e Ser no discurso, explicitada como "unidade dos conflitos em sua totalidade" (*Lf* 453). A dificuldade maior está na "aparente identificação do discurso coerente com o discurso totalizante alcançado com a categoria *Absoluto*". Ricoeur diz compreender muito bem por que se abandona o Absoluto, mas não compreende "como se mantém o projeto de discurso coerente além do discurso do *Absoluto*". Diz Ricoeur: "Eu leio a sequência da *Lógica da filosofia* como um combate dramático para *preservar a coerência* além do discurso absoluto, que é também discurso do Absoluto" (411).

A segunda aporia do discurso weiliano gravita em torno da categoria Ação: "Em que sentido ela permite prosseguir o projeto de discurso coerente?". Essa questão comporta duas subquestões. A primeira diz respeito ao acesso à categoria passando pela Obra e pelo Finito. De fato, a Obra e o Finito não só rompem com o Absoluto, mas também se voltam para a categoria Ação. Simplificando ao máximo suas relações, Ricoeur afirma que "a *Obra* marca mais a ruptura com o *Absoluto*,

67. De fato, no enunciado da categoria da Personalidade a palavra absoluto já aparece: "O homem que não se contenta com o jogo da inteligência, mas interpreta a si mesmo — sem renunciar, no entanto, à inteligência —, constitui-se como o centro de um mundo que é o de sua liberdade. Ele é valor *absoluto*, fonte de valores: *personalidade*" (*Lf* 399). Segundo Ricoeur, o caráter antropológico da categoria Absoluto salta aos olhos já no enunciado da categoria: "O homem que não se contenta em expressar-se no conflito como imagem, mas volta-se para o conflito a fim de apreendê-lo em sua universalidade concreta, chega ao discurso único e absolutamente coerente no qual ele desaparece como personalidade: é o pensamento que existe ao pensar a si próprio: o Absoluto" (*Lf* 449). Portanto, é o homem que está no centro da categoria.

enquanto que as filosofias da finitude já evocam outra saída que será precisamente a *Ação*" (413).

Mas, pergunta Ricoeur: "Como *dizer* o que rompe com o discurso?" (413). Para Weil, a Obra rejeita todo discurso e só fala em termos de retomada, e o Finito afirma o papel essencial do discurso, mas não do discurso coerente. Ora, no entender de Ricoeur, Weil assim complica sua própria tarefa, "pois se o finito das filosofias da finitude é recalcado sobre a incoerência, a questão consiste então em saber se o próprio Weil, ao passar pelas categorias *Obra* e *Finito* [...] não tornou mais difícil a execução de seu próprio projeto de coerência. A questão é saber que tipo de coerência ainda é disponível, depois que se abandonou o discurso único e absolutamente coerente do *Absoluto*, e se aceitou atravessar o discurso incoerente da *Obra* e do *Finito*" (415).

A segunda subquestão concerne à contribuição da categoria Ação para a coerência buscada pela *Lógica da filosofia*. Partindo do enunciado da categoria[68], Ricoeur observa dois traços no discurso do homem da ação: o primeiro é que ele se opõe à violência no plano da violência, o segundo (e mediante este o primeiro diz respeito ao discurso coerente), é que ele age sobre a realidade em sua totalidade para submetê-la ao discurso. Ora, este segundo traço revela que "é a transferência sobre a ação, do horizonte de totalidade do discurso absoluto, que preserva a continuidade do discurso categorial" (415).

De acordo com Ricoeur, o interesse de Weil no capítulo sobre a Ação não é tanto o trabalho como dominação da natureza, projeto parcial, nem mesmo a organização como *Zweckrationalität*, como em Max Weber, "mas o caráter *recapitulador* da ação relativamente a todas as outras categorias" (415). O discurso coerente que abandonou o Absoluto, o discurso do homem da ação pretende tornar coerente a realidade[69],

68. Eis o enunciado da categoria: "Ao revelar a condição humana, a própria finitude se revela como simples discurso ao homem que se opõe à violência no plano da violência: esse homem *age* sobre a realidade em sua totalidade para submetê-la a seu discurso" (*Lf* 555).

69. Ricoeur cita dois textos da *Lógica* para apoiar a sua interpretação: "o homem passou da *finitude* a outra atitude, que exige precisamente o impossível, tanto do ponto de vista da finitude como do ponto de vista do *Absoluto*: nem um ato, nem uma razão, mas a ação, uma vida que seja coerente, uma razão total que possa guiar a vida" (*Lf* 559 s.); e: "É

ou seja, pretende ser "uma práxis razoável e totalizante relativamente ao que rompeu com o discurso único e absolutamente coerente" (416). A ação razoável deve superar *praticamente* o niilismo, deve absorver o absurdo, integrar a revolta para que se possa falar da "exigência da unificação do discurso pela ação e na ação" (*Lf* 564).

Para Ricoeur, tudo isso apenas agrava o problema da continuação do discurso coerente relançado pela Ação: "Não foram descarregadas sobre a *Ação* as pretensões consideradas insustentáveis no discurso absoluto? Agir sobre a realidade *em sua totalidade* não é um projeto desmantelado previamente pela passagem pelo *Finito*? A *Ação* tem mais chances que o *Absoluto* de reconciliar o absoluto 'humano' e a particularidade? Tudo que se espera da ideia de reconciliação não é então remetido ao futuro, a uma utopia sem fim, como no *projeto* kantiano *de paz perpétua*? E, supondo que a ação sensata possa ter esse efeito totalizante e recapitulador, em que ela é discurso?" (416).

Weil afirma que o homem age sobre a totalidade para submetê-la a seu discurso. Ricoeur pergunta se é o do homem da ação ou o do filósofo. Esta questão abre para Ricoeur o que ele chama de "último enigma da *Lógica da filosofia*, a saber, a necessidade, para o próprio projeto de discurso coerente, de acrescentar à *Ação* as duas últimas categorias, o *Sentido* e a *Sabedoria*" (417). Seriam estas categorias que *salvam* o empreendimento de Weil, ameaçado em sua realização depois da passagem pelo Absoluto. Dado que, segundo Weil, a categoria-atitude da Ação "não pode ser ultrapassada" (*Lf* 589), então "é preciso compreender o que o *Sentido* e a *Sabedoria* acrescentam *à Ação*" (417), dado que o discurso do homem da ação, que não é o do filósofo, conclui o discurso a seu modo, isto é, realizando-o.

Sentido e Sabedoria acrescentariam *sem acrescentar*, porque não nascem de uma atitude nova, mas é o filósofo que colhe em seu dis-

---

de se esperar, portanto, que a nova atitude procure unir o *discurso coerente* com a *condição* em uma *obra* satisfatória para o *ser finito*, no risco de sua finitude, que ela procure excluir a violência pela força da razão no próprio plano da violência, que, para repeti-lo, ela se saiba categoria e se pretenda atitude. O problema para ela é desenvolver um discurso que seja coerente sem se fechar, e que prometa tornar coerente a realidade, definida pela *condição* no que tange à situação, pela *revolta* no que concerne ao indivíduo" (*Lf* 560).

curso categorial o que faz da Ação uma categoria. Sentido e Sabedoria "extraem do discurso *da* ação o que vale como discurso *para* o filósofo" (417). O homem da ação não precisa mais de um discurso que interprete o mundo, pois ele empreendeu transformá-lo. E se o filósofo continua seu *obstinado* empreendimento de "levar a termo uma filosofia hegeliana do discurso coerente" (418), ele só pode produzir uma categoria sem atitude, sem a qual seu empreendimento perderia todo sentido.

A ação teria saturado o campo das atitudes, mas seu "saber-ser categorial lhe escapa". Para o discurso categorial, a categoria Ação precisa de uma categoria formal, vazia, abstrata, de modo que Sentido e Sabedoria teriam o papel de extrair da ação "o que nela anuncia um novo estatuto do discurso, sua dimensão prática..." (418). Em outras palavras, as duas últimas categorias, segundo Ricoeur, apenas refletiriam o estatuto categorial da ação, isto é, a transferência do discurso do homem da ação para o plano do discurso categorial do filósofo.

Se é assim, no Sentido, a Ação se compreenderia filosoficamente porque une a vida com o discurso, une "o discurso coerente com a revolta" (*Lf* 586). Para Ricoeur, o que era discurso implícito, porém pleno, da Ação, torna-se "discurso explícito, porém vazio, do *sentido*" (418). É esse vazio que recolhe o que Ricoeur chama de *a utopia da ação*. Mas, se o conteúdo do Sentido é o da ação, deve-se perguntar se ele ainda assegura a coerência do discurso, se a filosofia não confia sua coerência aos acasos de uma ação, cuja racionalidade não vem do discurso, mas, precisamente, da ação, ou ainda, se a filosofia, mesmo contando somente consigo mesma, não *aposta* na parte de sentido que a ação ainda não realizou.

Em outras palavras, Ricoeur pergunta se não seria pela *utopia* e pela *ucronia* que a filosofia salva *in extremis* sua coerência. Segundo Ricoeur, se não se quer parar na ação, que conclui o discurso ao realizá-lo, é preciso pagar o preço do vazio pela coerência, pois o vazio é "a dura condição do filosófico depois da Ação" (420).

A passagem pelo vazio é essencial para compreender e para situar a última categoria: "Se a sabedoria acrescenta algo não somente à ação, mas também ao sentido, não será um grau suplementar de formalismo: uma espécie de sentido do sentido?" (420). Tudo indica que o preço a pagar pela coerência consiste em chegar à extenuação do discurso, à extrema pobreza discursiva, ao "murmúrio categorial de sentido do sentido da ação razoável" (420 s.). O que faz da Sabedoria uma categoria, e a última, "é que ela relança a *circularidade* do sistema categorial" (421). Existem assim dois sentidos de sabedoria no discurso weiliano: "De um lado, superação somente formal da ação, portanto extenuação do discurso depois da ação, murmúrio categorial [...], recurso ao sentimento e marcha para o silêncio; de outro, reenvio ao ponto de partida, à categoria da verdade" (421 s.).

Mas então a coerência salva *in extremis* é uma "coerência regressiva, uma coerência de re-leitura", pois no sentido progressivo cada atitude é contingente, simples possibilidade de ser aceita ou recusada. Do ponto de vista da estrutura do discurso weiliano, segundo Ricoeur, "a coerência não pode ser preservada se se segue somente a progressão das categorias", visto que a passagem de uma categoria à outra é, segundo Weil, livre e incompreensível, e escandalosa para a categoria que é superada. Desse modo, a violência está também no discurso, a progressão do discurso é violência, e a "única coerência possível é uma coerência recorrente" (422).

A imagem com que Ricoeur conclui sua comunicação traduz fielmente seu pensamento: no discurso weiliano tudo se passaria como na produção de um quadro. A próxima pincelada que o pintor aplicará sobre a tela é imprevisível; mas, uma vez aplicada e o quadro concluído, tornou-se necessário que ela fosse dada naquele lugar e daquele modo. Nesse sentido, somente uma segunda leitura do discurso de Weil daria ao leitor a convicção de uma coerência recorrente, salvando desse modo a coerência de seu projeto.

Mas, se é assim, de duas, uma: ou essa coerência recorrente é aberta a várias interpretações, "compreendidas entre os dois extremos de uma composição sinfônica que deixaria atitudes e categorias coexistirem pacificamente sem se abolirem mutuamente, ou é ordem linear que não deixa lugar a nenhuma alternativa" (422). Para Ricoeur, Weil está mais próximo do segundo polo, e esta é *a aposta de Weil*. Ricoeur reconhece, contudo, que a afirmação de Weil sobre todo livro filosófico, que só é verdadeiramente compreensível na segunda leitura, se aplica perfeitamente à *Lógica da filosofia*.

3. A consumação do discurso e a violência

A considerar as aporias e as rupturas encontradas no discurso weiliano, parece que todo seu projeto filosófico é ameaçado por sua própria execução. Se são verdadeiras, a *Lógica da filosofia* demonstraria que a ideia de uma lógica da filosofia não é mais que uma ideia, no sentido vulgar do termo, projeto irrealizado porque irrealizável, tal como ele aparece no discurso de Weil. A levar a sério as objeções contra o discurso weiliano, parece que nenhuma coerência é possível além da que a filosofia alcançou com o discurso e no discurso hegeliano, o discurso absolutamente coerente do Absoluto. Se há pontos de suspensão em filosofia, estes devem ser apostos às tentativas obstinadas de ir além do ponto final da filosofia.

Dizer isso, porém, é traduzir o núcleo do projeto weiliano de fazer filosofia depois de Hegel. A dificuldade do filósofo, de qualquer filósofo pós-hegeliano que tenha levado a sério a filosofia de Hegel, consiste em "não achar carente de sentido a recusa ao discurso hegeliano"[70], mesmo sabendo que o discurso filosófico por excelência é o discurso hegeliano, discurso da última das grandes filosofias, que não foi substituído por nenhum outro. Além disso, o filósofo sabe que só a violência pura, tornada pura pelo discurso absolutamente coerente, pode recusá-lo.

Encontra-se novamente a dualidade de filosofia e violência, e Labarrière tem razão ao individuar ali o fundo de toda a reflexão weiliana. Encontra-se também, ao mesmo tempo, na sucessão das últimas categorias da *Lógica da filosofia*, do Absoluto à Sabedoria, o ponto em que Ricoeur identifica a aporética do discurso weiliano. Os dois intérpretes acertam o alvo, na medida em que dirigem suas interrogações para o que é verdadeiramente digno de ser interrogado no pensamento de Weil.

A gravidade das questões levantadas à filosofia de Weil não exige algum tipo de apologia. A tarefa, neste momento, consiste em restituir a palavra a Weil e deixar que seu discurso se pronuncie, destacando as passagens que, talvez, pela *clareza de exposição*, excluam a *facilidade de leitura*, coisas que, segundo Weil, em matéria de filosofia, nem sempre vão juntas.

---

70. Cf. R. Morresi, art. cit., 78 s.

Se é verdade, como diz Heidegger, que "cada pensador pensa somente um único pensamento"[71], de Weil deve-se dizer que seu único pensamento é o pensamento do Todo. Se há algo que pode, verdadeiramente, ser chamado de hegelianismo de Weil, é a integração indestrutível de cada parte de seu pensamento no todo e a presença unificante do todo em cada parte. Em certo sentido, restituir a palavra a Weil, deixar que o seu discurso se pronuncie, que o sistema fale seria repeti-lo integralmente, coisa que não se pode fazer.

Weil afirma que, "em princípio, o discurso da filosofia pode começar em qualquer ponto", mas na prática "é preciso começar em um ponto que é determinado pela situação do momento do discurso e pela forma da exposição" (*Lf* 620). Essas duas condições, para o discurso de Weil, para sua *Lógica da filosofia*, são preenchidas pela categoria Verdade.

Para este intérprete do discurso de Weil, que pretende compreendê-lo *juxta propria principia*, o discurso começa com a categoria Absoluto, porque ela determina a situação do momento do discurso do intérprete. Hegel, como afirma Weil, "não foi apenas um daqueles grandes filósofos cujo número provavelmente não alcança a dezena, mas marca o fim de uma época do pensamento ocidental" (*Lf* 620). Ademais, o discurso sistemático de Weil só se mostra questionável depois da categoria Absoluto. Com efeito, as aporias e as rupturas apontadas surgem sempre com o Absoluto e depois dele. Os intérpretes têm razão em concentrar sua atenção nas últimas categorias da *Lógica*, mas não têm razão por não perceber que, se o discurso de Weil se torna problemático depois do Absoluto, é porque depois do absoluto o pós-hegelianismo de Éric Weil é kantiano[72].

Vou seguir o discurso de Weil a partir do Absoluto, na esperança de verificar como ele responde às aporias e às rupturas nele apontadas. Se a *Lógica da filosofia* é, verdadeiramente, "o discurso coerente da coerên-

71. M. Heidegger, *Qu'appelle-t-on penser?*, Paris, 1959, 47.

72. Um dos poucos intérpretes que viram com clareza que a filosofia de Weil é ao mesmo tempo *sistemática* e problemática (o que significa, a meu ver, que ela é kantiana pós-hegeliana), foi G. Kirscher, "L'irréduction des dualités dans la *Logique de la philosophie*", conferência inédita pronunciada em janeiro de 1984, no Centre Sèvres de Paris.

cia, a coerência coerente da coerência"[73], então ela deverá mostrar que para o lógico da filosofia, como para seu intérprete, não existem aporias, mas problemas, não existem rupturas, mas decisões, pois a filosofia, que é sempre filosofar, é "discurso absolutamente coerente da liberdade no progresso de sua realização" (*Lf* 597). Dito de outro modo, com palavras de Aristóteles: "Solucionar uma aporia é, com efeito, encontrar a resposta que é preciso trazer ao problema"[74]. Esta afirmação poderia parecer redundante se não implicasse, justamente, invenção e criatividade.

3.1. *O Absoluto: o todo sem resto*

Não se trata de repetir o discurso weiliano, mas de verificar se ele responde às objeções que se lhe apresentaram. Trata-se de ver se o combate dramático para preservar a coerência depois do Absoluto, como disse Ricoeur, se decide a favor ou contra Weil; trata-se de verificar se Weil ganha sua aposta por uma coerência coerente, ou se a perde por uma coerência recorrente. Trata-se de ver se ao querer tudo e o resto, como lembrou Labarrière, Weil não termina, como Kant (segundo Labarrière), por limitar o Todo para dar espaço ao resto. Trata-se, finalmente, de ver se depois de ter posto um ponto final à filosofia Weil não cedeu à tentação, talvez à necessidade, de fazer um discurso além do discurso ou, para recuperar oportunamente a objeção de Billoeut[75], se Weil não reconheceu que pensar é uma atividade insensata visto que, depois de ter pensado todo o pensável, ele mesmo acaba pensando ou querendo, ou devendo, pensar mais do que todo o pensável.

O Absoluto é unanimemente interpretado como o momento hegeliano da *Lógica da filosofia*. Para Ricoeur, todavia, ele não traduz um "*Espírito* absoluto, que teria atravessado as etapas do Espírito subjetivo e do Espírito objetivo" (*AEW* 408). Sem afirmar que Weil não compreendeu Hegel, Ricoeur diz claramente que o *conteúdo* do Absoluto de Weil não é o do absoluto de Hegel, embora ele exerça uma *função* hegeliana

73. J. Quillien, Heidegger et Weil, le destructeur et le bâtisseur, *Cahiers Philosophiques*, 10 (1982) 41-56.

74. Aristóteles, *Ética a Nicômaco*, VII 1146 b 7.

75. Ver supra.

no discurso weiliano, isto é, a de totalização pela qual ele repete, sem duplicar, o discurso hegeliano.

Reconheço de início que Ricoeur tem razão, mas apenas em parte. Efetivamente, é "uma idealização do discurso hegeliano"[76] que se encontra na categoria Absoluto, porque Weil reconhece, aceita e parte do resultado da filosofia hegeliana, de modo que se pode até mesmo afirmar que a *Lógica* de Weil supõe a *Lógica* de Hegel, e que a de Weil é a consciência do resultado da filosofia hegeliana, isto é, a sua verdade[77].

É evidente que a interpretação weiliana do pensamento hegeliano não coincide com a dos intérpretes que fizeram profissão de fé hegeliana. Todavia, não me cabe, neste momento, justificar a interpretação weiliana de Hegel. A interpretação de Hegel que se encontra em Weil é problemática para Labarrière, porque para ele não se trata de superar Hegel por um retorno a Kant, mas de "re-interrogar a partir de dentro as normas e o funcionamento de um discurso que deve talvez fazer justiça, de modo mais explícito e mais total, à permanência da diferença e da alteridade, sem ceder à suspeita de resolvê-las demasiado depressa na unidade da contradição"[78]. Para mim ela é *problemática*, no sentido kantiano do termo, justamente porque opera um retorno a Kant, que reconhece e integra tudo o que a filosofia de Hegel trouxe de definitivo, e assume os *problemas* novos que ela, pela solução dos antigos, criou para a filosofia.

Para responder à objeção de Ricoeur, basta começar por constatar que Weil não pretende, na categoria Absoluto, comentar todo o discurso hegeliano, mas reter dele a categoria do sistema[79]. Isto se vê claramente no modo como Weil se refere à filosofia hegeliana, ao citar tanto a *Fenomenologia do Espírito* como a *Enciclopédia das ciências filosóficas*, manifestando claramente sua proximidade com a primeira e seu distanciamento da segunda[80].

76. Cf. H. Bouillard, art. cit., 582.

77. Cf. L. Sichirollo, Aristotele. Antropologia, logica, metafisica, in *Filosofia e violenza*. Introduzione a Éric Weil, Galatina, 1978, 99.

78. P.-J. Labarrière, op. cit., 96 s.

79. H. Bouillard, art. cit., 584.

80. Efetivamente, a aproximação da *Lógica da filosofia* de Weil com a *Fenomenologia do Espírito* de Hegel não é sem fundamento. Já no ato de defesa diante do júri da

Ao começar a exposição da categoria Absoluto, depois de mostrar como a Personalidade (categoria imediatamente anterior e que é superada pelo Absoluto) se vê no interior do seu mundo, isto é, como ele se apreende realmente e, assim, alcança uma nova atitude que a ultrapassa de fato, Weil remete à *Fenomenologia do Espírito,* dizendo que não vai se ocupar com a demonstração da atitude do homem que vive no absoluto, porque Hegel, na *Fenomenologia*, já se ocupou disso "com tal maestria que permite, no máximo, observações menores" (*Lf* 456). Weil não ignora que a *Fenomenologia* não se esgota na dedução da atitude, mas tampouco ignora que "aos olhos de Hegel, seja essa a tarefa essencial do livro" (*Lf* 457).

Quanto à dedução da atitude, Weil afirma que "a questão não é saber se há coisa melhor, mas se há outra coisa, isto é, uma atitude e uma categoria que compreendam as do Absoluto e, assim, as ultrapassem". Portanto, se há algum problema com a filosofia de Hegel, este não se encontra principalmente na *Fenomenologia*, que "torna possível uma lógica da filosofia, mas não a realiza" (*Lf* 547). Se há problema, este se encontra, por assim dizer, *antes* e *depois* da *Fenomenologia*.

Com efeito, para Weil, a dedução da atitude no absoluto só é possível se aquele que a deduziu já a alcançou e aí se mantém. Para quem deduz a atitude, o salto no absoluto precede a dedução, que tem em vista mostrar e tornar compreensível a *necessidade* do salto[81]. Dito de outro modo, aquele que deduziu a atitude, "a deduziu para os outros que ainda não chegaram lá, não para si próprio" (*Lf* 457). Nesse sentido, o problema está *antes* da *Fenomenologia.* Mas também está depois

---

Sorbonne, a tese de Weil foi saudada por Jean Wahl, seu diretor, como "a *Fenomenologia do Espírito* 1950". Cf. Soutenance de thèse, *Revue de Métaphysique et de Morale,* 56(1951) 446.

81. Weil afirma: "Para esse homem que procede à dedução (não para aquele do qual essa dedução fala), o verdadeiro problema é o da negatividade. O pensamento ou o discurso, sendo o homem e o Ser, é a posição absoluta: e essa posição absoluta é a totalidade das negações. O objeto nega o sujeito, e este nega aquele; o universal nega o indivíduo e é negado por ele [...] o indivíduo nega a condição [...] e é negado por ela. O homem é no Absoluto contanto que seja absoluto, que tenha sofrido a totalidade das negações e exercido sua negatividade totalmente: contanto que *seja* o *devir* em sua totalidade" (*Lf* 457).

dela porque, pergunta Weil, "se a *Fenomenologia* fosse tudo, por que Hegel teria escrito a *Enciclopédia*?" (*Lf* 457, nota 2)[82].

A *Fenomenologia* recebe, por assim dizer, título de cidadania na *Lógica da filosofia* de Weil na medida em que ela é o "lado histórico do Absoluto", ciência do devir do Absoluto na consciência, dedução da atitude do homem que vive no absoluto. Mas, visto que essa dedução só é possível para quem já está e se mantém no Absoluto, a *Fenomenologia* conduz necessariamente à exposição do que a tornou possível, isto é, a "gênese não histórica e intemporal do em-si, a ciência do Ser como tal" (*Lf* 475), que se encontra na *Enciclopédia das ciências filosóficas* de Hegel.

Weil afirma claramente que não segue a elaboração do sistema hegeliano porque em uma análise categorial o que importa é a categoria que torna o sistema necessário para ele próprio, mas apenas possível para o lógico da filosofia. Weil remete o leitor à exposição do sistema de Hegel, que é a *Enciclopédia*, sem o menor temor de confusão com seu próprio sistema, visto que, entre o sistema hegeliano e a análise categorial de Weil, as diferenças "são demasiado claras no que tange ao fim e também ao início [...]: o Absoluto não é, aqui, a última categoria" (*Lf* 478 s.).

O sistema exposto na *Enciclopédia* não é uma simples ilustração da categoria do Absoluto, mas é a sua realização. Para Weil, o sistema em si mesmo é verdadeiro, como todo sistema coerente é verdadeiro no interior de sua própria coerência; mas a forma como ele se interpreta, não o é porque "embora seja inevitável, ela cai fora do sistema"[83]. Aqui Weil revela, de maneira aparentemente surpreendente, que seu pós-hegelianismo faz justiça a Hegel, porque sua afirmação sobre o sistema e sua

82. Na primeira parte deste capítulo, observei que os ensaios de Weil sobre Hegel cobrem um arco de mais de 20 anos. Agora se vê com maior clareza o fundo do contencioso entre os dois filósofos e que os problemas encontrados por Weil na filosofia de Hegel são, substancialmente, os mesmos, desde a *Lógica*, em 1950, até, por exemplo, "La dialectique hégélienne" (*Pr* 107-125), publicado em 1976. Ao que parece, Weil sempre pôs o problema da *unidade da obra hegeliana*. Cf. *Pr* 52,105, 124 s.

83. Cf. J. Havet, art. cit., 288, que afirma também que "dizer que o modo como o sistema se interpreta não é verdadeiro não é apenas fazer uma alusão a uma imperfeição empírica, histórica, da filosofia de Hegel; é indicar que o sistema do Absoluto, enquanto tal, não saberia integrar sua própria compreensão, mesmo que ele alcançasse seu ponto de desenvolvimento e de rigor mais elevado" (ibid.).

interpretação é uma advertência contra "a falsidade de todas as 'críticas' a Hegel, críticas do raciocínio que sempre têm razão, porque, na realidade, elas nada fazem senão afirmar, com grande obstinação e grande estardalhaço, como o absoluto suas respectivas categorias particulares, provando assim que tudo que tomaram em seu pretenso adversário foi o som dessa palavra" (*Lf* 479).

Se fosse preciso defender a compreensão weiliana da filosofia de Hegel, bastaria a seguinte afirmação da *Lógica da filosofia*: "Ora, no plano do sistema, o sistema é irrefutável, visto que ele não está no plano da discussão; pode-se recusá-lo, mas então —falamos do raciocínio — é preciso calar-se; sejamos precisos: é preciso renunciar à coerência do discurso" (*Lf* 479). Weil retém de Hegel o que nele há de mais verdadeiro e mais vivo, a saber, que a filosofia não é apenas sistemática, mas sistema, que a filosofia é sistema ou simplesmente não é. O que Weil supera em Hegel é a *forma* que o sistema assumiu na filosofia hegeliana.

Para Weil é a realidade do sistema que interessa, "porque é apenas nessa realidade que o Absoluto deixa de ser o *outro* do finito e, consequentemente, de ser ele próprio finito, algo fora do mundo e por isso mesmo preso no mundo" (*Lf* 479)[84]. Ao dizer isso, Weil capta o essencial do sistema de Hegel, isto é, sua categoria, o Absoluto para o qual não existe outro. É a realidade do sistema que interessa porque, "se o sistema — se ao menos *um* sistema absoluto — não existisse realmente, se a categoria filosófica não tivesse sido elaborada, nem que fosse uma vez, em categorias metafísicas e conceitos científicos, o sistema não existiria, nem mesmo como possibilidade" (*Lf* 480).

Entretanto, fiel ao modo de proceder hegeliano, Weil o ataca em seu ponto forte, na ideia de sistema: "Se a forma que esse sistema assu-

84. O texto continua: "O sistema não é o resultado do emprego de um *método* mais apropriado que outros, ou mais correto, ou mais moderno: não há método que se possa aplicar ao Absoluto, como se houvesse primeiro um objeto, em seguida um discurso que tentasse apreender esse objeto. A ciência é seu próprio devir e ela não tem nem ponto de vista nem ponto de partida. Ao homem particular ela se mostra após uma decisão, a de pensar; mas essa decisão encontra seu lugar na ciência: uma vez que a decisão é tomada, ela é também compreendida, e a particularidade já se ultrapassou. Perguntar se haveria ciência sem essa decisão é perguntar se pode haver discurso sem discurso, coerência sem vontade de coerência" (*Lf* 479).

miu em Hegel é uma forma definitiva, *a* forma do sistema, se essa forma concreta cumpre o que promete, eis uma pergunta que é provavelmente uma das mais importantes para o filósofo e o historiador da filosofia. Mas seja qual for a maneira como se responda a ela, e mesmo supondo que a resposta seja negativa, nem por isso é menos verdadeiro que Hegel [...] descobriu a categoria filosófica da própria filosofia" (*Lf* 480). Aqui está a ponta de diamante do pós-hegelianismo de Weil: Hegel descobriu a categoria filosófica da filosofia, mas descobriu-a "para nós, que compreendemos, num mundo transformado por sua descoberta, o que ele descobriu, sem talvez o compreender completamente" (*Lf* 480 s.). Esta afirmação não é uma crítica porque, mesmo que fosse, Weil sabe que foi Hegel quem a tornou possível.

A afirmação de Weil é ousada: Hegel não se teria compreendido completamente! E não por alguma contradição, por alguma oposição não-resolvida, por alguma incoerência no discurso absolutamente coerente. Pelo contrário, "é essa coerência que o impede de se compreender completamente"[85]. É isso que a última parte do capítulo sobre a categoria Absoluto da *Lógica da filosofia* pretende dar a compreender.

O Absoluto é a categoria na qual a filosofia se constitui para si mesma, a primeira categoria da filosofia, não a primeira categoria filosófica, pois todas as categorias desenvolvidas até o Absoluto pertencem à filosofia e determinam os modos nos quais o pensamento se pensa e se constitui para si mesmo. No Absoluto não se trata mais simplesmente de pensar, nem de pensar o pensamento, mas de pensar o pensar: "A filosofia se mostra como a compreensão de tudo e de si" (*Lf* 481). Ela se constitui, assim, como ciência, como saber, superando a diferença fundamental até então existente entre compreensão e compreensão de si[86]: "a compreensão do Todo é compreensão de si, a compreensão de si, compreensão do Todo" (*Lf* 482).

---

85. G. Kirscher, cf. supra n. 72. O autor sustenta que Weil se situa diante de Hegel como Platão diante de Parmênides : "O pai da filosofia diz a verdade intransgredível e, contudo, existe outra coisa a dizer que o pai não diz e impede de dizer".

86. A diferença entre *compreensão* e *compreensão de si* foi apreendida pela primeira vez com Kant. Na *Lógica da filosofia*, essa apreensão aparece na categoria Consciência. Cf. *Lf* 329-369.

Pela primeira vez na história a filosofia passa a ser tudo para si mesma. Ela deixa de ser invenção do homem e se torna discurso razoável mediante o qual o homem se mostra consciente de si mesmo como razão, porque existe razão[87]: "A razão não é uma qualidade, uma faculdade, um atributo do homem; ela *é*, ela é *ser para si em si* e *ser em si para si*, e o homem *é* razão" (*Lf* 482).

Ao chegar a esse ponto, o discurso deixa de ser reflexivo, deixa de ser o resultado de uma relação entre o homem e o mundo, e passa a ser a totalidade das formas concretas dessa relação, a totalidade unificada no saber absoluto, que é a unidade de um duplo devir: o do conceito em si na natureza e o do conceito para si na história. No Absoluto "o discurso é discurso para o discurso e é tudo" (*Lf* 482). Uma vez que o círculo da reflexão foi percorrido, a filosofia deixou de ser reflexão num outro. Ela passa a ser ciência, saber de tudo e de si mesma.

O Absoluto é, portanto, o todo sem resto, pelo menos para si mesmo. Não se pode olhá-lo do exterior, e qualquer tentativa de superá-lo é simples obstinação do raciocínio e da particularidade. Até mesmo a pergunta que ordinariamente se põe ao Absoluto, isto é, se não existe filosofia antes do Absoluto, não é mais que a tentativa de retomá-lo sob uma categoria já superada. É certo que existe filosofia antes de o saber absoluto se constituir em sistema da totalidade da particularidade e das contradições, mas isso porque "o Absoluto *é* antes de se *saber* Absoluto no particular, porque o Absoluto é compreendido antes de se compreender" (*Lf* 484).

Em outras palavras, existe filosofia onde existe discurso coerente, e a ideia de discurso coerente, isto é, "a *ideia* de absoluto, é a ideia que produz a filosofia sob cada categoria" (*Lf* 484). Isto quer dizer que as doutrinas filosóficas de cada atitude anterior, histórica e logicamente, ao Absoluto, não são mais que retomadas do Absoluto ou apenas aparições precoces do Absoluto no particular.

Essa constatação responde a uma parte da objeção de Ricoeur, segundo a qual o Absoluto do discurso categorial de Weil seria absoluto em termos inteiramente humanos, e na sua relação com a crise e o con-

87. Cf. W. KLUBACK, art. cit., 264.

flito que marcam a categoria Personalidade. É verdade, como lembra Ricoeur, que a palavra absoluto já é pronunciada na categoria Personalidade. O que Ricoeur não percebe é que quem a pronuncia é o lógico da filosofia, que já dispõe da totalidade das categorias da filosofia, até mesmo a que, como se verá, é a categoria constitutiva da filosofia. O lógico da filosofia é posterior à categoria na qual a filosofia se constitui para si própria, e sabe que foi a ideia de absoluto que produziu a filosofia sob cada uma das categorias da filosofia. Ele sabe porque o Absoluto lhe revelou, porque o Absoluto *é* antes de se saber Absoluto.

Com o Absoluto se conclui a história das filosofias em que ele apareceu precocemente, e se conclui a história da filosofia reflexiva, na qual a coerência se mostrava como o outro do homem. O absoluto leva a termo a história da filosofia da reflexão sobre a coerência[88]. A filosofia se compreende como o que sempre foi, isto é, sistemática e monista, pois "ela sempre mantém a unidade da compreensão, mesmo quando ela considera essa unidade irrealizável para o homem, e mantém a unidade do compreensível, mesmo quando a encara como inacessível" (*Lf* 485).

Ao produzir a categoria do Absoluto, a filosofia se conclui porque, sendo compreensão de tudo e de si mesma, compreensão do Todo, ela não precisa mais buscar a coerência, que foi realizada. No Absoluto, para o Absoluto, não há mais questões. Tudo é *perfeito*. Se alguma questão ainda pode ser feita, "será feita pelo homem que se opõe à filosofia, que, mesmo compreendendo a particularidade e sua particularidade no Absoluto e no discurso coerente, se recusa à coerência para não ser particular" (*Lf* 485). Entretanto, se alguma questão é feita pelo homem que se opõe à filosofia, ela se torna questão para a filosofia.

Não há dúvida de que é Hegel que se encontra na categoria Absoluto, o Hegel da *Fenomenologia do Espírito*, em que se mostra e se deduz a atitude do homem que vive no absoluto; o Hegel da *Enciclopédia das ciências filosóficas*, em que se elabora e se expõe a categoria que torna o sistema, possível para Weil, necessário para si mesmo. É o próprio

88. Cf. P. F. Taboni, art. cit., 1272.

Hegel quem mostra como se passa da atitude à categoria, como se passa do que diz a atitude, isto é, que existe coerência, ao que diz a categoria, isto é, a coerência absoluta num discurso absolutamente coerente. Em outras palavras, Hegel mostra como se passa da *Fenomenologia* ao sistema.

Com a explicitação do Absoluto, não existe mais *outro*, a ciência e a liberdade já não se opõem, pois na ciência o Ser se sabe Razão e a Razão se sabe Ser. Isso significa que "o círculo da reflexão foi percorrido, e o homem na totalidade de seu ser se reconheceu como o Ser em sua totalidade, como o des-envolvimento de Deus" (*Lf* 471). O *homem* — não o indivíduo — não pensa mais: ele é pensamento, "o pensamento que se pensa" (*Lf* 461) e, assim, "o discurso já não é para o homem, ele é para si mesmo, absolutamente coerente, sem excluir a contradição, mas realizando-se nela: o *outro*, a violência, o transcendente entraram nele, visto que ele se reconheceu neles" (*Lf* 472). Assim, o Absoluto não é absoluto de um resto, separado de um resto: ele é Tudo.

A ciência é o saber absoluto no qual a Razão realizada se sabe Razão realizada. A história, não apenas a filosofia, chega a seu fim como história da filosofia e como história do homem: "como história do homem, porque o homem é livre: por sua ação, a particularidade se tornou para ela própria o que ela é em si mesma, particularidade no universal; como história da filosofia, porque o discurso se tornou coerente como universalidade do particular" (*Lf* 474). A história voltou ao seu início, ao Ser não-histórico, e o papel da negatividade humana se concluiu porque sua vitória foi total: "em si, o espírito é para si; para si, o espírito é em si, ou, caso essas palavras sejam tomadas em seu verdadeiro sentido: a matéria é espírito, o espírito é matéria. A ciência nada mais é do que essa reconciliação do espírito consigo mesmo, presente no discurso coerente" (*Lf* 475).

Com o Absoluto não se pode discutir, não se pode opor a ele uma nova categoria que o faça ver o que não viu, compreender o que não compreendeu: "o sistema em si mesmo é verdadeiro" (*Lf* 479). O Absoluto compreende tudo e a si mesmo: para o Todo não existe outro, não existe alteridade para a coerência, não existem mais questões para a filosofia, pois "a totalidade dos problemas é a solução deles" (*Lf* 487).

Qualquer tentativa de superar o Absoluto não será mais que uma *retomada* particular do discurso absolutamente coerente: "O livro está fechado, a história não será mais que repetição e continuação, desde que a negatividade encontrou a paz. O Pensamento *é* Pensamento: que resta depois disso?" (*Lf* 488).

"Resta o escândalo da razão" (*Lf* 488).

3.2. *A violência: o resto que resta*

O Absoluto não pode ser ultrapassado pelo pensamento, porque pensar é buscar a coerência, e a coerência é tudo. Porém, "o homem pode *haver pensado*, pode haver concordado com tudo o que a ciência ensina, e pode não *pensar*, não *querer pensar*, se recusar ao Pensamento" (*Lf* 488). O que resta depois do Pensamento? Resta a violência. Contudo, é preciso compreender bem o que isso significa, visto que sobre isso pesa a primeira objeção de Labarrière, a saber, que Weil nunca foi claro sobre o que ele entende por violência, e tendo-a introduzido em seu discurso categorial como o irredutível ao discurso, teria cedido à contradição porque, desse modo, a violência estaria ao mesmo tempo dentro e fora do discurso.

A obra é a categoria da revolta na *Lógica da filosofia*[89]. Nessa categoria, Weil não faz uma fenomenologia da violência, como se nosso tempo precisasse de algo semelhante para compreender o sentido da palavra, exatamente o nosso tempo que, segundo uma imagem de Leo Strauss, conheceu a "*reductio ad Hitlerum*"[90].

Penso que Weil pode se poupar de uma *explicação* do que entende por violência, não só porque a experimentou em suas formas extremas, em primeira pessoa e em suas solidariedades, mas principalmente porque o nosso tempo é, desgraçadamente, o que conheceu a violência em sua expressão mais pura. Weil pode se dispensar de qualquer tipo de *descrição* ou *explicação* da violência para os que vivem sob a terrificante

89. Cf. G. Kirscher, Absolu et sens dans la *Logique de la philosophie*, Archives *de Philosophie*, 33 (1970) 377.

90. Citado por P. F. Taboni, art. cit., 1282.

ameaça de experimentá-la definitivamente, de ser talvez a última geração a experimentá-la, antes que não haja mais ninguém para conhecê-la. A violência, efetivamente, não é uma *Unwirklichkeit*.

Não é de *explicação* que se precisa. É preciso *compreender* o que o sistema do absoluto não compreendeu, justamente porque pretendeu tê-la reduzido à compreensão. A violência compreendida não é por isso menos violência. Encontra-se aqui, uma vez mais, o específico weiliano, isto é, seu kantismo pós-hegeliano: não se trata de uma recuperação especulativa da violência pelo progresso da consciência de si, não se trata de uma redução desse *outro* da filosofia por alguma *Aufhebung* que o conduza, em razão, à filosofia e à razão. Para Weil, a violência é o outro irredutível da razão, ela não é um ainda-não-tornado-razão. Ela é a recusa sempre definitiva e inapelável a toda autoridade da razão, não sua arma ou o instrumento da sua astúcia.

A violência é simplesmente incompreensível para o Absoluto[91], mas é o que é preciso compreender porque "a questão do homem revoltado contra o saber absoluto não é destituída de sentido" (*Lf* 86). É preciso, portanto, compreender primeiro essa atitude muda e, em seguida, ver se ela é categoria para si mesma e, consequentemente, para a filosofia.

A atitude da obra se caracteriza por traços absolutamente contraditórios e irreconciliáveis do ponto de vista do pensamento. Por um lado, ela *dá razão* ao Absoluto: a nova atitude não pretende *refutar* o Absoluto, porque o homem dessa atitude sabe que "caso se trate de pensar, é preciso pensar no interior do Absoluto. Mas será preciso pensar? Será o homem um ser pensante?" (*Lf* 489). Por outro lado. há nessa atitude um vazio, uma posição de desespero mudo, "porque o homem sabe que, tão logo se põe a falar, ele fala necessariamente em termos que implicam a satisfação, que falar razoavelmente é estar satisfeito", mas não é o falar que importa à nova atitude porque, para ela, "trata-se de *ser* apesar do discurso" (*Lf* 496). Não é do discurso que o homem se ocupa na nova atitude, antes, ele se separa do discurso "para se ocupar de si mesmo" (*Lf* 497).

A nova atitude volta as costas ao Absoluto que lhe deu a liberdade, justamente porque ela se sente livre, e sente quanto há de abstrato

91. Cf. G. ALMALEH, art. cit., 442.

no discurso coerente, para o qual a liberdade é apenas compreendida, só é liberdade na compreensão. Isso significa que a liberdade é, para o discurso coerente, ao mesmo tempo realização e desaparecimento do particular no universal. A ciência absoluta compreende a revolta do particular como obstinação da particularidade. O que se segue daí? Para a nova atitude, não se segue nada, porque compreender e ser compreendido é o que menos lhe importa, antes, é o que não lhe importa absolutamente. Para o homem da nova atitude a liberdade que o Absoluto lhe deu é uma liberdade abstrata, abstraída do seu para-si. Porém, ser livre dessa maneira, para o homem da nova atitude, significa ser abandonado e vazio: "tudo tem um sentido em si, nada tem um sentido para ele" (*Lf* 491).

O homem da nova atitude quer se ocupar de si mesmo, de seu sentimento e da realização de seu sentimento. A ciência absoluta deu-se o enorme trabalho de organizar totalmente o mundo dos homens; mas agora se trata de fazer alguma coisa nesse mundo. Trata-se de criar algo antes inexistente, alguma coisa, não a si próprio e recair assim na reflexão: "Criar *alguma coisa*, sem considerar os discursos, os valores, a liberdade, todas essas abstrações, esses sucedâneos da vida. Criar, e assim ter algo que interesse ao homem, porque é coisa sua, muito mais sua do que os problemas que ele denomina seus, a linguagem, o conflito, e que só são seus pela força — quão fraca! — das pretensões 'pessoais' fora das quais eles são de todo mundo..." (*Lf* 498).

Uma das conquistas do discurso coerente é que todo problema da linguagem se soluciona no universal. Mas o universal é, assim, o comum, o que não é de ninguém, porque é de todo mundo. Para o homem da nova atitude, só sua obra é verdadeiramente, isto é, exclusiva e unicamente sua, "pois a obra depende dele, e ele não depende da obra" (*Lf* 498). O homem da obra é um criador: "Ele não é apenas único (como a personalidade o era), mas só" (*Lf* 499). Todavia, isso é o que menos lhe importa, porque não lhe importa *ser*, mas *fazer*.

A nova atitude reconhece a razão e o discurso, mas não se deixa conduzir por eles; conhece a filosofia, mas zomba dela; conhece a discussão, mas não discute. A nova atitude se satisfaz com fazer alguma coisa. Ao homem da nova atitude pouco importam as interpretações de seu empreendimento, assim como ele não se importa em interpretá-lo. O homem da obra sabe que as palavras não têm nenhum poder e, para ele, perguntar se a obra tem um sentido ou não é uma questão à qual não presta ouvidos: "Ele está além desse gênero de considerações, visto que está além de qualquer consideração" (*Lf* 498).

Esse homem, do modo como se vê, é essencialmente violento, pois se coloca fora do discurso e do diálogo, e "o termo violência nada significa para ele, já que ele não conhece alternativa" (*Lf* 499). Esse homem fala, mas seu falar não é um discurso, visto que ele não se põe a questão de seu próprio sentido ou do sentido de sua obra. Quando fala, é simplesmente para manipular os outros em vista de sua obra e em função dela. Ele só fala para ser seguido, sem jamais ser questionado[92]. A linguagem que ele emprega não é sua linguagem, "é a linguagem dos outros" (*Lf* 499).

O homem da obra, para si, é sentimento, não de si, mas de sua obra, e esse sentimento é o que se chama violência na linguagem dos homens, para quem "a verdade da existência é a vida em comum" (*Lf* 500). O homem da obra poderá chamar assim seu sentimento, se isso lhe for conveniente. Porém, o que refuta o discurso não é o que se diz, mas o que se faz. Diante do fato criador, do sentimento da obra, não há o que seja ou deva ser compreendido ou compreensível. Compreender é o que menos importa.

Tal como se vê, no discurso dos outros, o homem da obra é incompreensível. Nesse sentido, é mais claro aqui do que nas outras passagens da *Lógica*, que "a passagem de uma categoria à categoria seguinte é livre e 'incompreensível'" (*Lf* 487). Situa-se aqui a objeção de Labarrière: se a violência possui uma categoria, melhor dizendo, se ela é uma categoria do discurso, então ela é interior ao discurso; mas se a violência é irredutível ao discurso, então ela deve ser exterior a ele. É preciso, pois, compreender como e se a atitude da obra produz realmente uma categoria pura, como e se essa atitude, para si mesma, constitui uma categoria. Em outras palavras, trata-se de saber "se pode haver atitudes irredu-

92. Cf. G. Kirscher, La philosophie comme logique de la philosophie, *Cahiers Philosophiques*, 8 (1981) 47 ss.

tíveis, que *são pensadas* dentro de categorias igualmente irredutíveis, mas não *pensam* a si mesmas" (*Lf* 509). É, portanto, evidente que Weil não ignorou o problema levantado por Labarrière[93].

É um fato que o homem que não pensa pode ser pensado. Isso, porém, não responde à objeção, pois é preciso ver se ele não é pensado com categorias anteriores, ao modo de uma retomada. Se a nova atitude não puder ser apreendida, pensada por uma retomada, só então se poderá dizer que "a categoria correspondente à atitude não é desenvolvida por esta, mas existe e é indispensável à filosofia", não importando se ela for descoberta mediante uma categoria posterior, "dado que a filosofia é una e só se compreende totalmente em sua totalidade" (*Lf* 510).

A questão não é fácil de ser respondida, pois o homem da obra, o criador, o violento, não é um primitivo. Pelo contrário, ele sabe muito bem o que é o discurso coerente, a Razão real, a realidade razoável. Ele sabe que, para o discurso universal, ele é particularidade compreendida, mas sabe também que não pode ser reduzido ao discurso, porque não admite o postulado primeiro do discurso, segundo o qual deve haver compreensão. Ele rejeita a razão com conhecimento de causa, sabe que o discurso tem razão e que para o discurso ele não tem razão. No entanto, ele é, não antes, mas depois do discurso: "Caminho algum conduz da obra ao Absoluto, pois o criador da obra vem do Absoluto" (*Lf* 512).

Mas é justamente essa recusa consciente do discurso absolutamente coerente que fornece a atitude dessa categoria. A recusa consciente do discurso coerente confirma que a categoria não tem, como se podia prever, nenhuma importância para a atitude da obra. Entretanto, essa

93. Que Weil não ignorou a dificuldade, o demonstra, entre outros, a seguinte afirmação: "A atitude rejeita todas as categorias para utilizá-las todas; será que uma atitude assim pode conduzir a uma categoria, dado que ela recusa o discurso, a compreensão, o universal, que ela se estabelece no *fazer*, não no *pensar*, que ela se baseia na unicidade e exclui toda comunidade, toda comunhão, exceto no plano técnico, que não é o seu, que, por conseguinte, o entendimento e o diálogo (tanto quanto seus contrários) são descartados, e que só restam entre o criador e os homens a violência e a astúcia, que é apenas uma violência unilateral, por ser sentida como tal somente por aquele que a exerce? [...] o discurso é rejeitado, e a atitude não é apenas afilosófica, mas antifilosófica, cientemente antifilosófica. Será que ela pode ter uma importância filosófica para a filosofia? (*Lf* 508 s.).

recusa confirma também que a atitude possui certa linguagem, paupérrima é verdade, que só contém a afirmação de que *o que importa é a obra e nada mais*. Mas esta única proposição é suficiente para recusar todo pensamento. A afirmação de que só a obra é importante é suficiente para recusar o universal "e para substituí-lo pela obra, que se torna, assim, categoria pela qual todas as coisas recebem sua função nos julgamentos do homem da atitude" (*Lf* 513). Em outras palavras, a atitude da obra, mesmo não querendo se compreender nem compreender, "produz a sua categoria porque *proclama* sua recusa" (*Lf* 515).

Aparece aqui uma das diferenças fundamentais entre Hegel e Weil, e se entende por que seu pós-hegelianismo é kantiano. O problema está nos *pressupostos do discurso filosófico*[94]. Uma vez que a violência é introduzida no discurso categorial, o discurso absolutamente coerente do Absoluto poderia dizer que ela teria sido pensada nele e, assim, domesticada pela compreensão. Em outras palavras, ela não seria mais o outro irredutível do discurso, mas o que ainda não foi transformado pelo discurso, o *ainda-não-tornado-razão*.

Na tradição filosófica ocidental, há uma linha que vai de Sócrates, com a sua doutrina do erro como ignorância, a Hegel, compreendendo a violência como originária da divergência de opiniões entre os homens e, consequentemente, como a fonte de sua infelicidade. Nessa linha, a filosofia busca a resposta à infelicidade dos homens na constituição de um discurso coerente e universal que, reconciliando todos os homens entre si, produziria automaticamente sua felicidade universal. O pressuposto básico dessa tradição se manifesta na definição do homem como *animal racional*. Hegel é o zênite dessa tradição: o homem é razão porque só a Razão é; só o razoável é real porque só é real o que é razoável. Nessa linha o erro, o mal, a violência não seriam razoáveis, e o seu *ser-aí*, o seu *Dasein*, seria apenas uma *schlechte Wirklichkeit*, um *Nichtiges* sem consistência ou que tem a consistência do que é votado a desaparecer[95].

---

94. Cf. sobre isso J.-F. ROBINET, Weil et le nihilisme, in *Sept études sur Éric Weil*, Lille, 1982, 200 ss.

95. Cf. M. CONCHE, Hegel et le problème du mal, in *Hegel. L'esprit objectif, l'unité de l'histoire*, Lille, 1980, 87-90.

Essa linha não é sem interrupção, nem sem contestação. O próprio Sócrates, para falar apenas do que trouxe a filosofia do céu sobre a terra, conforme a expressão de Cícero nas *Tusculanas*[96], no final do *Primeiro Alcibíades* já manifestava alguma dúvida sobre o poder da razão humana, pelo menos no que se refere ao governo da cidade[97]. Weil, após a consumação dessa tradição filosófica em Hegel, se apresenta como o herdeiro da dúvida de Sócrates, e não só no que se refere ao governo da cidade.

Porém, Weil é herdeiro da dúvida de Sócrates porque, ao mesmo tempo, herdou uma das maiores conquistas da filosofia de Kant, a saber, a consciência de que o *homem* nasce *indivíduo* e nunca deixa de sê-lo. O homem *não é essencialmente razão*, mas *apenas razoável*, ele não é somente razão, mas também, e irredutivelmente, animalidade, paixão. Em duas palavras, o homem é *finito* e *razoável* ou, em uma palavra, *livre*.

Não é de estranhar, como se verá, que a concepção da violência na filosofia de Weil se aproxime da doutrina kantiana do mal radical. Violência e razão são *possibilidades humanas radicais*, isto é, enraizadas na liberdade do homem, que é o fundo da sua vida. E mais, a violência é a possibilidade que é realizada por primeiro no terreno onde nasce *também*, mas *depois*, a razão. A violência vem sempre *antes*, no sentido de que o homem, enquanto ser natural, nasce sempre violento, e pode sempre voltar à violência da qual saiu pela escolha da razão. Mas a violência pura, a recusa da razão com conhecimento de causa, a escolha consciente e voluntária da violência, só pode vir *depois* da razão plenamente desenvolvida. A violência escolhida depois da razão é a violência pura porque, conhecendo a razão, ela a recusa.

A escolha de uma das possibilidades radicais *refuta* a outra *de fato*, não a refuta como possibilidade. Mesmo que muitas violências na história tenham sido *a posteriori* recuperadas como *providenciais*, como instrumentos da razão, nem por isso deixaram de ser violência. O mais grave em tudo isso é que nada garante que todas as violências na história e da história possam ser compreendidas como progresso subterrâneo e astuto da razão absoluta. Com efeito, só depois da razão plenamente

96. Cf. Cícero, *Tusculanas*, V, 4, 10.
97. Cf. Platão. *Primeiro Alcibíades*, 133 c-135 b.

desenvolvida se vê com maior clareza a irrecuperabilidade de certas violências históricas para o progresso da razão.

Nada, senão a escolha da razão, pode pôr os homens ao abrigo da violência; mas nada, nem mesmo a escolha da razão, pode negar que a outra possibilidade do homem é a violência, possibilidade sempre pronta a se tornar realidade pela escolha livre dos homens. Em nosso tempo, mais do que nunca, a razão foi realizada, mas esse mesmo tempo de racionalidade realizada e dominante conheceu a possibilidade radical de não poder recuperar a violência pela razão. Os genocídios que o nosso tempo produziu e continua produzindo com técnicas sempre mais refinadas, racionais, eficientes, são demonstrações mais do que convincentes para quem quiser se convencer de que a violência não é um *momento* da razão absoluta.

A razão e a filosofia não constituem a única possibilidade do homem. É certo que o homem busca sempre e em tudo o contentamento, mas não a busca necessariamente pela razão. O antigo postulado socrático do erro como consequência da ignorância está na origem de uma concepção redutiva do homem[98]. O homem não é razão, ele é apenas — mas aí está toda a sua dignidade — razoável e sempre finito. Entretanto, isso não é uma condenação: é a condição do seu ser de homem. A filosofia não é o pensamento de Deus antes da criação do mundo, ela é uma atividade, uma escolha do homem finito e razoável; escolha que pode se tornar uma segunda natureza no homem, mas que permanece sempre ato de liberdade. O homem não é filósofo, ele pode querer sê-lo.

A *Lógica da filosofia* confina com o paradoxo, justamente porque compreende o que o sistema de Hegel não compreendeu porque não podia compreender, isto é, a possibilidade de ser recusado com conhecimento de causa. Para a *Lógica da filosofia* a razão não é necessária e o homem não busca sempre e necessariamente o contentamento na e

98. Justamente no *Primeiro Alcibíades* de Platão encontra-se uma das expressões mais genuínas da doutrina socrática do erro como ignorância, mais precisamente a ignorância fundamental, que consiste em crer que se sabe o que se ignora. Esta doutrina está profundamente ligada, no ensinamento socrático, ao preceito de Delfos, que ordena o conhecimento de si, ou seja, da sua *alma*, pois o homem, em sentido próprio, é a alma e, mais precisamente, a parte da alma que nos coloca diante de Deus: a razão.

pela razão. O homem escolhe livremente a razão, portanto, sem razão: "A escolha da razão não é uma escolha não razoável (pois o razoável e o não razoável se opõem no interior dos limites da razão), mas uma escolha a-razoável ou, num sentido distinto do temporal, pré-razoável" (*Lf* 32).

Para dizer de maneira aparentemente paradoxal, a *Lógica da filosofia* compreende a incompreensibilidade da violência para o sistema de Hegel e, assim, o supera, isto é, se constitui como sistema da liberdade que compreende tudo e a si mesmo, compreende o outro da compreensão nos termos em que realmente é, ou seja, irredutível à compreensão, outro da compreensão, mas sempre possibilidade do homem, pois compreensão e violência estão sempre diante do homem: elas não são nunca com-possíveis, mas uma ou outra é sempre possível.

Para *compreender a incompreensibilidade* da violência, a *Lógica da filosofia* apreende a categoria produzida pela atitude da violência pura, emprestando-lhe a linguagem que ela se recusa a produzir. É, portanto, por um artifício de prosopopeia que o lógico da filosofia elabora o *discurso da violência*[99], sem, contudo, perder a consciência metódica de seu artifício.

Ao elaborar o discurso da violência, o lógico da filosofia não renuncia à coerência de seu discurso categorial, isto é, não se contradiz porque a violência, mesmo quando se recusa a elaborar sua linguagem rudimentar, mesmo quando se nega a produzir qualquer discurso coerente, "se proclama na obra" (*Lf* 515) e, assim, produz sua categoria. Por essa razão a violência presente permite que o lógico da filosofia reconstrua "a pré-história da atitude por meio de sua categoria" (*Lf* 521, nota 1), e também elabore o discurso coerente sobre o todo da realidade, discurso que não exclui nada, nem mesmo a exclusão, porque o lógico da filosofia já superou a atitude e a categoria da violência, já dispõe das categorias logicamente posteriores à violência e até mesmo da última categoria do discurso, a categoria constitutiva da filosofia.

A obra, categoria da violência pura, rompe *de fato* com a coerência do discurso, por situar-se fora das pretensões totalizantes do discur-

99. Cf. G. Kirscher, art. cit., 50.

so absolutamente coerente do Absoluto. Ela não rompe a coerência do discurso do lógico da filosofia porque não possui nenhum discurso. Efetivamente, ela pode ser chamada de antidiscurso, antifilosofia, mas somente se interpretada com a ajuda de alguma retomada. É o lógico da filosofia que, por um artifício de linguagem, elabora o discurso da violência, o *discurso coerente da incoerência*. A categoria da violência não rompe a coerência do discurso do lógico da filosofia porque, em última análise, ele dispõe da categoria Sentido para a qual a recusa absoluta do Absoluto não é desprovida de sentido.

"O homem pode recusar a obra sem aceitar o discurso: ele se mantém, então, no ambiente da linguagem, mas como *ser finito* para o qual não existe nem obra sem discurso coerente" (*Lf* 521).

Este é o enunciado da categoria que sucede logicamente a categoria da obra na *Lógica da filosofia*. Trata-se da categoria do Finito, que pode ser chamada também de categoria da revolta, junto com a obra[100], ou ainda, junto com a categoria Não sentido[101], a categoria da separação, da aporia e das contradições vividas[102].

Na sucessão categorial da *Lógica da filosofia*, que pretende ser discurso dos discursos filosóficos, é bastante claro que a nova atitude-categoria traduz a realidade e o discurso dos existencialismos, para dizer de modo genérico. O próprio Weil confirma isso, em uma nota final à exposição da categoria: "O que as análises deste capítulo devem aos trabalhos de Martin Heidegger e Jaspers é visível demais para que nos sintamos obrigados a insistir longamente nessa dívida. Talvez seja mais importante notar que não tivemos em absoluto a intenção de reduzir o pensamento desses autores à 'sua mais simples expressão': ao contrário, tanto a filosofia de um como a do outro são complexas demais para que possam ser esgotadas por uma simples categoria isolada [...]. Se elas alcançaram a categoria pura, se elas a superaram, ou se somente a apresentam por meio de certas retomadas (o *ideal* ontológico de um, o de

100. Cf. G. Kirscher, Absolu et sens dans la *Logique de la philosophie*, *Archives de Philosophie*, 33 (1970) 378.
101. Cf. *Lf* 139-146.
102. Cf. J. Havet, art. cit., 301.

uma ciência completa, porém impossível, do outro), essa é uma questão que pertence ao âmbito da crítica filosófica e não deve nos deter aqui" (*Lf* 553, nota 5).

Na medida em que é uma das categorias puras do discurso, o Finito é fundamental para a compreensão da *Lógica* de Weil[103]. Todavia, o discurso dessa categoria, visto que não é a última da *Lógica da filosofia*, se mostra insuficiente. Isso, evidentemente, não quer dizer que ele não seja verdadeiro no que afirma do homem. Ao contrário, ao se referir ao discurso existencialista na Introdução da *Lógica*, Weil afirma que "sem ele é impossível ver a negatividade e a violência como uma das duas possibilidades últimas do homem que fala e como o fundamento de toda atitude do homem" (*Lf* 95).

Weil reconhece ao discurso existencialista não apenas uma legitimidade *de fato*, mas o afirma como uma das categorias puras do discurso filosófico total, principalmente porque o existencialismo traduz em superação do Absoluto o que o discurso do Absoluto conquistou definitivamente para a filosofia, isto é, a consciência da liberdade objetiva do homem. No discurso existencialista, o homem é afirmado como liberdade absoluta, que pode sempre dizer *não* a qualquer condição, até mesmo à condição das condições, pela negação da própria vida. Porém, e aqui se manifesta a insuficiência desse discurso, "sou livre para dizer *não*, nem sempre sou livre para *fazer*; sou livre para morrer, nem sempre sou livre para viver; sou livre para escolher dentro de uma situação, raramente sou livre para escolher a situação" (*Lf* 95 s.)[104].

Não vou expor aqui o desenvolvimento sistemático da categoria Finito. Mesmo reconhecendo sua importância para a compreensão global da *Lógica da filosofia*, com vistas a responder às objeções que lhe foram

103. Sobre o sentido e o lugar da categoria Finito na *Lógica da filosofia*, cf. G ALMALEH, art. cit., 460 ss.; G. KIRSCHER, art. cit., 385 ss.; J. HAVET, art. cit., 293 ss.; J. QUILLIEN, Discours et langage ou la *Logique de la philosophie*, *Archives de Philosophie*, 33 (1970) 421 ss.; W. KLUBACK, art. cit., 259 ss.; L. SICHIROLLO, Éric Weil: la vita e la sua opera oggi, in É. WEIL, *Masse e individui storici*, Milão, 1980, 40 s.

104. Sobre o existencialismo, ver toda a seção intitulada *Insuficiência e legitimidade da resposta existencialista: a violência no discurso*, na terceira parte da Introdução da *Lógica da filosofia* (*Lf* 94-98).

apresentadas, e em função de minha hipótese de interpretação da obra de Weil, é suficiente a exposição que fiz da categoria da obra.

Porém, note-se que, à diferença da obra, o Finito não precisa que se lhe empreste um discurso (nem mesmo quando recorre à autoridade dos poetas!), visto que a atitude dessa categoria "quer estabelecer a incoerência de modo coerente" (*Lf* 538). Com efeito, a diferença fundamental entre o Finito e A obra "consiste no fato de que aquela afirma o papel essencial do discurso, ao passo que esta rejeita o discurso" (*Lf* 544). O que é preciso não perder de vista é o seguinte: "A obra mostra, a finitude demonstra que o homem não é essencialmente saber (e nisso as duas categorias, sendo filosóficas apesar de seu conteúdo, se separam de toda a tradição da filosofia ocidental) e que a satisfação pelo discurso é apenas uma possibilidade que o homem pode recusar" (*Lf* 557).

4. O problema do sentido é o sentido do problema

A tarefa de devolver a palavra a Éric Weil, depois de ter apresentado as objeções contra seu discurso, não foi infrutífera até o momento. Com efeito, a primeira aporia que Ricoeur encontrou no discurso weiliano se mostrou mais um *problema* que uma aporia, visto que a categoria do Absoluto é, inegavelmente, o momento hegeliano da *Lógica da filosofia*, embora a interpretação weiliana desse momento constitua um problema para quem se deteve no momento hegeliano da filosofia.

Assim também a primeira ruptura detectada por Labarrière no discurso de Weil não se mostrou tão irreparável quanto prometia a objeção. Com efeito, a violência pura, tornada pura pelo discurso absolutamente coerente, ao se revelar como limite exterior irredutível ao discurso também que o fundamento último do discurso reside em um aquém do discurso, no querer injustificável, na vontade de coerência, que é decisão pelo sentido, visto que "o sentido, qualquer sentido, tem a sua origem no que não é sentido e não tem sentido" (*Lf* 93).

O discurso de Weil, respondendo às objeções que lhe apresentaram, confirma minha hipótese que vê em seu kantismo pós-hegeliano a chave de compreensão do sentido e da intenção de toda a sua obra. Até agora parece bastante claro que Weil retém de Kant o seu caráter problemático e de Hegel a ideia filosófica do sistema. Para Weil, a filosofia é ato de um sujeito que, na condição, se decidiu livremente pela compreensão de tudo e de sua própria compreensão. Ora, a compreensão de tudo e de si mesmo como atividade livre na condição é busca de sentido, é intenção de sentido. A filosofia é sistema da liberdade e, se for ciência, será ciência do sentido.

A presente investigação alcança aqui um de seus momentos mais difíceis: chega-se aqui o fim — nos dois sentidos do termo — do discurso weiliano na *Lógica da filosofia*, e sobre as três últimas categorias dessa *Lógica* ainda pesa a suspeita de incoerência ou ao menos de recorrência na coerência. Resta, portanto, levar a cabo o paciente trabalho de seguir o discurso de Weil, a fim de verificar sua coerência e, eventualmente, mostrar a adequação da interpretação que aposta na aposta de Weil.

4.1. A última categoria do discurso

A obra e o Finito são categorias da revolta contra o discurso absolutamente coerente, revolta que não deixa ao homem, na atitude do Absoluto, nenhuma possibilidade de recuperação, pois a revolta contra o Absoluto se dá "por recusa, e não por ignorância, na vida, e não na doutrina" (*Lf* 555). Se o homem esperasse do discurso a satisfação, chegaria necessariamente ao Absoluto, mas se ele renuncia a essa satisfação, então "a ciência absoluta, mesmo tendo razão, só tem razão contra o homem que já não busca a satisfação no discurso e contra aquele que não a busca de forma alguma" (*Lf* 556). Contudo, pode-se perguntar se não há outra coisa além da satisfação no discurso e pelo discurso, e além da recusa consciente dessa satisfação. Em outras palavras, existe a possibilidade de uma busca da satisfação que não seja teórica?

Depois da revolta contra o discurso absolutamente coerente, fica claro que "a satisfação pelo discurso é apenas uma possibilidade que o homem pode recusar" (*Lf* 557). Entretanto, se não se abandona ao desespero da violência ativa, nem à violência passiva do desespero, se se aceita levar a sério a revolta contra o absoluto, sem abrir mão da ideia de um discurso coerente, então apresenta-se um novo problema, o da exigência de união do discurso e da revolta, da razão e da vida, pois esse é o paradoxo que se encontra *depois* da revolta: "À razão separada da vida se opõe a vida que recusa a razão" (*Lf* 559).

O homem que passou pelo discurso absolutamente coerente e pela revolta contra ele quer uma vida coerente e uma razão que possa guiar a vida. Ora, essa exigência corresponde a uma nova atitude, que não pode ser satisfeita nem pelo Absoluto, nem pela revolta contra ele. Pode-se, portanto, esperar que a nova atitude "procure unir o *discurso coerente* com a *condição* em uma *obra* satisfatória para o *ser finito*, no risco de sua finitude" (*Lf* 560).

Pode-se esperar que a nova atitude queira se opor à violência no plano da violência, e que ela, sabendo que é categoria, queira ser atitude: "O problema para ela é desenvolver um discurso que seja coerente sem se fechar, e que prometa tornar coerente a realidade, definida pela *condição* no que tange à situação, pela *revolta* no que concerne ao indivíduo" (*Lf* 560). Para o lógico da filosofia, essa exigência constitui o novo fato categorial da ação razoável, que é discurso coerente, capaz de unir em uma síntese prática o discurso, a obra e o finito. Em outras palavras: "Discurso agente do ser finito e pensante que se realiza a si mesmo ao realizar uma obra universal"[105].

A ação quer a satisfação do homem revoltado, isto é, "a realização de um mundo tal que, nele, a revolta não apenas seja não razoável — ela o é desde que o discurso se tornou coerente no *Absoluto* —, mas se torne impossível, humanamente impossível, ou, o que é equivalente, que a revolta, que é o ser do indivíduo, faça parte integrante da realidade na qual o indivíduo vive, ou ainda, que a coerência deixe de ser o *outro* do indivíduo" (*Lf* 560 s.). Para ser mais exato, é preciso dizer que a ação não quer nada; é o homem que quer, na realidade de todos os dias, na sociedade do trabalho e da luta com a natureza, "que a realidade esteja a seu serviço" (*Lf* 562).

Como é evidente, aqui está o problema de sempre do homem: o da luta com a natureza e da busca do contentamento. Porém, o problema de sempre se apresenta aqui em sua *versão moderna*, pois o problema da ação não consiste em abandonar os discursos dos homens que, tendo

105. Cf. G. Kirscher, art. cit., 388.

dominado parcialmente a natureza, se encontraram parcialmente satisfeitos. Em outras palavras, não se trata de renunciar ao que os outros criaram, mas "de perfazer o que eles empreenderam e não souberam, não puderam levar a bom termo, ao seu fim natural no contentamento de todos" (*Lf* 564).

A primeira constatação do homem da ação é que ele vive no mundo da *condição*[106], mundo no qual o contentamento pôde se exprimir na construção de uma ou mais coerências, até mesmo *da* coerência; mundo no qual o descontentamento também pôde se exprimir na revolta, assim como na resignação; mas mundo interpretado e reinterpretado sempre de novo. Diante dessa constatação, o homem da ação "quer pensar o mundo com relação ao homem, esclarecido pelo pensamento coerente do contentamento num mundo coerente tal como esse pensamento fora elaborado pelo Absoluto, guiado pelo protesto do sentimento tal como esse protesto se havia expressado na aspiração da obra e na resignação da finitude" (*Lf* 565).

O mundo da condição, no que diz respeito ao homem, se mostra a ele como *organização*. O homem *tem* lugar, melhor dizendo, é um lugar na sociedade que, por sua vez, é o campo fechado da luta entre os homens para a satisfação e para o contentamento: "a sociedade se interpôs entre os homens e a natureza, mas para cada homem ela é uma segunda natureza, um exterior contra o qual e no qual ele deve lutar para ser homem, e que o impede de vir a sê-lo, uma pseudonatureza tão hostil e ameaçadora quanto a própria natureza" (*Lf* 566). O homem da ação, porém, não se revolta contra esse estado de coisas, mas tampouco se conforma com esse mundo tal como ele é. Para o homem da ação, trata-se de fazer que o homem, "tendo vencido a natureza, vença a natureza da sociedade" (ibid.).

Como é evidente, a categoria da ação só pode aparecer no momento em que o domínio do homem sobre a natureza alcançou um ponto em que ele não tem mais de trabalhar apenas para satisfazer suas

106. Ver todo o cap. IX da *Lógica da filosofia* (*Lf* 287-327). A Condição é, para Weil, a atitude característica da modernidade (cf. *Lf* 318), ou ainda, ela é "a consciência média de nosso tempo" (*Lf* 327), "a atitude mais difundida e, nesse sentido, a mais natural" (*Lf* 558) ao homem da moderna sociedade industrial.

necessidades, mas pode também se dar à satisfação dos seus desejos, isto é, das necessidades que ele próprio se criou; um momento em que o homem é na realidade histórica o que ele é em si, "momento no qual ele se compreende como liberdade no contentamento" (*Lf* 567). O aparecimento da categoria da ação marca o início de uma revolução que será universal[107]. Mas, para que seja realmente universal, "deve ser pensada universalmente e deve ser empreendida universalmente" (*Lf* 567).

Com vistas à revolução universal que humanizará o mundo e submeterá a sociedade a serviço do homem, impõe-se uma perfeita simbiose entre pensamento e trabalho: "A ação não pode ser instaurada senão pelo homem que pensa, só pode ser exercida pela massa dos homens insatisfeitos e sem pensamento" (*Lf* 568). Reapresenta-se aqui a problemática pós-hegeliana da *realização da filosofia*, a problemática da apropriação ativa da verdade do discurso absoluto por todos os homens. E, com vistas a isso, é preciso que a filosofia se decida a se realizar, "fazendo aparecer ao mundo e no mundo o que é a verdade desse mundo desde que o homem se emancipou da natureza exterior" (*Lf* 569).

O homem da ação é, pois, ao mesmo tempo, o pensador da ação. Ele reconciliou, finalmente, a contradição que o Absoluto deixou subsistir, contradição "entre o herói que termina a história impelindo-a para a razão objetiva e total e o pensador no qual o mundo assim construído se compreende" (*Lf* 569). A vida na ação é a vida reconciliada na qual coincidem o contentamento do filósofo e o do homem *reconhecido*

107. Weil afirma que a revolução universal é "a revolução empreendida por e para os homens razoáveis contra a dominação dos homens destituídos de razão" (*Lf* 567). Em nota a este texto, ele explica que o termo revolução não indica aqui exclusivamente a revolução "popular", mas designa a apropriação da "realidade" pela "teoria". Nesse sentido, o termo indica tanto a "revolução platônica" dos filósofos-reis, como a dos "funcionários" da Filosofia do direito hegeliana, como, enfim, a revolução de Marx, na qual o proletariado realiza a razão pela violência em vista de uma vida plenamente desenvolvida (cf. *Lf* 567, nota 2). Como é evidente, a Ação não parece se referir exclusivamente ao pensamento de Marx, como quer, por exemplo, J. QUILLIEN, Discours et langage ou la Logique de la philosophie, *Archives de Philosophie*, 33 (1970) 401-437. A tese de Quillien foi assumida por A. TOSEL, Action raisonnable et science sociale dans la Logique de la philosophie, *Annali della Scuola Normale Superiore di Pisa* (serie III), 11(1981) 1157-1186; e por R. MORRESI, Marx e marxismo in Éric Weil, *Annali della Scuola Normale Superiore di Pisa* (serie III), 11(1981) 1243-1254.

em seu lugar no mundo; é a vida livre no contentamento, contente na liberdade. Nela se reconciliam os dois *interesses* fundamentais do homem. No homem da ação, "a ação, iniciada desde o nascimento do homem, se pensa, e se pensa como ação" (*Lf* 570). A vida na ação certamente ainda não é plena, mas é preciso agir razoavelmente enquanto ela não é e porque ela não é.

O homem da categoria da ação se apresenta no plano da história como o herdeiro da filosofia, que deixa de ser simples compreensão do mundo. Ele passa do pensamento à ação, pois se trata de transformar o mundo. Dado, porém, que ele é o herdeiro do discurso coerente e que passou pela revolta, "ele não se opõe ao saber absoluto, mas à atitude do homem que se satisfaz nesse saber: ele não é o adversário da filosofia (...) mas o dos filósofos. Ele passa, portanto, à ação, mas como herdeiro da filosofia: sua ação é científica" (*Lf* 571).

Herdeira do discurso coerente[108], a categoria Ação "é a última à qual o homem chegou" (*Lf* 578). Isto não significa que não existam retomadas dessa categoria sob alguma outra. Em certo sentido, a categoria já é pensada desde Platão, a ponto de se poder dizer que a ação é "a categoria mais velha da filosofia, o fundamento de toda grande filosofia, assim como de todo grande pensamento político" (*Lf* 579). Mas, no caso de Platão, se trata de uma *retomada* que não reconcilia verdadeiramente a filosofia e a política, o pensamento e a ação, o discurso e a situação, a liberdade e o contentamento[109].

Na ação, o homem encontra a unidade da vida e do discurso, mas não a unidade apenas no discurso, porque o homem não é essencialmente razão; não a unidade unicamente no sentimento da vida, porque o homem não é pura finitude lançada no mundo, mas a unidade de pensamento e ação. A ação é "a última categoria do discurso" (*Lf* 583),

108. Efetivamente, Weil afirma que a filosofia teórica da categoria da Ação é a do Absoluto, e que o que as distingue não é tanto uma diferença teórica, mas a diferença entre a teoria e a sua realização. Cf. *Lf* 575.

109. A unidade de filosofia e política só é alcançada na Ação, isto é, depois que a unidade do discurso foi estabelecida pelo Absoluto, e depois que, ao menos em princípio, todos os homens entraram em uma única sociedade humana. Weil diz que "a reconciliação da revolta e do discurso não pode ser empreendida antes que ambas tenham atingido sua forma extrema" (*Lf* 579).

porque nela o discurso se realiza e o homem compreende que pode passar razoavelmente à ação. Ela é também "a última das categorias concretas, porque ela não abre uma via para o contentamento *no* discurso, mas apenas *pelo* discurso, porque o homem aí não admite a violência como realidade última, mas como o meio de realização da razão" (*Lf* 601).

Com a ação razoável, no ambiente da violência e contra a violência, a política se pensa e a filosofia se realiza. A partir da ação, não se trata mais, para a filosofia, de justificar uma realidade, trata-se de torná-la justa. A filosofia realmente se conclui na ação porque não há para o homem um fim mais elevado do que a ação razoável, não existe "fim mais elevado que sua liberdade na realidade da sua vida" (*Lf* 583). Na ação, o homem se realiza como liberdade existente, ele se torna livre no contentamento, contente na liberdade.

4.2. A categoria constitutiva da filosofia

Chega-se assim a uma das passagens mais difíceis, certamente a mais árdua da *Lógica da filosofia*[110]. Não surpreende que Ricoeur tenha individuado aqui uma das pretensas aporias do discurso weiliano, e não é de admirar que Labarrière tenha indicado na sequência da categoria Ação a segunda ruptura irreparável do discurso de Weil. Trata-se agora de compreender como a *Lógica* passa da Ação ao Sentido, uma vez que as aporias e rupturas do discurso de Weil parecem impedir essa passagem.

Efetivamente, se se trata de realizar o homem como liberdade existente, não resta senão agir, o que significa que "não existe atitude para além da ação" (*Lf* 590). Em outras palavras, *a ação é insuperável*. Mas, se isto é verdade, por que o filósofo continua o seu discurso categorial

---

110. H. Bouillard, art. cit., 588, afirma que a passagem da categoria Ação ao Sentido e à Sabedoria, assim como a significação dessas duas últimas categorias, "oferecem à primeira vista uma grande resistência à compreensão do leitor". J. Quillien, De la sagesse comme fin de la *Logique de la philosophie*, *Annali della Scuola Normale Superiore di Pisa* (serie III), 11 (1981) 1229, afirma que esta passagem "é o que há de mais árduo na *Lógica da filosofia*".

depois que a ação marcou o fim do discurso?[111] Por que ele não põe um ponto final em seu discurso e não se compromete efetivamente na ação? Por que não deixa de fazer filosofia e não passa a fazer política?

A *Lógica da filosofia* não termina com a categoria Ação. Mais ainda, ela sustenta que a categoria que se segue à Ação é a categoria da filosofia, a transcendência no mundo, a fonte e a consumação do discurso, ou ainda, "a consciência filosófica da filosofia" (*Lf* 591)[112]. Como compreender essa transgressão, ao menos aparente, da coerência, depois de ter afirmado que a atitude da ação não pode ser superada, depois de ter verificado que a filosofia se consuma na ação?

Weil não ignorou a dificuldade, ao contrário, afirma explicitamente que "é essencial que esse fim da filosofia na ação seja levado a sério e lembrado com essa seriedade" (*Lf* 584). Isto significa que a transgressão da coerência deverá se mostrar coerente a partir da própria categoria Ação.

Em primeiro lugar, deve-se ter sempre presente que a Ação é uma categoria que quer ser atitude. O homem da ação pensa sua ação porque age razoavelmente, isto é, age para chegar ao contentamento de si e de todos. Existe, portanto, um futuro para a ação presente na ação, que é o futuro-do-presente da ação. A ação razoável não se esgota em si mesma, mas visa a um futuro que seja plenitude de sentimento, que seja "presença sem futuro" (*Lf* 584). Para dizer com uma expressão cara a Weil, a ação visa à presença, ao "contentamento na liberdade" (*Lf* 591).

Essa *intenção de futuro* na ação, exigência de futuro na presença, é exigência de um além da ação que não a supera como atitude, visto que não há atitude além da ação, e, como categoria, só pode ser formal, vazia de qualquer conteúdo. Esse além da ação não constitui um sonho idílico de contemplação separada da vida, porque "o pensamento (o discurso), na *ação*, apreendeu o universal como realizável, e assim ele concebeu o além concreto de toda atitude" (*Lf* 590). Em outras palavras: a presença é uma verdadeira possibilidade para o homem.

---

111. Cf. G. Almaleh, art. cit., 463 s.

112. A expressão "consciência filosófica da filosofia" é aplicada por G. Almaleh, art. cit., 443, à *Lógica da filosofia*.

Desse modo, a exigência de um além da ação é a exigência de algo que não a supera porque a ação nunca está definitivamente concluída, visto que a negatividade permanece, a ação tem um fim e existe um futuro para ela. O além *da* ação é uma exigência da ação, mesmo que não seja uma exigência *de* ação. Se existe uma categoria além da ação, esta será a categoria da filosofia, "uma categoria que não serve para compreender tudo, mas que funda a filosofia para ela própria, uma categoria sem atitude, categoria vazia que sempre se preenche, categoria essencialmente por vir na qualidade de não atitude, e que *é* a categoria da presença" (*Lf* 591). Exigência *da* ação, ela não é uma exigência *de* ação, pois filosofar não é, rigorosamente falando, uma atitude, mas uma possibilidade em toda atitude. A categoria sem atitude não superará a ação porque será sempre sua fonte e sua consumação: "Ela não transcenderá o mundo, mas será a transcendência no mundo" (ibid.), e será a fonte na qual o discurso se apreenderá.

Levar a sério o fim da filosofia na ação é afirmar que o homem não teria outra escolha senão realizar a filosofia, isto é, viver na atitude-categoria da ação. Correndo o risco da redundância, é preciso dizer que, *razoavelmente, o homem não tem outra escolha senão agir razoavelmente*. Todavia, a própria ação afirma e supõe que nem todos os homens agem razoavelmente, que muitos homens, talvez a maioria deles, vivem em atitudes superadas, o que significa que nem todos os homens são filósofos[113].

Para a filosofia que se apropriou da história como sua essência, isto é, que pensou a história e conciliou o discurso coerente com a revolta contra ele; para a filosofia que atravessou o desespero da finitude, a ação é a escolha razoável, e aqui razoável significa universal. Entretanto, a existência sem razão, a existência fora do discurso é um fato observável e de consequências tremendas para a filosofia, se ela quiser manter a

113. É importante ter presente o seguinte: "Qualquer atitude pode se pensar em sua própria categoria, qualquer categoria pode ser vivida em sua atitude, e assim como a categoria não pode ser refutada, a atitude não pode ser depreciada; para o homem que aí se mantém e se recusa a passar a uma nova categoria e a uma nova atitude, a liberdade do homem é total, no sentido de que ele pode recusar qualquer coisa, contanto que aceite as consequências reais de sua atitude num mundo que ainda é o da condição, e no qual sua atitude e os atos decorrentes dela se expõem como fatores, naturais ou pseudonaturais, a todos os outros fatores, e, por último, à morte violenta" (*Lf* 585).

coerência. Se existe uma vida sem razão, sem discurso coerente, então a filosofia é apenas uma das possibilidades do homem. Mas, na medida em que é *coerência*, a filosofia *não* se compreende como *possibilidade*.

Fica, assim, claro que na passagem da Ação ao Sentido é decisiva a compreensão que a *Lógica da filosofia* tem da filosofia, não como *necessidade*, mas como *possibilidade*, não como *onto-lógica*, mas como (*antropo*)-*lógica do discurso*, não como *discurso de Deus*, mas como *discurso do homem livre na situação*. Em outras palavras, *não é necessário* passar ao Sentido, como não é necessário passar de qualquer uma das categorias à seguinte.

Dito de outro modo, o que *decide* a passagem da Ação ao Sentido, como em todas as passagens da *Lógica da filosofia*, é a *decisão*. Existe uma categoria depois da Ação, uma categoria sem atitude, porque "a filosofia lida com outra coisa que não um discurso, mesmo coerente, com outra coisa que não a razão, mesmo em ação, outra coisa, mas algo de humano, se ela quer se compreender" (*Lf* 589).

A passagem da Ação ao Sentido não constitui uma ruptura irreparável no discurso weiliano, justamente porque ele leva a sério o fim da filosofia na ação. Essa passagem não é uma aporia, mas um problema, porque é livre, como todas as passagens de uma categoria-atitude à seguinte, mas ela é compreensível porque constitui um *fato* categorial novo, capaz de apreender a ação em seu inacabamento essencial, de compreender a ação e ao que ela visa, isto é, o contentamento na liberdade, que Weil traduz com o conceito de *presença*.

Resta, pois, um último passo a realizar, no qual se toma consciência de que não se pensaria a presença (do Sentido) se ela já não estivesse presente, mesmo que sob a forma da ausência, na vida humana. Para isso, basta "tomar consciência, reflexivamente, da presença como condição da reflexão"[114].

---

114. G. Kirscher, La *Logique de la philosophie* et la vérité, *Annali della Scuola Normale Superiore di Pisa* (serie III), 11 (1981) 1207. O autor afirma também que essa reflexão simples e decisiva é comparável à que levou Kant das duas primeiras *Críticas* à *Crítica da faculdade de julgar*: "Depois de ter concebido os conceitos transcendentais como as condições de possibilidade do real e do conhecimento do real, Kant capta o real como condição de possibilidade dessas condições de possibilidade. A razão, o

Tomar consciência, reflexivamente, da presença como condição da reflexão ou, o que é equivalente, apreender a presença no discurso como condição do discurso, é apreender o sentido como condição de possibilidade da questão do sentido. Essa exigência conduz à *linguagem* na qual o discurso se compreende como possibilidade humana e na qual se sacia a sede da presença. A linguagem revela um fato de fundamental importância. Mais vasta e mais profunda que o discurso, mais antiga que todas as produções do discurso, a linguagem é o âmbito de constituição do sentido: "A linguagem não *é*, ela se cria; ela não é a minha ou a tua, nem mesmo a nossa: eu, tu e nós, tudo isso é posterior (logicamente) à linguagem; a linguagem não é o 'durante' da realidade: a realidade e o discurso que lhe corresponde se separam somente nela. Ela é, em suma, a espontaneidade" (*Lf* 592). A linguagem é espontaneidade fundamental, criação permanente de sentido.

Na medida em que é fato último, pode-se até mesmo dizer que não *existe* linguagem, porque algo só existe para o homem quando nasce da linguagem. A linguagem é o ser mesmo do homem[115], e esse fato, que é pura espontaneidade, não é uma atitude. Esse fato é importante para a filosofia porque revela à filosofia sua própria categoria, a categoria do sentido. A linguagem, com efeito, não é categoria, visto que ela não determina nenhuma linguagem concreta, mas se determina e se torna concreta nas linguagens concretas: "a determinação formal da linguagem é o *sentido*, e é sob a categoria do sentido que a filosofia se compreende" (*Lf* 593).

Ao se compreender na categoria Sentido, a filosofia se define como *ciência do sentido*, não de um domínio limitado, pois para ela o sentido é o que dá coerência de todas as atitudes reais e porque ela própria se constitui no sentido. A filosofia se define como ciência também porque ela é o sistema no qual todo sentido concreto está presente. De fato, sustenta Éric Weil, "não existe louco para a filosofia", porque *todo* sentido concreto entra no sistema aberto da filosofia, sistema cuja forma lógica

---

absoluto, o infinito estão já presentes no real, sob as espécies da beleza. O real precede o possível". Desse modo, Kirscher oferece uma importante confirmação da minha hipótese de interpretação da obra de Weil.

115. É desnecessário chamar a atenção para a proximidade do pensamento de Weil, nesse ponto, com o início da *Fenomenologia do Espírito* de Hegel.

é apenas "o sentido formal do sentido concreto" (*Lf* 594). Ela se define como ciência, ainda, em sentido absoluto, eminente, da qual deriva para todas as ciências o direito a esse título porque, ao se criar, cria o modelo de ciência.

A filosofia é ciência do sentido, mas o filósofo não possui *o* sentido. Ele deve elaborá-lo porque a espontaneidade só se apreende nas criações em que ela se fixa. A filosofia é ciência do sentido em duas acepções: "visa ao sentido (concreto) e constituída pelo sentido (formal). É o único e mesmo homem (na unidade da linguagem) que cria os sentidos concretos e a ciência formal do sentido, que, em outras palavras, quer a presença e que fala sobre ela em função de sua ausência. O homem é filósofo porque não está na presença, mas a ausência que o impele a compreender é também o modo no qual ele obtém a presença" (*Lf* 594).

Weil exprime esse mesmo resultado de outro modo ao afirmar que "o homem é *poeta* antes de ser filósofo, e depois de tê-lo sido", compreendendo que a poesia não lida como a arte das rimas, da métrica, mas com algo "incomparavelmente mais antigo que qualquer distinção entre arte e vida" (*Lf* 594), pois a poesia designa aqui "aquela espontaneidade na qual a arte tem sua origem", é aquela *poesia fundamental*, que cria sentidos concretos e, por isso, é o que há de mais familiar e mais incompreensível no homem: "A poesia é a presença, mas a presença indistinta que se opõe, ou antes — porque ela não conhece oposição —é radicalmente distinta de qualquer presença de alguma coisa" (*Lf* 596).

É, justamente, o fenômeno da presença, na poesia fundamental, que concerne à lógica, porque "Nessa presença, o que está presente é o sentido" (*Lf* 596). Mas essa presença só se torna apreensível no discurso, no fim do discurso e como fim da ação razoável. Assim, quando a filosofia, no final de seu percurso, se volta para a poesia, se descobre como "herdeira da forma vazia do sentido" (*Lf* 597). Mas essa herança é imensa, porque ela oferece ao homem do discurso e da ação razoável a *ideia* da presença e porque, pela *forma* do sentido, a filosofia "se sabe senhora de todos os sentidos *concretos*" (*Lf* 598).

Todas as criações do homem, na espontaneidade da linguagem, todas as expressões de seus sentimentos, todos as compreensões que elaborou, desde a primeira vez que disse *não*, enfim, todos os sentidos concretos são unificados na filosofia que, como ciência do sentido, "é a história da reconquista da espontaneidade" (*Lf* 598).

A ciência do sentido, pelos conceitos fundamentais de categoria e atitude, permite ao homem que se decidiu por ela em sua situação concreta *compreender*, isto é, "*prender juntas* as contradições na unidade de um sentido, num discurso que o concilia com aquilo que é como seu outro, e que só se torna mundo no discurso" (*Lf* 599). É preciso sublinhar: *permite* ao homem que se *decidiu* pela filosofia em uma *situação* concreta, *compreender*, porque, depois que o *Absoluto* descobriu a coerência do discurso, que a *Obra* descobriu a revolta do sentimento, que a *finitude* revelou o sentido formal do mundo, e que a *Ação* conciliou os três, não no discurso, nem na revolta, nem na simples compreensão, mas na ação razoável com vistas à presença, só depois disso é que o sentido pode se descobrir em seu papel formal para a filosofia, ciência formal do sentido, porque a poesia, espontaneidade originária, é criadora de sentido concreto[116].

No momento em que a filosofia chega a seu fim e o homem se compreende, pelo discurso, como linguagem, a filosofia se compreende "como unidade, em devir, de discurso e situação": "Ela se compreende como expressão da liberdade em uma não liberdade que o homem criou livremente, e que ele criou realmente, visto que sua liberdade não é de forma alguma transcendental" (*Lf* 602). Expressão da liberdade, a filosofia pressupõe que o homem seja razoável, que ele queira compreender a situação e se compreender na situação, em um discurso que tenha um sentido e dê sentido a tudo que se revela na situação. Expressão da liberdade, a filosofia compreende na categoria Sentido que o homem não é naturalmente ou necessariamente filósofo, que ele pode sempre se deter em qualquer atitude possível, como pode sempre dar um passo a mais: "Enquanto o homem viver na necessidade, ele deverá, se for razoável, explicitar num discurso coerente o que tiver criado em seu sentimento como sentido do mundo e de sua vida" (ibid.).

116. Cf. J. Quillien, Les figures du poète dans la *Logique de la philosophie*, AEW 151-163, aqui 162.

O sentido está presente na linguagem, mais exatamente, ele é *presença* na linguagem, mas o homem só o capta por um ato livre, isto é, não necessário e só compreensível depois de realizado. Esse ato no qual e pelo qual o homem *se separa da presença* consiste na busca do sentido, reflexão sobre a ausência do sentido a partir dele.

O sentido é presença na linguagem, mas no discurso ele aparece como questão do sentido[117]. Cronologicamente anterior ao discurso, o sentido não é compreendido por nenhuma retomada anterior à consumação do discurso na ação. Logicamente constitutivo do discurso, só ele é capaz de compreender que, após a consumação do discurso na ação, "do discurso se destaca a linguagem, do sentido da vida, o sentido" (*Lf* 583). O discurso começa no momento em que o homem põe a questão do sentido; ele se conclui quando o homem toma consciência de que "*o* sentido da existência é ter *um* sentido" (*Lf* 598)[118].

5. O resultado da filosofia para o filósofo

Weil conclui o capítulo sobre o Sentido com uma "nota sobre o sentido da filosofia", que serve de transição para a categoria Sabedoria, na qual a *Lógica da filosofia* se conclui. Com vistas a enfrentar a última ruptura apontada por Labarrière no discurso weiliano, a saber, que a Sabedoria, como a violência, é a um só tempo, interior e exterior ao discurso, e para compreender a remissão ao início, que garante a circularidade do sistema e sua coerência coerente, não recorrente, importa seguir cuidadosamente os últimos movimentos do discurso de Weil.

5.1. *O sentido da filosofia*

Na "categoria que constitui a filosofia" (*Lf* 606), isto é, o Sentido, a filosofia se reconhece como a possibilidade que o homem tem de tudo compreender no discurso, compreender a ação razoável e ao que ela

117. Cf. G. Kirscher, art. cit., 1206 s.

118. Cf. J. Quillien, De la sagesse comme fin de la *Logique de la philosophie*, *Annali della Scuola Normale Superiore di Pisa* (serie III), 11 (1981) 1232.

visa como a possibilidade humana; mas compreender também o fato da existência sem razão como a outra possibilidade humana. A filosofia compreende a vida fora da razão discursiva, a recusa do discurso, como possibilidade humana, justamente porque descobre na linguagem, fonte anterior e mais profunda que o discurso, "o plano do sentido no qual tudo aparece, o discurso e seu outro, a razão e a violência, o dado e a liberdade" (*Lf* 594). A filosofia compreende a ação razoável e aquilo a que ela visa, justamente porque o contentamento na liberdade, isto é, a vida na presença, não é senão a vida sensata para todos e para cada um. A filosofia, portanto, lida realmente com outra coisa além do discurso, mesmo sensato, mesmo coerente.

A filosofia é constituída pela categoria do sentido, de modo que se pode dizer que o sentido é "a unidade viva na qual o caráter imediato do sentimento se organiza em unidade pensada, e que ela é a forma na qual, inversamente, a categoria se torna aplicável à atitude: o *esquema*, para empregar o termo kantiano" (*Lf* 606). Com efeito, o Sentido é categoria formal, sem atitude e, na ausência das outras categorias, ele não é senão "o vazio do impensável" (ibid.).

Mas é na categoria do sentido que todas as outras categorias revelam o seu ser: elas são as articulações do sentido. Assim, pode-se dizer que "todas as outras categorias são retomadas na categoria do sentido, caso se quisesse definir a retomada de modo puramente formal, e não mais apenas como a compreensão de uma atitude particular sob uma categoria anterior" (*Lf* 606)[119].

A filosofia é ciência do sentido, o sentido é a categoria constitutiva da filosofia, mas é preciso perguntar que significa para o homem concreto filosofar em uma situação concreta com um discurso concreto? A resposta que a *Lógica* pode dar a essa questão é, de certo modo, decepcionante, porque necessariamente formal: "filosofar é buscar o sentido, e o sentido da filosofia é o sentido em si" (*Lf* 606). Não se encontra

119. Weil observa que a primeira fórmula, isto é, a categoria Sentido tomada como *esquema* kantiano, destacaria o caráter formal da categoria, enquanto a segunda, a categoria sendo retomada pelas outras, mostraria por que ela não aparece senão no fim, sendo, no começo, o verdadeiro *lógos en arché* da filosofia (cf. *Lf* 606).

nenhum sentido concreto nesta fórmula vazia, mas é nesse vazio que se descobre um sentido concreto, embora negativo[120].

Se o homem quer ser razoável, se busca o sentido em sua atitude, ele pode fazer da filosofia o seu guia. Se se decidiu pela filosofia, a sua vida, que ele sabe que não é só a imediatez do sentimento, pode receber da filosofia seu sentido. Porém, a filosofia não se impõe a ninguém, e ela só pode mostrar o (seu) sentido para quem se decidiu por ela e depois dessa decisão.

É verdade que a filosofia nasce em determinado momento, em circunstâncias bem determinadas, mas "nasce então filosofia completa" (*Lf* 604)[121]. Isso quer dizer que "a filosofia é sempre a mesma pela identidade de sua intenção, e que suas produções, sejam quais foram seus lugares cronológicos, são sempre compreensíveis assim que um descendente refaz a pergunta dos ancestrais" (*Lf* 607). Assim, pode-se dizer que não há história da filosofia, mas também que a filosofia é a história do homem porque, "nas categorias sempre idênticas, ela é o devir dessas categorias para elas mesmas, na busca e no devir da liberdade, liberdade para o discurso que acaba por se saber discurso e por querer se libertar dele próprio na presença" (ibid.). Se é verdade que o homem age para não ter mais de agir, também é verdade que ele filosofa, se e quando filosofa, isto é, busca a sabedoria, para não ter mais de buscá-la[122].

120. De fato, a fórmula que define a filosofia pela categoria Sentido só pode ser uma fórmula vazia de todo sentido concreto porque "filosofar não é uma atitude, mas uma possibilidade em cada atitude" (*Lf* 607).

121. Diz Weil: "A filosofia é sempre a mesma, não porque ela persiste, mas porque ela sempre começa. Assim como a poesia é a eterna juventude da criação, ela é a eterna renovação do homem que se tornou outro para si mesmo. Ela não se aprende, ela se faz; ela não é ciência, mas razão criadora de toda ciência; ela não é histórica, mas o próprio homem que cria sua história, toda a sua história, futuro, presente e passado, que se separam e se unem nas concretizações de sua categoria, *nas* categorias que, juntas, *retomam* o sentido em uma das épocas à qual apõem sua marca" (*Lf* 608).

122. Por isso Weil sustenta: "As épocas da filosofia são as épocas de crise (*krinein* = discernir) nas quais as perguntas são tão ambíguas quanto as respostas, e é somente nas crises mais profundas, as da tradição filosófica e de todo sentido concreto da vida, que a lógica se torna necessária e, assim, compreensível" (*Lf* 608). Todas as vezes que, em nossa tradição, a humanidade se instalou em um sentido concreto como sendo *o* senti-

5.2. *A vida do homem razoável*

Já atravessei, arduamente, a difícil passagem da Ação ao Sentido, isto é, da última das categorias concretas à categoria que constitui a filosofia e que é seu verdadeiro *lógos en arché*. Como se viu, não há nenhuma ruptura do discurso, nenhuma coerência recorrente, dado que "a passagem a uma categoria a outra atitude, e desta a uma nova categoria, é sempre ato de liberdade, sem por isso ser um ato arbitrário" (*Lf* 601)[123], e dado que a própria ação postula um além dela mesma, que não é necessidade, mas contentamento na liberdade.

Agora é preciso encarar a passagem ainda mais difícil do Sentido à Sabedoria, na qual se decide a compreensão e a constituição do sistema weiliano[124]. É a *aposta de Weil* que está para ser decidida, e o filósofo é consciente disso: "Existirá então outra coisa além do *discurso coerente* e da *ação*, ambos pensados formalmente no *sentido*?" (*Lf* 610). Não se trata de uma questão de efeito, destinada a captar a atenção de um leitor extenuado pela intensíssima *captatio intelligentiae* à qual foi submetido pelo modo weiliano de proceder em filosofia.

A sabedoria se apresenta inicialmente como "o paradoxo da filosofia" (*Lf* 609), porque se desde o início foi dado à filosofia o nome de amor à sabedoria, nada parece mais suspeito do que o que indica a palavra sabedoria. Por um lado, se existe uma sabedoria, parece que ela deva se situar fora da filosofia; por outro, não se pode considerar puro extravio o que ao longo de tantos séculos foi a mola propulsora do filosofar, "impulso de um movimento que sempre conduziu à imagem do sábio, assim como à imagem (ou, ao menos, uma das imagens) do homem perfeito" (*Lf 610*). Além disso a lógica alcança pelo menos a ideia da sabedoria como a que constitui o sábio, isto é, "aquele que, em sua existência concreta, é o sentido" (ibid.)[125].

---

do, uma nova atitude veio romper essa estabilidade e lançá-la de novo na busca nunca acabada do sentido, do contentamento na liberdade; em uma palavra: da *presença*.

123. Weil diz, muito apropriadamente, que o homem que deixa um mundo concreto, deixa-o por razões, isto é: "seu ato *livre* é para ele um ato *necessário* no interesse real da liberdade. Ele poderia ter permanecido nele (...) mas tão logo ele o deixa, a primeira tarefa que ele se impõe é a de provar que não *poderia* ter permanecido nele" (*Lf* 601).

124. Cf. J. QUILLIEN, art. cit., 1233 ss.

125. Segundo Weil, não há qualquer inconveniente em reduzir a sabedoria ao sábio: "Muito pelo contrário, se a sabedoria é conclusão e fundamento, ela só pode estar além

É a filosofia, porém, que fala da sabedoria, e quem a busca não é sábio. A sabedoria só tem sentido aos olhos do filósofo e, como o sentido, ela não existe fora das categorias-atitudes não formais. A sabedoria, como o sentido, é para a filosofia, "uma categoria formal que se mostra, na qualidade de categoria, somente ao filósofo, não uma categoria filosófica, mas uma categoria constitutiva da filosofia" (*Lf* 611).

A sabedoria, como o sentido, leva a sério a ação, que é a última insuperável *atitude* do homem razoável, na qual ele realiza a unidade de discurso e situação, de vida e discurso. É justamente o fato de levar a sério a ação que permite ver a passagem à Sabedoria como última categoria da *Lógica da filosofia*[126]. O homem que busca a sabedoria, efetivamente, "não poderá — razoavelmente — renunciar à ação nem esquecê-la; ele não poderá sair do discurso" (*Lf* 613).

Aqui está a passagem que, como no caso do Sentido, *não* supera a ação: se existe sabedoria, e não se pode negar que existe pelo menos a ideia de sabedoria, ela será a atitude mais íntima possível, "porque vive no *hic et nunc* e, na qualidade de razoável, um *hic et nunc* para todo *hic et nunc*: e é por isso precisamente que ela é apreensível apenas como categoria, e como categoria da filosofia" (*Lf* 613).

A sabedoria existe em toda parte em que o sentido concreto é vivido sob qualquer atitude, em toda parte em que o homem vive seu discurso e, assim, realiza o sentido de sua vida. Ora, é exatamente essa coincidência de discurso e situação que define uma categoria formal e teórica. Formalmente falando, a sabedoria "é possível a qualquer momento, em qualquer lugar, para qualquer um, contanto que o homem realize sua vida em conformidade com seu discurso, seu discurso em conformidade com sua vida" (*Lf* 614). Mas, dado que a coincidência mais elevada de discurso e vida se dá na ação, é preciso dizer que a sabedoria mais elevada reside na ação razoável[127]. Faz-se aqui um simples retorno à ação?

---

da oposição atitude-categoria (ou situação-linguagem) que é o motor da filosofia. A sabedoria é o que faz o sábio, o homem do sentido, o homem da presença. Basta essa reflexão para mostrar que a sabedoria, como *ideia*, como possibilidade última do homem, esteve presente desde o início dessa pesquisa, assim como o sentido é ligado a ele" (*Lf* 610).

126. Cf. J. Quillien, art. cit., 1239.

127. Cf. H. Bouillard, art. cit., 597.

Com efeito, foi visto que a ação reconcilia a liberdade com a condição, o discurso com a situação e, por isso, não pode ser superada como atitude. Porém, o problema é outro e já foi compreendido na passagem da ação ao sentido. Na categoria Sentido, o homem descobre a presença como o além da ação exigido pela própria ação. Todavia, "ao compreender a categoria do sentido como categoria formal e a presença como possibilidade a ser realizada na *ação*" (*Lf* 616), o homem apreende a presença como ausência para ele. Compreende-se assim porque o sistema weiliano não termina, e não poderia terminar, na categoria Sentido. A passagem da ação ao sentido não é necessária, mas uma vez efetuada, ela permite a passagem da vida à filosofia como uma possibilidade do homem razoável, se ele quiser compreender que "*o* sentido da existência é ter *um* sentido" (*Lf* 598). Uma vez efetuada a passagem à filosofia, ela deveria igualmente permitir a passagem da filosofia à vida, coisa que o Sentido não permite sem a Sabedoria.

O sentido da filosofia, atividade humana de buscar o sentido, é o próprio sentido. Isto significa que "a filosofia não ensina um modo de viver, ela define a vida razoável, mas ela não tem a possibilidade nem a pretensão de impô-la" (*Lf* 594). Em outras palavras, "a lógica não aconselha nem desaconselha, e muito menos prescreve ou proíbe isto ou aquilo na vida dos homens" (*Lf* 607). A passagem à filosofia é livre, e a filosofia só tem sentido para quem se decidiu por ela, isto é, para o filósofo. Mas, para quem se decidiu por ela, ela é tudo, pois só nela sua vida recebe um sentido.

Ora, na atitude-categoria da sabedoria coincidem o formal e o concreto, "na qualidade de pensados, um e outro, e coincidem para o homem que se sabe homem em sua situação histórica" (*Lf* 615). A ação é a mais elevada sabedoria quando, e somente quando, "não apenas o homem aí vive conforme seu discurso, como também e, sobretudo, ele levou o discurso ao ponto no qual ele se torna vida concreta e une o homem razoável e sua situação" (*Lf* 617).

Na sabedoria, o formal do sentido se torna concreto no homem que o pensa e para o homem que o pensa. Assim, "a sabedoria é o resultado da filosofia para o filósofo" (*Lf* 617). O sábio não é o homem que se sacrifica ao universal, mas que vive "no sentido pensado" (*Lf* 615). O sábio é o homem que pensa a realidade em sua universalidade, na qual "a presença não está por vir, embora ela esteja sempre por realizar, mas está presente no fundo de sua realização — onde o sentimento já não é o outro do discurso, mas onde o discurso na totalidade de suas categorias é a *explicitação* razoável do sentimento, onde ele é o sentimento na multiplicidade razoável de suas atitudes, a existência concreta e a presença do discurso total —, onde o homem vive na *Verdade* na qual tudo se revela" (*Lf* 617).

A sabedoria é, portanto, retorno à Verdade, isto é, ao início da *Lógica da filosofia*. Em outras palavras, a filosofia como lógica da filosofia conclui seu percurso no ponto de onde partiu, segundo a circularidade que é o critério da verdade do sistema: "o homem que passou pelo caminho da reflexão encontrou a Verdade e, nela, a consciência e a boa consciência da liberdade que, agora, ele sabe que ele é em verdade" (*Lf* 617).

O retrato do sábio traçado por Weil nessa página da *Lógica* é de fundamental importância para responder à "ambiguidade suprema" que, segundo Labarrière, caracteriza esta categoria. Além disso, como se verá no próximo capítulo, o retrato do sábio é (deve ser) o (auto)-retrato do homem moral. Eis como Weil o descreve:

> Ele é sábio, porque a sabedoria já não é um estado de graça, um saber particular, mas a segurança de que a razão é o mundo e de que o mundo é a razão, um e outro inacabados para o indivíduo, mas ambos passíveis de acabamento e a serem acabados pelo homem no mundo de sua situação e de sua condição. Ele é sábio porque a sabedoria não é, para ele, a posse imediata do infinito nem a resignação que vê o "Ser" numa distância impossível de ser vencida: ele sabe que a razão é sua possibilidade, que ela *é* como possibilidade e que sua possibilidade é seu poder. Ele é sábio porque não busca a sabedoria, mas porque ele sabe que a detém na totalidade do discurso agente. Ele é sábio porque sabe que, em sua liberdade, ele escolheu o discurso e a ação, que ele pode recusar o discurso e a ação, mas não pode buscar a um só tempo a presença imediata e a razão agente, que a violência e a revolta são o quinhão do indivíduo que lhes confere um sentido na linguagem de seu sentimento, mas que ele próprio escolheu outra possibilidade. Ele é sábio porque sabe que o discurso apreende todo sentido e que todos os sentidos concretos constituem

o discurso, que ele está aberto ao mundo na Verdade, assim como o mundo lhe está aberto na ação que é a criação do sentido do homem pelo homem na finalização concreta do sentido, que a sabedoria não é a satisfação do indivíduo — que tem seu lugar no devir do discurso —, mas presença para o homem que saiu da reflexão: visto que escolheu a liberdade no mundo, a razão, ele sabe que, sempre, ele realiza o universal que é sempre (*Lf* 617 s.).

Como se vê, a ideia de sabedoria realizada pelo sábio é inseparável do pensamento do sentido, que é inseparável da categoria-atitude da ação, que, por sua vez, para a *Lógica da filosofia*, é insuperável[128]. A sabedoria não é o saber de um conteúdo, mas a atitude que se *sabe* categoria, e a categoria que se *sabe* atitude. Para o sábio, "a sabedoria se mostra como a realidade de sua vida, na medida em que ela é vivida na responsabilidade diante do universal, no discurso sempre inacabado, sempre por acabar. Em si mesma, isto é, para a filosofia (ou: para o homem que se pretende sábio), ela é a simples coincidência da violência e do sentido na razão, a possibilidade existente da filosofia, presente para si mesma como potência e como realidade: a possibilidade da Verdade do homem na liberdade do indivíduo" (*Lf* 618).

Como não pensar em Kant e não recordar a noção fundamental de seu sistema, a de *interesse*, e não lembrar que o verdadeiro interesse da razão é "reunir seu interesse teórico com seu interesse prático"[129], para viver em paz consigo mesmo, com vistas aos fins mais elevados, que são os da moralidade, e que "só a razão pura pode fazer conhecer"?[130]. Como não pensar no início da *Dialética da razão pura prática*, onde Kant afirma que a determinação prática da ideia do soberano Bem, to-

128. G. Kirscher, Absolu et seus dans la *Logique de la philosophie*, *Archives de Philosophie*, 33 (1970) 399, traduz essa mesma ideia dizendo que, "na ideia da sabedoria, a filosofia pensa a presença da verdade na ação do homem razoável que compreendeu a ação como liberdade unindo a razão e o mundo; unindo-os porque a sua síntese é inacabada para o ser finito, mais unindo-os tendo compreendido que a ação, como discurso agente, não teria sentido se não se situasse na realidade, na qual pensamento e realidade são o mesmo, e que o homem não pode dizer na sua determinação absoluta, porque ela é verdade pensada como fundo e como fim da ação".

129. I. Kant, *Critique de la raison pure*, *Op* I 1319.

130. Id., Ibid., *Op* I 1373.

talidade incondicionada do objeto da razão pura prática, "compete *à doutrina da sabedoria*, e esta, como *ciência*, *é* a *filosofia*, no sentido que os antigos davam à palavra, para os quais a filosofia consistia em ensinar o conceito no qual é preciso situar o soberano Bem, assim como a conduta a ser seguida para adquiri-lo"?[131]

Assim se conclui a *Lógica da filosofia*. A lógica se conclui, "mas para o filósofo a filosofia não para, e mesmo a sabedoria não é repouso e sono, mas a presença concreta do mundo real no homem que vive no discurso completamente desenvolvido" (*Lf* 619)[132]. O que se pode pedir ao filósofo no final do seu caminho é a justificação da escolha feita do início, pois a circularidade do sistema "não é uma qualidade acessória" (ibid.), mas a expressão da maturidade do pensamento.

A *Lógica da filosofia* começa por uma atitude, a Verdade, a mais pobre do ponto de vista lógico, porque é a atitude "da satisfação na presença total, tão total que não há discurso, nem mesmo linguagem; que, ao menos em aparência, aí não existe ainda *categoria* para o homem dessa atitude, mas apenas para o filósofo que se dirige a ela" (*Lf* 128). Segundo Weil, essa escolha do início deve ser justificada no final. Mas se lhe perguntassem a razão da escolha, no início e do início, ele diria

131. Id., *Critique de la raison pratique*, *Op* II 740. O texto de Kant continua: "Seria bom deixar a esta palavra (isto é, filosofia) sua antiga significação, entendendo com ela uma doutrina do soberano bem, na medida em que a razão se esforça para chegar à sua ciência. Pois, de uma parte, a condição restritiva que acabamos de acrescentar seria conforme à expressão grega (que significa amor à sabedoria), mesmo sendo suficiente para compreender sob o nome de filosofia o amor à ciência e, por consequência, a todo conhecimento especulativo da razão, na medida em que ele pode ser útil à razão, tanto com vistas ao conceito de soberano Bem, do princípio determinante prático, sem por isso fazer perder de vista o fim essencial que permite dar à filosofia o nome de doutrina da sabedoria [...]. A filosofia permaneceria, então, como a sabedoria, sempre um ideal que, objetivamente, só é representado completamente na razão, mas que, subjetivamente, com relação à pessoa, é apenas o fim de seus esforços incessantes. Somente teria o direito de pretender estar em posse desse ideal e de se arrogar, consequentemente, o título de filósofo, quem pudesse exibir em sua própria pessoa, como exemplo, o efeito infalível (no domínio que exerceria sobre si mesmo e no interesse indubitável que teria antes de tudo pelo bem geral), coisa que os antigos não deixavam de exigir dos que queriam merecer esse nobre título".

132. O texto continua: "A filosofia é o esforço, seguro de si mesmo, no qual o indivíduo a cada momento compreende — e sabe que pode compreender — o mundo na Verdade que se sabe, agora, realização da liberdade: para o homem concreto na razão, razoável na realidade, a sabedoria é o esforço mais intenso e a tarefa mais elevada" (*Lf* 619).

que a Verdade é escolhida porque "não é a categoria de um discurso, mas a do discurso puro e simples, da filosofia" (ibid.), porque ela aparece como a primeira no plano das atitudes que conduzem à busca da coerência e do contentamento, porque nela se anuncia a eterna nostalgia do contentamento e da presença que é a característica de todos os discursos do homem[133].

A Verdade de onde parte a *Lógica da filosofia* é a "verdade como fundo do discurso" (*Lf* 131), a verdade da qual não se fala e não se pode falar, "pois a verdade é tudo" (*Lf* 133), e dela só se pode falar por imagens. A verdade "é a luz que não ilumina nada, luz invisível, porque é apenas luz. É o estado de vigília que não é precedido por sonho algum. É o que precede o início. É o instante eterno, mais velho e mais jovem que qualquer tempo" (*Lf* 133). Essa é a verdade que a filosofia busca, pois "a filosofia é a investigação da verdade, e não é mais que a investigação" (*Lf* 132).

Tendo partido dessa Verdade, percorrido todas as atitudes puras que produzem discursos, a *Lógica da filosofia* apreendeu, progressivamente, que a verdade buscada pela filosofia não se dá no desenvolvimento do

133. No final do capítulo sobre a Verdade, Weil explica por que escolheu o termo Verdade como ponto de partida, embora termos como Ser ou Deus pudessem prestar os mesmos serviços, visto que cobrem a mesma pobreza de conteúdo do termo Verdade. Entretanto, segundo Weil, termos como Deus ou Ser — e a história da reflexão o demonstra — "são muito difíceis de manejar, quando se quer evitar os impasses da ontologia da reflexão que opõe sujeito e objeto, e da fé que, exceto se fizer ontologia sob o título de teologia, se detém na negação de todo concreto e recusa tanto a doutrina quanto a reflexão" (*Lf 137*). É certo que para o Hegel da *Enciclopédia*, não o da *Fenomenologia*, "o Ser que forma o ponto de partida de sua lógica não é, e assim ele evita as dificuldades insolúveis da reflexão do Ser no sujeito e do sujeito no Ser, os problemas do conhecimento e da existência" (ibid.). Porém, sem entrar na discussão de se a *Enciclopédia* conduz realmente ao seu início, e se o Ser do fim é o do começo, "o fato é que Marx, que compreendeu Hegel, quis inverter o sistema e colocá-lo de cabeça para cima, e que Kierkegaard, que não o compreendeu, o rejeitou — tanto um como o outro, porque para Hegel o Ser está (ou parece estar) no centro, e eles se acreditaram obrigados a defender, contra uma doutrina ontológica, os direitos imprescritíveis da ação e do coração" (*Lf* 13). Segundo H. BOUILLARD, art. cit., 586 nota, Weil prefere a lógica do discurso humano à lógica hegeliana do Ser por fidelidade ao princípio mesmo da *Lógica* de Hegel, segundo o qual, como diz Weil em um de seus ensaios sobre Hegel, "o discurso humano — o que a tradição chama de pensamento — não pode ser oposto àquilo de que fala como a um puro objeto e um puro exterior" (*Ec* I 139).

Ser, mas é dada "onde linguagem e condição coincidem" (*Lf* 135)[134], é constatada onde o homem reflete sobre si mesmo e sobre seu interesse, e que ela é vivida "na atitude da sabedoria, onde a verdade não é dita, mas está presente, onde o sentido vivido se revela como presença da verdade"[135]. Com as palavras de Weil: "A Verdade está presente na Sabedoria, resultado do pensamento que se pensou a si mesmo" (*Lf* 609).

Assim termina a *Lógica da filosofia*. Sua derradeira afirmação é, em certo sentido, a que dá consistência a todo o edifício, dando-lhe coerência e maturidade, isto é, unidade e circularidade: "O universal existe e é *uno*, mas se mostra à categoria na atitude, ao discurso na situação [...] sob dois aspectos: como Liberdade e como Verdade" (*Lf* 622). Aqui está a mais profunda dualidade do discurso, dualidade que só se concilia no silêncio. O homem pode sempre abandonar sua liberdade, pode sempre se fechar, mas pode também realizar sua liberdade na Verdade, abrindo-se para o mundo e para a razão do mundo, sendo "razoável para tornar-se razão" (*Lf* 442).

---

134. Isto é, na *ideia de coerência*, que é "a ideia fundamental e fundadora de todo ato falado e de toda atividade efetiva do homem". Cf. J. QUILLIEN, La cohérence et la négation. Essai d'interprétation des premières catégories de la *Logique de la philosophie*, in *Sept études sur Éric Weil*, Lille, 1982, 173.

135. Cf. G. KIRSCHER, La *Logique de la philosophie* et la Vérité, *Annali della Scuola Normale Superiore di Pisa* (serie III), 11 (1981) 1209. O autor afirma ainda: "a filosofia do sentido é, pois, rigorosamente, filosofia da verdade. Mas, como a verdade não é o ser, haverá sempre algum metafísico para perguntar se, nessas condições, a verdade existe. Parece-nos que a resposta weiliana poderia ser formulada da seguinte maneira: a verdade existe quando o homem é feliz e filósofo, feliz como filósofo" (1210).

CAPÍTULO IV

Filosofia moral. A permanência do discurso e a violência

La première tâche de qui veut changer le monde
est de le comprendre dans ce qu'il a de sensé.
Éric Weil

1. A escolha como problema

A *Lógica da filosofia*, na categoria Sentido, compreende a filosofia em seu ser formal e leva a termo o discurso na Sabedoria, que se torna "o resultado da filosofia para o filósofo" (*Lf* 617). Com efeito, na última categoria da *Lógica* "a verdade está presente na Sabedoria, resultado do pensamento que pensou a si mesmo" (*Lf* 608). Portanto, porque é filosofia do sentido, a *Lógica da filosofia* é também, e rigorosamente, filosofia da verdade, visto que a escolha do início se mostra plenamente justificada no fim, "sob a garantia da circularidade" (*Lf* 621). A escolha do início foi a de partir da "*Verdade como fundo do discurso*" (*Lf* 131). É a categoria do Sentido que torna possível a *Lógica* de Weil como compreensão categorial de toda afirmação categorial, de modo que se pode afirmar com certeza que "a *Lógica da filosofia* é pensada a partir de seu fim"[1].

1. Cf. G. Kirscher, La philosophie comme logique de la philosophie, *Cahiers Philosophiques*, 8 (1981) 66.

No final da sucessão das categorias, que é a sucessão lógica dos atos de liberdade exprimíveis e expressos no discurso, a *Lógica da filosofia* revela a filosofia como "a história da reconquista da espontaneidade" (*Lf* 598), empreendimento do homem concreto que busca um discurso coerente sobre o todo da realidade, que seja "discurso absolutamente coerente da liberdade no progresso de sua realização" (*Lf* 597).

A filosofia que a *Lógica* revela é movida inteiramente pela busca do "contentamento na liberdade" (*Lf* 591), busca da "satisfação na presença total" (*Lf* 128), que constitui a *atitude* da Verdade. A filosofia sempre se compreendeu como busca da verdade, nada mais que isso, porque é a verdade que "se anuncia na eterna nostalgia do contentamento e da presença que caracteriza todos os discursos humanos" (*Lf* 128).

Separada da presença pela primeira reflexão negadora, ao progredir de atitude em atitude, de categoria em categoria, a filosofia reencontra em seu termo a presença total como sabedoria, que consiste em "viver no sentido pensado" (*Lf* 615). Assim, a filosofia que se mostra na *Lógica da filosofia* "é discurso entre dois imediatismos, discurso da liberdade em busca de uma primeira felicidade perdida, que ela reencontra por meio de uma mediação infinita, discurso do homem agente, que reconquista a Verdade da qual tinha partido e realiza assim sua liberdade, na qual se sabe aberto à razão do mundo"[2].

Como se viu, não há nenhuma ruptura irreparável no discurso weiliano, em primeiro lugar porque, por um artifício de prosopopeia, ele pode elaborar *o discurso coerente da incoerência*; em seguida, porque a ação, atitude insuperável, não leva *necessariamente* à filosofia. Aqui está o ponto que interessa neste momento, porque permite a passagem da *Lógica da filosofia* à *Filosofia moral*, que visa oferecer nova verificação da hipótese de interpretação da filosofia de Weil[3].

---

2. Cf. H. Bouillard, Philosophie et religion dans l'oeuvre d'Éric Weil, *Archives de Philosophie*, 40 (1977) 598.

3. A rigor seria uma terceira verificação, se considerássemos separadamente o texto da Introdução da *Lógica da filosofia*, que, contudo, não é senão "a *outra* exposição do sistema", como afirmou P. F. Taboni, L'introduction à la *Logique de la philosophie* ou de l'interprétation authentique de cette *Logique*, *Pr* 31.

Esta nova verificação da hipótese não é simples repetição do que já se verificou no capítulo precedente. Como se viu na Sabedoria, a filosofia que se mostra na *Lógica* "exige em última instância ser vivida e não somente pensada"[4]. Se a passagem da Ação ao Sentido, da vida à filosofia, *não é necessária*, a passagem da filosofia à vida, do sentido à sabedoria é, de certo modo, *obrigatória* (em sentido moral) para quem se decidiu pela filosofia. Para esse homem, a filosofia é tudo[5], e o sentido é. Dito de outro modo, a *felicidade sensata* é o verdadeiro fim da filosofia, dado que a vida do homem razoável é a vida na visão do sentido *que é*. Por isso se pode, verdadeiramente, dizer que a sabedoria mais elevada reside na ação razoável.

Mas surge aqui um problema para o lógico da filosofia. O homem razoável quer agir *razoavelmente*. Isto significa para ele: *universalmente*. Ora, é um fato, como já se constatou na passagem da Ação ao Sentido, que nem todos agem razoavelmente. Esse fato, contudo, só se torna problema para quem escolheu ir além da ação, para quem escolheu compreender seu sentido, compreendendo assim que o homem pode viver razoavelmente, segundo o universal, mas pode também viver só em função de seus interesses particulares e da sua obra.

Por isso o filósofo, depois da *Lógica da filosofia*, depois de ter pensado todas as atitudes e suas explicitações discursivas, depois de ter pensado todo o pensável, dado que é "impensável que outras categorias lógicas pensem mais do que todo o pensável" (*Lf* 603)[6], pensa a *Filosofia*

---

4. Cf. G. Kirscher, Éric Weil, in D. Huisman (Org.), *Dictionnaire des philosophes* II, Paris, 1984, 2640.

5. G. Kirscher, La philosophie comme logique de la philosophie, *Cahiers Philosophiques*, 8 (1981) 66, traduz perfeitamente a relação entre Sentido e Sabedoria: "Na medida em que a *Sabedoria* não é a livre recusa do *Sentido*, e o pensamento do *Sentido* não é uma retomada, mas uma antecipação da Sabedoria — pensada pelo filósofo, vivida pelo filósofo tornado assim o que ele desejaria ser: sábio —, não se pode separar esses dois capítulos, essas duas categorias, que são como a repetição do mesmo, uma vez como categoria — como discurso —, uma vez como atitude — como vida —, de modo que discurso e vida, vida e discurso — teoria e prática — sejam concretamente o *mesmo ato*, o mesmo ato de uma liberdade reconciliada com a razão, na exclusão explícita e compreendida da violência como desrazão".

6. O texto continua: "No entanto, a lógica da filosofia não esgota sua matéria mais do que a lógica da discussão esgota a dela, e o que não é novo no sentido da ciência filosófica,

política e a *Filosofia moral*, ambas, na qualidade de pensamentos particulares, que pressupõem o que as funda, e que só são compreendidas no interior do sistema total. O pensador da totalidade das categorias pensa a categoria Ação, na *Política*, e a categoria Consciência, na *Moral*. Mas nós, leitores da *Política* e da *Moral*, rigorosamente falando, "temos de ter presentes todas as categorias da *Lógica*, para compreender o sentido da Moral e da política *no* sistema"[7].

Weil pensa a *Filosofia política* e a *Filosofia moral*, que constituem a *filosofia das coisas humanas* de que fala Aristóteles no final da *Ética a Nicômaco* ao anunciar o prosseguimento da ética no estudo da *Política*[8], justamente porque a filosofia, que é tudo para o filósofo, "é inteiramente relativa à vida, à busca da felicidade que move todos os homens"[9], tanto no nível da "vida em comum dos homens segundo as estruturas essenciais dessa vida" (*Fp* 17), isto é, no nível da *politiké pragmateía*, como no nível da vida moral do indivíduo que age sobre si mesmo, para que nele coincidam a razão e a vontade empírica, com vistas a uma vida totalmente feliz, conforme a conhecida afirmação de Aristóteles[10]. Em última análise, Weil pensa a política e a moral, e as pensa sem contradição com o pensamento de todo o pensável, porque, tanto em relação às estruturas da vida em comum dos homens como em relação à vontade moral na qualidade de vontade universal do universal, o que constitui problema é a escolha.

Observe-se que, ao contrário de Aristóteles, mas segundo seu espírito, Weil pensa primeiro a política e depois a moral. Entretanto, ele ad-

---

o que não lhe traz nada *para ela*, pode ser novo para o lógico como homem concreto em uma situação histórica. Mais simplesmente, a análise filosófica de uma atitude real não é feita quando se declarou, *a priori* e corretamente, que só pode se tratar de uma retomada: as retomadas são a realidade viva do homem no mundo, enquanto que a categoria pura é a parada, não da história, mas da história *desse* homem ou *dessa* comunidade; *o* homem só compreende concretamente a si próprio nesse trabalho concreto de análise" (*Lf* 603). Esse trabalho concreto de análise da realidade viva do homem no mundo é feito tanto pela *Filosofia política* como pela *Filosofia moral*, nas retomadas que lhes correspondem.

7. Cf. R. Morresi, *Filosofia politica* e *Filosofia morale* nella *Logica della filosofia*, in *Dialettica morale politica*, Urbino, 1981, 159.

8. Cf. Aristóteles, *Ética a Nicômaco*, X 1181 b 22.

9. Cf. H. Bouillard, art. cit., 598.

10. Cf. Aristóteles, *Ética a Nicômaco*, VI 1140 a 26.

verte logo no prefácio de sua *Política*: "Nossa pesquisa parte da moral"[11], porque "a questão do sentido da política só pode se pôr para quem já pôs a questão do sentido da ação humana [...], para quem já se instalou no domínio da moral" (*Fp* 13).

As razões que moveram Weil a esta ordem de apresentação de seu sistema são desconhecidas, porém irrelevantes para o objeto da presente investigação. Dado que a *Filosofia política* parte da moral, e dado que é legítimo limitar o campo da pesquisa, escolhi verificar a hipótese de interpretação na *Filosofia moral*, inclusive porque, de maneira mais evidente do que a *Política*, ela revela o específico weiliano.

A *escolha* é o que constitui um problema tanto para o homem político como para o homem moral. Para o homem político, porque é a partir do princípio da moral da universalidade que se pode atribuir como fim da ação política o advento de um mundo no qual a razão inspire todos os seres humanos. Esse princípio, contudo, não permite que a política conceba os meios para esse fim. No que tange aos meios é preciso escolher. Para o homem moral, porque o princípio da moral da universalidade situa a escolha no âmbito da *questão do sentido*, que, no nível da moral, é a *questão do bem*. A escolha do bem constitui problema para o homem que se instala no domínio da moral porque o homem é o problema, mais exatamente, porque somos um problema para nós mesmos no nível da moral.

2. Por que somos o problema?

A escolha, aquilo com que lida a moral, é problemática porque somos um problema para nós mesmos quando se trata de escolher. E somos problema justamente *porque* se trata de escolher, porque *podemos* escolher e, até mesmo quando *devemos* escolher, podemos, mediante um ato extremo que põe fim à série das escolhas, nos subtrair a qualquer escolha. Todavia, mesmo sem recorrer a uma situação-limite, é evidente que somos problema para nós mesmos pelo fato de sermos

11. Weil diz ainda que "sem a consciência do problema moral nem sequer se põe o problema filosófico da política" (*Fp* 30).

seres *agentes*, pelo fato de existir para nós um *bem* e um *mal* e por nos deixarmos guiar por eles mesmo antes de surgir para nós "a necessidade de questionar se esse bem é *verdadeiramente* bem e esse *mal*, verdadeiramente mal" (*Fp* 30). Somos problema porque, seres agentes, finitos e razoáveis, em uma palavra, livres, agimos sobre nós mesmos para fazer coincidir em nós a razão e a vontade empírica, o infinito da liberdade e o finito da situação em que nos encontramos.

A conclusão se impõe: somos problema porque somos morais, porém, somos morais porque imorais. A conclusão não deixa de ser chocante. Entretanto, se a ação do ser razoável visa produzir nele o acordo consigo mesmo, "essa vontade de acordo é em si mesma o reconhecimento do desacordo e da desrazão de um ser moral-imoral: ele é moral porque é imoral, e, se não tivesse mais paixões a combater, a sua moral seria inoperante" (*Fp* 37).

É dessa constatação que parte a *Filosofia moral* de Éric Weil. Esta é, com efeito, a primeira tese da primeira seção: "Toda moral, quer ela se mantenha na certeza quer busque na insegurança, supõe que o homem, capaz de observar regras morais, é ao mesmo tempo imoral: ela reconhece a imoralidade do homem ao reconhecer que ele pode e deve ser conduzido à moral" (*Fm* 17).

A tese, segundo Weil, é evidente e a ação moral é, assim, o reconhecimento da imperfeição humana[12]. A evidência da tese seja provém do fato de que se o homem obedecesse necessariamente a certas regras, não as prescreveria para si mesmo: "Um ser que tem necessidade, que exprime a necessidade, de uma regra se opõe a esta como a algo ao qual ele pode se submeter ou não, mas ao qual não está submetido" (*Fm* 17).

A tese se opõe tanto aos que sustentam a bondade natural do homem e sua pureza essencial como aos que o consideram essencialmen-

12. Cf. G. Even-Granboulan, Logique et morale, *Pr* 195. Esta comunicação ao Colóquio de Chantilly (1982) levanta questões interessantes: pode a ação ser totalmente racional e a moral se curvar às leis da lógica? Que lugar atribuir à lógica quando se trata de fundar a legitimar a moral? (cf. *Pr* 190). Entretanto, fiz algumas restrições a seu conteúdo em recensão ao volume das Atas do Colóquio. Cf. M. Perine, *Síntese* (Belo Horizonte), 32 (1984) 90 s.

te mau. Os primeiros, de fato, não sabem explicar como o conceito e a realidade do mal moral puderam aparecer para um ser essencialmente bom, e os segundos não percebem a contradição na qual incorrem, uma vez que "o conceito do mal não pode ser formado senão por um ser que possua o conceito do bem" (*Fm* 18).

O ser humano "pode ser bom *porque* ele pode ser mau, e inversamente" (*Fm* 18). Ele não é nem *naturalmente* bom, nem *naturalmente* mau, porque não é nem um deus, nem um animal. Ele deve ser conduzido ao bem, deve ser educado para poder querer o bem e fugir do mal: "se abstrairmos dessa educação, ele não é nem bom nem mau, ele é, como se diz, amoral, não imoral, porque essa abstração o transforma em animal" (ibid.). É certo que o homem é também um animal e que o ponto de vista moral sozinho não consegue apreendê-lo completamente. Mas é igualmente certo que só abstraindo da educação, do fato de o indivíduo pertencer sempre a uma comunidade histórica e moral é que se chega ao conceito-limite de *homem natural*.

"Enquanto natural, o homem é violento" (*Fm* 19). Ele age à maneira das forças naturais, dominado por suas tendências, instintos, necessidades; e seus atos, como os acontecimentos naturais, não são mais compreensíveis do que a queda de uma pedra, e só recebem algum sentido, assim como a queda de uma pedra, "pela relação a um ser especificamente diferente (não no sentido biológico, mas no sentido moral), pela relação a um ser que, por não ser inteiramente determinado, pode pôr e põe a questão do sentido, o que quer dizer aqui: a questão do bem" (*Fm* 20). Mas o ser violento que é o homem põe a questão do sentido, isto é, se *compreende* e, por isso, deixa de ser puramente violência, e ele só se compreende como violência *porque* não é pura violência.

Em suma, somos problema porque, como seres imorais, isto é, violentos, já somos também morais para reconhecer que somos imorais: "Só um ser que tem a consciência do bem pode possuir a do mal, e ele só possui a segunda na proporção da primeira" (*Fm* 21). Somos problema porque, como seres morais, nos encontramos sempre providos de regras, e não podemos nos imaginar sem elas; mas nós podemos seguir as regras, o que equivale a dizer que podemos não segui-las: é como seres violentos que somos morais, como transgressores que temos consciência das regras[13].

3. A filosofia da moral e a moral filosófica

No Prefácio da *Filosofia moral*, Weil adverte sobre o que se vai encontrar na leitura desse livro de filosofia *especial*: antes de tudo a coerência, condição necessária, não suficiente, de todo discurso filosófico, mas também as exigências de outra ordem às quais a exigência moral conduz: "Para o filósofo (que compreende que isso não vale para todos e a todo momento), a moral pretende ser pensada ao mesmo tempo que vivida, vivida ao mesmo tempo que pensada", do que decorre que a reflexão sobre a moral deve se transformar em reflexão moral, "e terminar por se compreender como aspecto da filosofia una ou [...] um aspecto da sabedoria na sua refração no indivíduo" (*Fm* 9).

É mais do que evidente, portanto, a ligação que se estabelece assim entre o final da *Lógica da filosofia* e a continuação do discurso na *Filosofia política* e, depois, na *Filosofia moral*[14]. A passagem da filosofia à vida, para quem escolheu filosofar, isto é, para quem escolheu aquela *bíos philosophikòs* dos Antigos, é moralmente obrigatória.

---

13. Weil afirma que buscar a origem, não de *uma* regra, mas da regra seria querer descobrir a origem da *faculdade* que é a única a pôr questões porque só ela conhece a insatisfação e, com ela, o problema e a questão enquanto tais. "Falar de mutação brusca, de revelação, de gênio criador, não é mais que reconhecer a impossibilidade de qualquer resposta que não conduzisse à questão. Nenhum assassinato primeiro explica a moral; sem moral, não haveria qualquer diferença entre a morte do pai assassinado por seus filhos e a do pai estraçalhado por um urso: simplesmente não haveria *assassinato*" (*Fm* 22).

14. É interessante observar o que H. Niel, Philosophie et histoire, *Revue Internationale de Philosophie*, 30 (1954) 283-294, aqui 292 s., já tinha observado, ao falar sobre a *Lógica* de Weil: "Terminada a leitura, tem-se a impressão de que a *Lógica da filosofia* evoca outra obra depois dela. A sabedoria à qual somos convidados é definida de modo formal [...]. A nosso ver a *Lógica da filosofia* evoca uma política, sob a condição de tomar esse termo no sentido antigo, que projeta sobre a ação humana uma luz racional. Antes do aparecimento dessa política, é difícil dirigir sobre a obra de Weil um juízo definitivo". As "previsões" do crítico se confirmaram inteiramente. Cf., por exemplo, como começa a *Filosofia política* de Weil, publicada dois anos mais tarde: "O termo *política*, neste livro, será tomado na sua acepção antiga, aristotélica, de *politikè pragmateía*, consideração da vida em comum dos homens segundo as estruturas essenciais desta vida" (*Fp* 17).

Além disso, o próprio Weil afirma que seu modo de proceder em filosofia moral, como filósofo da moral, será o mesmo do lógico da filosofia. Com efeito, no final do prefácio à *Moral*, por comparação e oposição ao último dos sistemas filosóficos, Weil pede ao leitor que admita "pelo menos a possibilidade de ultrapassar a diferença entre desenvolvimento *fenomenológico* e exposição *enciclopédica*, que ele admita como possibilidade que aquilo que se mostra na análise genética, a partir das 'certezas' iniciais, constitua apenas os propileus do sistema, mas seja o próprio sistema, real na medida em que se realiza — sistema *especial, é* verdade, nesse caso, mas que se funda no e sobre o sistema total e, no final da sua *autorrealização*, capta precisamente essa relação, ultrapassa-se e assim se compreende em verdade" (*Fm* 9 s.)[15].

Dada essa característica do modo weiliano de proceder em filosofia, encontra-se na *Filosofia moral* a mesma dificuldade já encontrada na *Lógica da filosofia*, a saber: a impossibilidade de resumir o pensamento de Weil. Do mesmo modo que o sistema total, o sistema especial se auto elabora e é real ao se realizar, de modo que seguir seu desenvolvimento exigiria quase a sua repetição literal, para não cair na inutilidade de uma "transcrição abreviada"[16], extremamente desaconselhada no caso de um filósofo como Weil, para quem toda proposição filosófica isolada é "insuficiente, falsa ou absurda, e que só o todo de um discurso pode ser verdadeiro" (*Fm* 8).

O que me parece lícito, com vistas ao meu *interesse* de leitura, é concentrar a atenção sobre os pontos que melhor revelam o específico weiliano, isto é, seu kantismo pós-hegeliano[17], que, não poucas vezes

15. A superação da diferença entre desenvolvimento *fenomenológico* e exposição *enciclopédica* é a característica fundamental da *Lógica da filosofia*, que, como se viu, não desenvolve o discurso do Ser que, de contradição em contradição, se desdobra finalmente em Espírito absoluto. Ela não oferece, como o sistema da *Enciclopédia*, o autodesenvolvimento do conceito, isto é, do "Ser que se sabe Ser, que se coloca como Ser na natureza, que se concilia em sua realidade histórica com aquela existência que ele teve fora de si" (*Lf* 478). Sobre isso cf. H. Bouillard, art. cit., 594 s.

16. Assim procede G. Paretti, *La filosofia morale di Éric Weil. Presentazione e critica, Verona, 1979.*

17. Que as perspectivas de Weil sejam kantianas, nenhum comentador duvida. Cf. J. Catesson, À propos de la *Philosophie morale d'Éric Weil, Revue de Métaphysique*

e não sobre questões secundárias, transgride a letra de Kant para alcançar o seu espírito, o que é infinitamente mais importante no caso da moral.

3.1. *O conceito de moral*

O ponto de partida da reflexão weiliana é a moral concreta que, por sua vez, parte do homem moral-imoral, moral porque imoral, imoral porque pode e deve ser conduzido à moral. O *fato moral* é inegável porque o homem é um ser moral, porque ele distingue sempre "o lícito e o ilícito e se atribui a capacidade de fazer o lícito e de evitar o ilícito" (*Fm* 21). Esse ser *capaz* de moralidade, contudo, só se descobre como tal, como ser que atualiza sua capacidade moral, na história e nos conflitos entre as morais[18].

A moral concreta é um sistema sem lacunas para quem vive em seu interior. Isso não quer dizer que não existam problemas na moral concreta, mas os que existem não a põem em questão. Inicialmente, "não se julga a moral, julga-se em função dela, que é *evidente* e *natural*" (*Fm* 23). O homem só começa a refletir sobre a moral quando a certeza na qual vive é abalada. E a sua certeza começa a ser abalada desde muito cedo. A falta moral, e toda moral conhece uma, revela a natureza dupla do homem: "vontade do lícito, violência do ilícito" (*Fm* 24).

No interior de sua comunidade o indivíduo já se descobre *dividido*[19]. No momento em que o encontro com outras comunidades abala as certezas que sua moral oferecia, descobrindo a seus olhos a relativi-

---

et de Morale, 67 (1962) 362-375; C. Golfin, Philosophie morale, *Revue Thomiste*, 63 (1963) 443453; J. de Finance, *Éthique générale*, Roma, 1967, 109.

18. Weil tem razão quando afirma que "todo homem possui uma moral", e que "é só tardiamente, após contatos prolongados com outras comunidades e suas morais, após conflitos não decididos ou derrotas, que esse plural 'as morais' ganha um sentido" (*Fm* 13 s.).

19. Segundo Weil, não existe idade de ouro da moral, visto que o homem é essencialmente inseguro: "É verdade que o homem pode viver na certeza; mas por ter necessidade de certeza ele se mostra como um ser inseguro, o ser inseguro, e, por mais ingenuamente que ele se creia ao abrigo de sua certeza, ela é tal que pode sempre ser perdida: todo mito fala da fragilidade do mundo, designando e escondendo assim a fragilidade do homem" (*Fm* 25).

dade das morais, o indivíduo que já é dividido passa a se sentir *desamparado*. Dividido internamente entre o bem e o mal, fato que constitui para ele o problema moral, o indivíduo desamparado pela moral de sua comunidade sente a necessidade, para saber se alguma coisa, alguma ação ou instituição é boa ou má, de saber o que é o bem e o que é o mal[20], fato que constitui para ele o problema da moral. Na concorrência desses dois fatos, surge a reflexão moral que é, primeiro, reflexão sobre as morais e que, "ao tomar consciência de sua intenção própria, torna-se reflexão sobre a possibilidade da moral" (*Fm* 26).

O que o indivíduo moral busca com a reflexão moral é solucionar o problema moral e o problema da moral, isto é, busca uma satisfação que o unifique interiormente, pois sua comunidade lhe deu o ideal de uma vida satisfeita, e ele busca uma moral que seja verdadeira, que elimine o que separa as morais: "Ele busca *a* moral e *a* satisfação" (*Fm* 37). Dividido e desamparado, o indivíduo pode se refugiar no niilismo[21], no silêncio, ou na admissão contraditória do absurdo como princípio universal: o indivíduo pode se destruir em sua individualidade[22] ao destruir em si todo conteúdo para alcançar a paz.

Weil afirma que "é extremamente importante ter sempre presente ao espírito essa possibilidade, de dissolução mais que de solução: é por oposição a ela e pela recusa que ela lhe opõe que se determina e se cria a filosofia moral" (*Fm* 38). Essa advertência de Weil é da mais alta importância para compreender o todo do pensamento moral de Éric Weil.

---

20. Weil afirma em outro lugar que toda a filosofia moral da Antiguidade não é senão uma sucessão de tentativas para responder a esta questão, que foi posta com toda clareza por Platão, talvez já por Sócrates. Cf. É. WEIL, Morale, *Encyclopaedia Universalis* XI, 313. Parece-me totalmente equivocado C. GOLFIN, art. cit., 453, quando afirma que "as categorias do bem e do mal, como categorias fundamentais do pensamento moral, estão ausentes na reflexão de Éric Weil".

21. J.-F. ROBINET, Weil et le nihilisme, in *Sept études sur Éric Weil*, Lille, 1982, 187-207, observou que o tema do niilismo não é especificamente weiliano, mas que, aproximando-o ao tema da violência, é permitido dizer que "a obra de Weil é uma meditação sobre o niilismo, (205).

22. Weil observa com grande acuidade que o termo *individualidade* é surpreendente e significativo, "pois ele contém, ao mesmo tempo, a universalidade do conceito e a não universalidade do que ele designa de maneira universalizante" (*Fm* 42).

Efetivamente, é pela reflexão sobre o *problema* que é seu, é pela vontade de *se* compreender, que a reflexão se torna filosófica. Para Weil, "a filosofia moral se situa a meio caminho entre a certeza sem reflexão da moral concreta, tradicional, que não sofreu a prova do contato com outras morais nem a dúvida que daí nasce, e o niilismo radical dessa reflexão imediata do indivíduo em si mesmo [...], o niilismo do silêncio absoluto, silêncio interior antes de ser exterior" (*Fm* 38).

Fazendo eco à concepção de filosofia que se revela na *Lógica*, Weil sustenta que a "filosofia moral nasce quando o homem, ao recusar a escolha, sempre possível, do absurdo e do silêncio, compreende a que se obriga por essa recusa — e ela se tornaria incompreensível para si mesma se esquecesse essa origem" (*Fm* 39). Dito de outro modo: "A filosofia moral será a tomada de consciência do ato, já realizado, no qual o indivíduo se transcende para se captar" (*Fm* 40).

a. A moral buscada é teórica, verdadeira e eudemonista

O indivíduo, dividido e desamparado, que não se refugia no niilismo, busca uma moral universalmente válida, isto é, uma teoria que resolva a questão da natureza da moral e torne possível o nascimento *da* moral. A filosofia moral é, pois, "teoria, mas teoria antes de ser (e a fim de poder ser) prática" (*Fm* 41). O indivíduo exige que a moral buscada indique o caminho para o *contentamento*, "mas o contentamento de todo indivíduo, da *individualidade*". O indivíduo moral, indivíduo que quer se moralizar, busca *a* moral que o torne *verdadeiramente* moral, busca a satisfação, "o apaziguamento da sua inquietude sobre o sentido da sua vida, a reconciliação interior que suprima o conflito e a divisão — numa palavra, a *felicidade*" (*Fm* 42).

Weil é consciente dos perigos que espreitam essa palavra inquietante[23], particularmente quando se confundem ou se identificam *eu-*

23. O termo, para Weil, é preferível a todos os outros que a tradição oferece, porque ele indica que a reflexão e, portanto, a filosofia moral "constituem empreendimentos humanos e visam a um fim"; além disso, corretamente entendido, "ele não comporta nenhuma referência a alguma antropologia, a nenhuma ciência positiva, a nenhuma metafísica"; finalmente, porque, "ele responde simplesmente ao desejo de se encontrar

demonismo e *hedonismo*, "conceitos tão opostos quanto podem ser dois conceitos que não sejam contraditórios" (*Fm* 43). O fato é que "nada decorre para o eudemonismo da falsidade do hedonismo"; antes, é mais do que evidente que, "na acepção correta do termo, toda moral é eudemonista" (*Fm* 44), por chocante que possa ser a afirmação, até mesmo a moral mais hostil ao eudemonismo: a de Kant. Aparece aqui, mais uma vez, uma compreensão de Kant, que o compreende melhor do que ele mesmo se compreendeu[24].

Segundo Weil, não é necessário se referir ao fato de Kant reconhecer um desejo natural no homem, que o leva irresistivelmente a aspirar à satisfação de seu ser empírico, para afirmar que até mesmo a moral kantiana é eudemonista. É claro que Kant não afirma que essa aspiração e esse desejo possam dar o fundamento da moral, mas afirma claramente que a vida moral do homem, cujos desejos ultrapassam suas possibilidades naturais, não seria possível se ele não pudesse perseguir, *nos limites traçados pela moral*, seus fins naturais; mais ainda, se ele não pudesse esperar uma vida futura na qual a vontade moral, "vontade do universal e assim vontade universal, seja não eficaz, mas tomada eficiente por Deus para oferecer ao homem um apaziguamento e uma satisfação que correspondam a seu mérito" (*Fm* 44).

Na reflexão de Kant com vistas à fundação da moral, ele nunca deixou de afirmar que a esperança não funda a moral[25], que o fundamento da moral é a imediata consciência da lei e do dever que essa lei estabelece. Porém, o próprio Kant se viu obrigado a encontrar uma mediação entre a universalidade da lei e a individualidade irredutível do homem moral.

---

satisfeito, nada mais, e ele admite todas as concepções de natureza do homem, sem reforçar a tentação sempre presente de querer compreender a moral, na sua intenção e na sua pesquisa, como derivada de uma positividade qualquer, de um dado, de uma evidência. Em uma palavra, trata-se de um conceito formal" (*Fm* 42).

24. J. DE FINANCE, op. cit., 109, nota 32, afirma que a *Filosofia moral* de Weil pode ser citada como exemplo de eudemonismo racional contemporâneo, na qual, contudo o tema eudemonista aparece combinado com um tema kantiano.

25. Weil observa em nota: "Para ser exato, seria preciso acrescentar: depois da *Crítica da razão pura*, cuja moral é fundada sobre o desejo de felicidade" (*Fm* 45 nota).

É certo que como ser moral, isto é, universal, o homem não deve buscar sua felicidade, e não tem necessidade disso, mas é igualmente certo que o ser razoável e finito, universal e individual, tem necessidade de um móvel, porque "não há moralidade do homem algum móvel", e esse móvel "é o respeito, respeito pela lei, primeiro, por si mesmo enquanto ser universal, razoável, em seguida". O homem moral só fará a sua felicidade se rejeitar, não o eudemonismo, mas o hedonismo em todas as suas formas. Ademais, a moral não visa a nenhuma felicidade materialmente definida, "mas só tem seu sentido para o homem na possibilidade de não infelicidade que ela lhe oferece e na esperança de felicidade que assim ela pode legitimar" (*Fm* 45).

b. A teoria é infinita, o sujeito é finito e livre

O sujeito da teoria moral, sujeito no sentido de autor, tema tratado e indivíduo submetido à regra, quer uma teoria universal, isto é, verdadeira, mas permanece sempre finito, necessitado, insatisfeito e, diferentemente dos animais, consciente da infelicidade que é a sua, ao mesmo tempo que inconformado com ela. Ele visa a uma felicidade universal, que o coloque acima de suas infelicidades particulares. Ele se transcende assim na medida em que aspira a mais do que sua natureza empírica pode lhe oferecer e lhe fazer querer: "ele se vê a si mesmo como pura vontade de universalidade" (*Fm* 49).

Aos olhos da moral, a natureza do homem consiste nessa vontade de universalidade, nessa *universabilidade*, que está sempre além de todo caráter dado, mas que só se realiza como indivíduo finito: "Assim como ele não possui a verdade e o bem, mas os busca, ele também não é universal, mas quer sê-lo. Ele é capaz de infinito, mas a cada instante de sua existência, vale dizer, enquanto ser finito, ele não é senão capaz" (*Fm* 50)[26]. Tradicionalmente, essa natureza é designada pelos termos *ra-*

26. A continuação do texto é importante para minha hipótese de interpretação da obra de Weil na linha da segunda revolução kantiana: "Assim, a antropologia filosófica não é algo acabado e jamais o será: ela só existe enquanto recusa de toda definição do homem. O saber filosófico do homem, como o próprio homem, só é real enquanto captação de uma possibilidade, vale dizer, enquanto possibilidade de captação, pois

zão e *liberdade*: "O homem, enquanto visa à universalidade, é razoável; enquanto é capaz de universalidade, é liberdade: sendo capaz de razão, mas não sendo razão, ele é também capaz de optar contra a universalidade e contra a razão" (*Fm* 52).

Liberdade e razão são indissociáveis, se remetem uma à outra e constituem dois aspectos da unidade fundamental designada como *a natureza do homem*. Essa natureza humana "é essencialmente oposta a tudo o que se chama natural no sentido corrente do termo" (*Fm* 53)[27]. Mas, porque o homem é somente capaz de razão, fica claro que, ao pôr o problema *da* moral, ele já optou pela razão, isto é, pela universalidade, e o fez livremente: "o homem escolhe livremente a razão, livremente porque ele teria podido, e pode, optar pelo oposto da razão, a violência" (*Fm* 57).

Porém, para não cair aqui em um raciocínio circular, é preciso distinguir dois sentidos do termo *liberdade*, um referindo-se à possibilidade, o outro à realidade de uma atividade humana de auto compreensão do discurso, pois, como é evidente, o que está em questão aqui é, em última análise, a compreensão da filosofia. É um fato que a liberdade escolhe entre razão e violência, e essa escolha se faz sem referência à razão constituída, porque é justamente essa escolha que funda a razão. Ninguém poderia dar razão da sua escolha da razão: no máximo daria uma explicação, e o faria razoavelmente. Nesse sentido, é preciso dizer que o homem é liberdade indeterminada e sempre a se determinar: "a liberdade pode aceitar, como pode recusar, a violência [...]. Mas, e aqui está o ponto decisivo, o homem não pode *falar* dessa escolha, ele só a pode descobrir (des-cobrir) depois de ter escolhido o discurso coerente e a razão". Com efeito, razão e violência só se separam para o homem depois da opção pela razão: "Só o homem razoável *sabe* que é livre; só aquele que se voltou para a razão pode compreender, dizer,

essa captação só seria total se ela pudesse se aplicar à possibilidade realizada, a qual só seria realizada na pressuposição de que estivesse realizada essa ciência que, por sua vez, a pressupõe concluída" (*Fm* 50).

27. Weil dirá mais adiante que "essa natureza do homem nunca é dada de uma vez por todas", mas "o dado nunca desaparece e permanece cognoscível em sua permanência" (*Fm* 203).

proclamar que teria podido escolher de outro modo e que, a qualquer momento, ainda pode fazê-lo" (*Fm* 58).

A conclusão se impõe: se a liberdade é anterior à razão, essa mesma anterioridade só existe do ponto de vista da razão e do discurso. A liberdade só existe para a razão, e a razão é liberdade que se determinou à razão. A razão reconhece sua incapacidade de se fundar a si mesma, reconhece que nasce de uma decisão pela razão, que não poderia ser imposta por razões. Mas a razão também vê que o homem só é livre quando sabe que é livre, quando quer ser razoável, por pouco explícitos que sejam esse saber e essa vontade: "Para a razão, a razão é a realização da liberdade, dessa liberdade que se capta a si mesma na razão e se compreende como fonte e origem absolutas, como razão livre e como liberdade razoável" (*Fm* 59)[28].

O que foi dito sobre a natureza do homem pode ser resumido na tese que afirma que *só o ser razoável possui uma vontade.* O conceito de vontade integra os de liberdade e razão. A vontade é essencialmente livre e razoável: "Ela é, em si mesma, vontade de universalidade e de liberdade: por paradoxal que essa expressão possa parecer, ela quer o que ela é, ela se quer a si mesma" (*Fm* 62). A vontade, não o desejo, não pode não ser livre, pois é ela que se opõe a toda condição e é por ela e para ela que existem condições.

É certo que a vontade livre só se concebe por referência aos determinismos a que está submetido um ser que é animal *e* razoável. Mas em qualquer *situação* a vontade pode escolher e, no limite, "pode sempre

28. O texto continua: "Porque ela *é ratio cognoscendi* da liberdade, a razão é, portanto, também a sua *ratio essendi*: uma liberdade que não soubesse que é liberdade seria simples indeterminação, e só seria isso por relação a um ser livre e assim capaz de pôr a questão da determinação. E, porque ela é a *ratio essendi* da razão, a liberdade é também a sua *ratio cognoscendi*: uma razão que não se soubesse livre seria uma vontade de universalidade incapaz de escolher e não se conheceria, pois só um ser livre é de se buscar, vale dizer, de se separar de si mesmo para se opor a si mesmo" (*Fm* 59). A respeito disso, J. Catesson, art. cit., 365, afirma: "A transcendência e, poder-se-ia dizer, a racionalidade da razão são tais que mesmo a entrada na razão anteriormente a todo exercício da razão é perfeitamente interior à razão, e não poderia ser irracional". Weil, como foi visto, afirma que "a escolha da razão não é uma escolha não razoável (pois o razoável e o não razoável se opõem no interior dos limites da razão), mas uma escolha a-razoável ou, num sentido distinto do temporal, pré-razoável" (*Lf* 32).

abolir a necessidade de uma escolha entre possibilidades que ela julga igualmente inaceitáveis, optando pela morte: nada pode forçá-la, por necessário que pareça ao animal se submeter" (*Fm* 62).

E mais: a vontade razoável conhece o critério que guia essa sua escolha, pois ela mesma se dá o critério: "É ilícito o que não poderia ser universalizado, o que não seria ato admissível para todo homem enquanto razoável — numa palavra, aquilo que poria a razão em conflito consigo mesma" (*Fm* 62). A vontade é, portanto, o próprio ser razoável e finito que se quer razoável na sua condição. A vontade é o ser mesmo do homem que se descobre livre, com uma liberdade infinita: "até mesmo a renúncia à liberdade permanece um ato livre" (*Fm* 63).

c. O princípio de universalidade

A filosofia moral, constituída a partir da reflexão sobre as morais históricas, a partir do sentimento da infelicidade do indivíduo dividido e desamparado, descobre na universalidade a única certeza não arbitrária. Surge daí um conceito de felicidade que é a coincidência do ser razoável consigo mesmo na medida em que é razoável: "A felicidade do ser razoável só pode consistir na realização da razão, do universal, no e pelo finito e razoável" (*Fm* 70 s.). A realização do universal é a felicidade do homem moral, e é a busca dessa felicidade que guia os passos do ser razoável.

A universalidade se apresenta, portanto, como *o* princípio moral, ao mesmo tempo fundamento da filosofia e da regra moral[29]. Por essa razão, a moral filosófica será inevitavelmente *formal* e *negativa*. O con-

29. A matriz kantiana do pensamento de Weil é inegável: "É inadmissível toda ação que não seja dirigida à universalidade, à liberdade, à razão, à unidade que é a liberdade da razão universal; é inadmissível toda ação cuja intenção não vise à realização dessa liberdade razoável no mundo do indivíduo empírico; é inadmissível toda ação cuja máxima seja a do ser particular, do desejo, do interesse individual; é inadmissível toda máxima que trate o ser finito e razoável apenas como finito, transformando-o assim em instrumento e objeto; é inadmissível toda máxima que não possa se tornar a máxima de todo ser razoável, que não possa se tornar a máxima de todo homem sem que a violência e a luta dos interesses pessoais destruam a comunidade, fora da qual o ser carente nem sequer conceberia a possibilidade da sua própria superação" (*Fm* 71).

teúdo de suas máximas vem da parte finita, necessitada, do ser razoável, pois a razão (a vontade), infinita em si mesma, "é perfeitamente incapaz de dar a si mesma interesses, tendências, necessidades; ela é, por isso mesmo, incapaz de formular máximas concretas, que se referem sempre a uma situação, vale dizer, à natureza carente do homem" (*Fm* 72). A razão pode, contudo, e é o máximo que ela pode, controlar as máximas do ser interessado para ver se elas correspondem ou contradizem a regra da universalidade; se, formalmente, elas produzem ou não uma contradição no mundo que a razão quer manter fora da violência.

A moral que alcançou o princípio da universalidade não promulga leis, ela verifica a legalidade de todas as leis existentes e das leis implícitas nas intenções. Essa moral é assim "negativa, porque formal. Semelhante ao demônio de Sócrates, ela sabe dizer não, ela nunca diz sim" (*Fm* 73). Ela não fornece uma regra concreta para agir, ela apenas preserva da falta.

A filosofia da moral não fornece uma moral concreta, ela apenas indica que "certos fins, e certos meios justificados por esses fins, são intrinsecamente imorais porque o homem aí é reduzido ao papel de objeto e porque visam a privá-lo da sua liberdade responsável e da possibilidade de encontrar a felicidade do ser razoável no respeito da humanidade nele e em todo homem" (*Fm* 77).

Não se trata, para a filosofia moral, de dar uma regra de vida nem de querer reduzir o indivíduo ao universal, pois isto o levaria ao silêncio e ao vazio[30]. Ela pressupõe sempre a existência do indivíduo finito,

30. Não tem razão E. McMillan, The significance of moral universality: the moral philosophy of Éric Weil, *Philosophy Today*, 21 (1977) 32-42, espec. 40 ss., quando sustenta que a afirmação weiliana da universalidade como o princípio moral corre o risco de perder o individual. Ao contrário, está correta L. Battaglia, Quelques remarques sur la *Philosophie morale*, *Pr* 201-211, aqui 203 s., quando afirma que "é tipicamente weiliana a temática dos 'direitos do indivíduo', fundados e garantidos, antes que negados ou comprometidos, pelo tão desprezado formalismo moral". De fato, é a universalidade que garante o valor infinito do indivíduo e funda em razão o direito do indivíduo à sua individualidade. A esse respeito, G. Kirscher, L'idée de modernité chez Éric Weil, in *Sept études sur Éric Weil*, Lille, 1982, 103-143, aqui 116 s., observa que "a modernidade se caracteriza pela universalidade formal, pelo formalismo ao qual Weil reconhece o grande mérito de ser o único compatível com a liberdade. O formalismo em moral significa que o indivíduo possui uma regra para pensar, para julgar, para buscar em uma

porém capaz de universalidade, indivíduo universalizável, porque esse mesmo indivíduo reconheceu na universalidade o princípio e o fim da questão que tinha posto a partir do momento em que começou a buscar *a* moral.

A filosofia moral não fornece ao indivíduo o contentamento a que ele aspira naturalmente, no sentido aristotélico do termo, que implica que essa aspiração não poderia ser frustrada naturalmente. A filosofia moral dá ao indivíduo a possibilidade de *pensar* o contentamento, e só a moral filosófica lhe oferece o meio indispensável, embora insuficiente, para alcançar esse fim. A filosofia moral não oferece nada mais, nada menos "que a possibilidade de transformar um sentimento, sempre revoltado e sempre de maneira vã, em vontade de ação para a realização de um mundo que satisfaça a toda exigência racional, isto é, universalizável do homem todo, do indivíduo na sua individualidade razoável, da sua razão essencialmente individualizada por uma moral histórica e no interior dessa moral" (*Fm* 83).

3.2. *O conteúdo da moral*

A conclusão da primeira seção da *Filosofia moral* poderia ser expressa com a seguinte afirmação: a moral comporta uma felicidade razoável[31]. Porém, a moral pura, formal e negativa, não existe sem relação a um conteúdo concreto que lhe vem da(s) moral(is) concreta(s), conteúdo exigido para que ela possa submeter ao critério da universalidade tudo o que nasce na realidade histórica. Por ser a vontade moral uma vontade de ação com vistas à universalidade, a eliminar da moral histórica tudo o que é contingente e arbitrário para a razão, tudo o que não pode ser universalizado, a filosofia moral se porá, então, "o problema filosófico da estrutura do mundo moral" (*Fm* 99).

Compreender a estrutura do mundo moral é compreender sua essência; fazer isso sem cair na concepção essencialista da moral é com-

livre reflexão, no risco da sua liberdade pessoal, um conteúdo para as circunstâncias presentes da ação". Voltarei à questão do formalismo e da liberdade no pensamento de Weil (cf. infra: 5. *Será preciso falar de novo em moral?*).

31. Cf. J. Catesson, art. cit., 365.

preender a totalidade das categorias que constituem a moral como moral[32]: "Quando a filosofia se volta para a moral concreta, não é para buscar como determinada moral impõe regra a determinado problema que se põe para essa moral particular e nessa moral particular; é para perguntar o que é um problema moral, como ele se põe e como ele é resolvido, qualquer que seja a moral" (*Fm* 108).

a. O dever (de ser feliz) como categoria fundamental[33]

A categoria que fixa o que é essencial para a moral, que delimita seu campo e o separa de todos os outros é a categoria do *dever*[34]. Essa categoria é de formação tardia, pois "a consciência categorial segue sempre a atitude vivida" (*Fm* 113). Contudo, para que o dever possa constituir o fundamento da moral, não é requerido que o conceito de dever tenha um papel preponderante na consciência teórica do indivíduo. O dever está presente em toda moral, mesmo quando não é expresso categorialmente. Com efeito, não há e não pode haver moral sem deveres; mas o dever como tal, o dever como conceito, entra na cena filosófica "com a descoberta do caráter fundador, não fundado, da liberdade razoável, descoberta que se deve a Kant (e, por uma parte não negligenciável, encoberta de novo por ele)" (*Fm* 114).

---

32. "Essas categorias, que não são as primeiras categorias filosóficas, pois são as de um domínio limitado e podem ser reduzidas às categorias filosóficas — ou a algumas dentre elas —, são os conceitos fundamentais em função dos quais os conceitos particulares às morais recebem seus lugares no todo do discurso moral, que assim se torna coerente ou, mais exatamente, mostra sua coerência ao fundar a coerência dos discursos morais particulares" (*Fm* 107).

33. Assim se formula a tese 15 da *Filosofia moral*: "O dever constitui a única categoria fundamental da moral. É a partir dessa categoria que se desenvolvem os conceitos determinantes do conteúdo de todo sistema moral positivo" (*Fm* 109).

34. O *dever*, categoria fundamental da moral, aparece no discurso infinito da filosofia, na categoria *Consciência*, cujo tema é a liberdade concreta na vontade razoável e na oposição dessa vontade à animalidade, à violência interior e exterior, e concebível somente nessa oposição à animalidade. A consciência funda a moral formal e negativa da universalidade, em uma palavra, a moral moderna. Ela é a afirmação da lei que o sujeito quer livremente por sua lei e no reconhecimento da qual conquista sua identidade e sua autonomia. Cf. G. Kirscher, art. cit., 116. Sobre a categoria Consciência, cf. *Lf* 329-369.

O dever existe para o indivíduo sob a forma dos deveres: "*o* dever é encontrado *nas* relações com o outro e consigo mesmo considerado (e tratado) como outro" (*Fm* 110). A multiplicidade dos deveres pode ser reduzida à unidade de um dever que assume todos os outros: *o dever de honestidade*. Com efeito, honesto é quem cumpre seus deveres porque é moral cumpri-los, não por medo das consequências por força da pressão social, política, econômica, das leis etc. O dever de honestidade, como síntese de todos os deveres, é o que torna possível uma vida em comum: "a possibilidade da não violência no interior de todo grupo humano repousa sobre a honestidade" (*Fm* 117).

A honestidade pode ser considerada o verdadeiro resumo de toda a moral positiva, mas ela não é a única a decidir se uma moral concreta é admissível ou não. Dito de outro modo, a honestidade é a condição necessária, não suficiente, da moralidade das ações. Os outros critérios, fornecidos pela moral formal, são: a universalidade da moral concreta, a sua praticabilidade, que implica a ausência de contradição interna à moral, e seu acordo com as circunstâncias em que a comunidade vive.

O dever é, pois, *a* categoria da moral. À primeira vista, ele aparece como *obrigação* nas relações com o outro. Entretanto, considerado mais profundamente, é evidente que "todo dever do homem moral é fundado no dever para consigo mesmo, que é dever de ser feliz" (*Fm* 125), embora, como também é evidente, o dever para consigo só se torne concreto nos deveres para com o outro[35].

35. Antes de considerar diretamente o conceito de dever para consigo mesmo, Weil enfrenta algumas objeções levantadas a este conceito. A primeira diz que, "se existem deveres para consigo mesmo, quem será o juiz do que é dever e quem avaliará se determinado ato, ou determinada intenção, é contrário ou não a esse dever?" (*Fm* 126) A objeção, segundo Weil, confunde dever e obrigação, constituindo o dever para consigo mesmo a partir do tipo de obrigação para com o outro. Visto que ninguém pode exigir o seu cumprimento, ninguém tem o direito ou a possibilidade de controlar a sua execução, e que não há juiz que me possa constranger a ele, o dever para comigo mesmo nunca pode se tornar uma obrigação. Uma segunda objeção diz: "Eu sou o juiz, eu sou também o acusado e, eventualmente, eu sou condenado e punido por mim mesmo: eu sou meu próprio perseguidor e a vítima da minha loucura persecutória" (*Fm* 126). Não se pode negar que o que se chama sentimento de culpa implique certas conotações psicológicas e frequentemente confine com a anormalidade; mas é inegável que "quem se julga não é necessariamente um angustiado, um enfermo, um louco, embora seja uma

O conceito de dever para consigo mesmo exprime o fato de que, para si mesmo, o indivíduo não é pura razão e não se reduz à sua parte razoável. Ele *pretender* ser razoável, ele *quer* observar a regra moral "porque ele se deve a si mesmo o ser razoável, porque escolheu ser feliz pela razão e na razão [...]. O dever para consigo mesmo se determina como o dever de ser feliz enquanto razoável" (*Fm* 131).

Dever de ser feliz: a fórmula parece chocante, mas o mérito de Weil consistiu justamente em "ter restabelecido a felicidade e o dever de ser feliz no âmago da moral"[36]. Efetivamente, aqui se encontra o núcleo mais íntimo da *Filosofia moral*, que deverá responder à questão sobre como é possível prender juntos os conceitos de *dever* e *felicidade*.

A felicidade de que se trata no contexto da moral universal não pretende, absolutamente, trazer ao indivíduo a satisfação de seus desejos, muito menos de suas necessidades. Na medida em que é indivíduo, o homem é ser finito e jamais se libertará de sua finitude. O que a moral lhe promete é que ele *poderá* ser feliz, "quaisquer que sejam as circunstâncias, as privações, os sofrimentos, na medida e somente nessa medida em que ele *quiser* ser feliz de uma felicidade razoável, no respeito da sua própria dignidade de ser razoável" (*Fm* 132).

Moral estoica? Se sim, é preciso ver em que sentido. Contudo, não se pode negar que a atitude do estoico revela uma verdade moral: "para o ser razoável, a sua própria indigência é um fato e não é mais que um fato, isto é, moralmente neutro, mais exatamente, de importância puramente material para a moral" (*Fm* 132). Queiramos ou não, a atitude do estoico é idêntica à de homens que aceitam sofrer até mesmo a mor-

---

das especialidades do angustiado acusar-se e se condenar sem razão" (*Fm* 129). Ademais, a apresentação positiva do conceito de dever para consigo mesmo ajudará a ver em que sentido o indivíduo moral pode ser, razoavelmente e em pleno equilíbrio, juiz e acusado na mesma pessoa. Uma última objeção apela para a tardia formação do conceito e para a sua ausência na maioria dos sistemas morais. Mas a objeção confunde universalidade com generalidade empírica: "o fato de toda verdade ter uma data de nascimento não faz que ela não seja uma verdade ou que seja menos universal" (*Fm* 130). É só com a revolução kantiana que a universalidade se torna o problema da moral, mas a partir dela a verdade que ela descobre permanece para sempre: "Não se escapará aos problemas do seu tempo alegando a situação não problemática de outras épocas" (ibid.).

36. J. Lebrun, Le devoir d'être heureux dans la *Philosophie morale*, *Pr* 311-320, aqui 311.

te por uma causa considerada boa, isto é, por uma causa que não é a do indivíduo em sua individualidade, mas que se torna sua na medida, e somente nessa medida, em que ele se submete a um universal que ele pode razoavelmente querer.

Pode-se objetar que, mesmo aceitando esse conceito de felicidade, o homem nunca será feliz. Mas é a objeção que deve produzir as suas provas! O que se tem direito de afirmar é que o homem será razoável e feliz, na medida de suas forças essencialmente limitadas, somente na medida em que ele conseguir fazer predominar sua razão sobre suas tendências, instintos, paixões, mesmo sabendo que jamais conseguirá isso completamente: se é seu dever ser feliz, esse dever deverá permanecer sempre dever, dever-ser, sempre inacabado. A felicidade do indivíduo razoável não pode ser algo estático ou acabado, porque ela é a "consciência da dignidade do próprio ser e das próprias decisões, de uma dignidade que, sempre de novo, deve dar provas dela mesma" (*Fm* 134)[37].

É sempre possível, seguindo o exemplo de Hegel, zombar do estoicismo ou da não realidade do que sempre deve ser e nunca é. Entretanto, a afirmação da autarquia do ser razoável é verdadeira, por pobre que seja o seu conteúdo. Ademais, é sempre verdade que o que existe no modo do dever-ser, existe como a expressão da possibilidade humana fundamental, que é a de poder negar, pelo discurso e pela ação, todo dado, até mesmo o da sua própria natureza de indivíduo empírico: "o dever-ser exprime, para o próprio indivíduo, a força mais real que existe para ele, força suficientemente grande para arrancá-lo da natureza, pela possibilidade da morte livremente escolhida" (*Fm* 134). Em quaisquer circunstâncias, o indivíduo poderá ser feliz ao se moralizar, não de uma

37. Weil sustenta que o conceito de dever para consigo mesmo foi desacreditado pelos que o aceitaram, na medida em que o interpretaram como o fundamento de uma espécie de relação jurídica do indivíduo para consigo mesmo, independentemente de qualquer condição histórica, de qualquer moral concreta e de qualquer relação com os outros homens. Kant, por exemplo, dele deduz a interdição absoluta do suicídio. Não é o caso de discutir aqui a fragilidade da argumentação kantiana que, segundo Weil, "não é mais que uma *racionalização* da interdição religiosa (perfeitamente válida no quadro de uma moral histórica determinada)" (*Fm* 136 nota). Basta observar que os argumentos dados por Kant não procedem do dever para consigo mesmo, mas do dever para com o outro.

felicidade estática, de uma felicidade sem tentações, sem perigos, mas de uma felicidade que dá suas provas na medida em que o indivíduo quer ser feliz razoavelmente.

O único dever que o estoicismo conhece é o dever de ser feliz, fundamento de todo dever para consigo mesmo; e que seu cumprimento, isto é, a virtude, é a própria felicidade. Também Kant, inspirado em Epicuro, exige "a satisfação do indivíduo na sua totalidade e o exige para todo indivíduo, fazendo disso uma exigência da própria razão, mas que, considerando como impossível a realização dessa felicidade-satisfação nesta vida, deduz daí a necessidade universal, portanto a legitimidade de uma fé da razão num reino da justa recompensa" (*Fm* 136)[38].

Contra a tese estoica, Kant reconhece a existência de necessidades e de desejos irredutíveis do ser que não é razão, mas apenas razoável. Mas para poder introduzir na sua moral essas necessidades e desejos, contrariamente ao seu princípio de pureza transcendental da moral, ele se vê obrigado a se servir de uma noção empírica, a noção de natureza humana, dado que ele é incapaz de deduzir a legitimidade das exigências naturais de uma lei *a priori*. Assim, a tese de Kant, por um lado, é superior à tese estoica pelo fato de admitir a necessidade e de não fazer da *razoabilidade* total e absoluta uma possibilidade do indivíduo empírico, que permanece sempre apenas razoável, mas, por outro lado, a moral estoica evita o escândalo da moral kantiana, que se vê obrigada a repetir sem cessar que "o homem moral não pode não pedir uma satisfação que, enquanto moral, ele nunca deve visar" (*Fm* 137)[39].

---

38. Kant, portanto, mantém o ideal estoico, mas nega que o justo sentimento da própria dignidade, do mérito moral, e a felicidade do indivíduo total, tenham entre si uma ligação empírica ou necessária: "a felicidade completa é situada na obtenção da satisfação, sob a única condição de que ela seja moralmente merecida — ideal, cuja realização é, se não impossível, pelo menos não assegurado sobre a terra" (*Fm* 136).

39. "Os estoicos esquecem que o homem não é razão, mas irredutivelmente indivíduo razoável; Kant, que se lembra do caráter *necessitado* do homem, apenas se lembra, e a regra moral do homem e sua natureza finita permanecem dois fatores separados, coexistentes, é verdade, mas não colaboradores, *fatos* irredutíveis, e situados em planos incomparáveis, não aspectos diferentes do mesmo ser. Levando ao limite, dir-se-ia que o fundamento que Kant dá à sua moral é puro estoicismo, mas que sua crítica do estoicismo é fundada, e que, consequentemente, sua própria posição é exposta à sua própria crítica" (*Fm* 137).

Aparece aqui a tarefa que Weil atribui à sua filosofia moral: não se trata de escolher entre a tese estoica e a crítica; ao contrário, trata-se de mostrar "que as duas podem ser pensadas a partir de uma unidade mais profunda" (*Fm* 137). O núcleo do pensamento de Weil afirma que esse resultado só poderá ser alcançado se a moral for fundada sobre a vontade pura de felicidade do ser razoável: "a exigência da satisfação do indivíduo só será justificada como razoável se for possível mostrar como ela se desenvolve a partir desse princípio formal de felicidade formal — como ela se desenvolve significa como ela se determina ao determinar no concreto o princípio formal da universalidade sem a qual ela seria apenas um dado e sujeita à negatividade do ser que, mesmo se querendo concreto, quer também ser livre" (*Fm* 137 s.). O conceito de dever para consigo mesmo exprime assim a unidade indestrutível da vontade do indivíduo razoável que, ao escolher ser razoável, "se recusa ao nada da inação e do silêncio" (*Fm* 138).

Tal como é tomado aqui, o dever para consigo constitui a totalidade do dever do homem moral. Porém, para o homem moral, o dever para consigo só aparece em contraste com o dever para com o outro e "só se torna real por essa referência aos outros" (*Fm* 141). De fato, o homem moral não vive só, e a universalidade só pode ser visada na generalidade dos desejos em conflito. Querer ser razoável, tender para a felicidade só é concebível num mundo de razão, de coerência, de felicidade já de algum modo presentes.

O ideal da vida moral, a *sabedoria*, é um ideal que orienta a vida sem que a vida jamais o alcance totalmente. No sentido estrito do termo, a felicidade do sábio não existe, pois a felicidade que existe é a de um ser para quem a infelicidade é uma possibilidade sempre presente. Contudo, a todo momento o homem pode provar que é capaz de se submeter à razão em si mesmo e vencer o que o divide. O que lhe é vetado é uma felicidade estática, que não fosse vitória sempre renovada, sempre precária, ou que fosse o gozo de uma vitória definitiva, que tornasse supérflua toda luta ulterior.

O dever do homem moral é dever para consigo. Dado que o homem moral é homem de discurso e ser no tempo, ser finito que pensa o infinito e assim quer ser infinito sem chegar a sê-lo, o dever para consigo só se determina e só existe sob a forma do dever para com o outro: "é somente enquanto está em contato moral com outros seres humanos que ele está em contato moral consigo mesmo, e ele só pode desenvolver o conceito, e o sentimento, de um dever desse tipo na medida em que tem a ver com os outros" (*Fm* 142).

b. A justiça, princípio de universalidade no mundo

O dever para consigo mesmo é primeiro, mas sua apreensão é reflexa. Só se entra em contato consigo mesmo porque se está em contato com os outros. O homem moral não é isolado porque, isolado, ele não seria moral. O dever para consigo mesmo só se torna apreensível e real pela mediação do dever para com o outro, e o dever para com o outro é circunscrito pelo conceito de *justiça*: "A justiça exige que eu trate o outro como a mim mesmo e a mim mesmo como outro: antes da ação, todo indivíduo é, para a moral, equivalente a qualquer outro indivíduo" (*Fm* 143). O conceito de justiça, porém, deve ser entendido como formal e negativo, na medida em que ele exprime o princípio de universalidade no interior do mundo histórico, e na medida em que, aplicado em sua negatividade ao mundo positivo, dá a esse mundo sua estrutura moral.

O dever fundamental de justiça se desenvolve por referência à moral concreta, pois ele estrutura moralmente as relações entre os indivíduos no interior da comunidade. Ora, como a existência da comunidade é condicionada pela possibilidade de relações e de comunicações de confiança entre os indivíduos, então o dever de justiça dá origem ao dever de *veracidade*: "toda falta contra a veracidade constitui um pecado contra o princípio da vida em comum e um perigo para a possibilidade da existência moral, isto é, razoável e cujos atos procedem da justiça: para o mentiroso, o que é enganado é um objeto manejado, não o seu igual" (*Fm* 147).

Por isso é importante, nesse contexto, "dissipar um erro que não é menor por ser o de um grande filósofo" (*Fm* 147). Weil toma decididamente posição contra Kant, quando este afirma a necessidade absoluta de dizer a verdade, quaisquer que sejam as circunstâncias[40]. Kant

40. Cf. I. Kant, *Sur un prétendu droit de mentir par humanité*, Paris, 1967, 67-73.

sustenta que, se interrogado por um assassino, sou obrigado a revelar o paradeiro daquele que ele quer assassinar. A razão é que, ao mentir, destruo o crédito de todas as minhas afirmações e assim privo de força todo direito fundado em um contrato.

O raciocínio de Kant, contudo, não se sustenta, e não por questões de sentimento! Segundo Weil, "o que decide a questão é que o assassino do exemplo rompeu o contrato da não violência" (*Fm* 148). Tendo optado pela violência, ele não tem mais direito de exigir nada de seus concidadãos, pois a violência já destruiu toda legitimidade e todo direito: "Não existe mais obrigação diante de quem me trata como puro meio para obter seus fins arbitrários" (*Fm* 149)[41]. Em certas circunstâncias existe não só o direito, mas até mesmo a obrigação de mentir, o que não traz nenhuma justificação ao mentiroso habitual: "é preciso que, em cada caso, esse direito seja estabelecido pelo recurso ao único critério moral, o da universalização possível" (ibid.).

O dever fundamental de justiça também dá origem ao dever de coragem[42]. Do ponto de vista da filosofia, a justiça é também coragem moral, virtude de quem aceita que a moral concreta se interponha entre o critério formal da universalidade e suas próprias máximas: "a coragem de quem se compromete a agir, não só segundo a moral concreta, mas também sobre essa moral, que ele se sabe estar obrigado a tornar mais universal e, portanto, mais moral" (*Fm* 152).

41. Escreve Weil: "Em última análise, o erro kantiano provém de seu esquecimento da função da moral formal e filosófica, que não é nada senão em referência a uma moral concreta, que ela pode e deve julgar, mas cuja existência sempre pressupõe. As máximas que devem ser submetidas ao imperativo categórico não podem ser dadas pelo imperativo; elas só encontram seu conteúdo senão em função do interesse 'natural' e só se tornam universalizáveis na medida em que o interesse o é; ora, esse interesse, por sua vez, é função da moral concreta" (*Fm* 149). Nesse sentido, tem razão C. Golfin, art. cit., 450, quando diz que "o valor reconhecido à moral concreta dá ao formalismo de Éric Weil um alcance realista que não tinha na estrita tradição kantiana".

42. Weil observa que a moral kantiana se distancia de toda a tradição pelo fato de não tratar das *virtudes cardeais*. Quanto à coragem, por exemplo, a ausência de um tratamento particular na moral kantiana é algo curioso, visto que, como Weil observa, se ela tivesse tido um papel importante na reflexão kantiana, o dilema da veracidade acima discutido não se teria produzido: ele teria podido afirmar a necessidade de reagir ao assassino, ou de aceitar a morte decorrente da recusa de lhe dar a informação exigida. Cf. *Fm* 149 ss.

A verdadeira coragem moral não se esgota na disposição ou decisão de enfrentar a morte, desde que o serviço da moral o exija. O homem que enfrenta a morte não é necessariamente o que dá maior prova de coragem moral. Com efeito, morrer é pouca coisa para o ser moral, pois, "uma vez saído da vida, ele não só está livre de todo sofrimento, de todo perigo, de toda dor, mas também está livre de todo problema moral, em particular do mais grave de todos, o da moralidade da moral concreta sob a qual ele vive e sem a qual ele não saberia viver moralmente" (*Fm* 153).

A verdadeira coragem moral se prova na moralização da moral concreta em que se vive, na sua universalização progressiva e, ao mesmo tempo, no reconhecimento de sua imoralidade e de sua impureza. É ato de coragem do mais alto grau aceitar que é em uma moral impura, porque histórica, que se deve agir de maneira pura, não com vistas a um ideal cuja característica principal seria a de permanecer irrealizável, mas para a "moralização do mundo e do indivíduo *hic et nunc*" (*Fm* 159).

c. A *prudência, sabedoria prática para a decisão*

"Ao dever de justiça, primeiro e fundamento de todos os deveres para com o outro, corresponde o dever de prudência moral, resumo de todos os deveres fundados sobre a justiça e que determina a maneira de sua realização na comunidade, tanto diante dela como diante dos indivíduos que a compõem" (*Fm* 159). Assim se formula o *caput* da tese 18 da *Filosofia moral.* O dever de prudência é o que tempera todos os outros, particularmente a coragem, e é o dever que "torna praticáveis os deveres de justiça" (*Fm* 160)[43].

---

43. "Só o homem prudente saberá o que é ser justo numa situação determinada, ser verdadeiro, ser corajoso, limitar em si mesmo seus interesses e desejos dos quais ele sabe não poder se desfazer sem renunciar a toda ação moral. É pela prudência que as implicações formais da exigência de universalidade são desenvolvidas, no mais alto grau de concreto que possa esperar a reflexão formal. É nela que se subsumem todos os problemas concretos que se põem ao ser moral se ele recusa a negação do mundo e a pureza vazia, se ele quer agir moralmente e, no seio de uma moral concreta, se quer moral" (*Fm* 161).

A prudência se apresenta como dever formal; porém, é o mais próximo do ato que se segue à decisão moral, porque ela põe as últimas questões morais a que só a decisão e o ato que lhe segue poderão responder. O problema da prudência pode ser definido como o da "relação entre a qualidade moral das máximas e a responsabilidade moral pelas consequências dos atos inspirados por essas máximas" (*Fm* 161). A importância da concepção weiliana da prudência para sua filosofia moral se mostra na solução de um dos mais espinhosos problemas da reflexão moral sobre a moral, a saber, o da oposição entre uma moral de intenções e uma moral de consequências. Mais uma vez, é por oposição e por referência a Kant que Weil decide a questão.

Sabe-se qual é a posição de Kant: o indivíduo só tem de agir segundo sua consciência para estar em paz. Quanto ao resto, "tem-se o direito de se contentar com um 'seja-o-que-Deus-quiser'" (*Fm* 162)[44]. Weil, porém, não reduz o problema a uma simples oposição entre duas morais. Em sua reflexão, assiste-se a uma rigorosa tentativa de resolver coerentemente o problema da escolha razoável, sem renunciar ao princípio de universalidade e à sua aplicabilidade. Não se trata de optar por uma ou por outra dessas duas morais. Trata-se de mostrar que esse dilema não existe para quem quer ser moral no mundo: "basta considerar as implicações — e as exigências — de uma moral só da pureza para ver que, de fato como de direito, só existe uma escolha, que já foi feita, aquela entre uma moral da ação e uma moral do silêncio e do retiro total" (*Fm* 163).

---

44. Weil observa que esse abandono das consequências produz uma contradição no interior da moral kantiana. O imperativo categórico só se aplica às máximas com a ajuda de uma referência explícita, e inevitável, às consequências: a máxima é imoral se, pensada como universalmente seguida, ela produz um mundo incoerente, um mundo da violência e da desrazão. Entre os exemplos que Kant fornece para ilustrar sua posição, nenhum se compreende a não ser em virtude do que produziria na realidade a sua máxima transformada em lei natural: seu caráter moral ou imoral só pode ser determinado por referência aos resultados da ação. Kant, porém, não deixou de ver o problema, como o nota Weil: "Toda a *Típica da judiciária prática* é consagrada a ele; mas, na medida em que ela o resolve, ela mostra também que o imperativo categórico, para agir, pressupõe a vontade de felicidade razoável (e que essa felicidade não é só artigo de esperança para uma vontade que só busca a pureza de seus motivos). Aqui, como em toda parte, a dificuldade vem de que a regra moral não é deduzida, mas descoberta a título de *fato*" (*Fm* 162 nota).

A solução de Weil revela a extraordinária coerência de seu pensamento moral, que parte sempre do concreto e vai em direção da universalidade, e que volta ao concreto pela mediação da prudência. Toda moral da ação exige, a um só tempo, a pureza das máximas, isto é, a possibilidade de universalização, *e* a prudência da ação e da máxima: a máxima deve ser pura *e* prudente. Não é uma questão de escolha, pois essas duas exigências são irrenunciáveis para quem quer ser moral *hic et nunc*[45]. A contradição da moral kantiana, e de toda moral só da pureza, provém do esquecimento de que toda moral pura exige a existência de uma moral histórica, sem a qual aquela é apenas pura: "é *nessa* situação moral presente que é preciso buscar a moralização e agir em vista de um bem maior, portanto, em vista da situação moral que resultará de minha ação" (*Fm* 163).

Weil não nega nem ignora que o poder do homem, por não ser absoluto, implica que sua responsabilidade pelas consequências de suas ações também não possa sê-lo. Porém, é evidente que há uma diferença essencial entre responsabilidade limitada e ausência de responsabilidade. É certo que tragédias podem se produzir na realidade[46], mesmo quando se age conscienciosamente. Nesse caso, contudo, todos estão de acordo em afirmar e em reconhecer que o indivíduo que fez tudo para evitar a tragédia tem o direito de se ater à pureza de sua máxima e ao valor de seu esforço.

Por isso a prudência, na qualidade de sabedoria prática que determina a execução da ação moral, constitui um dever, ao mesmo tempo que funda o conceito de uma *escusa válida*: "a do homem que fez seu possível para ter sucesso num projeto moral e que só fracassou porque, materialmente, não podia ter sucesso" (*Fm* 166). Mas o homem moral não é o que se absolve facilmente, porque tudo que tem necessidade

45. Cf. L. Battaglia, art. cit., *Pr* 201-211. Esta comunicação ao Colóquio de Chantilly (1982) traduz fielmente este ponto do pensamento de Weil. A autora, em seguida, propõe uma distinção entre duas significações do termo razão, que estariam superpostas na filosofia de Weil e, desta hipótese, tira conclusões que, a meu ver, não se aplicam ao pensamento de Weil. Ver minha recensão do volume das Atas do Colóquio in *Síntese* (Belo Horizonte), 32 (1984) 91.

46. Sobre a noção de trágico na filosofia de Weil, cf. A. Gouhier, Dialectiques et tragédie, *Pr* 251-258.

de desculpas é moralmente deficiente. A consciência da inadequação do homem à razão, consciência de seus limites, é, ao mesmo tempo, exigência permanente de moralização: "a vida moral começa a cada instante e só tem um futuro, o passado cai no domínio da individualidade histórica e faz parte do que no presente deve ser moralizado com seu passado, com as faltas do seu passado, com os traços presentes desse passado" (*Fm* 167)[47].

A prudência também torna o homem moral capaz de compreender e perdoar a falta moral (a sua e a do outro), mas visando ao futuro: "ele não esquecerá que o que compreende e perdoa tem necessidade de compreensão perdoante e é, portanto, em si moralmente incompreensível e imperdoável" (*Fm* 171). A prudência o obriga a perdoar para que "uma moral mais pura torne-se aceitável e acessível aos homens de seu tempo tais como eles são, para que deixem de ser o que ainda são" (ibid.).

Dever que resume todos os outros, a prudência é sabedoria prática de ação no mundo. Não existe maior falta contra a prudência do que querer ser demasiado prudente, "dessa má prudência que se crê inteligente, porque compreendeu que a espera é mais confortável que a decisão" (*Fm* 175). A prudência exige o conhecimento do mundo e da história, o conhecimento dos homens e de si próprio, para tornar mais eficaz a ação do homem moral no interior do mundo e da comunidade que ele quer moralizar.

A moral não quer ser somente pregada, mas quer ser realizada entre os homens. A moral não é acreditada só por meio de discursos morais. Se os homens devem buscar sua dignidade e a paz consigo mesmos na razão, se a moral deve se realizar, é preciso que a justiça penetre no

47. No domínio da prudência, o caráter finito do homem funda uma *escusa válida*, mas não autoriza o recurso indiscriminado à finitude do ser humano para *explicar* qualquer erro. A finitude do homem não estabelece nenhum *direito à irresponsabilidade*. Aqui, como sempre, é o recurso ao conceito da moral concreta que permite evitar o apelo indiscriminado ao conceito de escusa válida, e que permite circunscrevê-lo melhor: "é escusa válida a que é reconhecida na e por uma moral determinada — proposição que só aparentemente constitui uma identidade, porque ela faz depender a validade da escusa dada pelo indivíduo do reconhecimento dessa escusa pela comunidade moral" (*Fm* 168).

mundo: "Não basta conceder a todos e a cada um o direito de comer o suficiente se se recusa a determinado grupo a possibilidade de adquirir seu alimento, não é suficiente permitir a cada um elevar-se a todas as funções que correspondem a seus direitos se não se o ajuda a descobrir e a cultivar seu talento, é inútil reconhecer a todo cidadão a liberdade politica e social se, ao mesmo tempo, se o situa (ou se o deixa) em condições tais que só a venda dessa liberdade lhe fornece o estrito necessário" (*Fm* 182). A lista de exemplos poderia continuar.

A moral só poderá ser realizada no mundo, só poderá informar a vida e o mundo dos homens se levar em conta as necessidades e os desejos desses homens que ela quer moralizar. Nesse mundo, a justiça não é uma virtude facultativa, mas constitui obrigação absoluta para qualquer um que queira ser moral: "obrigação absoluta e, por essa mesma razão, obrigação que é preciso interpretar a cada momento segundo a obrigação igualmente absoluta da prudência" (*Fm* 183)[48]. A conjugação do dever de justiça com o de prudência conduz à política. Weil não desenvolve aqui este tema, anterior e amplamente tratado em sua *Filosofia política*[49], visto que se trata aqui da moralização do mundo apenas na medida em que esta tem importância para a moralização do indivíduo.

É importante, contudo, não perder de vista que a prudência se torna concreta na medida em que obriga o indivíduo a trabalhar pela moralização do mundo, pela implantação da justiça. Nenhuma oposição, portanto, entre justiça e prudência, nenhuma necessidade de escolher entre elas, pois uma não existe sem a outra, e o problema moral concreto é precisamente "fazer que as duas não se contradigam" (*Fm* 186). É verdade que justiça e prudência têm em vista um mundo no qual o

---

48. Weil reconhece, a propósito, a grande descoberta hegeliana do *reconhecimento*: "Hegel foi o primeiro a ver que o que o homem pede antes de qualquer outra coisa é ser reconhecido como livre e razoável pelos outros, pela comunidade e pelas instituições. Reconhecimento real, não só reconhecimento de princípio e de declarações: meu valor humano, meu valor de homem não é reconhecido quando todos declaram que não sou um animal, uma planta, um mineral; ele o é quando se reconhece meu direito a tudo o que é reclamado como direito por qualquer um a título de ser humano: condições de vida materiais, intelectuais, morais" (*Fm* 183).

49. Weil tratou mais detalhadamente a questão em sua *Filosofia política*. Cf. *Fp* 66-72.

indivíduo vive e só se realizam nele. Elas, contudo, permanecem deveres para com os homens, e "elas só constituem deveres porque são as condições da felicidade razoável do indivíduo" (*Fm* 186).

3.3. *A vida moral*

A vontade moral é vontade de *agir* com vistas à universalização, para eliminar da moral histórica tudo o que é contingente e arbitrário para a razão. Assim, embora puramente formal e negativa, a filosofia moral não pode não refletir sobre o que é preciso fazer no interior da sociedade, não para oferecer uma série de regras ou de prescrições para a ação, mas porque a filosofia moral reconhece que a moral filosófica se refere a um mundo humano e à sua história. Assim, a vontade de universalidade se torna compromisso com a realidade[50], pois o princípio novo que a moral da universalidade descobriu, a saber, o da liberdade na responsabilidade, é princípio de pensamento tanto quanto de ação.

Isto significa que a moral não é apenas para ser pensada, mas para ser vivida porque ela quer ser vivida. A realização da moral filosófica é a vida moral, vida humana informada pela moral, na qual o dever será realizado, não por obrigação, mas por ele mesmo[51]. A vida moral "não é o festim dos deuses, dos anjos ou dos aristocratas da virtude, dos quais os pobres não recolhem senão as migalhas; ela é a felicidade razoável que cada um busca e constrói na medida dos seus desejos, dos seus dons, da sua vocação"[52]. A exigência moral só tem sentido se ela se propõe ser real e realizável.

a. A moral é real no indivíduo moralizado

"A moral é real como moralização" (*Fm* 193). Isso significa que a primeira e mais importante tarefa do indivíduo moral é se moralizar progressivamente, isto é, *informar* progressivamente suas paixões, inte-

---

50. Cf. J.-F. SUTER, Politique et morale selon Éric Weil, *Studia Philosophica*, 22 (1962) 174-190, espec. 184 s.

51. Cf. J. CATESSON, art. cit., 367.

52. Cf. R. SAINT-JEAN, Philosophie morale, *L'École*, 15 (1962) 651-655, aqui 651.

resses e tendências pela razão, de modo que transforme sua divisão interior de vontade de rebelião contra a razão em vontade de coincidência com ela.

A moral quer informar a vida do indivíduo em sua totalidade, justamente porque quer informar o que não é moral e que, por isso mesmo, se refere à moral. Isso implica o trabalho constante do indivíduo, que sempre terá algo a submeter à razão, dado que o esforço de moralização o conduz sempre mais para si mesmo, isto é, para se descobrir e se conhecer sempre mais intimamente em sua individualidade concreta e irrenunciável.

É o esforço de moralização que revela ao indivíduo seu caráter e sua razão, que torna seu caráter razoável e sua razão vivente. É o esforço de moralização que, enfim, leva o indivíduo a *amar o seu dever*, a ser verdadeiramente moral, pois "se não chego a amar meu dever, se o dever permanece meu inimigo e meu tirano, conhecerei a moral, mas não serei moral" (*Fm* 197)[53].

Encontramos assim o conceito aristotélico de *héxis* (*habitus*): "o homem leva uma vida moral quando o cumprimento do dever se tornou natural para ele, um estilo de vida, uma atitude espontânea" (*Fm* 197 s.). O hábito designa a *espontaneidade adquirida* da ação e da reação moral, fruto da educação, do exercício prolongado, em poucas palavras: fruto de uma vida moral. Esse conceito também pode ser compreendido como uma *segunda natureza*, adquirida pelo indivíduo graças à educação, ao hábito de submeter sua individualidade ao critério da universalidade.

Todavia, o indivíduo permanece sempre indivíduo. Eis por que ele sempre deve ser educado. Na medida em que é indivíduo, ele não muda; porque é educado, a sua situação se transforma completamente em uma história que é a da sua educação. Não se pode negar que a humanidade progride e, libertando sempre mais o indivíduo da pressão da natureza exterior, liberta-o, na medida desse progresso, dos desejos

53. C. Golfin, art. cit., 450, mesmo criticando sob alguns aspectos a filosofia moral de Weil, reconhece que seu "pensamento austero" é atravessado por uma "alegria pressentida", justamente porque nele o dever é "um dever que exige ser amado", e que "a simples leitura de certas páginas [da *Filosofia moral*] nos incita a uma vida melhor".

que, ao serem satisfeitos para todos, tornaram-se desejos de todos. É, pois, permitido falar de um progresso moral da humanidade. Mas isso não significa que o indivíduo algum dia nascerá perfeito e que a luta da sua razão com o que ela descobre nele de desrazoável estará, algum dia, terminada. A violência é sempre capaz de se declarar insatisfeita, e isso hoje é mais do que nunca evidente![54]

O indivíduo moralmente educado é o que todos chamam de virtuoso. A filosofia moral parte da acepção comum de virtuoso, reconhecido como "o homem que não só cumpre as obrigações que lhe impõem a lei e os costumes, mas que não se contenta com a simples obediência" (*Fm* 213). Ao levar a sério esta definição de virtuoso, a filosofia descobre que ela indica a existência nele de uma espécie de *sensibilidade moral*, pela qual ele "supera a moral concreta tal como é vivida 'normalmente'" (*Fm* 216), justamente porque leva a sério os princípios dessa moral. O virtuoso, neste sentido, não é original: ele simplesmente vive a moral e encontra nela uma felicidade que os que se contentam com a observância exterior não encontram.

Sem ser original e sem buscar a originalidade, o homem virtuoso produz uma nova moral concreta, na medida em que pensa a sua moral e a vive intensamente. Ele exerce, assim, o que se pode chamar de *inventividade moral*, uma realidade 'de natureza poética", que caracteriza "quem transcende a moral do seu tempo e da sua comunidade" e "realiza aquilo que, até lá, ninguém tinha seriamente exigido", e "realiza-o positivamente" (*Fm* 220). Isso não significa que a inventividade moral seja o apanágio de seres excepcionais, de gênios que surgem nos momentos de crise moral de uma comunidade: "A invenção moral é exigida de cada um, pois só ela dá a possibilidade de viver a moral e de viver moralmente" (*Fm* 221).

Nos momentos de crise moral da comunidade, a inventividade moral se manifestará na busca de um novo discurso moral que expresse as

54. Que o indivíduo *deva se moralizar significa que ele não é moral*, que "a cada instante o homem pode cair na violência, seguir o desejo e a paixão" (*Fm* 208); mas que ele pode ser moral, informar a sua vida pela moral, sob a condição de admitir que sua moralização nunca é definitiva e só poderia ser se o indivíduo se tornasse um deus ou uma pedra. Voltarei sobre a questão da violência ao tratar do mal radical.

novas exigências morais criadas no interior da comunidade e já suficientemente generalizadas para suscitar uma crise[55]. O primado do sentimento no nível da moral vivida, o primado da *sensibilidade moral do virtuoso*, fonte de sua inventividade moral, não suprime a importância do discurso: "A vida moral tem o seu lugar nos limites e sob o controle da lei moral e no contexto de uma moral histórica; o sentimento informado que *inventa* essa vida deve passar ao conceito e deve se pensar, se exprimir num discurso coerente e universal que visa a uma vida, não a uma reflexão, moral" (*Fm* 221 s.).

É certo que o discurso nasce nos momentos de crise, quando a moral da comunidade *não é mais evidente*. Porém, se ele nasce da incerteza do sentimento, é para sair dela que ele nasce e para que a nova moral possa de novo *ser evidente* no interior da comunidade. Vida e discurso estão em perene interação[56].

Não existe vida moral sem discurso, nem discurso moral que não modifique a moral concreta. Do mesmo modo, não existe vida moral do indivíduo solitário, pois a moral não habita essencialmente as solidões. É verdade que a vida moral é sempre a do indivíduo, porque a felicidade que ele busca e que a vida moral lhe promete é sempre a *sua* felicidade. Ademais, ele não pode se pronunciar sobre a felicidade dos outros, menos ainda obrigar alguém a ser feliz. Porém, a busca da felicidade não é uma aventura solitária; ela é solidária, se não por outras razões, fundamentalmente porque a universalidade é seu princípio e sua regra.

---

55. Como se viu na *Lógica da filosofia*, a atitude vivida precede sempre a categoria, e a atitude se supera a partir do momento em que chega a formular a sua categoria. Como o próprio Weil diz: "o que à análise aparece, legitimamente, como conceito insuficiente, é primeiro sentido *e* ressentido como escândalo moral, como pedra de tropeço" (*Fm* 220).

56. "Positivamente, a inseparabilidade do discurso e da vida da moral se mostra na interação dos dois. Não existe moral humana, por primitiva, por tradicional e tribal que ela seja, que não se expresse num discurso. [...] Insuficiente segundo o critério de um pensamento que tomou certa consciência da sua própria natureza, ele não deixará de ser o verdadeiro discurso para os que nela exprimem o que consideram justo, bom, moral; não saberíamos nada das morais históricas diferentes da nossa (das nossas), se essas morais não tivessem falado e não continuassem falando por meio de seus documentos, seus monumentos, suas instituições" (*Fm* 228 s.).

b. As relações morais na vida moral

"É no nível da vida moral que se põem e se resolvem os problemas das relações morais entre indivíduos" (*Fm* 231). Esta tese enfrenta um problema que até então estava latente na reflexão weiliana. É o indivíduo que é ou não é moral, que quer ser feliz, que tem deveres para consigo mesmo, para quem os deveres para com os outros se fundam na sua vontade de felicidade razoável. O outro é seu igual porque também ele busca viver sua felicidade de ser razoável e finito. Como, então, pode haver relações morais? Como pode haver julgamento moral, como pode haver leis, e como dizer que os problemas da vida dos homens reunidos em comunidade têm uma importância moral?

A moral, antes de tudo e depois de tudo, é busca da felicidade razoável, mais exatamente, da *minha* felicidade razoável. Ela é juízo dirigido sobre mim mesmo, e juízo adequado, porque sou responsável diante de mim mesmo até pela minha ignorância sobre minha natureza, meu caráter, minhas paixões e tentações. Meu juízo sobre os outros, seja ele favorável ou desfavorável, "depende da minha moral, e é uma tautologia dizer que se julgam os outros sempre em função de seus próprios princípios" (*Fm* 235). Esse juízo, contudo, é secundário. Em última análise, é sempre para si mesmo que se opta por uma moral e é por essa opção que se é responsável diante da própria razão.

Porém, em se tratando das relações morais no interior da vida de uma comunidade, relações reais porque legais, mais uma vez o *formalismo* da moral universal mostra, ao mesmo tempo, sua força e seus limites, pois só o formalismo é capaz de conciliar a espontaneidade e a lei. A lei, com efeito, não é a inimiga dos sentimentos e da vida: "ela os informa" (*Fm* 235). Não é contra, mas à luz da lei que a vida, a espontaneidade, o sentimento se desenvolvem. A lei é a condição formal de união entre os homens no interior de uma comunidade.

É verdade que se pode viver legalmente sem ser virtuoso (moralmente), mas daí não decorre que a lei seja supérflua. Pelo contrário, justamente por ser formal é que ela permite distinguir o que é arbitrário do que não o é[57]. Se o princípio de universalidade se reduzisse a uma

57. Weil afirma que o que é verdade sobre a lei vale também para os outros conceitos da moral: "termos como dever, virtude, sentimento, vida vivida, espontaneidade

série de prescrições e interdições, ele seria incapaz de informar a vida. É justamente por ser formal, e não ser senão formal, que ele pode fundar a busca de uma felicidade razoável na satisfação das necessidades justificadas de todos e de cada um.

O homem moral não é um solitário e não quer sê-lo. Todo o conteúdo de sua vida e de sua reflexão lhe vem do exterior. Ele não esquece que o princípio que dirige sua moral, nascido e tornado compreensível somente a partir da moral concreta, só se torna eficaz, nele e para ele, graças à mediação de uma moral concreta. A moral pura pressupõe a existência agente de uma moral concreta, "de uma moral que leve em conta os desejos do indivíduo empírico normal para sua época, isto é, historicamente razoável e universal em seu ser finito". A vida moral é vivida no nível da moral concreta, e esta não é mais que "a organização sensata da vida em comum dos homens que compõem o grupo" (*Fm* 238).

O julgamento moral não constitui a essência da moral, mas a vida moral não pode não se pronunciar sobre a moralidade dos atos no interior da vida do grupo. E, com efeito, "o julgamento moral é a expressão mais clara das relações entre indivíduos" (*Fm* 241). O julgamento moral faz parte da vida moral porque esta é vida em comum de indivíduos que querem ser morais.

Ora, o julgamento é sobre os atos[58], mas os atos revelam o caráter da pessoa, que se mostra no contexto da moral concreta. O julgamento é inevitável, mas nunca é sem apelo, pois "os atos revelam o caráter, mas não poderiam revelá-lo se não remetessem a uma liberdade que se determinou de um certo modo e pode, por essa razão, se determinar de outro modo e assim se tornar outro para o julgamento, sempre exterior, mesmo quando se tratasse de mim mesmo" (*Fm* 244). É, pois, na vida moral que se põem e se resolvem os problemas das relações humanas como relações morais, até mesmo das minhas relações comigo mesmo.

---

designam conceitos, e o sentido deles só pode ser formal. Eles visam a um conteúdo que abrangem, mas não produzem, porque, nesse sentido, nenhum conceito é 'concreto', o conceito de concreto não mais concreto que o de abstrato" (*Fm* 236).

58. "Quem se contenta com querer o bem sem fazer o necessário para realizá-lo é talvez o pior inimigo da moral, de toda vida moral. [...] A boa intenção é indispensável, e não existe moral sem ela; para ser válida, ela deve ser intenção de bons resultados" (*Fm* 242 s.).

A vida moral sempre se apresenta como estruturada: "Ela segue regras, possui leis, um sistema de instrução e de educação, desenvolveu tipos de comportamento, definiu situações e relações *normais*" (*Fm* 250). O indivíduo moral se encontra situado em um contexto moral desde o seu nascimento e está sob o influxo dessa estrutura desde que começa a falar, pensar, agir; é nela que ele encontra o que, a justo título, a tradição chamou de *deveres de estado*.

A moral universal não exige apenas a existência de uma moral particular, não se contenta só com a constatação de que o homem está sempre situado. Mais do que isso, ela exige de toda moral "que pense as situações, as relações dos indivíduos, as questões típicas que se põem ou podem se pôr a quem adere a essa moral, os deveres precisos do homem que se encontra em determinado lugar, em determinado papel, determinada personagem" (*Fm* 252)[59].

A moral concreta se encarrega de determinar o que é determinável nas situações problemáticas. A filosofia moral só pode indicar o papel do que a tradição grega designava com o nome de *sabedoria prática*, "faculdade do homem de discernir, graças à experiência e à reflexão, o que conduz ao resultado querido" (*Fm* 254). Essa sabedoria prática, ao agir sobre a moral concreta e ao criticá-la, produz um progresso na direção de uma moral mais universal.

Conflitos morais existem e existirão sempre. A existência dos conflitos explica a existência de problemas morais e a existência do problema moral. A moral filosófica, entretanto, mesmo querendo que esses conflitos sejam resolvidos, não pode fornecer o que nenhuma moral pode pretender fornecer junto, a saber[60], "a consciência da livre responsabilidade razoável e uma série de prescrições que seria suficiente seguir

---

59. Neste sentido, afirma Weil, "Aristóteles tem razão em discordar do Sócrates do *Górgias*: não basta saber definir *a* virtude, empresa demasiado fácil para o especialista em generalizações; é preciso dizer o que é a virtude para o homem adulto, a mulher, a criança, o pai de família, o funcionário, o comerciante" (*Fm* 252).

60. Weil nos lembra de que toda moral não faz senão oferecer a possibilidade de uma felicidade moral, mas que ela não a produz: "Com efeito, é imoral toda moral concreta que pretenda dar ao indivíduo razoável mais que a possibilidade da felicidade: ela contém, implícita ou explicitamente, a negação da liberdade responsável do homem" (*Fm* 239).

para se ver desembaraçado dessa mesma responsabilidade" (*Fm* 258). Dito de outro modo, e mais simplesmente: "Não existe moral sem universalidade, não existe vida moral sem sabedoria prática, sensibilidade, prudência, coragem" (*Fm* 259).

c. *O homem feliz é o homem virtuoso*

O que entra no mundo com o homem virtuoso não é um idealismo mais ousado, mas um realismo moral mas agudo. A virtude designa, normalmente, as perfeições do indivíduo em seu lugar no mundo moral. Em sua acepção mais comum, o termo *virtude* designa "certos traços, aptidões, modos de agir característicos que, desejáveis aos olhos da moral concreta, levam a considerar seus possuidores como úteis, respeitáveis, superiores sob este ou aquele aspecto; este aqui é honesto, aquele corajoso, um terceiro bom pai de família, etc." (*Fm* 260).

O catálogo de virtudes de determinada moral oferece sempre o retrato dessa moral histórica, na medida em que é, como se costuma dizer, porém incorretamente, o catálogo dos valores dessa moral[61]. Entretanto, na acepção comum do termo, o indivíduo *possui as virtudes* como alguma coisa, como uma qualidade que não é ele mesmo. Não é esse conceito de virtude, entendido como qualidade apreciada (pelos outros), que pode guiar o indivíduo moral na busca da felicidade, porque, não fosse por outras razões, não se pode ser tudo, ter tudo, fazer tudo ao mesmo tempo, dado que, em sua acepção comum, as virtudes (e, portanto, os deveres) estão em concorrência, cabendo à sabedoria prática escolher as diferentes vias que se abrem ao desenvolvimento da própria personalidade.

O conceito filosófico de virtude (no singular) designa "a perfeição vivida do indivíduo na sua totalidade una". A partir desse conceito, único capaz de guiar o indivíduo na busca da felicidade razoável, compreende-se que não há contradição ou paradoxo em afirmar que "só o homem feliz é virtuoso" (*Fm* 262). Como é evidente, a correta

61. Incorretamente porque "só existem dois valores, o bem e o mal, e porque o que está em questão aqui é da lista das coisas apreciáveis positiva ou negativamente" (*Fm* 260).

compreensão da fórmula não pode confundir *satisfação* com *felicidade*, *virtude-qualidade* com *virtude-felicidade*[62].

Em certo sentido, a afirmação de que só o homem feliz é virtuoso pode ser interpretada corretamente ao afirmar que a felicidade constitui a *causa cognoscendi* da virtude, e que a virtude permanecerá sempre como a *causa essendi* da felicidade: só se pode ser feliz sendo virtuoso. Porém, em termos filosoficamente mais corretos, "não se é feliz sem ter cumprido seu dever e seus deveres" (*Fm* 262). A condição da felicidade não é a felicidade nem a causa da felicidade!

O homem pode obedecer à lei e às leis, e viver essa obediência como um jugo nobre, porém penoso. A felicidade só poderá nascer onde a fidelidade à lei e à moral não é mais apenas uma questão de obediência, onde o indivíduo *deseja fazer o que ele quer* na qualidade de ser razoável, deseja fazer aquilo a que estaria obrigado se o não desejasse. A vida moral só alcança seu fim onde o indivíduo se reconcilia consigo mesmo, o seu ser passional com seu ser razoável: "só o homem feliz é virtuoso, e não porque a virtude produziria nele a felicidade como algo diferente dela mesma (...): a felicidade é a virtude, a virtude é a felicidade do ser razoável na sua existência finita e condicionada" (*Fm* 263).

O ideal de felicidade virtuosa traduz a virtude que, depois de Aristóteles, é conhecida como magnanimidade ou generosidade[63], pela qual o homem se situa propriamente acima de si mesmo. Ela não é *uma* virtude, mas *a* virtude. A característica do magnânimo é que "ele dará provas, quaisquer que sejam as circunstâncias, da mais alta exigência para consigo mesmo, mesmo não fazendo o menor motivo de orgulho tanto da exigência como do fato de viver de acordo com ela" (*Fm* 264). Ele não se considera um herói, nem um santo. Ele simplesmente *informa* todo o seu ser de moralidade, justamente porque, ao aceitar

62. A fórmula "só o homem feliz é virtuoso", segundo Weil, "só parecerá surpreendente para quem desconhece o fim de toda moral do indivíduo, moral para o indivíduo desenvolvida pelo próprio indivíduo, ou para quem esquece que ela [i.e, a fórmula] apenas repete a mais corrente das teses tradicionais, a que quer que só a virtude torne feliz, pois a recíproca de uma proposição desse tipo constitui uma das operações mais simples da lógica" (*Fm* 262).

63. Os traços com que Weil descreve o magnânimo assemelham-se muito aos que Aristóteles usa para descrevê-lo em sua *Ética a Nicômaco*, IV 1123 a 34 — 1125 a 15.

a sorte comum da humanidade, ele sabe que está sempre ameaçado pela imoralidade: "Ele é apenas homem, porém, mais homem do que os que vivem na satisfação do animal e para a luta dos desejos sempre arbitrários" (*Fm* 265)[64].

A magnanimidade não é um ideal aristocrático, como se não fosse acessível ao comum dos mortais. A moral existe justamente para produzir seres melhores do que os seres imorais que somos nós, e ela quer garantir a todo indivíduo a possibilidade de encontrar dignidade e sentido em sua existência finita[65]. A moral exige que o ideal de magnanimidade seja possível a todos, e uma das tarefas da filosofia consiste em relembrar isso constantemente.

A moral sabe que o homem pode sempre fracassar, sabe que a felicidade é dever, que ela não é presente e que pode faltar. "A felicidade é dever, ela não é nem dada nem dado. É também por isso que a moral jamais será supérflua, por justo que seja o mundo e por completas que sejam as satisfações que ele oferece ao ser necessitado: o homem nascerá sempre violento e não pensará a ideia da felicidade sem o socorro da filosofia; ele não pensará sobretudo se a satisfação completa o deixa insatisfeito e o torna absurdo aos seus próprios olhos" (*Fm* 271).

64. J.-F. Suter, art. cit., 189, afirma que a reabilitação da antiga virtude da magnanimidade por Weil corresponde a uma intenção de defesa da filosofia e do papel do filósofo no interior do Estado moderno, enquanto ele educa seus concidadãos à moral, indicando-lhes não os meios de realizar a justiça, mas o *fim* da vida moral e da política, a saber, a justiça universal para todos.

65. Weil não ignora que se pode sempre objetar contra esse ideal que as condições de vida de muitos seres humanos não lhes permitem sequer pôr a questão da felicidade, pois para eles a verdadeira questão é a sobrevivência. Esse problema real pertence, contudo, à esfera da reflexão política mais do que à reflexão moral. Se quisermos transpor a objeção ao nível propriamente filosófico, e de filosofia moral, ela seria assim formulada: "por que buscar um sentido ao que não tem sentido, ao que não pode ter sentido? Por que não fazer como sempre se fez e se defender, defender seus interesses com todos os meios de que se dispõe?" A uma questão como essa, se é posta seriamente, nenhuma resposta filosófica poderia ser dada: a opção pela violência é tão originária quanto a opção pelo discurso e pela filosofia" (*Fm* 270).

4. Mal radical e vida moral

A apresentação do ideal de felicidade virtuosa que encerra a reflexão weiliana sobre a vida moral oferece o ponto de partida para a consideração de uma questão decisiva para a compreensão do seu pensamento moral, assim como para a verificação da minha hipótese de interpretação, em um ponto extremamente delicado da relação do anão com o gigante.

Weil conclui sua reflexão sobre a vida moral reafirmando que a felicidade é dever e, por isso mesmo, não é nem dada nem dado. O filósofo que perdeu o pudor de falar de felicidade em moral acaba por afirmá-la como o dever plantado no próprio âmago da moral[66]. Toda moral se resume em um único dever: ser feliz. Dado que a busca da felicidade não é mais que a busca do sentido que, em geral, recebe o nome de *bem*, dado que a felicidade não é senão vontade de fazer do mundo uma totalidade sensata, segue-se que, para o homem moral, querer ser feliz é querer que todos sejam moralizados e, portanto, felizes.

Entretanto, na medida em que é violento, o homem pode não querer ser feliz, se a felicidade deve ser razoável, isto é, sensata. O homem sempre pode escolher a violência, não só a violência natural do homem presa e predador, não só a violência passional do fanático, mas também a violência pela violência, a violência com conhecimento de causa, vale dizer, a "barbárie voluntária que busca menos a morte do outro que a destruição de sua alma"[67].

A questão de fundo de toda a filosofia de Weil, a saber, a existência da violência não somente fora do discurso, mas para ele e, nesse senti-

---

66. Cf. J. Lebrun, art. cit., *Pr* 311.

67. R. Caillois, La violence est-elle le démoniaque?, *Pr* 214. O autor é consciente de que a distinção de graus na violência não é weiliana, mas afirma que a experiência de violência conceitualizada na *Lógica da filosofia* concerne ao que ele chama de terceiro estádio que, contudo, engloba os outros dois. O autor afirma ainda que no terceiro estádio é preciso distinguir: 1) a violência gratuita do indivíduo ou de pequenos grupos, existente em todas as épocas, e que se tornou banal em um mundo des-sacralizado; e 2) a violência totalitária, ideológica, que só é alcançada pelo Estado ideocrático. Essa divisão corresponde ao objetivo do autor no seu ensaio, que consiste em mostrar que a violência pura identificada ao demoníaco se aplica menos ao indivíduo que à ideologia totalitária como ideocracia (*Pr* 213).

do, nele, é mais chocante do que em outros lugares quando se trata de moral: "é em si mesmo que o indivíduo encontra esse outro do discurso, ao mesmo tempo em que constrói esse discurso e o encontra de maneira sempre mais conscientemente à medida que progride sua reflexão" (*Fm* 212). É em si mesmo que ele descobre sua dupla natureza, "dupla para si mesmo: vontade do lícito, violência do ilícito, uma como a outra presentes nele assim como fora dele" (*Fm* 24). Para o homem, o mundo e ele mesmo encerram sempre o bem, junto com as forças do mal.

Pronunciadas essas palavras — *bem* e *mal* —, o problema se apresenta com maior clareza: o homem é moral porque imoral, ele possui a consciência do mal porque possui a consciência do bem ou, o que é o mesmo, "só existe o insensato do ponto de vista do sentido" (*Fm* 21)[68]. Dito ainda de outro modo, os homens agem não pelo que eles têm de universal, mas pelo que têm de mau, e buscam o bem porque a realidade na qual querem se realizar é má: "O bem está, pois, indissoluvelmente ligado ao mal, um mal que não pode ser desenraizado, apenas transformado" (*Fp* 56).

Um mal que *não pode ser desenraizado é um mal radical*. Eis o problema: a presença de um mal radical na filosofia de Weil ou, o que é o mesmo, a relação do conceito weiliano de violência com a doutrina kantiana do mal radical; problema que, contudo, não constitui uma novidade[69].

O interesse de considerar esse problema no interior desta pesquisa está no fato de permitir uma nova confirmação da hipótese de interpretação do pensamento weiliano em função de sua especificidade, isto é, seu kantismo pós-hegeliano. Mas o problema revela também, a partir de uma questão particular e importante da filosofia do gigante, o caminho percorrido pelo anão depois de ter descido dos ombros do gigante, exercitando sobre ele aquela compreensão, ademais justificada

68. Cf. *supra*: "O conceito de moral".

69. Basta ver que no Colóquio de Chantilly (1982), seis comunicações trataram diretamente a questão: R. Caillois, La violence est-elle le démoniaque?, *Pr* 213-222; L. Amodio, À propos du mal radical, *Pr* 223-236; W. Kluback, Le mal radical et l'histoire, *Pr* 237-250; A. Gouhier, Dialectiques et tragédie, *Pr* 251-258; M. Soetard, Éric Weil. Philosophie et éducation, *Pr* 289-298; J. Roy, Mal radical et existence sensée, *Pr* 299-309.

pelo próprio gigante[70], que o compreende melhor do que ele mesmo se compreendeu.

Como foi visto no primeiro capítulo desta pesquisa, Weil tratou o tema na segunda edição de *Problemas kantianos*[71]. Cabe recordar aqui brevemente a interpretação weiliana da doutrina de Kant. Weil mostrou que a origem da doutrina é antiga: encontram-se testemunhos dela já em 1775, nas cartas de Kant a Lavater. O tema desaparece em seguida na obra crítica e reaparece na *Religião*, por razões filosóficas: na sua obra crítica Kant funda uma moral para seres razoáveis enquanto tais a partir do *fato da razão*, enquanto que o mal radical só se mostra, e não pode não se mostrar, a quem observa o homem, ser razoável *e* finito, na sua realidade concreta e histórica. O tema pertence, pois, à metafísica moral ou, o que é o mesmo, à antropologia.

O mal radical consiste no fato de o homem *querer* sucumbir à tentação: à sua fragilidade, à sua insinceridade, acrescenta-se o selo da maldade (*Bösartigkeit, mauvaistié*) do coração, que inverte intencionalmente a ordem moral. Essa maldade é uma decisão transcendente a toda decisão particular; ela é pervertida, mas não diabólica; está instalada em nós radicalmente e de maneira inextirpável, assim como é radical e imperdível a lei que está plantada em nós e que permanece com toda a severidade.

O mal radical é uma decisão que inverte a lei moral porque é decisão por amor do eu empírico, mas o mal é também condição de possibilidade de uma vida moral. Para Kant (como, depois, para Hegel), é o mal que impulsiona a humanidade na via da civilização e, depois, da moralização, conduzida secretamente pela Providência. Kant não fala do mal para desvalorizar o homem, mas para lhe dar sua chance de moralização. Nesse sentido, é possível descobrir sua função positiva: a dialética (no sentido hegeliano da palavra) interior do mal na história oferece um sólido apoio ao otimismo histórico de Kant[72].

70. Cf. supra nota 67 do 2º capítulo, onde cito o texto de Kant a respeito (*Op* I 1027).

71. Cf. supra 2º capítulo: 4.4. O mal radical, a religião e a moral.

72. Weil se expressou também sobre esta questão em um debate sobre a moral de Kant, ao responder a uma pergunta sobre a validade da universalidade diante de situações de violência: "É talvez a questão mais difícil que se possa pôr ao pensamento

Segundo Weil, Kant viu o mal porque não podia deixar de vê-lo, na medida em que quis passar do fundamento da moral à moral concreta dos homens. Essa passagem acontece em coerência com desenvolvimento de seu projeto crítico. Kant teria conseguido ir até o fim em sua tentativa de pensar o agente livre e de pensar o escândalo que significa para ele o fato de uma liberdade, cuja noção pura não é mais que a determinação do querer, por uma razão prática pura, poder ser responsável de um mal[73]. Na medida em que é um mal querido, e por

prático de Kant. Kant conhece e reconhece a existência da violência porque sabe que o homem não é razão, que ele é apenas, ao mesmo tempo, razoável e indigente, ser de paixão e de necessidade. Consequentemente, o mal existe no homem, e o mal pelo homem é realizado no mundo. Quanto à atitude que a moral deve tomar diante do mal, há duas respostas que não somente diferem, mas divergem, e por isso são particularmente interessantes. Existe a moral do indivíduo: a resposta de Kant não deixa dúvida: quando se tem de escolher entre matar ou morrer, é preciso morrer. Mas o mal existe no mundo e o homem moral está aí para realizar a razão no mundo, isto é, para eliminar a violência. Passa-se à filosofia da história de Kant. Segundo Kant, na história, a razão se realiza objetivamente, e sem que a boa ou a má vontade dos homens intervenha. E eis por que, na história, pode haver uma violência, não digo santa, mas uma violência sã. Existe a violência do que se revolta contra a violência existente no mundo, sob a forma de injustiça. Bem-entendido, Kant declara que não se tem nunca o direito de se revoltar. Mas uma vez que a revolução ocorre, a única questão que se pode pôr consiste em saber se essa revolução foi no sentido de um progresso, de uma justiça mais real, historicamente mais real, historicamente mais agente. E então essa revolução é um ato de violência filosoficamente justificado, embora legalmente esse mesmo ato permaneça sempre contrário à lei. Existe, por consequência, não uma ambiguidade, mas dois aspectos do mesmo problema. No plano da história, é preciso agir, e no plano moral do indivíduo é preciso sofrer". Cf. "Actualité de la philosophie pratique de Kant", diálogo entre E. Borne, L. Guillermit, J.-P. Vernant e É. Weil, emissão da Radio-Télévision Scolaire, 15 mai 1966, Dossiers Pédagogiques de la RTS, 29, depois in *Cahiers Philosophiques*, 3 (1980) 5-19, aqui 11 s.

73. Segundo F. Marty, *La naissance de la métaphysique chez Kant*, op. cit., 457 s., ao pensar o mal radical como princípio primeiro de aceitação das máximas más, Kant resolve seu problema em coerência com todo o projeto crítico: "Trata-se sempre de pensar o homem agindo segundo a liberdade, de tal modo que ele possa se orientar no mundo. Ora, é bem isso que permite um 'princípio primeiro' [...]. O 'primeiro princípio' ou 'supremo' das máximas más resolve a questão, pois um princípio como esse é, por definição, racional. O que é precisamente novo (i.e, na concepção do mal) é o princípio de aceitação do mal, que não é mais apenas a não-escolha do bem [...]. O que ela (i.e, a máxima) produz é contra a razão, dado que a lei moral fica subordinada às tendências, o universal ao individual. É finalmente a outra face da 'típica do juízo prático puro'; é querer um universo que não se deveria querer, o universo dividido, no qual cada um faz a sua lei. É preciso, entretanto, notar [...] que o 'mal radical' não é se-

ser caráter da espécie humana, o mal radical manifesta que o que Kant considera é o homem em sua particularidade: o homem histórico que se manifesta como imoral, homem que pode e, por isso, deve, homem que deve porque pode, sair da imoralidade.

Kant descobre o mal como princípio primeiro das máximas más, não para *dar razão* do mal, pois esse princípio permanece *insondável* para nós, mas "para fazer compreender que a conversão é possível, dado que, ao mais irremediável absurdo, a vontade está presente, e para ensinar também que essa conversão, no interior de uma história, só pode assumir a forma das etapas pacientes de uma 'reforma'"[74].

Esta breve recapitulação da interpretação weiliana da doutrina kantiana do mal radical teve em vista salientar sua relação com a filosofia moral de Weil. Com efeito, a *Filosofia moral* afirma que o problema do mal é o problema por excelência da moral (e da política). Isso se tornou mais do que evidente depois de Kant ter enunciado, em toda a sua pureza, o princípio da universalidade (da *universabilidade*, como prefere dizer Weil). Ser moral é ser determinado só pela razão, é agir por puro respeito pela lei da razão. A moral é verdadeira quando procede só da liberdade, que não é mais que vontade de razão e de universalidade.

Todavia, o indivíduo nunca é universal, ele apenas *quer* ser universal; ele não é razão, ele é apenas razoável. O princípio da universalidade é princípio formal, não princípio de ação positiva, e permanece ineficaz se o indivíduo não quiser aplicá-lo ao que há de mais particular, ao que há de mais individual em si mesmo[75]. O indivíduo sabe que é um ser moral-imoral, sabe que é mau, mau para poder ser moral, e sabe que o bem lhe é prescrito como ação a ser realizada no mundo

---

não o contratipo de um 'bem radical'. Se fosse de outro modo, declarar-se-ia impossível a vida moral, consequência evidentemente inaceitável".

74. Ibid., 460. O texto continua: "Pode-se pois dizer, com Éric Weil, que é a *Crítica da faculdade de julgar* que torna possível o mal radical, ao pôr definitivamente a razão na contingência do belo e do vivo, que se dá a conhecer".

75. "A ação positiva, por consequência, encontrará seu impulso no que há de mais individual no indivíduo, no que há de mais particular em seu mundo. Os impulsos agentes, ocultos à reflexão moral, são do domínio do que não é universal, têm sua origem no *mal radical*: o princípio moral é aplicado ao outro desse princípio, a uma matéria que ele não pode compreender, muito menos produzir" (*Fp* 28).

e sobre o mundo. Ele vive num mundo moral-imoral, mundo de seres morais-imorais, no qual a vitória sobre o instinto e sobre a violência cega é a verdadeira vitória, mundo no qual "a única verdadeira derrota é sucumbir à tentação" (*Fm* 64).

Ora, é sobre esse fundo de animalidade que se forma e se destaca o mundo moral: "Sem tentações, o homem não seria moral, ele não seria homem, e é nas necessidades e nos desejos imediatos, na animalidade que o homem se eleva acima de si. O mundo é assim mundo dos seres compostos, sua pureza é a do impuro, que só pode estar sempre a caminho da pureza, mas nunca será puro. A moral permanece moral de um ser imoral num mundo de seres imorais" (*Fm* 65).

Além disso, em coerência com a *Lógica da filosofia*, a *Filosofia moral* sustenta que o homem só põe o problema *da* moral, porque já optou pela universalidade, isto é, pela razão, e o fez livremente porque é na condição de vontade de universalidade que ele se descobre livre. O homem que põe o problema da moral revela ao filósofo da moral que o homem escolhe livremente a razão, "livremente porque ele teria podido, e pode, optar pelo oposto da razão, a violência" (*Fm* 57). Efetivamente, razão e violência só se separam para o homem depois da opção pela razão[76]: "Só o homem razoável *sabe* que é livre, só aquele que se voltou para a razão pode compreender, dizer, proclamar que teria podido escolher de outro modo e que, a qualquer momento, ainda pode fazê-lo" (*Fm* 58). Segue-se daí, como se viu anteriormente, a doutrina weiliana da relação entre razão e liberdade nos termos de *ratio essendi* e *ratio cognoscendi* uma da outra[77].

---

76. J. Roy, art. cit., 300 s., colhe muito bem a posição de Weil: "Existe uma consistência própria da moral que não poderia ser derivada de nenhuma realidade anterior. [...] A escolha do discurso racional e razoável da filosofia não é motivado por nenhuma razão logicamente anterior, dado que é justamente ela que institui a busca infinita do sentido e só se descobre como tal posteriormente, de algum modo na sequência dos discursos saídos dessa vontade primeira. A humanidade, pois, já escolheu o discurso e é no seio da aventura histórica da razão que ela pode dizer a violência como seu outro mais radical, que ela pode denunciar a violência dos homens. Sem a pressuposição de princípio de uma liberdade *ratio essendi* da razão e de uma razão *ratio cognoscendi* da liberdade, nunca se saberia de que a violência é violação".

77. Cf. supra: 3.1. *O conceito de moral*, alínea b. *A teoria é infinita, o sujeito é finito e livre.* O texto de Weil é citado na nota 28 deste capítulo.

Alcança-se aqui o ponto que propriamente interessa na questão do mal radical. Os pontos de aproximação e de semelhança entre a doutrina kantiana e a reflexão weiliana são bastante evidentes. Nada de novo, dir-se-á, para quem tem sustentado desde o início da pesquisa que o apólogo do anão sobre os ombros do gigante tem caráter autobiográfico. Nada de novo para quem tem interpretado toda a obra de Weil a partir da chave fornecida por ele mesmo ao se definir como kantiano pós-hegeliano.

Quer se trate de lógica da filosofia, de filosofia moral ou de filosofia política, o problema fundamental da reflexão weiliana é sempre o da violência e da sua captação como fato irredutível, violência enquanto *natureza* e enquanto *liberdade*, essas duas *origens* da violência. A captação filosófica desse fato "se compreende como luta contra a violência, luta que não pode não ser, ela também, luta violenta, mas que nunca deve se resolver em violência pura"[78]. Essa luta tira seu sentido da vontade de submeter toda violência à razão, à livre vontade de razão.

A compreensão weiliana da violência na história não é, contudo, "uma nova versão da astúcia da razão"[79], embora o filósofo seja capaz — talvez seja ele o único capaz — de discernir retrospectivamente na violência dos conflitos um mal que concorre para o advento do bem: "A ambiguidade da história quer que do mal não proceda somente o mal e do bem não decorra senão o bem"[80]. Weil, contudo, não afirma dogmaticamente a tese da astúcia da razão, como Hegel, ou da Providência, como Kant. Nesse sentido, seu pós-hegelianismo kantiano vai além do próprio Kant, como em outros pontos, mas sempre a partir de Kant.

Weil se aproxima da concepção kantiana do mal radical na medida em que também para ele a liberdade humana deve sempre se arrancar

78. G. Kirscher, Éric Weil, in D. Huisman (Org.), *Dictionnaire de philosophes* II, Paris, 1984, 2642. O texto continua: "O homem razoável [...] sabe que não existe vitória definitiva contra a violência. Eis por que a compreensão filosófica não é um saber metafísico, divino, absoluto, mas a exigência humana do sentido que se afirma no interior de um mundo violento, num mundo da liberdade com seus riscos e suas possibilidades, mundo em que se opõem a razão e seu outro, mundo eminentemente educável. A filosofia é a educação do homem à livre razão".

79. G. Kirscher, La philosophie comme logique de la philosophie, *Cahiers Philosophiques*, 8 (1981) 50.

80. J. Roy, art. cit., 304.

ao mal — à violência —, ao qual ele já consentiu desde sempre como por natureza[81]. Mas ele manifesta a força de seu pós-hegelianismo justamente porque tematiza a possibilidade de a liberdade humana dizer *não*, como de dizer *sim* ao discurso e à razão: "O discurso não é o destino da liberdade", vale dizer, "a recusa da razão é a *outra* possibilidade íntima da liberdade"[82].

A possibilidade de uma existência humana fora do discurso, no sentido de uma recusa total ao discurso, deve ser levada a sério pelo filósofo que quer compreender tudo e a si mesmo; o filósofo para quem "a questão do homem revoltado contra o saber absoluto não é destituída de sentido: o homem pode escolher entre a razão e a não razão, e aqui se evidencia que essa escolha em si jamais é uma escolha razoável, mas uma escolha livre — o que significa, do ponto de vista do discurso absolutamente coerente, uma escolha absurda" (*Lf* 86).

A aproximação do pensamento weiliano com a doutrina kantiana do mal radical revela não só que o anão viu mais longe, porque subiu sobre os ombros do gigante, mas também quanto ele foi além dos horizontes do gigante. Seria extremamente interessante considerar a questão do mal radical no interior do pensamento propriamente político de Weil, na sua *Filosofia política*, que "é muito mais que uma teoria do Estado", que se funda sobre uma "moral da virtude na

81. G. Kirscher, art. cit., 51, tem palavras extremamente iluminadoras sobre este ponto: "Parece que existe como uma escolha imemorial ou originária da violência. A escolha da razão aparece então como uma espécie de escolha segunda, nova, que se opõe à antiga. Podemos pensar a escolha da razão diferentemente de um arrancamento à escolha anterior da qual a liberdade se liberta? Tomando consciência de se ter arrancado — de ter querido se arrancar — à sua violência sempre presente, o filósofo rompe com a violência primeira da sua liberdade. Quando a liberdade se determina à razão, trata-se do ato livre que se liberta de uma escolha primordial e de algum modo passiva, realizada pela liberdade".

82. G. Kirscher, Hegel aujourd'hui?, *Archives de Philosophie*, 47 (1984) 320. O texto continua: "A escolha da filosofia, por isso, não é senão uma possibilidade em face de seu outro. Esse outro Weil o chama a violência. Violência e razão têm a mesma fonte: a liberdade. Se a empresa hegeliana consiste em reduzir a violência à razão e em convencê-la de desrazão — ninguém é mau voluntariamente —, Weil, na sequência de Kant, pensador do mal radical, reconhece a irredutibilidade desse outro. Ele descobre a alteridade inteiramente outra de uma vontade má, no limite malvada ('diabólica' dizia Kant, de modo fora de moda)".

história"[83], mas não fixa nenhum termo idílico à evolução da história política e, portanto, não pode ser inscrita na linha das belas "utopias"[84], dado que ela não ignora, mesmo quando propõe uma *amizade universal entre os Estados*, que a violência dos satisfeitos pode ser e, de fato, é mais violenta que a dos primitivos: o moderno terror ideológico-totalitário e outras formas modernas da violência, das quais não se devem excluir o tédio da satisfação, a náusea da opulência, o demonstram à saciedade[85].

O campo de verificação da minha hipótese é, contudo, a moral, entre outras razões porque "a questão do sentido da política não se pode colocar senão para quem já pôs a do sentido da ação humana, isto é, da vida, noutros termos, para quem já se instalou no domínio da moral" (*Fp* 13). Mas também porque na moral, mais do que em outros domínios, fica evidente que o anão, tendo frequentado longamente o mundo dos gigantes em sua busca de sabedoria, tendo percorrido um longo caminho sobre os ombros de um dos maiores gigantes da história da filosofia, foi também admitido ao restrito número daqueles cujo pensamento pode oferecer a seus sucessores um trampolim para a compreensão do próprio tempo.

Permanecendo no campo da moral, irei além da *Filosofia moral* para verificar uma das *superações* que fazem de Weil um dos grandes pensadores da moral em nosso tempo. Refiro-me a um de seus últimos escritos, significativamente intitulado *Será preciso falar de novo em moral?*, uma contribuição ao volume publicado por ocasião do cinquente-

83. P. Ricoeur, La *Philosophie politique* d'Éric Weil, *Esprit*, 25 (1957) 412-429, aqui 412 e 424 respect. No final da análise do livro de Weil, Ricoeur lança uma espécie de desafio: a tarefa de pensar a filosofia política a partir de uma reflexão sobre o mal, em dupla direção: 1) na superação do simples formalismo moral, que levaria a "tematizar a coincidência original da violência e da razão no Estado" (429); 2) na descoberta de um desejo de justificação que atravessa toda a ação histórica e requer a regeneração radical do eu, diante da qual "a tarefa da filosofia seria então mostrar como é possível participar ao mesmo tempo de uma empresa de redução da violência pela política e de regeneração do eu pela meditação" (ibid.).

84. Para uma perspectiva diferente cf. S. Decloux, La philosophie politique d'Éric Weil, *Nouvelle Revue Théologique*, 86 (1964) 157-175, espec. 170.

85. Sobre isso ver; É. Weil, La science et la civilisation moderna ou le sens de l'insensé, *Ec* I 258-296.

nário da Escola das Ciências Filosóficas e Religiosas, e em homenagem a Henri Van Camp, de Bruxelas[86].

A comunicação de Weil pode e deve ser lida como o testemunho de toda uma vida filosófica, testemunho de um espírito crítico e lúcido até o final, espírito sempre consciente de que "o real é, sem cessar, o que pode vir a desmentir o equilíbrio e o fechamento do discurso"[87], em consonância com a concepção weiliana da filosofia como "a reflexão da realidade no homem real" (*Pr* 13).

5. Será preciso falar de novo em moral?

O ponto de partida da reflexão é uma constatação inquietante: nosso tempo não se distingue pela *discussão moral.* Não no sentido de que não conheçamos, e em profusão, *disputas morais* "entre valores opostos, violentamente afirmados, arbitrários e inconciliáveis". O que parece estar em declínio é a *discussão moral sobre a moral,* de modo que não é sem interesse perguntar sobre o sentido desse fato: será que já alcançamos um ponto de evolução suficientemente avançado para que "os problemas de escolha e de decisão (pois é disso que se trata em moral) possam ser considerados resolvidos, pelo menos em princípio?" (*Pr* 255).

A questão não é cômoda, e se considerarmos que, apesar de tudo, todos os sistemas sociopolíticos aderem a uma moral reconhecida, pregada, imposta, então, como explicar essa ausência de interesse de nossa época pela discussão moral? Talvez o ceticismo moral, resultado da pluralidade das morais, a pressão do mundo em que vivemos ou a consciência da relatividade das morais concretas possam explicar o fato. Porém, essas mesmas explicações estão a exigir que se discuta moralmente sobre a moral, isto é, que se filosofe. Com vistas a quê? Certamente com vistas a "chegar a um sistema moral, depois do qual só se teria de recomeçar" (*Pr* 258).

---

86. A conferência "Faudra-t-il de nouveau parler de morale?" foi publicada no volume *Savoir, faire, espérer: les limites de la raison*, Bruxelas, 1976, 265-284, depois em *Pr* 255-278 (cito esta edição).

87. F. Marty, op. cit., 108.

O ceticismo moral não é um fenômeno recente: Platão já encontrara no Cálicles do *Górgias* seu representante típico. A tese de Cálicles tem atravessado os séculos, e é interessante verificar algumas de suas reaparições. Ela ataca sempre o conceito de um valor absoluto, de um Bem ao qual o homem *deve tender*. Na época moderna, uma das origens do ceticismo moral deve ser buscada na tese da morte de Deus, justamente porque por muito tempo moral e teísmo foram tidos como indissolúveis. Nesse sentido, os defensores do ateísmo niilista, do niilismo metafísico e moral, assim como seus adversários, apenas confirmaram a convicção da indissolubilidade do equivocado vínculo entre moral e autoridade divina.

A identificação moderna de ateísmo e niilismo moral obriga, contudo, a lembrar que o pensamento antigo, que não conhece a ideia de um Deus legislador, "jamais abandonou a busca de uma moral fundada, de um fundamento da moral" (*Pr* 261)[88]. Isto leva a reconsiderar o velho conceito de *moral natural*, isto é, "autônoma e ao mesmo tempo razoável" (*Pr* 262); moral de um homem e para um homem "livre na determinação, graças às determinações, uma vez que é sobre o dado, vale dizer, suas determinações, que ele se apoia para realizar sua liberdade" (*Pr* 264).

O homem livre na condição, que não renuncia à questão do sentido, se encontra orientado e é capaz de se orientar, isto é, de escolher livremente em situações concretas e sensatas. Isso, contudo, não responde à questão anteriormente formulada, dado que, mesmo quando os homens estão de acordo sobre o fundamento de toda justificação, isto é, sobre a "moral da liberdade, da realização da liberdade" (*Pr* 265), eles se batem sobre os meios que lhes parecem bons com vistas à liberdade, à libertação e à realização da humanidade do homem.

88. Prova disso, diz Weil, é que "mesmo alguém que não se passa por rigorista, Aristipo de Cirene, hedonista impenitente, pode proclamar que o que distingue o filósofo é o fato de que ele viveria da mesma maneira se todas as leis fossem abolidas (Diógenes Laércio, II 68 — o importante é que a palavra tenha podido ser-lhe atribuída, e não saber se ele realmente a pronunciou, ou foi o único ou o primeiro a pronunciá-la): ele estava convencido de que não era a sanção que fundava a regra, mas que a regra valia por si mesma" (*Pr* 261).

O ceticismo moral irrompe, assim, mais uma vez ameaçadoramente, e obriga a retomar a questão em outro nível. Os assim chamados *grandes realistas* declaram que a moral não é mais que um fenômeno sociopolítico, visando somente à justificação da superioridade de uns poucos homens sobre a massa, justificando essa superioridade real em termos de superioridade de valor, isto é, moral. Ora, se isso é verdade, não tem sentido falar de moral absoluta, imutável, inerente à natureza humana, "nem de um devir na direção de uma moral absoluta da liberdade" (*Pr* 266). Para os *realistas*, o progresso moral não é mais que o recuo no uso da violência entre indivíduos e grupos submetidos a um dominador que tira sua vantagem da domesticação dos sujeitos. A moral seria, assim, a interiorização de coerções sofridas, simples regra de conduta com vistas à sobrevivência e ao gozo da própria existência tanto quanto é possível, e com a finalidade de evitar, na mesma medida, sofrimentos e privações.

Hobbes revivido e modernizado! Se existe uma moral, quando e onde existe, "ela repousa sobre a mediação do desejo (de poder absoluto) pelo medo (do sofrimento e da morte violenta) [...] Existe moral onde existem cálculo e medo; não existe quando o medo desaparece e, com ele, o cálculo do interesse de sobrevivência (se possível agradável): quem aceita morrer no caso de não poder dominar e/ou matar, não tem necessidade de moral" (*Pr* 266).

Contra esta tese, nem mesmo a que defende a bondade da natureza humana pode se opor: o homem primitivo e bom de Rousseau deve ser colocado em uma solidão da qual só a necessidade de reprodução faz sair por breves instantes: "Uma vez estabelecida a sociedade, não se sabe como, tudo é perdido: o cálculo, o medo, o desejo de poder e de dominação nasceram, e ao sábio, ao que compreendeu o jogo, só resta a volta sobre si mesmo e a volta, ainda que temporária, ao paraíso da natureza natural" (*Pr* 267).

É importante observar que Kant, admirador de Rousseau, optou por Hobbes nesse ponto: "No plano da experiência histórica, o homem de Kant permanece o homem de Hobbes, se ele difere daquele, é no nível supraempírico" (*Pr* 268)[89]. No plano moral, para Kant, a lei está

89. De fato, para Kant, "o homem é livre, não no plano do sensível, onde ele é determinado como o são todos os fenômenos, mas no plano de uma experiência não

presente como um *fato da razão*, e o homem é livre porque a lei *é*: "Só existe lei para um ser livre" (*Pr* 268).

A moral do *fato da razão*, moral da universalidade, reconhece que o homem não é moralmente perfeito, que ele está sempre na via da moralização, e esta lhe prescreve uma forma de vida em comum que descarta a violência: "Cada um deve se comportar de tal maneira que seu modo de proceder, a máxima de sua decisão, possa ser pensada como maneira de proceder de cada um e de todos; dito de outro modo, que ela seja de tal modo que possa ser universalizada, estabelecida como lei, sem que dela resulte a desagregação da comunidade pela introdução da contradição entre vontades ou na própria vontade" (*Pr* 269).

Malgrado as críticas de Hegel (que, contudo, reconhece a solidez do fundamento dessa moral) ao *formalismo* dessa moral, "a forma da legalidade é o que permite ao indivíduo se orientar, ter uma consciência e segui-la" (*Pr* 269). O formalismo não fornece nenhuma regra concreta, não ensina o que é preciso fazer; ele apenas enuncia o que não é permitido. E, contudo, com relação ao problema inicial do declínio da discussão moral, ele assinala um progresso enorme: "Sabemos agora em que consistem as condições formais de uma moral concreta"; não sabemos sempre como deduzir uma moral do princípio formal, mas, em última análise, é preciso se perguntar se "a exigência de uma moral, ao mesmo tempo, histórica e absoluta não é absurda" (*Pr* 270).

O resultado, não negligenciável, a que se chegou é o seguinte: "O indivíduo moral pode julgar suas próprias máximas sob o ângulo da manutenção da coesão da sociedade e da copossibilidade dos princípios de conduta; bem mais, ele pode julgar o sistema sociopolítico concreto em que vive ou que lhe é imposto, medindo-o com relação à vontade e à capacidade de permitir a seus membros que se formem para a liberdade razoável e responsável" (*Pr* 270 s.). O indivíduo pode não saber o que fazer concretamente em situações determinadas; ele sabe, contudo, o que seria imoral fazer ou admitir.

---

empírica, experiência da lei moral, imediata e incontestavelmente presente" (*Pr* 268) A lei, para Kant, é fato da razão e, portanto, irredutível e indedutível, mais que isso, sem necessidade de dedução, dado que a dedução suporia uma lei acima da lei.

A moral é formal e negativa, e não pode não ser assim, sob pena de se tornar imoral: "Uma moral ao mesmo tempo concreta e absoluta constituiria uma negação de toda liberdade positiva de inventar e de criar no plano moral, e significaria o fim da história sensata pelo fechamento do futuro". A moral existe para homens e não para animais, e ela existe para dar ao homem uma segurança que não é de modo algum a segurança do animal. Com efeito, "o formalismo tão desprezado é o único princípio que mantém, que até mesmo impõe, a liberdade concreta" (*Pr* 271). Daí a importância da inventividade moral, sob o duplo limite da regra da universalização possível e das condições concretas em que se vive.

A questão inicial estaria respondida[90], se não nos chocássemos com um fato último cuja significação é, aparentemente, absurda: "A moral só tem sentido para quem já é moral. Mais simplesmente: não se pode forçar ninguém a aceitar livremente a liberdade; pode-se impor pela coerção o respeito pela liberdade do outro" (*Pr* 272).

Efetivamente, o que está implicado no curioso conceito kantiano de *interesse da razão* é que o problema moral e da moral só se põe para quem é livre e quer os homens livres na razão e pela razão, na universalidade e pela universalidade das máximas; em outros termos, "quer uma sociedade que possa durar graças à conciliação razoável dos desejos naturais, dados, finitos" (*Pr* 272). As relações humanas entre indivíduos só podem ser estabelecidas a partir desse princípio universal, realmente presente no indivíduo, e que supera o indivíduo.

Portanto, Kant realmente viu que, quaisquer que sejam as relações, elas só são verdadeiramente humanas "sob a condição da existência de uma vontade moral de universalidade da regra de conduta, de uma vontade que domine o que há de egoísmo no desejo" (*Pr* 272). Porém, o que Kant *não viu*[91] "é que o homem pode viver na recusa de toda moral

90. Efetivamente, "a discussão concreta *e* razoável sobre a moral concreta, histórica, social, política não é apenas possível, ela é buscada no espírito de todo indivíduo moral, e se conclui revelando o que pode ser admitido e exigindo por isso — é importante sublinhar — a busca de medidas concretas destinadas a reduzir a parte amoral das condições e a parte imoral das relações entre indivíduos" (*Pr* 271).

91. Weil matiza a sua afirmação: "Não, o que ele bem viu ao discernir um mal radical no homem, mas do qual ele rejeitou a consequência última" (*Pr* 272) .

justificada ou justificável [...], que, sendo livre, pode optar contra a liberdade, pelo desejo, pela violência, pode recusar a regra e os conceitos de universalidade e de universalização" (*Pr* 272 s.).

Parece pouco e, todavia, aqui se decide a questão[92]. Para Weil, a vontade do homem "pode se fazer, segundo a expressão de Kant, aquilo Kant declara impossível, a saber, diabólica". A história o demostra e, desgraçadamente, "no plano do cálculo, da técnica, da organização, os violentos não são sempre bárbaros" (*Pr* 273). Weil vai além de Kant na concepção do mal radical no homem.

Talvez aqui se encontre a raiz do mal-estar diante da discussão moral sobre a moral: "Como ainda falar de moral em um mundo imoral ou, em todo caso, sempre a ponto de sucumbir à pura violência, tanto mais violenta e tanto mais eficaz quanto mais 'esclarecida' pelo entendimento calculador?" (*Pr* 273). É certo que em um Estado e em uma sociedade razoáveis se poderia exigir, como fez Hegel, uma única virtude: a probidade. Mas estamos nesse Estado, nessa sociedade?[93]

---

92. J. Roy, art. cit., 306 s., traduz perfeitamente o alcance da questão: "Como sempre, Weil capta a posição de Kant com toda profundidade e precisão desejáveis. Mas, quanto a ele, não pode segui-lo até o fim. É preciso contemplar na face o abismo insondável da *maldade* [...]. O fato é que se pode discernir na moralidade concreta dos homens uma causalidade não apenas impura ou perversa, mas diabólica. Parece-nos que essa admissão põe com acuidade nova a questão da possibilidade de uma existência sensata neste mundo, presa da violência".

93. R. Caillois, art. cit., 213, apresenta a hipótese já citada (*supra* nota 67) de identificação da violência ao demoníaco no nível do Estado ideocrático, dado que a reflexão filosófica sobre a violência pura não seria possível sem a experiência do terror totalitário. A hipótese não é sem fundamento. De fato, Caillois não ignora que, em outro lugar, Weil admite que a escolha da violência está sempre "atrás de nós", e que "o fato mesmo da possibilidade da violência pura aparece somente no fim", de modo que a violência pura "não é uma consciência do começo, mas um fato do começo que se revela no fim", pois o homem, na medida em que vive uma vida organizada, já optou pela coerência. Todavia, para a análise filosófica, essa escolha primeira se apresenta como possibilidade, sempre presente aos filósofos, e que foi vista diferentemente: "Falou-se da escolha entre o bem e o mal, entre Deus e o Diabo etc. Evidentemente, de *fato* ninguém é puramente diabólico; mas enfim, a ausência total de sentido moral é ao menos imaginável" (*Pr* 55 s., destaque meu). Caillois explica o "de *fato*" fazendo uma distinção entre o plano do indivíduo e o do Estado ideológico, e afirmando que a imoralidade (violência) de cada um é diferente: "O Estado ideocrático é corruptor, sedutor, patogênico, é ele que é o verdadeiro demônio" (*Pr* 219). Mas Caillois se mostra hesitante no momento de provar sua hipótese. Por um lado, dá razão a Kant contra Weil: "Kant tem

Surge então a quase irresistível tentação de "adiar a reflexão moral e toda discussão moral para mais tarde, quando a violência terá sido realmente eliminada em todas as suas formas". No entretempo, no qual vivemos, "ouviremos a razão de Estado falando pela boca dos chefes, em lugar da razão pura e simplesmente (o Estado pode ser aqui substituído por um partido, um grupo, uma raça etc.)" (*Pr* 274).

Mas, o que se quer é justificar a própria posição e, então, de duas, uma: ou se aceita a violência, o *bellum omnium contra omnes*, ou se atribui um sentido, isto é, uma direção à política, pois a moralização do mundo passa pela ação política e suas técnicas. Dar sentido e direção à política é o que está em questão quando se fala de moralização: "Toda política, todo programa político que quer se justificar em vez de invocar só a força, funda-se sobre a moral e, mais precisamente, sobre a moral da universalidade" (*Pr* 275). É aqui que a discussão moral se torna imprescindível, pois só ela pode preservar a política que quer ser justa, isto é, razoável, daquilo que se pode chamar de politiquice.

Uma das razões mais profundas e mais inquietantes do fato de a discussão moral ser tão pouco central no pensamento de nossa época é que "o violento pode sempre lembrar ao fiel da razão que nada garante o sucesso de sua empresa de moralização do mundo e dos homens, que a violência da natureza e dos homens pode sempre vencer, que a vontade de dar um sentido à história não implica que esta possa recebê-lo, por

razão: o indivíduo é demasiado frágil para ser mau" (*Pr* 221). Mas acrescenta em nota: "Mais exatamente: para ser *absolutamente* mau de fato. Mas Kant não tem talvez razão em lhe negar a capacidade de ser diabólico, isto é, livre para optar contra a liberdade" (*Pr* 221 nota), e assim dá razão a Weil contra Kant. Embora bem fundada, a hipótese de Caillois não deve fazer esquecer que a novidade da posição de Weil consiste em chamar a atenção para o diabólico do qual *nós* somos capazes; nós, isto é, *os homens ordinários* que não podem se desresponsabilizar de uma maldade *injustificável* da qual são capazes. Ver sobre isso W. KLUBACK, art. cit., 247 ss.; J. NABERT, *Essai sur le mal*, Paris 1955. As hesitações de Caillois são compreensíveis porque Weil dá margem para as duas interpretações. Efetivamente, ele admite que a escolha da violência pode ser explicada, historicamente, em termos de corrupção e de queda: "Historicamente, a violência pura apareceu sob formas impressionantes. Os homens que erguiam pirâmides de crânios e reconheciam fazer aquilo por prazer dão testemunho de uma violência impressionante. Mas concedo também que eles possuíam outra coisa além da violência, dado que eram capazes de organizar um exército" (*Pr* 56).

assim dizer, materialmente [...]. A moral e o curso do mundo não estão sintonizados entre si" (*Pr* 276).

A resposta de Weil a estas afirmações testemunha a correção de minha hipótese de interpretação do sentido e da intenção de sua filosofia na linha da consumação daquela segunda revolução que ele descobriu no pensamento kantiano. A única resposta que se pode dar, diz Weil, é a que já foi dada por todos os que falaram de um sentido da história, de uma política sensata, de relações humanas razoáveis, de relações morais entre indivíduos. Todos esses, de Platão a Marx, sempre reconheceram abertamente que não dispunham de nenhuma certeza empírica, de nenhuma garantia do que afirmaram, que aceitaram um desafio, uma aposta, "que acreditaram sem saber, porque sem uma fé como essa ou, sob outro ângulo, uma esperança como essa, a questão do sentido não podia nem mesmo ser posta, que, sem essa fé, não haveria conceito de moral e nem mesmo de imoral: consequentemente, não haveria mais ação humana, pois a ação pressupõe que pelo menos ela *possa* ter sucesso, e que o mundo seja suficientemente ordenado para que uma previsão de resultados aí seja concebível, mesmo que sob certos limites" (*Pr* 276).

Parece surpreendente que Weil pronuncie aqui uma palavra que é quase um *hápax* em seu vocabulário filosófico (exceto quando trata da categoria Deus na *Lógica da filosofia*): a *fé*. E tanto mais surpreendente porque ele afirma logo em seguida que "a moral é o seu próprio fundamento [...] ela o é porque depende inteiramente, como de sua razão necessária, mas também suficiente, de uma decisão última (ou primeira) pela moral, decisão que implica, que é, um ato de fé, que provém da fé, que conduz à fé" (*Pr* 276).

O próprio Weil parece ter se dado conta do estupor que a palavra podia provocar, e tratou de se explicar: "Se alguém tivesse medo do termo fé, seria fácil tranquilizá-lo observando que o nosso discurso diz respeito à metalinguagem da moral, e que ele apenas no conduz a um fundamento axiomático que, evidentemente, não poderia ser demonstrado com a ajuda das teorias que dele se deduzem" (*Pr* 276 nota)[94].

94. Não entra no interesse desta pesquisa a discussão das convergências e/ou contrastes entre a filosofia de Weil e o pensamento de um crente. Sobre isto, ver o artigo de

Ao superar Kant na questão do mal radical, Weil se mantém fiel à inspiração kantiana de toda sua obra, não somente ao Kant que teve de abolir o saber para dar lugar à fé[95], mas ao Kant da terceira *Crítica*, na qual o que estava em questão não era mais a felicidade, mas a possibilidade de se orientar no mundo, pois a existência de uma vontade concreta *pressupõe* um mundo sensato, na medida em que ela é — e ela o é em sua essência — vontade de ação sensata. O Kant que cumpriu "a promessa de indicar uma passagem do razoável ao racional, do sentido absoluto, *a priori* estabelecido e passível de ser descoberto, ao mundo e, inversamente, do fato do sentido à finalidade que é o sentido do fato" (*Pk* 90); o Kant do *como se* (*als ob*), "que a *Crítica da Judiciária* repete insistentemente quando trata da finalidade das coisas e de seu sistema, deve [...] preservar o pensamento de toda afirmação dogmática, científica, ontológica à maneira da metafísica tradicional, cristã e pós-cristã, que atribuía um sentido ao mundo abstraindo do homem, ser livre, ser que, livre na condição, transcendendo o dado no dado, é o único a pôr e a resolver a questão do sentido" (*Pk* 97); o Kant, finalmente, que foi o primeiro, talvez o único, a pôr "o problema do sentido que *é*, do sentido existente" (*Pk* 102).

Weil adverte, no final de sua conferência sobre a necessidade de falar de novo em moral, que é possível optar por um cienticismo e/ou por um positivismo em política, em vez de optar por fundar a política sobre a moral e por moralizar os homens e a política. Essa opção, como qualquer opção, é irrefutável. Pode-se, entretanto, preferir uma existência que, correndo o risco da liberdade, se considere sensata porque quer ser sensata. A opção pelo positivismo em política acarretaria, necessariamente, o declínio da discussão moral sobre a moral e o declínio da ideia de uma política de universalização e, portanto, a renúncia à "vontade de educar os homens" (*Pr* 277).

H. Bouillard citado supra, nota 2. Ver também: R. Vancourt, Quelques remarques sur le problème de Dieu dans la philosophie d'Éric Weil, *Archives de Philosophie*, 33 (1970) 471-489; P. Fruchon, *Problèmes kantiens*. Pour une théologie naturelle, *Archives de Philosophie*, 34 (1971) 177-206; M. Renaud, L'interprétation de la foi et du salut dans la philosophie d'Éric Weil, *Revue Théologique de Louvain*, 2 (1971) 327-353.

95. Cf. I. Kant, *Critique de la raison pure*, Préface de la 2ème. édition, BP I 748.

Fiel à inspiração kantiana, Weil ousa o que Kant não ousou, a saber, "passar explicitamente de uma filosofia do ser (na qual reincidirá Hegel, após o fracasso da grande tentativa fichteana, que desejava deduzir e construir a realidade a partir do sentido) a uma filosofia do sentido" (*Pk* 102). Mais exatamente, Weil ousa falar a linguagem que faltou a Kant, linguagem que exprime a indissolúvel união de fato e sentido, que exprime que "todo fato é sensato, que todo sentido *é*" (ibid.).

Weil afirma que Kant não encontrou uma linguagem à altura de seu pensamento. Entretanto, objetivamente falando, ele teve sucesso na tentativa de cobrir o abismo que separava fato e sentido e, portanto, quanto ao essencial, Kant não fracassou. Pode-se até mesmo pensar que "um desses sucessos é a obra mesma de Weil"[96]. O homem pode crer e esperar no sentido; pode ser moral e buscar o sentido porque, ao buscá-lo, descobre que o sentido não lhe é recusado, pois o sentido *é* na realidade que *é* sentido.

6. Moral e filosofia

Weil encerra sua conferência sobre a necessidade de falar novamente em moral com uma advertência que expressa a clarividência adquirida nos longos anos de reflexão moral sobre a moral, ao mesmo tempo que o matiz inevitavelmente angustiante que uma filosofia como a sua adquiriu na longa observação das questões humanas: "O declínio dessa discussão, ao mesmo tempo sobre os princípios e sobre suas aplicações, constitui um mau sinal: corremos o risco de sucumbir ao absurdo dos fatos incompreensíveis quanto a seu sentido; no melhor dos casos, chegaremos a ser animais bem alimentados, bem abrigados, satisfeitos com os jogos que nos seriam oferecidos. Ao que se pode responder: por que não? Com efeito, bastaria não mais querer compreender" (*Pr* 277 s.).

A reflexão moral de Weil, reflexão moral sobre a moral, abre os olhos do leitor para a inegável realidade de uma possibilidade: pode

---

96. Cf. F. Marty, Le surgissement de la question du sens chez Kant selon Éric Weil, *Pr* 345. O autor continua: "Ela o é duplamente: nela a questão do sentido encontra sua linguagem. A obra de Weil nos ensina a ler Kant".

ser a violência a decidir definitivamente o destino do mundo, de nossa sociedade, dessa sociedade que amplia indefinidamente os confins da razão, mas na qual o bem e o mal se tornaram suspeitos; sociedade na qual "o sensato e o insensato sofreram o mesmo destino" (*Ec* I 293)[97].

Efetivamente, bastaria não mais querer compreender, não mais querer "*prender juntas* as contradições na unidade de um sentido, num discurso que o concilia com aquilo que é como seu outro, e que só se torna mundo no discurso" (*Lf* 599); bastaria não querer mais "começar por considerar o *outro* do que é compreender"[98] e do que é a compreender. Em poucas palavras, bastaria abismar-se na violência.

Weil, todavia, escolheu a compreensão, e sua *Filosofia moral* testemunha uma vontade de compreensão que não teme nem mesmo a descida aos infernos da maldade humana, sob o risco de descobrir o injustificável, o insondável, o irredutível e, por que não dizer, o *mistério*[99]. A sua vontade de compreender também não teme assumir e afirmar, em certo sentido, aquela quase paradoxal *Vernunftglaube* kantiana, fé

---

97. Segundo Weil, nessa sociedade de especialistas, "a antiga tarefa da filosofia se tornou novamente urgente e deve, mais uma vez, ser realizada" (*Ec* I 293). Trata-se, evidentemente, da tarefa eminentemente moral de compreender nosso mundo na qualidade de seres humanos, mundo que "o homem compreende e já compreendeu antes de ensaiar conhecê-lo cientificamente" (*Ec* I 289), com uma "compreensão antropocêntrica, mais antiga e mais profunda que a ciência" (*Ec* I 290). Essa tarefa é a própria filosofia, pelo menos "depois que Sócrates trouxe a filosofia do céu sobre a terra, como nos relata a tradição, até Kant e Hegel" (*Ec* I 292). Essa foi, ao que tudo indica, a tarefa realizada pela filosofia de Weil.

98. Na reflexão sobre a cientificidade da filosofia, Weil afirma que, se o filósofo quer realizar seu projeto, "deve também compreender por que os homens se recusam a querer compreender; pois compreender é sempre compreender começando por considerar *o outro* do que é compreender". Cf. É. Weil, La philosophie est-elle scientifique?, *Archives de Philosophie*, 33 (1970) 363.

99. R. Caillois, art. cit., 222, conclui o seu ensaio com a seguinte reflexão: "Nesse retorno a Kant e ao mal radical, distancia-se não somente do hegelianismo e do saber absoluto, mas de toda teodiceia em que o mal, pintado com as cores da Totalidade, é como subtraído ao olhar, apagado da realidade, distancia-se do 'Deus dos filósofos'. Pode-se perguntar se, mais uma vez, a questão do mal não põe ao filósofo o problema dos limites da filosofia, pois a violência pura que se revela como 'o fundo radicalmente oposto do discurso' é de fato um abismo obscuro, um verdadeiro *fato* da desrazão, para parodiar Kant. [...] Mais simplesmente: a violência pura não vai sem mistério". Sob o caráter de mistério do mal radical na doutrina kantiana, cf. O. Reboul, *Kant et le problème du mal*, Montreal, 1971, 256 ss.

da razão, que a terceira *Crítica*, em sintonia com o prefácio da segunda edição da primeira *Crítica*, assegura como crença prática, fé moral em um garante, se não bom, pelo menos justo, de toda ordem cósmica e moral[100].

A reflexão weiliana sobre a moral desenvolve ainda uma última seção, duas teses de extraordinária densidade, com as quais conclui sua obra *Filosofia moral*. Weil encerra a Introdução da obra afirmando que "o primeiro problema da filosofia moral — pois da sua solução depende a possibilidade dessa filosofia — será, consequentemente, elucidar as relações existentes entre o universal infinito do discurso filosófico, de uma parte, o universal exigido ou inconscientemente pressuposto pela reflexão moral, de outra, e, enfim, o individual das morais históricas" (*Fm* 15). Esta afirmação permite compreender o lugar e a importância

100. Cf. I. Kant, *Critique de la faculté de juger*, § 91, *Op* II 1277 ss. Chamo a atenção para duas notas de Kant no § 91. A primeira esclarece o sentido de *res fidei*: "Os objetos de crença não são por isso *artigos de fé* [...]. Pois, dado que, como objetos de fé, não podem ser fundados sobre provas teóricas [...] consistem na aceitação livre de algo como verdadeiro, única conciliável com a moralidade do sujeito" (*Op* II 1279). A segunda explica o que significa que "a crença (como *habitus* não como *actus*) *é* o modo de pensar moral na aceitação como verdadeiro daquilo que é inacessível ao conhecimento teórico, [...] que admite como verdadeiro o que é necessário pressupor como condição para a possibilidade do fim final" (*Op* II 1281 s.). A nota diz: "É uma confiança na promessa da lei moral [...]. Pois um fim não pode ser ordenado por nenhuma lei da razão, sem que esta prometa ao mesmo tempo [...] que esse fim possa ser alcançado, e se justifique também por isso o fato de assumir como verdadeiras as únicas condições sob as quais a nossa razão pode pensá-lo. A palavra *fides* já exprime isso; mas pode parecer delicado importar essa expressão e essa ideia particular na filosofia moral, dado que ela é primeiro introduzida com o cristianismo, e sua adoção poderia parecer uma imitação bajuladora [...]. Mas não é o único caso, pois essa maravilhosa religião, na suprema simplicidade de sua exposição, enriqueceu a filosofia com conceitos da moralidade mais determinados e mais puros do que os que esta tinha podido fornecer até então; e esses conceitos, dado que agora estão aí, são *livremente* aprovados pela razão e admitidos como conceitos que ela teria podido e devido encontrar e introduzir ela mesma" (*Op* II 1282). A liberdade kantiana, "único fato que deve ser contado entre os *scibilia*" (*Op* II 1279), é, como afirma Philonenko, "liberdade de crer"; e, dado que para Kant "o conceito de liberdade [...] pode alargar os limites da razão, limites no interior dos quais todo conceito natural (teórico) devia permanecer encerrado sem esperança" (*Op* II 1286), então, conclui Philonenko, "a dimensão de esperança é plenamente assegurada" pela terceira *Crítica* kantiana. Cf. A. Philonenko, *L'Oeuvre de Kant* II, 2ª ed., Paris, 1981, 221-222. Ademais, pode-se legitimamente inferir, a partir do texto, a possibilidade do uso de metalinguagem em moral.

da última seção intitulada *Moral e Filosofia*, pois, considerada isoladamente, uma *ciência* moral não *se* compreende e põe ao filósofo "a questão de seu sentido.

O leitor que admitiu a possibilidade de ultrapassar a diferença entre desenvolvimento *fenomenológico* e exposição *sistemática*, que admitiu que aquilo que se mostra na análise genética a partir de algumas certezas iniciais é o próprio sistema, que se torna real ao se realizar; o leitor que admitiu que o sistema especial se funda no e sobre o sistema total, e, superando-se nele, se compreende em verdade, no final da *Filosofia moral* é chamado a um último esforço de compreensão, a fim de captar a relação entre o discurso especial da moral e o discurso total da filosofia.

A reflexão weiliana parte da seguinte tese: "A *vida moral é a busca pelo indivíduo da universalidade infinita (da totalidade desenvolvida) no quadro de uma moral particular; a teoria moral é a tomada de consciência da vontade de universalidade desse indivíduo. Tanto uma como a outra procedem assim da universalidade, mas visam a essa universalidade sem alcançar, em seus níveis, o seu conceito*" (*Fm* 273).

Apesar de sua formulação elíptica, a tese é evidente depois do que foi desenvolvido nas teses anteriores. Viver moralmente é realizar a universalidade no interior de uma moral concreta; a tomada de consciência dessa vontade de universalização é a teoria moral. Porém, a vida e a teoria são *fatos* de um indivíduo que não é universal, mas é suficientemente universalizado para pensar a moral como problema do sentido: o indivíduo quer um sentido universal, "mas para a sua individualidade" (*Fm* 275).

A moral quer ser verdadeira, mas ela só considera o indivíduo na perspectiva do ser agente e pressupõe o contexto da sua ação. A moral não desenvolve uma teoria da natureza, isto é, do contexto no qual e sobre o qual age o indivíduo; ela também não desenvolve um conceito de verdade. Ela os contém, implicitamente, sem ter condições de explicar o que neles está implicado, e que só aparece ao olhar de quem se põe num ponto de vista que não é o dela. É na reflexão sobre a moral que o homem se descobre e descobre o que ele é, "mas o que ele descobre assim não é a moral: descobre a exigência de um saber verdadeiro e finito por descobrir que não poderia exigir esse saber se esse saber não existisse, por assim dizer, por trás dessa exigência, por descobrir que ele não exige na verdade que o saber seja, mas que ele mesmo, o indivíduo na sua particularidade, possa ter acesso a ele para se compreender" (*Fm* 277).

A moral conduz à filosofia moral que, por sua vez, conduz à filosofia, dado que aquela filosofia especial pretende falar *em verdade* da moral, e dado que a felicidade que ela busca deve ser felicidade verdadeira, "cuja solidez seja fundada e não apenas artigo de convicção, certeza pessoal" (*Fm* 278)[101]. É certo que a magnanimidade constitui um ponto de superação e de coroamento da moral, "mas ela não constitui *o* coroamento da moral" (ibid.). É certo que o homem pode viver sem filosofia, mas é igualmente certo que a moral filosófica exige um fundamento para seu discurso, "fundamento que esse discurso não pode oferecer por seus próprios meios" (*Fm* 279).

Não é a filosofia política que fornece o fundamento do discurso moral[102], e não é a relação entre moral e política que está aqui em questão. Em última análise, aqui se põe a questão do sentido ou, para falar em linguagem de política, o que está em questão aqui é "o fim da ação, de toda ação, fim para a política, fim também para a moral" (*Fm* 281).

Ora, esse fim da ação humana é a felicidade do ser finito e razoável: "é esse fim que dá um sentido, tanto à filosofia moral como à filosofia política" (*Fm* 281 s.). Aqui aparece um problema para nós: "se somos

101. Poder-se-ia objetar que, segundo o próprio Weil, este problema é resolvido pelo magnânimo, mais exatamente, para o magnânimo, para quem "a moral deixou de existir" (*Fm* 278). Porém, como pura atitude, "separada da reflexão, a magnanimidade, que é superação das necessidades e dos desejos, não é mais que uma solução de fato" (ibid.), e "ela não pode ensinar a moral por meio do discurso; ela só pode se apresentar como modelo, e só pode recusar pelo desprezo o seu contrário, a baixeza, mas não refutá-la" (ibid.).

102. Weil considera brevemente a tese contrária (*Fm* 279-281). A questão é interessante, mas foge do âmbito desta pesquisa. Sobre como Weil compreende a relação entre moral e política, cf.: Politique et morale (*Pr* 241-253); La morale de l'individu et la politique (*Ec* I 159-174); La sécularisation de l'action et de la pensée politique à l'époque moderne (*Ec* II 22-44); Christianisme et politique (*Ec* II 45-79); Raison, morale et politique (*Ec* II 326-340); Responsabilité politique (*Ec* II 341-350); Philosophie politique, théorie politique (*Ec* II 387-420), além, naturalmente, de toda a sua *Filosofia política*.

levados a buscar um fim — o que significa, um sentido —, não só para a política e para a moral, mas também para a própria filosofia moral, daí decorre que a ciência filosófica do fim da existência humana visa a algo que não se encontra no seu domínio" (*Fm* 282). Dito de outro modo: "Se a moral visa à felicidade no sentido mais forte, ela só a encontrará além de si mesma, e com ela ocorrerá o mesmo que ocorre com o discurso moral, que repousa sobre um fundamento que não é só o seu, mas o de todo discurso" (ibid.).

É, pois, ao infinito do discurso que somos remetidos. O discurso moral não se compreende como teoria: ele pertence à vida ativa e finita, e nele o homem se compreende como ser finito e razoável. Porém, na medida em que é discurso coerente, o discurso moral supõe a teoria como possibilidade humana e, na qualidade de discurso verdadeiro, ele é fundado sobre o infinito, sobre um discurso que não tem limites, "porque nenhum outro discurso coerente existe fora dele, e que compreende até o que o recusa e aquele que, por uma escolha primeira, coloca-se fora dele — infinito não como uma linha que, sempre finita, continua indefinidamente o progresso sem movimento da sua finitude, mas infinito como o que é fechado sobre si mesmo" (*Fm* 283 s.).

Assim se abre a compreensão da última tese da *Filosofia moral*: "*Como a filosofia moral conduz à filosofia, a vida moral conduz a uma felicidade que não se situa no plano da ação*" (*Fm* 284).

No que ela tem de negativo, a tese já foi demonstrada: a felicidade buscada na ação não se encontra na ação, pois toda ação responde a uma necessidade ou a um desejo, e toda necessidade, assim como todo desejo, lança o homem de volta à sua natureza de ser necessitado. A felicidade do ser razoável não pode se encontrar no domínio das satisfações, "embora a satisfação seja necessária e a existência das satisfações justificada" (*Fm* 284).

Determinar o positivo da tese não significa, contudo, indicar em que consiste a felicidade, como se fosse possível indicar qual seja a sua matéria, porque esta depende da criatividade da liberdade razoável nos limites do universal. A felicidade do ser razoável não é nem um dado, nem dada: ela é obra do indivíduo, e a ideia de felicidade é uma ideia formal. Todavia, o que se revela nesse formal, que só é formal "para o homem que o descobre ao se descobrir como sempre informado e que só descobre alguma coisa porque um mundo existe desde sempre para ele" (*Fm* 285). O que se descobre nesse formal, isto é, o seu conteúdo, é o mundo para o homem em posse do formal, isto é, do discurso universal: "No homem o mundo se vê, se capta, se diz, numa captação que revela o homem a si mesmo, como capaz de infinito na sua finitude e que funda a possibilidade da sua felicidade sobre o conteúdo revelado do formal, revelado só pelo formal, que só tem acesso à existência na sua forma, por ela e para ela, que não é senão a revelação do conteúdo: forma e conteúdo coincidem para o discurso que, ao se compreender, compreende o seu outro" (ibid.).

Éric Weil não é um autor de fácil leitura. Em matéria de filosofia, como escreveu no final da *Lógica*, clareza de exposição e facilidade de leitura se excluem. O texto da *Filosofia moral* acima citado traduz toda a sua teoria do homem, isto é, aquela antropologia filosófica que, como em Kant, é o fundamento último, mas não tematizado, de sua filosofia. É a partir desse fundamento que se compreendem o todo do pensamento e o pensamento do Todo em Éric Weil.

O mesmo que Weil afirma de Kant pode ser dito de Weil, isto é, que as linhas essenciais do fundamento de sua filosofia são visíveis em filigrana em toda a sua obra: "finitude e universalidade (mais exatamente: *universabilidade*, pois a universalidade é uma potência, em potência em todo homem, mesmo no mais primitivo; mesmo na criança, mas essa potência deve ser atualizada por meio da educação e pela decisão), desejo de felicidade e vontade de uma felicidade proporcional aos méritos do ser razoável no ser animal, é o que constitui o homem em sua humanidade" (*Pk* 32)[103]. É, pois, evidente que, se esses são os traços

103. O texto continua: "Deus é a necessidade última e primeira desse ser, que não poderia viver sem — não ver, mas acreditar em um sentido de sua existência e se saber justificado em acreditá-lo, um sentido que só um ser possuindo todos os atributos tradicionais da divindade pode lhe prometer (ou pode lhe permitir se prometer). Só a prova moral da existência de Deus é válida, apenas ela pode sê-lo, pois só ela se funda sobre o fundamento mesmo da humanidade do homem" (*Pk* 32 s.). Já afirmei anteriormente que não interessa discutir aqui as possíveis relações e/ou divergências entre a filosofia de Weil e o pensamento de um crente. Além dos artigos citados acima na nota 94, cf. também: P. FRUCHON, Philosophie et religion dans la *Logique de la philosophie*

essenciais da antropologia weiliana, a definição kantiana do homem como ser finito e razoável constitui a pedra angular do edifício filosófico de Weil, assim como é evidente que toda a reflexão weiliana não queira senão responder à quarta das questões da *Crítica*: que é o homem?[104].

Voltando ao texto da *Filosofia moral* acima citado, o próprio Weil se encarrega de traduzi-lo em linguagem mais prosaica. Para sintetizá-lo com uma fórmula breve, pode-se dizer simplesmente que *o homem finito é capaz de infinito*. E a prova mais prosaica disso é a prosa mesma da vida: o homem fala de modo coerente e universal[105]. Objetar-se-á que o discurso verdadeiro, isto é, universal, *é meu*? Que o discurso infinito é sempre discurso do indivíduo finito (tão finito que o discurso, como o indivíduo, e com ele, acabará um dia)?

É inegável, diz Weil, que sou *eu* que elaboro o discurso, mas esse *eu* que elabora o discurso e que quer se conhecer nele "me é revelado nesse discurso que eu busco e elaboro para me conhecer e para conhecer o mundo no qual vivo e no qual sou o que eu sou e quem sou, mas que não teria nenhum sentido para mim se não fosse verdadeiro, isto é, universalmente válido, se não me aproximasse continuamente da verdade, da revelação do meu ser e do ser de um mundo que não é só o meu, mas o de todo ser pensante, de todo ser que quer falar de maneira coerente" (*Fm* 287). Dito de outro modo: o *meu* discurso sobre o *meu* mundo quer ser discurso de *todo* homem sobre *o* mundo, e só vejo *em verdade* que sou não infinito porque, ao mesmo tempo e essencialmente, "sou também infinito, eu me julgo em função de uma *infinidade real*, a do

---

Pr 135-142; A. Olmi, À propos de Dieu, *Pr* 125-133. Sobre isso, leio com perplexidade a afirmação categórica de Paul Ricoeur, na conclusão do Colóquio de Chantilly (1982), ao criticar duramente as tentativas de Olmi e de Fruchon de pensar a fé em função das categorias da Ação e do Sentido, segundo a qual elas procedem "de uma filosofia que não é a de Éric Weil e só se justificam num diálogo com quem reconheça nele o homem que *disse adeus a Deus*" (*Pr* 408 s.).

104. Cf. I. Kant, *Logique*, 2ª ed., Paris, 1982, 25.

105. Escreve Weil: "Pois o homem que fala é sempre universalidade em certo grau: quem fala uma linguagem estritamente pessoal é incompreensível (...); e ele fala sempre no e do universal: nenhum termo da linguagem comum se remete a um único indivíduo (...), os termos aparentemente mais estritamente relacionados ao indivíduo são também os mais universais, e qualquer indivíduo pode se designar por meio do pronome *eu*" (*Fm* 285 s.).

discurso que se compreende ao compreender tudo, inclusive o que se dá como o outro de todo discurso" (*Fm* 288, destaque meu).

Esse infinito que sou é a infinidade da liberdade, que se mostrou como infinidade positiva no discurso, no pensamento: "é ao me negar em cada ponto, enquanto particular e dado, oposto e me opondo a outras particularidades, outros dados, que me elevo ao discurso e à verdade" (*Fm* 288). Portanto, se a moral não pode desaparecer do horizonte do filósofo, ela também não constitui esse horizonte nem o preenche totalmente. O homem, em sua infinita vontade de infinito, se apreende como inadequado ao discurso que é, contudo, o seu. Ele parte do finito e nele introduz a exigência de universal que, no final, é compreendida como fundada sobre o conceito de "um *universal anterior a toda individualização do sujeito*" (*Fm* 289, destaque meu).

Surge aqui o conceito, talvez, mais tipicamente weiliano, de *presença*. O conceito de *presença imediata* não designa algo extraordinário ou místico, mas pertence à experiência mais comum e só se torna surpreendente quando é apreendido no discurso. Diz Weil: "A simples percepção do que é pode, em certos momentos, apresentar, e apresenta de fato, a todo indivíduo uma espécie de felicidade que é especificamente diferente de toda satisfação de uma necessidade e de um desejo (...): não é uma remissão a outra coisa, nesses momentos subtraídos à temporalidade do futuro, inteiramente presentes e que, melhor dizendo, são presença do que é captado, não de um exterior ao qual se chegaria com dificuldade [...], mas presença do que é imediatamente o que é: um pôr do sol, uma flor são o que eles são, nada mais, isto é, nada menos" (*Fm* 291).

A felicidade razoável, portanto, não se encontra na ação, mas no que está além da ação, no fim da ação, que não é senão a presença imediata, "infinitamente mediatizada pela ação e pela consciência moral, mas imediata enquanto resultado" (*Fm* 292)[106]. A vida moral, contudo, não é a vida do indivíduo fora da condição, mas do indivíduo livre *na* condição, e a felicidade que essa vida oferece é a felicidade "do ser

106. Weil apresenta fórmulas semelhantes no final da *Filosofia política*. Entre outras: "Mas a satisfação mesma só se encontrará no que não é mais ação: ela consiste na *theoria*, na *visão* daquele sentido cuja realidade é pressuposta pela busca e pela ação, por toda questão e por todo discurso, mesmo pelo discurso que a nega" (*Fp* 318).

razoável no ser finito, a do respeito a si justificado pela universalidade da vontade moral" (ibid.). Só quando chega ao final do percurso de reflexão sobre si mesma é que a vida moral descobre que seu termo se encontra além do seu domínio: ele se encontra no futuro da presença que, por ser sempre futuro, é sempre presente como futuro do presente.

A reflexão moral sobre a moral, tendo partido do ser moral-imoral, violento e razoável, isto é, natural e capaz de razão e de infinito, descobriu que a moral não é mais que a expressão do futuro do presente do homem, antecipação do futuro sempre presente no homem e realização de uma "*futurição* permanente que é o dever" (*Fm* 293). Assim, a reflexão moral se supera para se pôr o problema da presença como problema da elaboração de um discurso totalmente coerente que, ao se compreender, compreende também o seu outro e que "a individualidade subjetiva e a particularidade histórica produzem esse discurso e se superam nessa produção para chegar a uma presença que se justifica como presença do todo e como totalidade presente a quem os buscou na sua ação de ser finito, mas razoável" (ibid.).

A reflexão moral se conclui em filosofia sistemática, isto é, "no discurso que parte da Verdade como horizonte no interior do qual tudo se mostra ao homem, discurso que se desenvolve segundo sua natureza, humana e verdadeira ao mesmo tempo, histórica e filosófica, juntas e inseparavelmente" (*Fm* 293). Esse discurso não é senão o de uma lógica da filosofia, entendida como o "*lógos do discurso eterno em sua historicidade*" (*Lf* 115).

A reflexão moral mostra assim que a presença está *efetivamente* ao alcance do homem: a magnanimidade é a possibilidade realizada de uma vida sem futurição. E a presença está *de fato* ao alcance do homem *porque* ela se encontra *em verdade* entre as suas possibilidades. Dito de outro modo: "Dado que o encontro da recusa da violência e da insegurança moral introduziu a reflexão no mundo, só o acabamento dessa reflexão, pela moral e na filosofia, poderá libertar o homem universalmente, permitindo-lhe a ação razoável sobre si mesmo e sobre o mundo e ao lhe mostrar um conteúdo para a sua liberdade realizada na visão de um Todo sensato" (*Fm* 294).

O que se poderia chamar de vida na presença, que não é mais que a visão do Todo sensato, é o fim — nos dois sentidos do termo — da vida moral do homem, algo comparável ao Bem platônico que, mesmo não se dando incondicionalmente a qualquer um, se oferece à captação direta e imediata a quem se preparou para ver a luz. O homem moral acaba por ver que a realidade natural e histórica é sensata porque o Todo é sensato e porque o sentido *é*: "Todo sensato para o homem, sensato pelo homem, mas que aparece como agregado insensato ao homem que não se eleva ao sentido e à apreensão do sentido do mundo e do sentido no mundo" (*Pk* 103).

Weil se mostrou prudente e, também, modesto quando, após ter descoberto uma segunda revolução no pensamento de Kant, afirmou: "pode ser que a revolução copernicana ainda esteja em seu início" (*Pk* 104). Mostrou-se, contudo, realista quando escreveu no Prefácio a *Problemas kantianos*: "é possível que o pensamento de Kant ainda esteja à nossa frente" (*Pk* 11).

A segunda revolução do pensamento kantiano é a do *cosmo sensato*, a que compreendeu a *realidade sensata* como fundamento do *possível* e do *necessário*, a revolução do homem finito imediato ao infinito, do mundo que não recusa o seu sentido a quem o busca. Kant procedeu a uma segunda revolução em seu pensamento, porque foi levado a ver que *o finito só é pensado do ponto de vista do infinito*, e que "esse infinito, que não conhece nenhuma exterioridade nem qualquer limite, é o Todo sensato do mundo humano que *é*" (*Pk* 103). Na articulação do discurso especial da moral com o discurso total da filosofia, pelo fato de aceitar *o pensar* de Kant, Weil mostra de que modo levou a seu termo a segunda revolução do pensamento de Kant.

Conclusão

Il n'y a du non-sens que du point de vue du sens.
Éric Weil

De modo análogo à introdução, no momento de concluir esta pesquisa, recorro às epígrafes escolhidas para cada um dos seus capítulos, dado que elas traduzem, no seu conjunto, o itinerário seguido e, cada uma, o conteúdo dos respectivos capítulos.

"A filosofia... é a reflexão da realidade no homem real" (*Pr* 13). Por aí comecei a primeira exposição pedagógica, mais exatamente, *apagógica*, da obra filosófica de Weil, que se revelou plenamente coerente em si mesma e consequente com a vida de seu autor.

Com efeito, só uma filosofia que não se confundiu com a ciência, que não se limitou ao dizível segundo os cânones de uma gramática pretensamente exaustiva, que não se prendeu às regras de uma ciência que, embora reconhecendo a existência do indizível, se guarda de falar dele; só uma filosofia que não se tornou simples reflexão sobre os fundamentos e métodos das ciências pode pretender que o interesse pela história seja a expressão da facticidade da razão, da realidade sensata, da busca do contentamento na liberdade, em poucas palavras, da possibilidade da vida na presença do Todo sensato[1].

Só uma filosofia que não se deixou seduzir pelo tom de distinção que então dominava entre os que, querendo pensar sem se deixar influenciar pela razão, buscavam sua autoridade nos poetas; só uma filosofia que jamais sonhou com a descoberta definitiva de um sentido definitivo podia não desesperar da razão, sem assumir o ar superior dos que acreditaram ter descoberto na oposição abstrata do finito e do infinito, do ente e do ser, algo anteriormente não pensado. Só uma filosofia que não desesperou da razão podia compreender que aquela separação é *evidente* e pode ser compreendida sem precisar, para isso, trair o finito, isto é, negar que em sua finitude ele pode querer infinitamente e, desde que o queira, pensar razoavelmente (e cientificamente) a totalidade sensata[2]. Só uma filosofia assim, eminentemente científica, podia se despreocupar de seu futuro sem ignorar a violência, por estar consciente de sua historicidade, de seu caráter livre, de sua humanidade[3].

Percorrendo as grandes linhas do pensamento weiliano em uma primeira leitura linear de sua obra, o que se constata é que "a cada momento Kant é encontrado: ele é incontornável"[4], porque insustentável *e* insuperável. Kant constitui um problema, antes, Kant é *o problema* da filosofia de Weil. Mesmo quando deve criticá-lo, Weil só o faz "constrangido e forçado"[5], porque Kant é o gigante sobre cujos ombros Weil se situou para ver mais longe.

O anão que, prudentemente, esperou que o gigante terminasse sua carreira para começar a sua, efetivamente viu mais longe, não tanto por um *retorno* a Kant, como por um *recurso* a Kant, "na medida em

1. Cf. É. Weil, Souci pour la philosophie. Souci de la philosophie, *Pr* 7 s.

2. Cf. É. Weil, La philosophie est-elle scientifique?, *Archives de Philosophie*, 33 (1970) 353-368 s.

3. Com efeito, tem razão G. Kirscher, Absolu et sens dans la *Logique de la philosophie*, *Archives de Philosophie*, 33 (1970) 396, quando diz que "o sentido mesmo da revolta contra o absoluto consiste em lembrar à filosofia a sua humanidade".

4. Cf. P. Billouet, Pourquoi Kant fait-il problème?, *AEW* 328.

5. A frase é de Éric Weil, segundo o testemunho de A. Philonenko, *L'Oeuvre de Kant* II. Morale et Politique, 2ª ed., Paris, 1981, 138, nota 28: "Essa ideia me foi transmitida por ocasião de uma conversa em Lille, em 1960".

que o dispositivo crítico tem para nós algo que não é tanto incontornável, como, precisamente, *necessariamente contornável*, o que significa que quem quer pensar deve passar por aí ativamente, isto é, não deve parar aí"[6].

Em *Problemas kantianos*, descobriu-se a chave de interpretação de toda a filosofia de Weil, isto é, a possibilidade de compreendê-lo *juxta propria principia*. Mas, dado que "quando se sabe por que os homens dizem alguma coisa, ignora-se ainda se eles falam bem, e se seus discursos são sensatos" (*Ec* II 47), foi necessário verificar em seguida, em uma segunda leitura sistemática, em uma volta e em uma espécie de salto para dentro do sistema, se a nossa hipótese era justa, vale dizer, se o discurso weiliano era coerente com o princípio que afirmei ser o seu.

O salto para dentro do sistema foi conduzido pela afirmação de que "a filosofia, que só requer constância no pensamento, dá a si mesma aquilo que ela exige de si mesma" (*Fm* 80).

No terceiro capítulo da pesquisa, com as duas partes articuladas, travou-se o "combate dramático para *preservar a coerência*", segundo a expressão de Paul Ricoeur, que, a meu ver, não se mostrou sustentável[7]. Antes de enfrentar as *rupturas* e a *aporética* que ameaçavam solapar do discurso weiliano as bases da minha hipótese de interpretação, tentei esclarecer e verificar uma primeira vez a solidez da hipótese na que foi chamada de a "*outra* exposição do sistema"[8], isto é, no texto *Filosofia e violência*, posto por Weil como Introdução à *Lógica da filosofia*. Tendo verificado que o princípio da interpretação coincidia com o princípio mesmo do pensamento de Weil, foi possível "saltar para dentro do círculo" (*Lf* 620), ao qual *conduziu* a Introdução.

No combate pela coerência travado na sucessão das últimas categorias da *Lógica da filosofia*, venceu a coerência, como o desenvolvimen-

6. J.-M. Vaysse, En quel sens sommes-nous tous kantiens?, in Posfácio a A. Goulyga. *Emmanuel Kant. Une vie* (trad. J.-M. Vaysse), Paris. 1985, 313-341, aqui 314. Cito aqui a fórmula de Vaysse porque me parece feliz para traduzir o que penso sobre este ponto concreto. Contudo, não partilho plenamente sua interpretação de Kant, toda ela elaborada segundo a interpretação fenomenológica nos moldes heideggerianos.

7. Cf. P. Ricoeur, De l'Absolu à la Sagesse par l'Action, AEW 411.

8. P. F. Taboni, L'introduction à la *Logique de la philosophie* ou de l'interprétation authentique de cette *Logique*, AEW 31.

to do discurso weiliano o demonstra, melhor dizendo, *mostra*. Weil ganhou a aposta, o desafio de fazer filosofia *depois* da última das grandes filosofias, compreendendo-a *diferentemente* do que ela se compreendeu a si mesma, isto é, "a partir de um ponto de vista do qual se vê o seu ponto cego, evidentemente não percebido por ela"[9].

Mas Weil compreendeu Hegel *diferentemente* do que ele se compreendeu[10], justamente porque compreendeu Kant *melhor do que* ele mesmo se compreendeu. Weil é pós-hegeliano porque, para ele, a liberdade não se confunde com o discurso da razão, porque, para ele, "a razão não é o destino do homem"[11], e a filosofia não é mais que uma possibilidade diante do seu outro: a violência.

Para Weil, a decisão pela razão é livre, "ela não faz parte do discurso, ela é incompreensível em si mesma, absurda, como se diz, e na verdade mais que absurda, visto que também o absurdo se define por uma relação ao sensato que só existe no discurso: ela é o princípio absoluto, o início que compreende, mas ao qual é inútil aplicar a ideia de compreensão" (*Lf* 93).

Poder-se-ia dizer que aqui se encontra a *originalidade* da filosofia de Weil, se esta palavra não fosse quase proscrita do seu vocabulário e das intenções de sua filosofia. Entretanto, bem-compreendida a palavra, pode-se dizer que o fato de corrigir a pretensão hegeliana pela reserva kantiana é o que revela a originalidade da filosofia weiliana, particularmente na *Lógica da filosofia*[12].

A filosofia, para Weil, não é necessária. Ela é uma "atividade livre na condição" (*Pr* 51), ou ainda, ela é "vontade coerente de coerência" (*Pr* 56). Na espontaneidade imediata de sua vida, o homem não

9. G. Kirscher, Hegel aujourd'hui?, *Archives de Philosophie*, 47 (1984) 320.

10. Tem razão Ricoeur quando escreve: "Éric Weil parece nos dizer: vocês não têm o direito de ser pós-hegelianos sem ter passado por Hegel, pelo menos pelo modelo de coerência realizado pela *Enciclopédia*. Ele parece nos dizer: ser pós-hegeliano é muito mais custoso do que vocês pensam. Quem não passou por aí não sabe de que fala e o que é falar" (AEW 411).

11. Cf. G. Kirscher, Éric Weil, in D. Huisman (org.), *Dictionnaire de philosophes* II, Paris, 1984, 2638.

12. Cf. H. Bouillard, Philosophie et religion dans l'oeuvre d'Éric Weil, *Archives de Philosophie*, 40 (1977) 592.

se compreende como filósofo, justamente porque a vida fora da razão discursiva precede a busca da coerência e é irredutível a ela[13]. Isto significa que o fundamento do discurso está na liberdade, na vontade livre de coerência, que é decisão pelo sentido, isto é, decisão em favor do sentido e a partir do sentido.

Weil não é pós-hegeliano por uma casualidade histórica, mas porque quis fazer filosofia depois da recusa absoluta do discurso absolutamente coerente e pretensamente exaustivo, isto é, depois do aparecimento da violência pura, que só é pura "com *conhecimento de causa*" (*Lf* 93), e sem a qual a filosofia não teria chegado a se compreender *em verdade*. Weil é pós-hegeliano porque se recusou a permanecer na simples oposição entre "razão separada da vida" e "vida que recusa a razão" (*Lf* 559).

Para Weil, o discurso absolutamente coerente não chega a se compreender em verdade, porque não compreende a possibilidade de ser recusado. Weil é decididamente pós-hegeliano porque, sabendo que o homem pode escolher entre a violência e o discurso, sabendo que sua escolha é livre e não justificável, ele pode se dedicar à filosofia com *conhecimento de causa e sem má consciência*, o que significa que ele pode querer compreender "sem buscar a impossível justificação da compreensão antes da compreensão" (*Lf* 98).

Weil é pós-hegeliano porque, sendo apenas um anão entre os gigantes, escolheu o *pensar* de Kant como trampolim para o filosofar. Weil não é um kantiano da última hora que, pela descoberta tardia de alguns problemas kantianos, teria posto uma hipoteca sobre toda a sua filosofia anterior[14].

Minha hipótese de interpretação do discurso de Weil, verificada sob o fogo cruzado das suspeitas de incoerência, de ser insustentável, aporético ou irremediavelmente rompido, mostrou que é preciso levar a sério a fórmula singela com a qual ele se definiu em termos de filosofia. A hipótese mostrou que só se compreende em verdade a sua filosofia

13. Ver sobre isto: F. Guibal, La philosophie et son "autre". Réflexions à partir de l'oeuvre d'Éric Weil, *Revue Philosophique de Louvain*, 83 (1985) 56-74, aqui 67.

14. Esta é a tese de P. Billouet, *AEW* 327-339, apresentado no item 3 do segundo capítulo desta pesquisa.

a partir de sua escolha, que é a escolha *de* Kant, entendendo por isso também a aposta na escolha de Kant.

Efetivamente, na origem e no fim da filosofia de Weil se encontra uma decidida opção por fazer filosofia do ponto de vista do homem, o único ponto de vista sob o qual uma filosofia possível existe e tem sentido. Do ponto de vista do homem, isto é, da razão *no* homem, que é a razão *do* homem, a que o liberta da contingência da perspectiva, não por suprimir a particularidade, mas por compreendê-la, dado que "não existe razão particular, não existe verdade do indivíduo absoluto" (*Ec* I 229 s.).

Foi a escolha de Kant que deu à filosofia de Weil seu "caráter aporético", não no sentido que Ricoeur deu a essa expressão, mas no sentido aristotélico de "caráter problemático"[15], sem com isso renunciar ou dever renunciar ao "caráter sistemático", pelo qual ela é fielmente pós-hegeliana.

A escolha da filosofia de Kant conduziu a filosofia de Weil a renunciar à pretensão onto(teo)lógica de dominar o outro do discurso pelo discurso; permitiu à filosofia de Weil compreender que esse outro é irrefutável, irrecuperável e irredutível ao discurso pelo discurso: "É somente para o filósofo que Sócrates tem razão contra Cálicles, enquanto para Cálicles, Sócrates profere absurdos, aos quais só se pode responder pelo silêncio ou, no máximo, pela ameaça de empregar a violência" (*Pr* 11). Foi a escolha de Kant que permitiu à filosofia de Weil compreender que o outro do discurso "é aquilo mesmo que impede todo discurso de se acabar em discurso de senhorio"[16].

Tendo compreendido o outro do discurso em sua irredutibilidade, o discurso de Weil se compreende como possibilidade, isto é, como rea-

15. Refiro-me aqui ao "procedimento de descoberta dos princípios e dos problemas" (*Ec* I 239) que, segundo Weil, é o típico da dialética aristotélica, e que revela também o método de Aristóteles, tal como Weil o descobre nos *Tópicos*: "Procedimento de descoberta dos problemas [...] postos ao filósofo na e pela sua vida" (*Ec* I 56). Nesse sentido, compreende-se por que, no final de seu estudo sobre a *Antropologia* de Aristóteles, Weil afirma que, "olhando bem, nós nos descobrimos maravilhosamente aristotélicos".

16. G. Kirscher, Hegel aujourd'hui?, *Archives de Philosophie*, 47 (1984) 320.

lização da liberdade[17]. Por isso o filosofar weiliano, "inseparavelmente teórico e prático"[18], problemático ao mesmo tempo que sistemático, põe verdadeiramente um ponto final na filosofia e continua a filosofar sem contradição.

Na *Lógica da filosofia*, Weil pensa em verdade todo o pensável, e é esse pensamento que lhe permite, até mesmo exige, pois o filósofo "se obriga à coerência" (*Pr* 24), que ele pense a *Filosofia política* e a *Filosofia moral*. Nada mais coerente do que isso, porque "somente a lógica concluída possui todas as categorias como tais" (*Lf* 429), e porque só a peça inteira dá uma significação aos papéis efetivamente desempenhados pelas categorias, nos diferentes domínios que elas organizam como princípios da unidade de discurso e situação.

A afirmação da unidade de discurso e situação nas *categorias de domínio*, como é o caso da *Ação* para a *Filosofia política*, e da *Consciência* para a *Filosofia moral*, assim como a afirmação da identidade de filosofia e história na categoria constitutiva da *Lógica da filosofia*, isto é, no *Sentido*, não é a repetição da tese hegeliana da unidade do absoluto e da história, mas a decorrência da superação da compreensão ontoteológica por uma compreensão antropológica, para a qual a unidade de filosofia e história apenas indica que a filosofia é humana e não divina[19] ou, positivamente falando, indica que a razão é uma tarefa a ser realizada pelo homem no mundo.

---

17. Nesse sentido, é preciso insistir em que a sequência das categorias na *Lógica da filosofia* é a sequência lógica dos atos de liberdade passíveis de serem expressos e, efetivamente, expressos em discursos, até mesmo aqueles que, como no caso da *Obra*, recusam todo discurso. Tem razão G. Kirscher, La philosophie comme logique de la philosophie, *Cahiers Philosophiques*, 8 (1981) 65 s., quando afirma: "a *Lógica da filosofia* é pensamento a partir de seu fim, da sua última categoria, a partir da qual ela pode captar o sistema das categorias e pode compreender que ela mesma pode sempre ser recusada 'em bloco', com uma recusa que seria recusa de compreender e de se compreender, violência inaudita, e indizível, e que seria para a *Lógica da filosofia* o que é a Obra para o Absoluto. Uma recusa como essa abismar-se-ia num silêncio absoluto [...] sobre o qual a lógica da filosofia não teria, a esse título, absolutamente mais nada a dizer que ela já não tenha dito ao tematizar a escolha livre entre razão e violência".

18. F. Guibal, art. cit., 72.

19. Ver: J.-M. Buée, L'identité de la philosophie et de l'histoire dans la Logique de la philosophie, *AEW* 79.

Compreende-se, pois, que, embora seja "impensável que outras categorias lógicas pensem mais do que todo o pensável" (*Lf* 603), embora a *Lógica da filosofia* só seja possível no fim da história, isto é, no fim da história que a ela conduziu, Weil pode e deve pensar, depois dela, a *Filosofia moral*, sem que a permanência do discurso, depois de seu acabamento, seja a prova de que "pensar é uma atividade insensata"[20].

Depois de ter pensado todo o pensável, não resta senão pensar, melhor dizendo, continuar pensando a tarefa do homem no mundo, que consiste na realização da razão. Efetivamente, depois que a *Lógica da filosofia*, tendo-se compreendido como possibilidade, revelou o "fim da busca do contentamento *pelo discurso*" (*Lf* 126); após ter compreendido que o *Sentido* é a categoria constitutiva da filosofia, dado que "filosofar é buscar o sentido, e o sentido da filosofia é o sentido em si" (*Lf* 606); depois de compreender que todo homem que recusa a violência se abre para a possibilidade da sabedoria, que é "a realidade de sua vida, na medida em que ela é vivida como responsabilidade diante do universal, no discurso sempre inacabado, sempre por acabar" (*Lf* 618); após tudo isso, só restava continuar o discurso para pensar a política como "a moral em marcha" (*Fm* 281), e a moral como a busca do contentamento na liberdade.

Compreende-se assim a epígrafe do último capítulo, na qual Weil afirma que a tarefa primeira de quem quer mudar o mundo consiste em compreendê-lo no que ele tem de sensato. No último capítulo, a *Filosofia moral* foi tomada como campo de verificação da hipótese de interpretação da filosofia de Weil, mas penso que a hipótese seria igualmente verificável pela análise da *Filosofia política*.

A análise da *Filosofia moral* evidenciou, quase sem surpresa, que o pensamento moral de Weil só se compreende com referência a Kant: um Kant aceito no seu princípio fundamental, negado e discutido honestamente em determinados pontos não negligenciáveis de sua doutrina, superado na questão do mal radical, mas sempre Kant. O Kant do *fato da razão* e do *interesse da razão*, da diferença entre *pensar* e *conhecer*, do mal radical e da *fé da razão*, do *sentido* e do *fato*, do ho-

20. P. Billouet, art. cit., AEW 338.

mem finito *e* razoável, do sistema e da unidade do sistema, em poucas palavras, o Kant que, segundo Weil, operou uma segunda revolução copernicana em seu pensamento.

Para Weil, como já para o Kant da terceira *Crítica*, a realidade é a categoria mais forte, e o fundo do pensamento moral é constituído pelo conceito de mundo sensato, de *cosmo*, no qual o sentido se oferece a quem o busca e, por isso, a felicidade do homem moral é possível, é até mesmo um dever para o homem que já recusou a violência, mas deve renovar continuamente essa recusa porque, sendo naturalmente imoral, isto é, violento, *deve* sempre se moralizar.

Nesse mundo sensato, o absurdo e a violência ainda são onipresentes. O homem moral sabe que a escolha do sentido, que a *realidade* não recusa a todo homem que o busca, é tanto mais frágil quanto maior é a capacidade da liberdade de produzir violência e, no limite, de ser diabólica. Mas sabe também que "a realidade é a totalidade sensata que, no homem, se revela a si mesma como sensata" (*Ec* I 318); ele sabe que o mundo tem um sentido, mais exatamente, que ele é sentido, e se a violência e o absurdo sempre são possíveis, isso apenas significa que "jamais falta à liberdade ocasião para se afirmar e aceder a si mesma" (*Ec* I 321) e que "a liberdade na condição existe como libertação" (*Ec* I 196).

A realidade é estruturada, "o Todo é sem *hipótese*, sem *fundamento*, sendo ele mesmo fundamento de toda possibilidade e de toda necessidade" (*Pr* 39). O mundo é *cosmo* sensato, e não se opõe à liberdade que, nele, quer ser liberdade para o sentido e, portanto, a partir do sentido. O contentamento na liberdade, a vida na presença, em uma palavra, a *sabedoria*, é possível porque o sentido é "a terra prometida do contentamento"[21].

A ideia de presença com a qual se conclui a obra de Weil não é uma ideia inventada, quimera formal e vazia, pois "o pensamento da presença é em si mesmo a presença no pensamento, e o formal pensado como formal se revela em sua pureza como presença concreta que não seria pensada se ela não fosse" (*Lf* 612). A ideia de presença, em última

21. A expressão é tomada de F. Guibal, art. cit., 63.

e em primeira instância, é "o saber do seu próprio infinito na sua própria finitude" (*Ec* I 323), aquilo que o homem alcança no *saber*, não no *conhecimento*, do Todo sensato, um saber que é também um *ato de fé*.

Weil completa a segunda revolução do pensamento kantiano porque, em sua filosofia, o abismo que a reflexão estabeleceu entre sentido e fato é preenchido. Sua *Lógica da filosofia*, sendo "*lógos do discurso eterno em sua historicidade*" (*Lf* 115), revela na linguagem o fluxo espontâneo de sentido, o fundo-fundamento a partir do qual o sentido se dá e é apreendido no discurso. Sua *Filosofia moral*, por ser a "tomada de consciência do ato, já realizado, no qual o indivíduo se transcende para se captar" (*Fm* 40), revela no contentamento razoável a possibilidade da sabedoria para todo homem, desde que ele queira se libertar, pela liberdade, para a liberdade.

O sentido existe, basta abrir os olhos para vê-lo, basta querer viver moralmente para poder encontrá-lo, no mundo, na própria vida, até mesmo no absurdo e no trágico a que o indivíduo, na condição de indivíduo, está sempre sujeito. O sentido existe e, de fato, "só existe o insensato do ponto de vista do sentido" (*Fm* 21).

Simples afirmação de bom-senso? Pode ser, mas então se confirma que precisamos de Weil para ter bom-senso! Confirma-se aquela impressão de um de seus mais agudos intérpretes, com a qual concluo esta pesquisa:

> Eu sempre admirei em Éric Weil os momentos nos quais a força da argumentação chegava ao que era tão próximo, tão familiar, que eu me reprovava um pouco por não tê-lo visto antes, eu mesmo. O velho Kant não estava errado em pensar que uma linguagem à altura da questão do sentido corre o risco de desconcertar[22].

---

22. Cf. F. Marty, Le surgissement de la question du sens chez Kant selon Éric Weil, AEW 347.

Bibliografia

BIBLIOGRAFIA DE ÉRIC WEIL

LIVROS E COLETÂNEAS

Logique de la philosophie, Paris, 1950, 2ª ed. 1967, reimp. 1996.

Hegel et l'Etat. Cinq conférences suivies de Marx et la Philosophie du Droit Paris, 1950, 2ª ed. 1966, reimp. 2002.

Philosophie politique, Paris, 1956, 2ª ed. 1966, reimp. 1996.

Philosophie morale, Paris, 1961, reimp. 1998.

Problèmes kantiens, Paris, 1963, 2ª ed. revista e aumentada 1970, reimp. 1998.

Essais et conférences I. Philosophie, Paris, 1970, reimp. 1991.

Essais et conférences II. Politique, Paris, 1971, reimp. 1991.

Wert und Würde der erzählenden Geschichtsschreibung: als öffentl. Vortrag d. Jungius-Ges. d. Wiss. gehalten am 4.5.1976 in Hamburg, Göttingen, 1976.

Philosophie et réalité. Derniers essais et conférences, Paris, 1982.

La philosophie de Pietro Pomponazzi, suivi de *Pic de la Mirandole et la critique de l'astrologie*, trad. G. Kirscher, J. Quillien, É. Naert, M. Lejbowicz, Paris, 1985.

L'avenir de la philosophie. Violence et langage, ed. J. Quillien, Lille, 1987.

Essais sur la philosophie, la démocratie et l'éducation, textes recueillis et traduits de l'anglais par M. Belaval, J.-M. Buée, S. Pralat, L. Testart, *Cahiers Éric Weil IV*, Lille, 1993.

Essais sur la nature, l'histoire et la politique, textes inédits établies par L. Bescond, P. Canivez, G. Kirscher, J. Quillien, Villeneuve d'Asq, 1999.

Philosophie et réalité II, inédits suivis de Le cas Heidegger, Paris, 2003.

Ficin et Plotin, editée, présenté et commenté par A. Deligne, traduit avec la collaboration de M. Engelmeier, Paris, 2007.

TRADUÇÕES

Philosophie der Politik, München, 1964.

Filosofia politica, trad. L. Battaglia Cofrancesco, Napoli, 1973.

Problemi kantiani, trad. P. Salvucci, Urbino, 1980 (reed. 2006).

Questioni tedesche, trad. P. Venditti, Urbino, 1982.

Dell'interesse per la storia e altri saggi di filosofia e storia delle idee, a cura di L. Sichirollo, Introduzione di R. Caillois, Napoli, 1982.

Valuing the Humanities. Edited and with an introduction by William Kluback, Chico, 1989.

Aristotelica, a cura di L. Sichirollo, Milano, 1990.

Filosofia política, trad. M. Perine, São Paulo, 1990 (2ª ed. revista 2011).

Educazione e istruzione: scienza e discipline umanistiche oggi, trad. P. F. Taboni, Milão, 1992 (2ª ed. 1998).

Hegel y el Estado. Cinco conferencias y un apéndice, Buenos Aires, 1996

Logica della filosofia, trad. ed edizione a cura di L. Sichirollo, Bologna, 1997.

Hegel and the State, transl. by M. A. Cohen, New York, 1998.

Pensare il mondo. Filosofia Dialettica Realtà, a cura di M. Filoni con un saggio di L. Sichirollo, Pistoia, 2000.

Probleme des Kantischen Denkens, Einleitung und Überzetzung von H. Wittver, Berlin, 2002.

Filosofía y violencia. Introducción a la *Lógica de la filosofía*, trad. F. S. Gutiérrez, Bogotá, 2002.

Eseuri despre natură, istorie si politică, trad. romena de V. Protopescu, prés. P. Canivez et Magdalena Cojocea, Bucarest, 2003.

Polititcheska Philosophia, trad. búlgara de I. Loukanova, Sofia, 2005.

Éric Weil, Violenza e libertà. Scritti di morale e politica, trad. A. Vestrucci, Milano, 2006.

Problemas kantianos, trad. A. G. Mayo, Madrid, 2008.

Logik der Philosophie, übersetzt von A. Schnell, Hildesheim/Zürich/New York, 2010.

Hegel e o Estado. Cinco conferências seguidas de Marx e a Filosofia do Direito, trad. C. Nougé, rev. téc. M. Perine, São Paulo, 2011.

Filosofia moral, trad. M. Perine, São Paulo, 2011.

Problemas kantianos, trad. L. P. Rouanet, rev. téc. M. Perine, São Paulo, 2012.

Lógica da filosofia, trad. L. C. de Malimpensa, rev. téc. M. Perine, São Paulo, 2012.

ARTIGOS

1931

Ein Akademischer Sender?, *Rufer und Hörer*, 1 (1931) 395-399.

Wider den Okkultismus, *Die Literarische Welt* (Berlin), 7 (1931) 32-33, reeditado in: W. HAAS (Ed.), *Zeitgemässes aus der Literarische Welt von 1925-1932*, Stuttgart, 1963, 348-352

1932

Die Philosophie des Pietro Pomponazzi, *Archiv für Geschichte der Philosophie*, 41 (1932) 127-176.

1935

De l'intérêt que l'on prend à l'histoire, *Recherches Philosophiques*, 4 (1934-1935) 105-126.

1946

L'Anthropologie d'Aristote, *Revue de Métaphysique et de Morale*, 51 (1946) 7-36.

1947

Le cas Heidegger, *Les temps modernes*, 2 (1947) 128-138.

1949

Pierre Bayle (1647-1700), *Critique*, 5 (1949) 656-660.

1951

La place de la logique dans la pensée aristotélicienne, *Revue de Métaphysique et de Morale*, 56 (1951) 283-315.

Democracy in a world of tension, *Democracy in a world of tension* (Unesco), Chicago, 1951, 425-442.

1952

Vertu du dialogue, *Comprendre*, 5/6 (1952) 189-195.

French philosophy today, *The Listener*, 1 (1952) 710-711.

The strength and weakness of existentialism, *The Listener*, 8 (1952) 743-744.

1953

Complexes français, *Synthèses*, 8 (1953) 31-35.

Réflexions sur la liberté, le contentement et l'organisation, *Enquête sur* la *liberté* (Unesco), Paris, 1953, 317-322.

Propaganda, truth and the mass media, *Confluence*. An International Forum, 2 (1953) 69-79.

Tradition and traditionalism, *Confluence*. An International Forum, 2 (1953) 106-116.

Philosophie et histoire, *Actes du onzième Congrès International de Philosophie*, vol. I, Amsterdã/Louvain, 1953, 129-134.

1954

Myth and faith, *French institutions: values and politics, Hoover Institute Studies*, series E (Institutions), 2, Stanford, 1954.

1955

Bon sens ou philosophie, *Diogène*, 12 (1955) 33-57.

Guerre et politique selon Clausewitz, *Revue Française de Science Politique*, 5 (1955) 291-314.

La morale de Hegel, *Deucalion*, 5 (1955) 101-116.

Pensée dialectique et politique, *Revue de Métaphysique et de Morale*, 60 (1955) 1-25.

Religion and politics, *Confluence*. An International Forum, 4 (1955) 202-214.

1956

Hegel, *Les philosophes célebres*, M. Merleau-Ponty (Ed.), tomo X: La galerie des hommes célèbres, Paris, 1956, 258-265.

1957

Education as a problem for our time, *Confluence*. An International Forum, 6 (1957) 40-50.

Masses et individus historiques. *Encyclopédie Française*, XI, La vie internationale, II 10-10 a II 12-15.

Responsabilité politique, *Revue Internationale de Philosophie*, 11 (1957) 125-133.

1961

Philosophie politique, théorie politique, *Revue Française de Science Politique*, 11 (1961) 257-294.

Préface à G. KRÜGER, *Critique et morale chez Kant*, Paris, 1961, 5-11.

1962

Kant et le problème de la politique, *La philosophie politique de Kant*, Annales de Philosophie Politique, IV; Institut International de Philosophie, Paris, 1962, 1-32.

Die Säkularisierung der Politik und des politischen Denkens in der Neuzeit, *Marxismusstudien*, I. Fetscher (ed.), IV, Tübingen, 1962, 144-162.

Politique et morale, *Cahiers de l'ISEA*, série M, 14 (1962) 3-15.

Intervenções de É. Weil no debate sobre a conferência de J. L. Austin, Perfomatif — constatif, in: La philosophie analytique, *Cahiers Royaumont*, Paris, 1962, 271-304.

1963

Le particulier et l'universel en politique, *Christianisme Social*, 71 (1963) 13-28.

Philosophie et réalité, *Bulletin de la Société Française de Philosophie*, 57 (1963) 117-147.

1964

Sur le matérialisme des stoiciens, *Mélanges Alexandre Koyré*, II; L'aventure de l'Esprit, Paris, 1964, 556-572.

Philosophical and political thought in Europe today, *Daedalus*, 93 (1964) 493-513.

De la réalité, *Studi Urbinati*, nuova serie B, 38 (1964) 5-27.

1965

La morale de l'individu et la politique, *Tijdschrift voor Filosofia*, 27 (1965) 476-490.

Science in modern culture, or the meaning of meaninglessness, *Daedalus*, 94 (1965) 171-189.

1966

Actualité de la philosophie pratique de Kant, dialogue entre É. Borne, L. Guillermit, J.-P. Vernant et É. Weil, émition de la Radio-Télévision Scolaire, 5 mai 1966 (Dossiers Pédagogiques de la RTS, n. 29), *Cahiers Philosophiques*, 3 (1980) 5-19.

1967

Quelques remarques sur le sens et l'intention de la métaphysique aristotélicienne, *Studi Urbinati*, nuova serie B, 41 (1967) 831-854.

Violence et langage, *Recherches et Débats*, 59 (1967) 78-86.

1968

Du droit naturel, *Nouveaux cahiers*, 15 (1968) 37-46.

Sorge um die Philosophie, Sorge der Philosophie, *Die Zukunft der Philosophie*, Olten-Freiburg, 1968, 222-238.

1969

Hegel et nous, Actes du Congrès Hegel, Urbino, 1965, *Hegel-Studien*, Beiheft, 4 (1969) 7-15.

The State and the violence (em hebraico), *IYYUN*, 20 (1969) 60-70.

The languages of the humanistic studies, *Daedalus*, 98 (1969) 1001-1005.

1970

La fin de l'histoire, *Revue de Métaphysique et de Morale*, 75 (1970) 377-384.

Morale, *Encyclopaedia Universalis*, XI, 311-318.

Politique. La philosophie politique, *Encyclopaedia Universalis*, XIII, 225-231.

Pratique et praxis, *Encyclopaedia Universalis*, XIII, 449-453.

Raison, *Encyclopaedia Universalis*, XIII, 969-975.

De la dialectique objective, Actes du XIVème. Congrès de Sociétes de Philosophie de Langue Française, Nice, 1969, *Les Études Philosophiques*, 1970, 339-346.

Humanistic studies: their object, methods and meaning, *Daedalus*, 99 (1970) 237-255.

La philosophie est-elle scientifique?, *Archives de Philosophie*, 33 (1970) 353-369.

1973

The hegelian dialectic, *The legacy of Hegel*. Proceedings of the Marquette Hegel Symposium 1970, Haia, 1973, 49-64.

Supporting the humanities, *Daedalus*, 102 (1973) 27-38.

Le rôle des universités. Les humanités et l'enseignement supérieur de masse, Conferência pronunciada em Veneza, outubro de 1973, e publicada in *Commentaire*, 24 (1983) 871-879.

1975

What is a breakthrough in history?, *Daedalus*, 104 (1975) 21-36.

1976

Hegel et le concept de révolution, *Archives de Philosophie*, 39 (1976) 3-19.

Faudra-t-il de nouveau parler de morale?, *Savoir, faire, espérer: les limites de la raison*, hommage à Henri Van Camp, Publications des Facultés Universitaires Saint-Louis, Bruxelles, 1976, 265-284.

Wert und Würde der erzählenden Geschichtsschreibung, *Veröffentlichung der Joachim Jungius-Gesellschaft der Wissenschaften*, Hambourg, 1976, 1-14.

La Philosophie du droit et la philosophie de l'histoire hégélienne, *Hegel et la philosophie du droit* (publication do Centre de Recherches sur Hegel et Marx, Poitiers), Paris, 1979, 5-33.

De la nature, inedit publié in: Philosophie et réalité. Derniers essais et conférences, Paris, 1982, 343-363.

RECENSÕES

Kant-Studien

1933

Walter Dubislav, *Die Philosophie der Mathematik in der Gegenwart*, Heft 1-2 (1933) 203.

Gerhard Krüger, Philosophie und Moral in der Kantischen Kritik, Heft 1-2 (1933) 442-444.

Recherches Philosophiques

1934-1935

Hans Reiner, *Das Phänomen des Glaubens dargestellt im Hinblick auf das Problem seines metaphysichen Gehalts*, 4 (1934-1935) 406-407.

Ludwig Landgrebe, *Nennfunktion und Wortbedeutung*. Eine Studie über Martys Sprachphilosophie, 4 (1934-1935) 420-421.

Gustave Thibon, *La science du caractère*, 4 (1934-1935) 421-422.

Rudolf Odebrecht, *Ästetik der Gegenwart*, 4 (1934-1935) 422.

Arthur Mettler, *Max Weber und die philosophische Problematik unserer Zeit*, 4 (1934-1935) 446.

David Baumgardt, *Der Kampf um den Lebenssinn unter den Vorläufern der modernen Ethik*, 4 (1934-1935) 504-506.

Eduard Wechssler, *Jugendreihen des deutschen Menschen*, 1733-1933, 4 (1934-1935) 524-526.

1935-1936

Walter Bröcker, *Aristoteles*, 5 (1935-1936) 477-484.

Nesca A. Robb, *Neoplatonism of the italian Renaissance*, 5 (1935-1936) 523-524.

Werner Brock, *An introduction to Contemporary German Philosophy*, 5 (1935-1936) 534.

1936-1937

Gerhard Kränzlin, *Die Philosophie vom unendlichen Menschen*, 6 (1936-1937) 391.

Robert Heller, *Das Wesen der Schönheit*, 6 (1936-1937) 409.

A. Cuvillier, *Introduction à la sociologie*, 6 (1936-1937) 413-414.

L. von Wiese, *Sozial, geistig und kulturell. Eine grundsätzliche Betrachtung über die Elemente des zwischenmenschlichen Lebens*, 6 (1936-1937) 415.

Tommaso Campanella, *Theologia*, libro primo, edição crítica com introdução, apêndice e índice de Romano Amerio, 6 (1936-1937) 441-442.

Bodo Sartorius Freiherr von Waltershausen, *Paracelsus am Eingang der deutschen Bildungsgeschichte*, 6 (1936-1937) 442-444.

Gerhard Stammler, *Deutsche Logikarbeit seit Hegels Tod als Kampf von Mensch, Ding und Wahrheit*, Band I: Spekulative Logik, 6 (1936-1937) 446-447.

Rolf W. Göldel, *Die Lehre von der Identität in der deutschen Logikwissenschaft seit Lotze*, 6 (1936-1937) 447-448.

Critique

1946

La deuxième guerre mondiale et les théories. F. O. Miksche, Les erreurs stratégiques de Hitler; Berthold C. Friedl, Les fondements de la guerre et de la paix en URSS, suivi du Cahier de Lenine sur Clausewitz, 1 (1946) 68-72.

À propos du matérialisme dialectique. Etiemble, *Dialectique matérialiste et Dialectique taoiste*, 1 (1946) 83-90.

Politique et bonne volonté. Stephan Szende, Europäische Revolution, 1 (1946) 138-147.

Essai sur l'Allemagne. Edmond Vermeil, L'Allemagne. Essai d'explication, 1 (1946) 280-288.

Curzio Malaparte, *Kaputt*, 1 (1946) 378.

Questions allemandes. Hans Bernd Givesius, Bis zum bittern Ende. I: Vom Reichstagsbrand zur Fritsch-Krise; Léopold Schwarzschild, Le monde envouté; Albert Béguin, Faiblesse de l'Allemagne; Edgar Morin, L'an zéro de l'Allemagne; Ernest Pezet, Allemagne-Europe; Henri Berr, Le mal de la jeunesse allemande; Robert d'Harcourt, Le nazisme peint par lui-même, 1 (1946) 526-539.

Jacques Sadoul, *Naissance de l'URSS*, 1 (1946) 571-572.

L'idée d'éducation dans l'enseignement américain. *General education in a free society. Report of the Harvard Committee. With an introduction by James B. Conant, 1 (1946) 644-652.*

Pietro Badoglio, *L'Italie dans la guerre*, 1 (1946) 662-663.

1947

Marx et la liberté. André Vène, Vie et doctrine de Karl Marx, 2 (1947) 68-75.

Qu'est-ce que le dix-huitième siècle? Paul Hazard, La pensée européenne au dix-huitième siècle, de Montesquieu à Lessing, 2 (1947) 332-337.

Questions allemandes II: Le 20 juillet 1944. Hans B. Givesius, Bis zum bittern Ende. II: Vom Münchner Abkommen zum 20 juli 1944; Fabian von Schlabrendorff, Offiziere gegen Hitler; Ulrich von Hassell, Vom andem Deutschland; W.W. Schütz, Pens under the Svastika. A Study in Recent German Writing, 2 (1947) 456-466.

Questions allemandes III: Repentirs et projets allemands. Karl Jaspers, Die Schuldgrage. Ein Beitrag zur deutschen Frage; Constantin Silens, Irrweg und Umkehr; Friedrich Meinecke, Die Deutsche Katastrophe; Albert Weber, *Abschied von der bisherigen Geschichte*, 3 (1947) 65-80.

Lord Vansittard, *Leçons de ma vie. Un réquisitoire contre l'Allermagne*, 3 (1947) 137-138.

Summer Welles, *L'heure de la décision*, 3 (1947) 138-139.

Edward H. Carr, *The Soviet Impact on the Western World*, 3 (1947) 139-141.

Action, littérature et philosophie mystiques. A. Huxley, The perennial philosophy; A. Huxley, *La science, la paix, la liberté* (trad. J. Castier), 3 (1947) 172-187.

Stephane Lupasco, *Logique et contradiction*, 3 (1947) 278-280.

Benjamin Farrington, *Greek Science. Its meaning for us (Thales to Aristotle)*, 3 (1947) 377-380.

Willy Sperco, *L'ecroulement d'une dictature: choses vues en Italie durant la guerre 1940-1945*, 3 (1947) 383.

Edgar Morin. *Allemagne notre souci*, 3 (1947) 382-383.

Les origines du nationalisme. Hans Kohn, *The idea of Nationalism. A Study in its Origins and Background; Hans Kohn, Prophets and Peoples. Studies in Nineteenth-century Nationalism*, 3 (1947) 438-448.

Ira O. Wade, *Studies on Voltaire*, 3 (1947) 472-473.

Walter Stucki, *La fin du régime de Vichy*, 3 (1947) 477-478.

1948

Frédéric Engels, *Notes sur la Guerre de 1870-1871*, 4 (1948) 89.

François Charles-Roux, *Huit ans au Vatican*, 4 (1948) 89-90.

Rudolf Semmler, *Göbbels, the man next to Hitler*, 4 (1948) 93-94.

Sur le sens du mot liberté. Bronislaw Malinowski, Freedom and Civilization, 4 (1948) 356-369.

Frances Perkins. *Roosevelt*, 4 (1948) 378-380.

Analyse psychologique ou psychanalyse de l'Allemagne. Robert Minder, Allemagne et Allemands, tome I, 4 (1948) 447-456.

Leonardo Sismondi, *Berlin, Ambassade d'Italie, 1939-1943*, 4 (1948) 476-477.

Allen W. Dulles, *L'Allemagne souterraine*, 4 (1948) 478.

Raison, morale et politique. John M. Murray, The Free Society, 4 (1948) 540-551.

Ramon S. Suñer, *Entre les Pyrénées et Gibraltar*, 4 (1948) 662-664.

Sir Samuel Hoare, *Ambassador en mission spéciale*, 4 (1948) 664-665.

Elizabeth F. Rogers (ed.), *The Correspondence of Sir Thomas More*, 4 (1948) 666.

Louis Garros, *Quel roman que ma vie! Itinéraire de Napoléon Bonaparte*, 4 (1948) 666-667.

Le problème des deux Allemagnes. Jean-Marie Carré, Les Ecrivains français et le mirage allemand, 4 (1948) 718-722.

Politique étrangère et philosophie. Immanuel Kant, Projet de paix perpétuelle, 4 (1948) 759-761.

Des principes fondamentaux du parlamentarisme anglais. Thomas P. Tasweell-Langmead, English constitutional history from the teutonic conquest to the present time, 10th. ed., 4 (1948) 853-855.

Sur le sens du mot "mage". E. M. Butler, The Myth of Magus, 4 (1948) 950-953.

L'Angleterre devant la situation internationale avant la Guerre. *Documents on Britsh Foreign Policy, 1919-1939*, 4 (1948) 957-958.

Churchill Historien. Winston S. Churchill, *La deuxième guerre mondiale*, 4 (1948) 1029-1036.

Pourquoi s'est apaisée la révolte ouvrière anglaise au dixneuvième siècle? J. L. Hammond; Barbara Hammond, The Bleak Age, 4 (1948) 1100-1107.

Au sujet du pacte germano-soviétique. The Departement of State, La vérité sur les rapports germano-soviétiques de 1399 à 1941, 4 (1948) 1141-1142.

Sur les origines de la politique étrangère des Soviets. Jane Degras, *Calendar of Soviet Documents of Foreign Policy*, 4 (1948) 1142.

1949

L'indépendance de la presse. I: Histoire du Times, *History of The Times*, 5 (1949) 47-59.

L'indépendance de la presse. II: L'indépendance entre l'entreprise privée et l'État. Commission on the freedom of the press. Willian E. Hocking, Freedom of the Press: a Framework of Principle; Llewellyn White e Robert D. Leigh, Peoples Speaking to Peoples: a Report on International Mass Communication; Zechariah Chaffee, *Government and Mass Communication;* Ruth A. Inglis, *Freedom of the Movies*; Llewellyn White, The American Radio; Viscount Camrose, *British Newspapers and their Controlers*, 5 (1949) 155-168.

Les personnalités contemporaines et l'histoire. A. Salter, Personality in Politics: Studies of Contemporary Statesmen, 5 (1949) 189-190.

Histoire et chronologie du temps présent. Maxime Mourin, *Histoire des grandes puissances, 1919-1947*, 5 (1949) 190-191.

La superstition dans le monde moderne. Berger Evans, The Natural History of Nonsense, 5 (1949) 283-285.

Les chemins qui menèrent à la dernière guerre. L. B. Namier, Diplomatic prelude, 1938-1939, 5 (1949) 285-287.

L'immatérialisme de Berkeley.*The Works of George Berkeley. Bishop of Cloyne, vol. I: Philosophical Commentaries. Essay Towards a New Theory of Vision*; A. A. Luce, *Berkeley's Immaterialism*: *A Commentary on his A Treatise Concerning the Principles of Human Knowledge*, 5 (1949) 468-470.

Un chef d'armées antimilitariste. Dwight D. Eisenhower, *Croisade en Europe. Mémories sur la Deuxième Guerre Mondiale*, 5 (1949) 475-478.

Guillaume II et la dètermination de l'histoire. E. Eyck, *Das persönliche Regimen Wilhelms II. Politische Geschichte des deutschen Kaiserreiches, 1890-1914*, 5 (1949) 539-551.

L'activité d'un grand fonctionnaire anglais pendant la Guerre. R. H. Bruce Lockhart, Comes the Reckoming, 5 (1949) 565-568.

Pierre Bayle, *Textes choisies et introduction de Marcel Raymond*, 5 (1949) 660.

Guy Howard Dodge, *The Political Theory of the Huguenots of the Dispersion, with Special Reference to the Thought and Influence of Pierre Jurieu*, 5 (1949) 660-661.

L'idée d'un État primitif de l'homme au Moyen âge. Georges Boas, Essays on Primitivism and Related Ideas in the Middle Ages, 5 (1949) 664-666.

Une contribution posthume de Göbbels à la théorie des dictatures. Dr. Göbbels, *Journal*, 5 (1949) 669-672.

Steinbeck en Russie. John Steinbeck, A russian journal, 5 (1949) 767-768.

1950

L'histoire littéraire et l'érudition. Ernst R. Curtius, Europäische Literatur und lateinisches Mittelalter, 6 (1950) 37-45.

Hegel et son interprétation communiste. Georg Lukács, Der Junge Hegel. Über die Beziehungen von Dialektik und Ökonomie, 6 (1950) 91-93.

Hume contre Hegel et Marx. George H. Sabine, A History of Political Theory, 6 (1950) 191-192.

John Law et le socialisme d'État. H. Montgomery Hyde, John Law, The history of an honest adventurer, 6 (1950) 274-275.

1951

Témoignages sur Vichy. William L. Langer, Le jeu américain à Vichy, 7 (1951) 89-91.

William D. Leahy, *J'étais là*, 7 (1951) 92-94.

Yves Bouthillier, *Le drame de Vichy*. I: Face à l'ennemi, face à l'allié, 7 (1951) 95-96.

Sur les conditions extérieures de la vérité. Jacques J. Maquet, Sociologie de la connaissance. Sa structure et ses rapports avec la philosophie de la connaissance, 7 (1951) 187-189

Machiavel aujourd'hui. William S. Maugham, Plus ça change. Roman; Marcel Brion, Machiavel; James Burnham, Les machiavéliens. Défenseurs de la liberté; Maurice Joly, Dialogues aux enfers entre Machiavel et Montesquieu; Gerhard Ritter, Die Dämonie der Macht; Leonhard von Muralt, Machiavellis Staatsgedanke, 7 (1951) 233-253.

Arthur Aspinall, *Politics and the Press*, 7 (1951) 285-286.

La vie de Roosevelt et le cours de l'histoire. Robert E. Sherwood, The White House Papers of Harry L. Hopkins; John Gunter, Roosevelt in Retrospect. A Profile in History, 7 (1951) 421-434.

Alfred Cobban, *The Debate on the French Revolution*, 7 (1951) 473-474.

Sir John Pollock, *Time's Chariot*, 7 (1951) 568-569.

La restauration des Stuarts et les historiens anglais. Sir Charles Petrie, The Jacobite Movement.*The First Phase (1688-1716); The Last Phase (1716-1807)*; F.C. Turner, James II, 7 (1951) 628-634.

Gerhard Ludwig, *Massenmord im Weltgeschehen*, 7 (1951) 664-666.

Frederick A. Pottle, *Boswell's London Journal* (1762-1763), 7 (1951) 797-799.

Johnson, Prose and Poehy, Selected by Mena Wilson; Goldsmith, Selected Works chosen by Richard Garnett, 7 (1951) 799-800.

Berkeley's Works II: The Principles of Human Knowledge. *First draft of the introduction to the Principles. Three dialogues between Hylas and Philonous.*

Correspondence with Johnson, T. E. Jessop (ed.); *III: Alciphron, T. E. Jessop (ed.); IV: The Analyst, A. A. Luce (ed.)*; A. A. Luce, *The life of George Berkeley, Bishop of Cloyne*, 7 (1951) 1007-1010.

WERNER KÄGI, *Jacob Burckhardt. Eine Biographie*, 7 (1951) 1091-1093.

G. R. CRAGG, *From Puritanism to the Age of Reason: a Study in the Religious Thought within the Church of England, 1600 to 1700*, 7 (1951) 1093-1095.

W. SCHENK, *The Concern for Social Justice in the Puritan Revolution*, 7 (1951) 1095-1099.

GRAHAM STOREY, *Reuter's Century*, 1851-1951, 7 (1951) 1099-1100.

1952

J.-J. Rousseau et sa politique. J.-J. Rousseau, *Le contrat social*, introd. de Bertrand de Jouvenel; J.-J. Rousseau, *Les rêveries du promeneur solitaire*, Marcel Raymond (ed.); Pierre Burgelin, *La philosophie de l'existence de J.-J. Rousseau*; Robert Derathé, *Le rationalisme de J.-J. Rousseau*; Robert Derathé, *J.-J. Rousseau et la science politique de son temps*; Edmond Gilliard, *De Rousseau à Jean-Jacques*; Bernard Groethuysen, *Jean-Jacques Rousseau*; Daniel Mornet, *Rousseau, l'homme et l'oeuvre*; Ernest Barker, *Essays in Government*; Arthur O. Lovejoy, *Essays in the History of Ideas*; Madeleine Francês, *Les réminiscences spinozistes dans le Contrat social de Rousseau*, 8 (1952) 3-28.

Le problème de l'État multinational: l'Autriche-Hongrie. Hugo Hantsch. *Die Geschichte Österreichs;* Georg Stadtmüller, *Geschichte Südosteuropas*; Robert A. Kann, *The Multinational Empire*; A. J. P. Taylor, *The Habsburg Monarchy*; Hermann Münch, *Bahmische Tragödie. Das Schicksal Mitteleuropas im Lichte der tschech Frage*; Joseph Nadler, *Literaturgeschichte Österreichs*, 8 (1952) 613-631.

R. SCHLATTER, *Private Property. The History of an Idea*, 8 (1952) 1089-1091.

1953

B. H. G. WORMALD. *Claredon. Politics, History and Religion*, 9 (1953) 90-92.

J. R. VON SALIS, *Weltgeschichte der Neuesten Zeit*, vol. I, 9 (1953) 279-283.

SIR DAVID KELLY, *The Ruling Few or the Background to Diplomacy*, 9 (1953) 378-379.

Nicolai Stenonis epistolae. G. Scherz et J. Raeder (eds.). 9 (1953) 472-474.

Christianisme et politique. Etienne Gilson, *Les métamorphoses de la Cité de Dieu;* Lionel Curtis, *Civitas Dei*; Christopher Dawson, Understanding Europe; Arnold J. Toynbee, Civilization on trial (trad. française: La civilisation à l'épreuve), 9 (1953) 748-776.

Georg W. F. Hegel, *Briefe von und an Hegel, I, II*. J. Hoffmeister (ed.), 9 (1953) 909-910.

1954

Charles Reith, *The Blind Eye of History. A Study of the Origins of the Present Police Era*, 10 (1954) 283-285.

Berkeley's Works. V: Siris; VI: Passive obediente. The Querist, T. E. Jessop (ed.), 10 (1954) 381-382.

Michael Saint-John Packe. *The Life of John Stuart Mill*, 10 (1954) 812-815.

1955

The Forrestal diaries. The inner history of the Cold War, Walter Minis (ed.), 11 (1955) 91-92.

Ernest Backer, George Clark, Paul Vauches, *The European Inheritage*, 11 (1955) 186-189.

Herbert Butterfield, *Christianity, Diplomacy and War*, 11 (1955) 1021-1024.

1956

Hegels Saemtliche Werke XII: Grundlinien der Philosophie des Rechts. XXIX: Briefe von und am Hegel, III, J. Hoffmeister (ed.), 12 (1956) 667-669.

Ernst Campbell Mossner, *The Life of David Hume*, 12 (1956) 811-813.

Berkeley's Works. VII: Sermons, Essays, A. A. Luce, T. E. Jessop (eds.), 12 (1956) 906-907.

1957

Karl Plötz, *Auszug aus der Geschichte*, 13 (1957) 668-669.

De la loi fondamentale. J. W. Gough, Fondamental Law in English Constitucional History, 13 (1957) 861-876.

Nietzsches Werke. Karl Schlechta (ed.), 13 (1957) 1091-1093.

1958

Kants Werke. II: Critique de la raison pure; IV: Critique de la raison pratique; V: Critique du jugement, Weischedel (ed.), 14 (1958) 184-185.

Berkeley's Works. VIII: Letters, A. A. Luce (ed.), IX: Notes to the letters, addenda, general índex, A. A. Luce, T. E. Jessop (eds.), 14 (1958) 575-576.

ERNST KIRSTEN, Ernst Wolfgang Buchholz, Wolfgang Köllman, *Raum und Bevölkerung in der Weltgeschichte*, 14 (1958) 761-672.

1961

La Renaissance de Jacob Burckhardt. Werner Kägi, *Jacob Burckhardt. Eine Biographie. III: Die Zeit der klassischen Werke;* Jacob Burckhardt, *Judgements on History and Historians*, 17 (1961) 99-110.

Le conflit entre violence et droit dans les théories politiques selon Meinecke. Friedrich Meinecke, *Die Idee der Staatsräson*, 17 (1961) 659-665.

1962

J. R. VON SALIS, *Weltgeschichte der neuesten Zeit*, II, III, 18 (1962) 477-479.

GEORG W. F. HEGEL, *Briefe von und an Hegel*, IV. J. Hoffmeister (ed.), 18 (1962) 669-670.

H. SPIEGELBERG, *The Phenomenological Movement. A Historical Introduction*, 18 (1962) 906-909.

1963

G. W. LEIBNIZ, *Nouveaux essais sur l'entendement humain*, 19 (1963) 475-476.

1969

Une nouvelle édition des oeuvres de Hegel. G. W. F. Hegel, Gesammelte Werke, vol. IV: Ecrits critiques d'Iena, H. Buchner e D. Pöggeler (ed.), 25 (1969) 1024-1026.

1971

L'homme Hegel. G. Nicolin (ed.), *Hegel in Berichten seiner Zeitgenossen*, 27 (1971) 477-480.

Revue de Métaphysique et de Morale

Aristotelica. Jan vau der Meulen, *Aristoteles: Die Mitte in seinem Denken*; Josef Zürcher, *Aristoteles' Werk und Geist*; Jan Lukasiewicz, *Aristotle's Syllogistic from the Standpoint of Modern Formal Logic*; Aristotle, *Constitution of Athens and Related Texts*, transl. and intr. by Kurt von Fritz e Ernst Kapp;

François Nuyens, *L'evolution de la psychologie d'Aristote*; Paul Moraux, *Les listes anciennes des ouvrages d'Aristote*; Sir Thomas Heath, *Mathematics in Aristotle*; Max Hamburger, *Morais and Law: the Growth of Aristotle's Legal Theory*; H. H. Joachim, *The Nicomachean Ethics. A Commentary*; Harry V. Jaffa, *Thomism and Aristotelianism. A Study of Commentary by Thomas Aquinas on the Nicomachean Ethics*, 57 (1952) 446-466.

Revue Internationale de Philosophie

La Correspondance d'Alexis de Tocqueville et d'Arthur de Gobineau, *Oeuvres complètes*, J.-P. Mayer (ed.) IX: Correspondance d'Alexis de Tocqueville et d'Arthur de Gobineau, M. Degros (ed.), 13 (1959) 341-348.

Journal of the history of philosophy

J. Soll, *An Introduction to Hegel's Metaphysics*, 9 (1971) 110-113.

BIBLIOGRAFIA SOBRE ÉRIC WEIL

Coletâneas e Periódicos

Archives de Philosophie, 33 (1970) 371-622 — *Hommage à Éric Weil* (Com contribuições de: P. Reboul, G. Kirscher, J. Quillien, G. Almaleh, R. Vancourt, L. Sichirollo, E. Doumit, D. Dubarle, Y. Belaval, P.-J. Labarrière e bibliografia de Éric Weil por F. J. Caso).

Filosofia e violenza. Introduzione a Éric Weil, Galatina, 1978 (Com contribuições de: L. Sichirollo, G. Ciafrè, R. Morresi, P. F. Taboni e bibliografia dos escritos de Éric Weil por L. Sichirollo).

Annali della Scuola Normale Superiore di Pisa, Serie III, vol. XI/4 (1981) 1139-1287 (Com contribuições de: R. Bodei, L. Sichirollo, A. Tosel, G. Almaleh, G. Kirscher, L. Bescond, J. Quillien, R. Morresi, G. Bevilacqua e P. F. Taboni).

Actualité d'Éric Weil. Actes du Colloque International, Chantilly, 21-22 de maio de 1982, Paris, 1984 (Com contribuições de: P. Reboul, Y. Belaval, P. F. Taboni, P.-J. Labarrière, R. Morresi, J. Wilfert, J.-M. Buée, P. Livet, P. Venditti, F. Guibal, A. Olmi, P. Fruchon, F. Gosselin, J. Quillien, A. Billaz, M. Depadt-Ejchenbaum, G. Even-Granboulan, L. Battaglia, R. Caillois, L. Amodio, W. Kluback, A. Gouhier, L. Sichirollo, P. Burgoni, A. Tosel, L. Soetard, J. Roy, J. Lebrun, P. Billouet, F. Marty, M. Barale, T. Rockmore, G. P. Calabro, P. Marignac, J. Salem, E. Capodaglio, P. Ricoeur e indicações bibliográficas de G. Kirscher).

Sept études sur Éric Weil, G. Kirscher e J. Quillien (Eds.), Lille, 1982 (Com contribuições de: G. Almaleh, A. Baraquin, L.Bescond, M. Depadt, G. Kirscher, J. Quillien, J.-F. Robinet e indicações bibliográficas por G. Kirscher).

Cahiers Éric Weil I. Huit études sur Éric Weil, Lille, 1987. (Com contribuições de: G. Kirscher, R. Caillois, W. Kluback, M. Lejbowicz, L. Bescond, J.-M. Breuvart, J.-M. Buée, C. Roubinet).

Cahiers Éric Weil II. Éric Weil et la pensée antique, Lille, 1989. (Com contribuições de: L. Amodio, P. Aubenque, L. Bescond, J.-M. Breuvart, J. M. Buée, R. Caillois, J.-P. Dumont, P. Fruchon, G. Kirscher, M. Lejbowicz, T. Matensi, R. Morresi, E. Naert, A. Petit, L. Sichirollo, J.-L. Solère, J. Wilfert).

Síntese. Nova Fase (Belo Horizonte), 46 (1989) 5-124 (Com contribuições de: P. Canivez, A. Burgio, M. Perine, J.-F. Robinet, P.-J. Labarrière, E. Naert, G. Kirscher, L. Sichirollo, J. Quillien, M. S. Roth).

Discours, violence et langage: un socratisme d'Éric Weil, Journées d'étude, 18-19 novembre 1989, *Cahier du Collège International de Philosophie*, nn. 9-10, Paris, 1989 (Com contribuições de: A. Burgio, P. Canivez, G. Kirscher, P.-J. Labarrière, E. Naert, M. Perine, J. Quillien, J.-F. Robinet, M. S. Roth, L. Sichirollo).

Éric Weil. Atti del seminario presso l'Istituto Italiano per gli Studi Filosofici, Napoli, 21 novembre 1987, a cura di L. Sichirollo, Urbino, 1989 (Com contribuições de: M. Barale, A. Burgio, G. Kirscher, S. Parasiliti, P. Salvucci, L. Sichirollo, F. Valentini).

Cahiers Éric Weil III. Interprétations de Kant, J. Quillien et G. Kirscher (Eds.), Villeneuve d'Ascq, 1992 (Com contribuições de: P. Belaval, M. Savadogo).

Éric Weil. Bulletin de philosophie, n. 7, Publications du Centre Régional de Documentation Pédagogique (CRDP) de Bretagne, 1992 (Com contribuições de: L. Bescond, J.-M. Buée, P. Canivez, G. Kirscher, J.-F. Robinet, A. Wiel).

Cahiers Éric Weil V. Éric Weil. Philosophie et Sagesse, Villeneuve d'Ascq, 1996 (Com contribuições de: L. Bescond, J.-M. Breuvart, J.-M. Buée, P. Canivez, E. Ganty, G. Kirscher J.-P. Larthomas, L. Nguyen-Dinh, J. Quillien, J.-E Robinet, L. Sichirollo, A. Tosel).

Éric Weil. Ethik und politische Philosophie, Philosophisches Seminar der Universität Münster, 3-6 Oktober 1991, Mohr, G. und Siep, L. (Hrsg.), Berlin, 1997 (Com contribuições de: A. Deligne, E Gerhardt, G. Kirscher, T. Matensi, C. Miething, G. Mohr, M. Savadogo, L. Sichirollo, L. Siep).

Revue Critique n. 636, 2000: Weil, Kojève, Bataille (Com contribuições de P. Canivez, F. Guibal, J.-M. Buée, A. Deligne), 2000.

Éric Weil. Violenza e libertà. Scritti di morale e politica, a cura di Andrea Vestrucci, Postfazione di Davide Bigalli, Milano, 2006 (Com contribuições de: G. Strumiello, A. Vestrucci, P. Canivez, P. F. Taboni, M. Filoni).

Gewalt, Moral und Politik bei Éric Weil, Bizeul, Y. (Hrsg.), Hamburg, 2006 (Com contribuições de: H. G. Hennecke, A. Deligne, H. Wittwer, F. Guibal, G. Vincent, Y. Bizeul e bibliografia).

Livros e artigos

Alberoni, F., Presentazione a É. Weil, Masse e individui storici, trad. M. V. Ferriolo, Milano, 1980, 5-11.

Aleni, B., Il problema del senso dell'esistenza nel sistema kantiano, *Rivista internazionale di filosofia del diritto*, 48 (1971) 554-561.

Aron, R., De la vérité historique des philosophies politiques, *L'aventure de l'esprit. Mélanges Alexandre Koyré*, vol. 2, Paris, 1964, 12-28.

_____, *Penser la guerre. Clausewitz*, vol. 1, Paris, 1976, 186-188 e nota, 439-445.

_____, *Mémoires*, Paris, 1983.

Battaglia, L., Il giusnaturalismo contemporaneo (a proposito di un articolo di Éric Weil), *Nuovi Studi Politici*, II/3-4 (1972) 113-156.

_____,Verso lo Stato mondiale, *Critica sociale, 7 (1973) 171-172.*

Bedeschi, G., *Politica e storia in Hegel*, Bari, 1973, 168-172.

Belaval, Y., Éric Weil (1904-1977), *Kant-Studien*, 69/2 (1978) 181-182.

Bernardo L. M., A filosofia moral de Éric Weil, uma lógica da filosofia moral?, *Análise*, 16 (1993) 77-90.

_____, O problema da experiência na *Lógica da filosofia* de Éric Weil, *Quid. Revista de Filosofia*, 2000, 391-406.

_____, O fascínio da presença: linguagem e discurso na *Logique de la Philosophie* de Éric Weil, *Revista da Faculdade de Ciências Sociais e Humanas*, 13 (2000) 233-246.

_____, Inteligência, personalidade e obra: Éric Weil, leitor de Nietzsche, in: A. Moteiro (Org.), *Reencontro com Nietzsche*, Porto, 2001, 37-51.

_____, Presença de Santo Agostinho na Logique de la philosophie de Éric Weil, *Actas do Congresso Internacional "Confissões" de Santo Agostinho, 1600 anos depois*, Lisboa, 2002, 523-535.

_______, *Linguagem e discurso. Uma hipótese hermenêutica sobre a filosofia de Éric Weil*, Lisboa, 2003.

_____, Liberdade ou satisfação: a crítica de Éric Weil ao Existencialismo, *Actas do Colóquio Internacional Jean Paul Sartre: uma Cultura da Alteridade, Filosofia e Literatura*, Lisboa, 2006, 277-290.

_____, Reasons of Violence, Violence of Reason: an Interpretation based on Éric Weil's Core Paradox, in: D. P. Aurélio; J. T. Proença (ed.), *Terrorism: Politics, Religion, Literature*, Newcastle upon Tyne, 2011, 35-67.

_____, A discussão entre política e educação: à volta de Éric Weil e de Jürgen Habermas, in: M. Renaud; G. Marcelo (coord.), *Ética, Crise e Sociedade*, Lisboa, 2011, 267-299.

_____, Moral, educação e sentido: uma leitura da *Philosophie morale* de Éric Weil, *Itinerarium*, LVII (2011) 3-40.

Berner, C., *Kant et les kantismes dans la philosophie contemporaine 1804-2004*, Villeneuve d'Ascq, 2007.

Bevilacqua, G., Presentazione a É. Weil, *Questioni tedesche* (a cura di L. Sichirollo), Urbino, 1982, 15-26.

Bouchindhomme C., Éric Weil: une philosophie face à la modernité, *Critique*, 515 (1990) 302-317.

Bouillard, H., Philosophie et religion dons l'oeuvre d'Éric Weil, *Archives de Philosophie*, 40 (1977) 543-621.

Breuvart, J.-M., É. Weil et le stoïcisme, in *Valeurs dans le stoïcisme. Du portique à nos jours*, Mélanges en l'honneur de M. le Doyen Spanneut, Lille, 1994, 271-298.

_______, *Persuasion* whiteheadienne et *action* weilienne: quels enjeux pour la démocratie?, *Laval Théologique et Philosophique*, 58/3 (2002) 545-563.

_______, Éric Weil et la question de Dieu selon H. Bouillard, *Recherches de Science Religieuse*, 97/2 (2009) 185-193

Brunello, B., Morale e stato in Hegel, *Rivista Rosminiana*, 63 (1969) 57-67.

Burgio, A., La violenza e la ragione, le ragioni della violenza. Weil lettore di Hegel, *Hermeneutica*, 8 (1988) 209-223.

Caillois, R., Attitudes et catégories, *Revue de Métaphysique et de Morale*, 58 (1953) 273-291.

_____, Politique et philosophie chez Éric Weil, *Revue de l'enseignement philosophique*, 28 (1978) 1-10.

Calabro, G. P., *Il filosofo e lo Stato. Éric Weil interprete di Hegel*, Perugia, 1978.

_____, Filosofia e violenza in Éric Weil, *Rivista Internazionale di Filosofia dei Diritto*, 58 (1981) 323-329.

Canivez, P., Education et instruction d'après Éric Weil, *Archives de Philosophie*, 48 (1985) 529-562.

_____, *Le politique et sa logique dans l'oeuvre d'Éric Weil*, Paris, 1993.

_____, *Éric Weil ou la question du sens*, Paris, 1998.

_____, *Weil*, Paris, 1999.

Catesson, J., À propos de la *Philosophie morale* d'Éric Weil, *Revue de Métaphysique et de Morale*, 67 (1962) 362-375.

Chatelet, F., *Cronique des idées perdues*, Paris, 1977, 103-105.

_____, Weil, Éric, Philosophie politique, *Dictionnaire des OEuvres politiques*, Paris, 1986, 872-878.

Chatelet; F., Pisier-Kouchner, E., *Les conceptions politiques du XXème siècle. Histoire de la pensée politique*, Paris, 1981.

Clément, A., À la mémoire d'Éric Weil (1904-1977), *Critique*, 360 (1977) 554-557.

Cofrancesco, D., Appunti sull'ideologia, Milano, 1968, 106-114.

_____, Éric Weil interprete di Kant, *Nord e sud*, 191 (1970) 109-113.

Costeski, E., O Estado Mundial em Éric Weil, *Temas & Matizes* (Cascavel), v. 6 (2004) 5-10.

_____, A Sabedoria hegeliana segundo Alexandre Kojève e Éric Weil, in: Chagas, E. F; Utz, K; Oliveira, J. W. J. (Orgs.). *Comemoração aos 200 anos de "Fenomenologia do Espírito" de Hegel*, Fortaleza, 2007, 347-358.

_____, Linguagem poética e sentido do discurso em Éric Weil, in: M. A. P. Montenegro; C. V. de Q. Pinheiro; I. L. de Azevedo Júnior (Orgs.), *Natureza e Linguagem na Filosofia*, Fortaleza, 2008, 131-137.

_____, *Atitude violência e estado mundial democrático: sobre a filosofia de Éric Weil*, São Leopoldo, 2009.

_____, A questão do sentido em Kant segundo Éric Weil, *Trans/Form/Ação* (Marília), 32 (2009) 91-99.

De Waelhens, A., Hegel et l'État, *Revue philosophique de Louvain*, 49 (1951) 471-473.

_____, Sur une *Logique de la philosophie*, in *Existence et signification*, Louvain/Paris, 1958, 31-74.

Decloux, S., La *Philosophie politique* d'Éric Weil, *Nouvelle Revue Théologique*, 86 (1964) 157-175.

Deligne A., *Éric Weil: Ein zeitgenössiger Philosoph*, Bonn, 1998.

_____, Une recension inédite d'Érich Weil sur le "Ficin" de Walter Dress, *Accademia*, IX (2007) 99-111.

_____, *Notre superstition quotidienne*: présentation d'un inédit d'Éric Weil, *Bruniana & Campanelliana*, XIV, 2008/2, Pisa-Roma, 633-642.

DEVLIN, J. P., *The Nature of Philosophy According to Éric Weil in Logique de la Philosophie*, Washington, 1965.

FILONI M., *Filosofia e Politica. Attualità di Éric Weil*, Urbino, 2000.

_____, *Le double fin de l'histoire*. Alexander Kojève et Éric Weil: une analyse des textes, Grinn, 2012.

FINDLAY, J. N., Comment on Éric Weil's the hegelian dialectic, in: *The Legacy of Hegel*, Haia, 1973.

FRANCHINI, R., Die Logik der Philosophie bei Hegel, Croce, Lask und Weil, *Hegels Logik der Philosophie*, Hrsg. D. Henrich, R. F. Horstmann, Stuttgart, 1984, 106-123.

FREUND, f., *Essence du politique*, Paris, 1965.

FRUCHON, P., Problèmes kantiens. Pour une théologie naturelle, *Archives de Philosophie*, 34 (1971) 177-206.

GANTY, E., *Penser la modernité. Essai sur Heidegger, Habermas et Éric Weil*, Préface de G. Kirscher, Namur, 1997.

GHIA, W., La filosofia politica di Éric Weil, *Il Pensiero*, 19 (1974) 197-214.

GOLFIN, C, La *Philosophie politique* d'Éric Weil, *Revue Thomiste*, 58 (1958) 499-514.

_______, Philosophie morale, *Revue Thomiste*, 63 (1963) 443-453.

_______, La philosophie politique de Hegel, *Revue Thomiste*, 67 (1967) 249-262.

GOUHIER, H., Éric Weil, *Bulletin de la Société Française de Philosophie*, 71 (1977) 80-81.

GREISCH, J., Weil, Éric (1904-1977), *Dictionnaire des Religions*, (P. Poupard éd.), Paris, 1984 (2e éd. corrigée 1985), 1781-1782.

GUIBAL, F., *Dieu selon Hegel. Essai sur la problematique de la Phénoménologie de l'Esprit*, Paris, 1975.

_____, La philosophie et son "autre". Réflexions à partir de l'oeuvre d'Éric Weil, *Revue Philosophique de Louvain*, 57 (1985) 56-74.

_____, É. Weil: le défi de la violence, *Etudes*, novembre 1995, 495-504.

_____, Liberté, raison, effectivité, une introduction à la *Philosophie Morale* d'É. Weil, *Cahiers philosophiques*, juin 1995, 77-94.

_____, Entre Aristote, Kant et Hegel: la pensée weilienne de la prudence, *De la prudence des anciens comparée à celle des modernes*, Annales Littéraires de l'Université de Besançon, série Agôn, 7 (1995) 223-246.

_____, Normalisation, violence, sens, in: *Corps en souffrance*, Strasbourg, 1995, 13-21.

_____, Éric Weil: le défi de la violence, *Etudes*, 383 (1995) 495-504.

_____, Ciencias sociales y filosofía política. El kantismo postweberiano de Éric Weil, *Areté, revista de filosofía* (Lima), VIII/2, (1996) 215-263.

_____, Défis politico-philosophiques de la mondialité. Le débat Strauss-Kojève et sa "relève" par É. Weil, *Revue Philosophique de Louvain*, 95 (1997) 689-730.

_____, Le bonheur d'une excellence abandonnée. A partir de la Philosophie morale d'Éric Weil, *Areté, revista de filosofía* (Lima), XI/1-2 (1999) 425-452.

_____, Histoire, raison, action. La question du droit dans la pensée d'Éric Weil, *Archives de Philosophie*, 63 (2000) 495-513.

_____, Une pensée de et pour notre monde, *Critique*, 636 (2000) 374-388.

_____, Éric Weil ou le courage de la raison, *Cités*, Paris, 2001, 147-160.

_____, Philosophie, modernité, politique. É. Weil, critique de M. Heidegger, *Revue des Sciences Religieuses*, avril 2001, 190-219.

_____, Identités en transit. Les cultures à l'heure de la mondialisation, *Revue des Sciences Philosophiques et Théologiques*, oct-déc 2002, 661-679.

_____, *Historia, Razón, Libertad. Una introducción al pensiamento político y filosófico de Éric Weil*, Lima, 2002.

_____, Identidad(es) en tránsito. Las culturas en la era (a la hora) de la globalización, *Areté, revista de filosofía* (Lima), XV/2 (2003) 217-242.

_____, La condition historique du sens selon É. Weil, *Revue Philosophique de Louvain*, novembre 2003, 610-639.

_______, Aux sources de la philosophie selon É. Weil. I. Violence et fragilité de la raison, *Revue d'Histoire et de Philosophie Religieuses*, 84/3 (2004) 311-333.

_______, Aux sources de la philosophie selon É. Weil. II. Finitude et infinitude de la liberté, *Revue d'Histoire et de Philosophie Religieuses*, 84/4(2004) 443-469.

_______, Le tout de la réalité. La question de la nature dans la pensée d'Éric Weil, *Revue des Sciences Philosophiques et Théologiques*, janvier-mars 2004, 39-74.

_______, É. Weil et nous. Une philosophie à l'épreuve de la réalité, *Archives de Philosophie*, 68 (2005) 33-53.

_______, *Le courage de la raison: la philosophie pratique d'Éric Weil*, Paris, 2009.

_______, *Le sens de la réalité : logique et existence selon Éric Weil*, Paris, 2011.

Hassner, P., La philosophie Politique de M. Éric Weil, *Revue Française de Science Politique*, juin 1958, 423-431

HAVET, J., Philosophie de l'absolu et philosophie de l'action. À propos de la *Logique de la philosophie* d'Éric Weil, *Revue de Métaphysique et de Morale*, 61 (1956) 385-405.

ILTING, K.-H., *Hegel diverso. Le filosofie dei diritto dal 1818 ao 1831*, Bari, 1977, 109-110.

JARCZYK, G.; LABARRIÈRE P.-J., *De Kojève à Hegel. 150 ans de pensée hégélienne en France*, Paris, 1996, 179-230.

JUSZEZAK, *L'anthropologie de Hegel à travers la pensée moderne*, Paris, 1977.

KIRSCHER. G., Éric Weil. La philosophie comme logique de la philosophie, *Cahiers Philosophiques*, 8 (1981) 25-69.

_____, Hegel aujourdhui?, *Archives de Philosophie*, *47 (1984) 319-325.*

_____, Éric Weil, in D. HUISMAN (Org.), *Dictionnaire des philosophes II*, Paris, 1984, 2636-2642.

_____, A abertura do discurso filosófico, *Síntese* (Belo Horizonte), 41 (1987) 41-54.

_____, *La philosophie d'Éric Weil. Systématicité et ouverture*, Paris, 1989.

_____, Orientarsi, filosofare con Éric Weil, in: *Prassi. Come orientarsi nel mondo*, Urbino, 1989, 15-21.

_____, *Figures de la violence et de la modernité. Essais sur la philosophie d'Éric Weil*, Lille,1992.

_____, Heidegger e Éric Weil interpreti di Kant, *Studi Urbinati*, LXV (1992) 163-184.

_____, La *Philosophie morale* d'Éric Weil et la fondation de la loi morale, *Archives de Philosophie*, 56 (1993) 29-51.

_____, Éric Weil et le *Kantbuch* de Krüger, *Cahiers Éric Weil V*, Villeneuve d'Ascq, 1996, 87-105.

_____, Les figures de la subjectivité dans la *Logique de la philosophie* d'Éric Weil, *Archives de Philosophie*, 59 (1996) 607-628.

_____, Introduction à l'étude du discours d'Éric Weil sur la sagesse, *Cahiers Éric Weil V*, Villeneuve d'Ascq, 1996, 117-136.

_____, Éric Weils Moralphilosophie und die Grundlegung des Sittengesetzes, in: *Éric Weil — Ethik und politischer Philosophie*, Berlin, 1997, 58-82.

_____, *Éric Weil ou la raison de la philosophie*, Villeneuve d'Ascq, 1999.

KLUBACK, W., Éric Weil: a propedeutic, *Tijdschrift voor Filosofie*, 42 (1980) 257-265.

_____, A few thoughts on Éric Weil's interpretation of Aristotle, *Revue internationale de philosophie*, 133/134 (1980) 472-481.

_____, Éric Weil's interpretation of Kant, *Idealistic Studies*, Worcester Mass., 1984, 1-12.

_____, *The Idea of Humanity. H.Cohen's Legacy to Philosophy and Theology*: Éric Weil and the neo-kantian heritage, New York&London, 1987, 131-160.

_____, *Éric Weil. A Fresh Look at Philosophy*, NewYork&London, 1987.

LABARRIÈRE, P.-J., *Le discours de l'altérité.* Une logique de l'expérience, Paris, 1983.

_____, Après Weil, avec Weil: une lecture de Gilbert Kirscher, *Archives de Philosophie*, 53 (1990-1994) 661-675.

LACROIX, J., *Panorama de la philosophie française contemporaine*, Paris, 1968, 77-83.

LEONE, G., A proposito di *Hegel e lo Stato* di Éric Weil, *Annali della Facoltà di Giurisprudenza dell'Università di Bari*, s. III, 1 (1965-1966) 314-330.

LOSURDO, D., Filosofia politica, *Il Pensiero*, 11 (1966) 139-144.

MANZONI, G., Éric Weil: un'apologia di Hegel filosofo dello Stato moderno, *Giornale Critico della Filosofia Italiana*, 61 (1982) 107-125.

MCMILLAN, E., The significance of moral universality. The moral philosophy of Éric Weil, *Philosophy Today*, 21 (1977) 32-42.

MOREL, G., La thèse d'Éric Weil, *Le signe et le singe*, Paris, 1985, 213-232.

MORRESI, R., *Dialettica, morale, politica*, Urbino, 1981, 63-165.

_____, Ragione, violenza e ragionevolezza: la filosofia di Éric Weil, *Annali della Facoltà di Lettere e Filosofia dell'Università di Macerata*, XIX, Padova, 1986, 313-354.

_____, *Historica. Dal pensiero del Novecento ai "Topici" di Aristotele con e oltre Éric Weil*, Ancona-Bologna, 1991.

_____, Sens, politique et fin de l'histoire chez Éric Weil, *Hegel-Jahrbuch 1996*.

_____, Presupposti di alcune interpretazioni di Aristotele e senso dei *Topica*, *Studi in memoria di Antonio Possenti*, Macerata, 1998, 459-489.

_____, Aspetti retorici della *Logique de la Philosophie* di Éric Weil. Linguaggio nell sistema e linguaggio del sistema, *Linguaggio-Linguaggi. Invenzione-Scoperta*, Atti del convegno Macerata-Fermo, 22-23 ottobre 1999, Roma, 2002, 309-327.

_____, *Linguaggio, topica e retorica: saggi di linguistica speculativa*, Macerata, 2007.

_____, *Neotopica: un linguaggio, una filosofia*, Macerata, 2008.

_____, *La profondità del superficiale: autobiografia*, Ancona 2009.

NEGRI, A., Gli studi hegeliani in Francia (1945-1965), *Cultura e Scuola*, 5 (1966) 157-164.

NIEL, H., Philosophie et histoire, *Revue Internationale de Philosophie*, 30 (1954) 283-294.

_____, Raison et histoire, *Cahiers de l'ISEA*, serie M, 10 (1961) 57-77.

OLMI A., *Dio come categoria. Saggio sulla Logique de la philosophie*, Milano, 1986.

ORLANDI, C. A., Problèmes Kantiens, *Cuadernos de Filosofía*, 13 (1973) 494-497.

PERETTI, G., *La filosofia morale di Éric Weil*. Presentazione e critica, Verona, 1979.

PERINE, M., Atualidade de Éric Weil. A propósito de um livro recente, *Síntese* (Belo Horizonte), 32 (1984) 87-96.

_____, Será preciso falar de novo em moral?, *Síntese* (Belo Horizonte), 35 (1985)109-124.

_____, Filosofia e violência, *Sintese* (Belo Horizonte), 41 (1987) 55-64.

_____, A não-violência: o desafio da ação razoável segundo Éric Weil, *Síntese* (Belo Horizonte), 45 (1989) 89-94.

_____, A filosofia de Éric Weil, *Síntese* (Belo Horizonte), 49 (1990) 95-100.

_____, *Philosophie et violence. Sens et intention de la philosophie d'Éric Weil*, traduit du portugais par J.-M.Buée, Paris, 1991.

_____, Precisamos de uma nova moral?, *Impulso* (Piracicaba), 14 (1994) 77-96.

_____, Eudemonismo e deontologia na filosofia moral de Éric Weil ou o dever de ser feliz, *Revista de Ciências Humanas* (Rio de Janeiro), 31 (1996) 45-59.

_____, Reflexões weilianas sobre a política contemporânea, *Ethica* (Rio de Janeiro), 4/2 (1997) 9-2.

_____, Violence et exclusion: une interprétation éthique, *Ethica* (Rio de Janeiro), 5/2, (1998) 113-124.

_____, Política, poder e violência. À margem de Platão, Aristóteles, H. Arendt e É. Weil, *Hypnos* (São Paulo), 6 (2000) 35-45.

_____, Violência e niilismo. O segredo e a tarefa da filosofia, *Kriterion* (Belo Horizonte) 106 (2002) 108-126.

_____, *Éric Weil e a compreensão do nosso tempo*. Ética, política, filosofia, São Paulo, 2004.

_____, WEIL, Éric, 1904-1977, in: *Dicionário de Filosofia do Direito*, V. de P. Barreto (Coord.), Rio de Janeiro/São Leopoldo, 2006, 859-862.

PIRANI, L. O., Éric Weil e la sua lettura di Hegel nella *Logique de la philosophie*, *Studi Urbinati*, n.s. B, 1963.

QUILLIEN, J., Heidegger et Weil. Le destructeur et le bâtisseur, *Cahiers Philosophiques*, 10 (1982) 7-62.

_____, Heidegger, le nazisme et la pensée française, *Germanica*, III/8 (1990) 103-142.

RÉGNIER, M., Éric Weil, *Encyclopaedia Universalis, Universalia* 1978, 631-632.

RENAUD, M., L'interprétation de la foi et du salut dans la philosophie d'Éric Weil, *Revue Théologigue de Louvain*, 2 (1971) 327-353.

REYES, R. C., Of things moral and political: an adaptation of Éric Weil's *Political philosophy, Philippine Studies*, 23 (1975) 104-120.

_____, *Éric Weil's political philosophy*. A reinterpretation of Hegel, Manilla, 1979.

RICOEUR, P., La *Philosophie politique* d'Éric Weil, *Esprit*, 254 (1957) 412-429.

_____, Ethique et Politique, *Esprit*, mai 1985, 1-11 [republicado em: Du *texte* à *l'action*, Paris, 1986, 393-406].

ROBINET, J. F., *Le temps de la pensée*, Paris, 1998.

ROMAN, J., Entre Hannah Arendt et Éric Weil, *Esprit*, 7-8 (1988) 38-49.

ROSSI, M., *Da Hegel a Marx*. Il sistema hegeliano dello Stato, v. 2, 2ª ed. Milano, 1976, 288-590.

ROTH, M. S., *Knowing and history. Appropriations of Hegel in Twentieth-Century France*: Progress and the Elimination of "Sens": Éric Weil, Ithaca, 1988, 147-187.

ROY, J., La philosophie politique d'Éric Weil, in *Philosophes de la cité*, Montreal, 1974, 253-289.

_____, Philosophie et violence chez Éric Weil, *Dialogue, 16 (1974) 502-512.*

SAINT-JEAN, R., Philosophie morale, *L'École*, 14 (1962) 607-611.

_____, Philosophie morale, *L'École*, 15 (1962) 651-655.

SALVUCCI, P., *Politicità della filosofia*. Saggi e conferenze, Urbino, 1978.

SAVADOGO M., *Éric Weil et l'achèvement de la philosophie dans l'Action*, Namur, 2003.

_____, *Philosophie et Histoire*, Paris, 2003.

_____, *La parole et la cité*. Essais de philosophie politique, Paris, 2004.

_____, *Philosophie et existence*, Paris, 2004.

SCHLEGEL, J.-L., *Éric Weil, in: Disctionnaire des intellectuels français. Les personnes. Les lieux. Les moments*, J. Julliard et M. Winock (Éds.), Paris, 2002, 1426-1427.

SERRA, M. L., Il dualismo filosofia-violenza nella *Logique de la Philosophie* di Éric Weil, *Studi Urbinati*, B, LXX (2000) 165-188.

SICHIROLLO, L. *La dialettica*, Milano, 1973 (2ª ed. 1983).

_____, Reboul, P.; Clément, A., Tre Testimonanzie in ricordo di Éric Weil, *Studi Urbinati*, 1-2 (1977) 6-15.

_____, Éric Weil: la vita e la sua opera oggi, in É. WEIL, *Masse e individui storici* (trad. M.V. Ferriolo), Milano, 1980, 13-50.

_____, *Morale e Morali, Con un saggio di Éric Weil*, Roma, 1981.

_____, Fede e sapere. Giobbe e gli amici. Riflessioni in tema di filosofia della religione in Kant e in Hegel, in V. VERRA (Org.), *Hegel interprete di Kant*, Napoli, 1981, 221-266.

_____, Réflexions sur Éric Weil. Kant aprés Hegel (et Weber), in *L'heritage de Kant*. Mélanges philosophiques offerts au P. Marcel Régnier, Paris, 1982, 385-394.

_____, Éric Weil. Sa vie et son oeuvre aujourd'hui, *Annales de la Faculté de Lettres de Nice, Philosophie contemporaine*, 4 (1985) 181-191.

_____, *L'action*. Sulla lettura weiliana di Marx, *Marx e i suoi critici*, Urbino, 1987, 147-154.

_____, Éric Weil, *Belfagor*, 31 (1994) 33-54

_____, *La dialettica degli antichi e dei moderni. Studi su Éric Weil*, Bologna, 1997.

SOARES, M. C., O filósofo e a educação segundo Éric Weil. *Revista de Educação e Debate* (Fortaleza), 17/18 (1995) 5-14.

_____, A educação e Instrução em Éric Weil. *Revista da Educação e Debate* (Fortaleza) 1997.

_____, *O filósofo e o político segundo Éric Weil*, São Paulo, 1998.

_____, A Filosofia Política de Éric Weil, in: M. Oliveira; O. A. Aguiar; L. F. N. de A. e S. Sahd. (Orgs.), *Filosofia Política Contemporânea*, Petrópolis, 2003, 311-331.

STANGUENNEC, A., *La dialectique réflexive, Lignes fondamentales d'une ontologie du soi*, Villeneuve d'Ascq, 2006.

_____, *Etre, soi, sens. Les antécédences herméneutiques de "La dialectique réflexive"*, Villeneuve d'Ascq, 2008.

SUTER, J. F., Politique et morale selon Éric Weil, *Studia philosophica*, 22 (1962) 174-190.

TABONI, P. F., I 'saggi' di Éric Weil, *Filosofia*, 27 (1976) 457-464.

_____, *Éric Weil. Storia della filosofia e filosofia della storia, in Tra idealismo e marxismo*, Urbino, 1981, 329-446.

_____, Commento a Weil, *Il Tetto*, 23 (1985-1986) 195-198.

TOPITSCH, E., In critica degli apologeti di Hegel, in C. CESA (Org.), *Il pensiero politico di Hegel*, Bari, 1979, 169-191.

TOSEL, A., Éric Weil (1904-1977), *Annales de la Faculté des Lettres et Sciences humaines de Nice*, 32 (1977) 9-12 (Republicado em: *Les Études Philosophiques*, 3 [1977] 378-383).

_____, Éric Weil, *Annales de la Faculté de Lettres et Sciences Humaines de Nice*, 32 (1977) 9-12.

_____, The meaning of existence and history in the thought of Éric Weil, *Dialectics and Humanism*, 7 (1980) 17-35.

VALENTINI, F., *La filosofia francese contemporanea*, Milano, 1958, 301-343.

_____, Le presenza di Hegel e gli studi hegeliani in Francia, in V. VERRA (org.), *La filosofia dal 45 ad oggi*, Torino, 1976, 150-160.

_____, *Soluzioni hegeliane*, Milano, 2001.

VAN DE PUTTE, A., De Kreuse van de filosoof. Over Éric Weil's concept van filosofie, *Tijdschrift voor Filosofie*, 42 (1980) 215-256.

VANCOURT, R., Philosophie morale par Éric Weil, *Mélanges Sciences Religieuses*, 18 (1971) 174-182.

VASSE, D., La voix qui crie dans le désêtre, *Esprit*, août 1980, 63-81.

VESTRUCCI, A., Violenza, libertà e autonomia in Éric Weil, in: A. Vestrucci (Org.), *Éric Weil, Violenza e libertà. Scritti di morale e politica*, Milano, 2006, 7-20.

_____, Il ruolo della prudenza nella filosofia morale di Éric Weil, in: A. Vestrucci (Org.), *Éric Weil, Violenza e libertà. Scritti di morale e politica*, Milano, 2006, 121-134.

_____, *Il movimento della morale*. Éric Weil e Ágnes Heller, Milano, 2012.

WAHL, J., Soutenance de thèse, *Revue de Métaphysique et de Morale, 56 (1951)* 445-448.

_____, *Problèmes kantiens, Revue de Métaphysique et de Morale, 70 (1965) 117-120.*

WEBER, F., Éric Weil, *Enciclopedia filosofica* VI, 2ª ed., 1967, 1089-1091.

WILFERT, J., Sens, État, société selon la *Philosophie politique* de Éric Weil, *Cahiers Philosophiques*, 4 (1980) 7-18.

DISSERTAÇÕES E TESES PRODUZIDAS NO BRASIL

Antonio Gonçalves da Silva Neto, *A ação política segundo Éric Weil*. 1/12/1998, 180 p. Mestrado. Universidade Federal de Goiás — Filosofia, Orientador: José Nicolau Heck.

Sergio de Siqueira Camargo, *Educação e cidadania na Filosofia Política de Éric Weil*. 1/5/2000, 176 p. Mestrado. Pontifícia Universidade Católica de São Paulo — Filosofia, Orientador: Marcelo Perine.

Daniel da Fonseca Lins Júnior, *A categoria da Ação em Éric Weil*. 1/12/2006, 151 p. Mestrado. Universidade Federal do Ceará — Filosofia, Orientador: Evanildo Costeski.

Judikael Castelo Branco, *Violência e ação política em Éric Weil*. 1/9/2011, 122 p. Mestrado. Universidade Federal do Ceará — Filosofia, Orientador: Evanildo Costeski.

Aparecido de Assis, *Educação e moral na filosofia de Éric Weil*. 1/10/2011, 193 p. Doutorado. Pontifícia Universidade Católica de São Paulo — Filosofia, Orientador: Marcelo Perine.

BIBLIOGRAFIA GERAL

ALQUIÉ, F., *La morale de Kant*, Paris, 1965.

_____, *La critique kantienne de la métaphysique*, Paris, 1968.

ARISTOTE, *L'Éthique à Nicomaque* (intr., trad. e comentários de R. A. Gauthier e J. Y. Jolif), 2ª ed., Louvain/Paris, 1970.

_____, *Organon, VI: Les Topiques* (nova tradução e notas de J. Tricot), Paris, 1984.

_____, *Organon, VI: Les réfutations sophistiques* (nova tradução e notas de J. Tricot), Paris, 1977.

AUBENQUE, P., *La prudence chez Aristote, Paris, 1963.*

_____, La prudence chez Kant, *Revue de Métaphysique et de Morale*, 80 (1975) 156-182.

BASCH, V., Du rôle de l'imagination dans la théorie kantienne de la conaissance, *Revue de Métaphysique et de Morale*, 12 (1904) 425-440.

BEDESCHI, Appunti per una storia delle interpretazioni della *Fenomenologia dello Spirito* di Hegel, *Giornale Critico della Filosofia Italiana*, 46 (1967) 561-617.

BETBEDER, P., Étique et politique selon Aristote, *Revue des Sciences Philosophique et Théologique*, 54 (1970) 453-488.

BODEI, R., Tenerezza per le cose dei mondo: sublime, sproporzionale e contraddizione in Kant e Hegel, in V. VERRA (org.), *Hegel interprete di Kant*, Napoli, 1981, 181-218.

BRUCH, J.-L., *La philosophie religieuse de Kant*, Paris, 1968.

BURGELIN, P., Kant et les fins de la raison, *Revue de Métaphysique et de Morale*, 58 (1953) 130-152.

CAFFARENA, J. G., *El teismo moral de Kant*, Madrid, 1983.

CARNOIS, B., *La cohérence de la doctrine kantienne de la liberté*, Paris, 1973.

CENTI, B., Il tema della dignità della ragione nel rapporto che Kant instaura tra morale critica e antropologia filosofica, *Annali della Scuola Normale Superiore di Pisa* (serie III), 12 (1982) 707-747.

CESA, C., *Le origini dell'idealismo tra Kant e Hegel*, Torino, 1981.

_____, Tra *Moralität* e *Sittlichkeit*. Sul confronto di Hegel con la filosofia pratica di Kant, in V. VERRA (Org.), *Hegel interprete di Kant*, Napoli, 1981, 149-178.

CHIODI, P., La filosofia kantiana della storia, *Rivista di Filosofia*, 58 (1967) 263-287.

CONCHE, M., Hegel et le problème du mal, in *Hegel. L'esprit objectif, l'unité de l'histoire*, Actes du III Congrès International de l'Association Internationale pour l'Étude de la Philosophie de Hegel, Lille, 1970, 87-90.

DE FINANCE, J., *Éthique générale*, Roma, 1967.

DELEUZE, G., *La philosophie critique de Kant*. Doctrine des facultés, 5ª ed., Paris, 1983.

GADAMER, H.-G., Signification de la *Logique* de Hegel, *Archives de Philosophie*, 33 (1970) 675-700.

_____, Sur la possibilite d'une éthique philosophique, *Archives de Philosophie*, 34 (1971) 393-408.

GARCIA-VIEDMA, J. M. J., La primacía de la razón práctica y la fe racional en Kant, *Pensamiento*, 29 (1973) 409-430.

GOULYGA, A., *Emmanuel Kant*. Une vie (trad. J.-M. Vaysse), Paris, 1985, seguido de J.-M. VAYSSE, En quel sens sommes-nous tous kantiens?.

GRÉGOIRE, F., *Études hégéliennes*, Louvain, 1958.

GUÉROULT, M., Le jugement de Hegel sur l'antithétique de la raison pure, *Revue de Métaphysique et de Morale*, 38 (1931) 413-439.

_____, Le canon de la raison pure et la *Critique de la raison pratique*, *Revue internationale de philosophie*, 30 (1954) 331-357.

GUERRA, A., *Introduzione a Kant*, 2ª ed., Bari, 1983.

GURVITCH, G., Kant et Fichte, interprètes de Rousseau, *Revue de Métaphysique et de Morale*, 76 (1971) 385-405.

HEGEL, G. W. F., *La Phénoménologie de l'Esprit*, 2 v. (trad. J. Hyppolite), Paris, 1939, 1941.

_____, *Science de la Logique* (tradução, apresentação e notas de P.-J. Labarrière et G. Jarczyk).

I: *premier livre — L'être*, 1812, Paris, 1972.

II: *deuxième livre — La doctrine de l'essence, 1813*, Paris, 1976.

III: *La logique subjective ou doctrine du concept, 1816*, Paris, 1981.

HERRERO, J. F., *Religión e historia en Kant*, Madri, 1975 *(Religião e história em Kant*, trad. J. A. Ceschin, São Paulo, 1991).

_____, Teoria e história em Kant, *Síntese* (Belo Horizonte), 22 (1981) 17-33.

KANT, I., *Oeuvres philosophiques*. I. *Des premiers écrits à la Critique de la raison pure*, Bibliothèque de la Pléiade, Paris, 1980.

_____, *Oeuvres philosophiques*. II. *Des Prolégomènes aux écrits de 1791*, Bibliothèque de la Pléiade, Paris, 1985.

_____, *La religion dans les limites de la simple raison*, (trad. J. Gibelin, introdução e índice de M. Naar), Paris, 1983.

_____, *La philosophie de l'histoire* (trad. S. Piobetta), Paris, 1947.

________, *Sur l'expression courante*: *il se peut que ce soit juste en théorie, mais en pratique cela ne vaut rien* (*1793*); *Sur un prétendu droit de mentir par humanité* (*1797*) (trad. L. Guillermit), Paris, 1967.

_____, *Vers la paix perpétuelle*: *essai philosophique* (trad. J. Darbellay), Paris, 1958.

_____, *Métaphysique des rnaeurs. Première partis*: *Doctrine du droit* (prefácio de M. Villey, intr. e trad. de A. Philonenko), 2ª ed., Paris, 1979.

_____, *Métaphysique des moeurs. Deuxième partie*: *Doctrine de la vertu* (intr. e trad. de A. Philonenko), 2ª ed., Paris, 1980.

_____, *Le conflit des facultés* (trad. J. Gibelin), Paris, 1955.

_____, *Logique* (trad. L. Guillermit), 2ª ed., Paris, 1982.

_____, *Antropologie du point de vue pragmatique* (trad. M. Foucault), Paris, 1984.

_____, Réflexions sur l'éducation (trad., intr. e notas de A. Philonenko), Paris, 1966.

KRÜGER, G., *Critique et morale chez Kant* (trad. M. Régnier, Prefácio de Éric Weil), Paris, 1961.

LABERGE, P., Du passage de la philosophie morale populaire à la metaphysique des moeurs, *Kant-Studien*, 71 (1980) 418-444.

LACROIX, J., La philosophie kantienne de l'histoire, *Cahiers de l'ISEA*, serie M, 75 (1958) 5-31.

_____, *Kant et le kantisme*, Paris, 1966.

LIMA VAZ, H. C., Senhor e escravo. Uma parábola da filosofia ocidental, *Síntese* (Belo Horizonte), 21 (1979) 7-29.

MALIANI, R., Kant pre-critico: etica, *Stromata*, 27 (1971) 189-205.

MANCINI, I., *Kant e la teologia*, Assisi, 1975.

MARTY, F., La typique du jugement pratique pur, *Archives de Philosophie*, 19 (1955) 56-87.

_____, Bulletin d'études kantiennes. Le problème métaphysique dans la philosophie de Kant, *Archives de Philosophie*, 34 (1971) 81-124.

_____, *La naissance de la métaphysique chez Kant*. Une étude sur la notion kantienne d'analogie, Paris, 1980.

_____, Loi universelle et action dans le monde sensible. L'universel et le particulier dans la morale de Kant, *Recherches de Sciences Religieuses*, 70 (1982) 39-58.

_____, L'impératif catégorique: jonction de l'universel et du particulier, in *Justifications de l'Éthique*, XIX Congrès de l'Association des Sociétés de Philosophie de Langue Française, Bruxelless, 1984, 281-287.

MOREAU, J., *La problématique kantienne*, Paris, 1984.

NABERT, J., L'expérience interne chez Kant, *Revue de Métaphysique et de Morale*, 31 (1924) 205-268.

_____, *Essai sur le mal*, Paris, 1955.

NEVILLE, M. R., The notion of interest in Kant's *Critique of judgement*, *Philosophy Research Archives*, 2 (1976) 678-706.

PHILONENKO, A., Hegel critique de Kant, *Bulletin de la Société Française de Philosophie*, 23 novembre 1968, 29-65.

_____, Du principe de la philosophie kantienne comme théorie de l'objectivité selon l'interprétation de B. Rousset, *Archives de Philosophie*, 31 (1968) 664-680.

_____, L'idée de progrès chez Kant, *Revue de Métaphysique et de Morale*, 79 (1974) 433-456.

_____, *Théorie et praxis dans la pensée morale et politique de Kant et de Fichte en 1793*, Paris, 1976.

_____, L'antinomie du jugement teléologique chez Kant, *Revue de Métaphysique et de Morale*, 82 (1977) 13-37.

_____, *L'Oeuvre de Kant. I. La philosophie pré-critique et la Critique de la raison pure*, 3ª ed., Paris, 1983.

_____, *L'Oeuvre de Kant. II. Morale et politique*, 2ª ed., Paris, 1981.

_____, Introduction, in I. KANT, *Critique de la Faculté de juger* (trad. A. Philonenko), Paris 1982, 8-16.

REBOUL, O., Prescription ou proscription? Essai sur le sens du devoir chez Kant, *Revue de Métaphysique et de Morale*, 72 (1967) 295-320.

_____, Kant et la religion, *Revue d'Histoire et de Philosophie Religieuse*, 50 (1970) 137-153.

_____, La dignité humaine chez Kant, *Revue de Métaphysique et de Morale*, 75 (1970) 189-216.

_____, *Kant et le probleme du mal*, Montreal, 1971.

REBOUL, O., Hegel critique de la morale de Kant, *Revue de Métaphysique et de Morale*, 80 (1975) 85-100.

RENAUT, A., Systeme et histoire de l'être, *Les Études Philosophiques*, 2 (1974) 245-264.

RICOEUR, P., *Le conflit des interprétations*. Essais d'herméneutique, Paris, 1969.

RITTER, J., Moralität und Sittlichkeit. Zu Hegels Auseinandersetzung mit der kantischen Ethik, in: *Hegel in der Sicht der neueren Forschung*, Darmstadt, 1973, 322-351.

ROUSSET, B., *La doctrine kantienne de l'objectivité*. L'autonomie comme devoir et comme devenir, Paris, 1967.

SALVUCCI, P., *L'uomo di Kant*, 2ª ed., Urbino, 1975.

SPAEMANN, R., Morale et violente, *Archives de Philosophie*, 41 (1978) 177-200.

STANGUENNEC, A., *Hegel critique de Kant*, Paris, 1985.

VAN RIET, G., Liberté et espérance chez Kant, *Revue Philosophique de Louvain*, 78 (1980) 185-224.

VLACHOS, G., *La pensée politique de Kant*. Métaphysique de l'ordre et dialectique du progrès, Paris, 1962.

COLEÇÃO **FILOSOFIA**

1. *Para ler a fenomenologia do espírito – Roteiro*, Paulo Meneses
2. *A vereda trágica do "Grande Sertão: Veredas"*, Sônia Maria Viegas Andrade
3. *Escritos de filosofia I – Problemas de fronteira*, Henrique C. de Lima Vaz
4. *Marx e a natureza em* O Capital, Rodrigo A. de Paiva Duarte
5. *Marxismo e liberdade*, Luiz Bicca
6. *Filosofia e violência – Sentido e intenção da filosofia de Éric Weil*, Marcelo Perine
7. *A cultura do simulacro – Filosofia e modernidade em J. Baudrillard*, Hygina Bruzzi de Melo
8. *Escritos de filosofia II – Ética e cultura*, Henrique C. de Lima Vaz
9. *Filosofia do mundo – Cosmologia filosófica*, Filippo Selvaggi
10. *O conceito de religião em Hegel*, Marcelo F. de Aquino
11. *Filosofia e método no segundo Wittgenstein*, Werner Spaniol
12. *A filosofia na crise da modernidade*, Manfredo A. de Oliveira
13. *Filosofia política*, Éric Weil
14. *O caminho poético de Parmênides*, Marcelo Pimenta Marques
15. *Antropologia filosófica I*, Henrique C. de Lima Vaz
16. *Religião e história em Kant*, Francisco Javier Herrero
17. *Justiça de quem? Qual racionalidade?*, Alasdair MacIntyre
18. *O grau zero do conhecimento – O problema da fundamentação das ciências humanas*, Ivan Domingues
19. *Maquiavel republicano*, Newton Bignotto
20. *Moral e história em John Locke*, Edgard José Jorge Filho
21. *Estudos de filosofia da cultura*, Regis de Morais
22. *Antropologia filosófica II*, Henrique C. de Lima Vaz
23. *Evidência e verdade no sistema cartesiano*, Raul Landim Filho
24. *Arte e verdade*, Maria José Rago Campos
25. *Descartes e sua concepção de homem*, Jordino Marques
26. *Ética e sociabilidade*, Manfredo A. de Oliveira
27. *A gênese da ontologia fundamental de M. Heidegger*, João A. Mac Dowell
28. *Ética e racionalidade moderna*, Manfredo A. de Oliveira
29. *Mímesis e racionalidade*, Rodrigo A. de Paiva Duarte
30. *Trabalho e riqueza na fenomenologia do espírito de Hegel*, José Henrique Santos
31. *Bergson – Intuição e discurso filosófico*, Franklin Leopoldo Silva
32. *O ceticismo de Hume*, Plínio Junqueira Smith
33. *Da riqueza das nações à ciência das riquezas*, Renato Caporali Cordeiro
34. *A liberdade esquecida*, Maria do Carmo Bettencourt de Faria
35. *Hermenêutica e psicanálise na obra de Paul Ricoeur*, Sérgio de Gouvêa Franco
36. *A ideia de justiça em Hegel*, Joaquim Carlos Salgado

37. *Religião e modernidade em Habermas*, Luiz Bernardo Leite Araújo
38. *Felicidade e benevolência – Ensaio sobre ética*, Robert Spaemann
39. *Reviravolta linguístico-pragmática na filosofia contemporânea*, Manfredo A. de Oliveira
40. *A intuição na filosofia de Jacques Maritain*, Laura Fraga de Almeida Sampaio
41. *As concepções antropológicas de Schelling*, Fernando Rey Puente
42. *Escritos de filosofia III – Filosofia e cultura*, Henrique C. de Lima Vaz
43. *Racionalidade moderna e subjetividade*, Luiz Bicca
44. *O político na modernidade*, Marcos Antônio Lopes
45. *O filósofo e o político*, Marly Carvalho Soares
46. *Iniciação ao silêncio – Análise do* Tractatus *de Wittgenstein*, Paulo Roberto Margutti Pinto
47. *Escritos de filosofia IV – Introdução à Ética Filosófica 1*, Henrique C. de Lima Vaz
48. *A teoria da inteligência segundo Tomás de Aquino*, Pierre Rousselot
49. *A filosofia e seus outros modos do ser e do pensar*, William Desmond
50. *Escritos de filosofia V – Introdução à Ética Filosófica 2*, Henrique C. de Lima Vaz
51. *O belo e o destino – Uma introdução à filosofia de Hegel*, Márcia Cristina Ferreira Gonçalves
52. *Escritos de filosofia VI – Ontologia e história*, Henrique C. de Lima Vaz
53. *Os sentidos do tempo em Aristóteles*, Fernando Rey Puente
54. *Para além da fragmentação – Pressupostos e objeções da racionalidade dialética contemporânea*, Manfredo Araújo de Oliveira
55. *Escritos de filosofia VII – Raízes da modernidade*, Henrique C. de Lima Vaz
56. *A fenomenologia da opinião pública – A teoria hegeliana*, Agemir Bavaresco
57. *Dialética hoje – Lógica, metafísica e historicidade*, Manfredo A. de Oliveira
58. *Epistemologia das ciências humanas – Tomo 1: Positivismo e hermenêutica*, Ivan Domingues
59. *Para uma poética da modernidade – Uma aproximação à arte do romance em* Temps et Récit *de Paul Ricoeur*, Hélio Salles Gentil
60. *Charles Taylor – Para uma ética do reconhecimento*, Paulo Roberto M. de Araújo
61. *Nietzsche e o paradoxo*, Rogério Miranda de Almeida
62. *Metafísica e modernidade – Método e estrutura, temas e sistema em Henrique C. de Lima Vaz*, Rubens Godoy Sampaio
63. *Elementos de retórica em Nietzsche*, Rogério Antonio Lopes
64. *Sobre o declínio da "sinceridade" – Filosofia e autobiografia de Jean-Jacques Rousseau a Walter Benjamin*, Carla Milani Damião
65. *A figura do filósofo – Ceticismo e subjetividade em Montaigne*, Luiz Eva
66. *A alma como centro do filosofar de Platão*, Delmar Cardoso
67. *Questões fundamentais da filosofia grega*, Miguel Spinelli
68. *O trabalho do negativo – Ensaios sobre a Fenomenologia do Espírito*, José Henrique Santos
69. *Sartre e o pensamento mítico – Revelação arquetípica da liberdade em* As moscas, Caio Liudvik

70. *Pragmática da investigação científica*, Luiz Henrique de Araújo Dutra
71. *Behemoth contra Leviatã – Guerra civil na filosofia de Thomas Hobbes*, Nádia Souki
72. *Símbolo e sabedoria prática – C. G. Jung e o mal-estar da modernidade*, Marco Heleno Barreto
73. *Leis da liberdade – A relação entre estética e política na obra de Herbert Marcuse*, Imaculada Kangussu
74. *O jovem Hegel – Formação de um sistema pós-kantiano*, Joãosinho Beckenkamp
75. *O homem excêntrico – Paixões e virtudes em Thomas Hobbes*, Maria Isabel Limongi
76. *Constelações – crítica e verdade em Benjamin e Adorno*, Luciano Gatti
77. *Do empirismo à fenomenologia – A crítica do psicologismo nas* Investigações lógicas *de Husserl*, José Henrique Santos
78. *O método da intuição em Bergson e sua dimensão ética e pedagógica*, Tarcísio Jorge Santos Pinto
79. *Escritos de filosofia VIII – Platonica*, Henrique C. de Lima Vaz
80. *Demiurgia política – As relações entre a razão e a cidade nas* Leis *de Platão*, *Richard R. Oliveira*
81. *O uso público da razão – Pluralismo e democracia em Jürgen Habermas*, Rúrion Melo
82. *Lévi-Strauss e as Américas – Análise estrutural dos mitos*, Ivan Domingues

DISTRIBUIDORES

- **BAHIA**

Livraria e distribuidora Multicampi Ltda.
Rua Direita da Piedade, 20 – Piedade
Tel. 71 2101-8000 | **Telefax** 71 2101-8009
40070-190 – Salvador, BA
ldm@livrariamulticampi.com.br

- **MINAS GERAIS**

Asteca Distribuidora de Livros Ltda.
Rua Costa Monteiro, 50 e 54 – Sagrada Família
Tel. 31 3423-7979 | **Fax** 31 3424-7667
31030-480 – Belo Horizonte, MG
distribuidora@astecabooks.com.br

Livraria João Paulo II
Rua São Paulo, 627 – Centro
Tel. 33 3272-9899
35010-180 – Governador Valadares, MG
livrariajoaopauloii@hotmail.com

Mãe da Igreja Ltda.
Rua São Paulo, 1207 – Centro
Tel. 31 3213-4740 / 3213-0031
30170-131 – Belo Horizonte, MG
maedaigreja@globo.com

Livraria Jardim Cultural
Av. Dr. Cristiano Guimarães, 2127B – Planalto
Tel. 31 3427-0226
31720-300 – Belo Horizonte, MG
livrariajardimcultural@yahoo.com.br

- **PIAUÍ**

Livraria Nova Aliança
Rua Olavo Bilac, 1259 – Centro
Telefax 86 3221-6793
64001-280 – Teresina, PI
livrarianovaalianca@hotmail.com

- **RIO GRANDE DO SUL**

Livraria e Editora Padre Reus
Rua Duque de Caxias, 805
Tel. 51 3224-0250 | **Fax** 51 3228-1880
90010-282 – Porto Alegre, RS
livrariareus@livrariareus.com.br
loja@livrariareus.com.br

- **SÃO PAULO**

Distribuidora Loyola de Livros Ltda. Vendas no Atacado
Rua São Caetano, 959 – Luz
Tel. 11 3322-0100 | **Fax** 11 3322-0101
01104-001 – São Paulo, SP
vendasatacado@livrarialoyola.com.br

Livrarias Paulinas
Via Raposo Tavares, km 19,145
Tel. 11 3789-1425 / 3789-1423 | **Fax** 11 3789-3401
05577-300 – São Paulo, SP
expedicao@paulinas.com.br

REVENDEDORES

- **AMAZONAS**

Editora Vozes Ltda.
Rua Costa Azevedo, 105 – Centro
Tel. 92 3232-5777 | **Fax** 92 3233-0154
69010-230 – Manaus, AM
vozes.61@vozes.com.br

Livrarias Paulinas
Av. 7 de Setembro, 665
Tel. 92 3633-4251 / 3233-5130
Fax 92 3633-4017
69005-141 – Manaus, AM
livmanaus@paulinas.com.br

- **BAHIA**

Editora Vozes Ltda.
Rua Carlos Gomes, 698A
Conjunto Bela Center – loja 2
Tel. 71 3329-5466 | **Fax** 71 3329-4749
40060-410 – Salvador, BA
vozes.20@vozes.com.br

Livrarias Paulinas
Av. 7 de Setembro, 680 – São Pedro
Tel. 71 3329-2477 / 3329-3668
Fax 71 3329-2546
40060-001 – Salvador, BA
livsalvador@paulinas.com.br

- **BRASÍLIA**

Editora Vozes Ltda.
SCLR/Norte – Q. 704 – Bloco A nº 15
Tel. 61 3326-2436 | **Fax** 61 3326-2282
70730-516 – Brasília, DF
vozes.09@vozes.com.br

Livrarias Paulinas
SCS – Q. 05 / Bl. C – lojas 19/22 – Centro
Tel. 61 3225-9595 | **Fax** 61 3225-9219
70300-500 – Brasília, DF
livbrasilia@paulinas.com.br

• **CEARÁ**

Editora Vozes Ltda.
Rua Major Facundo, 730
Tel. 85 3231-9321 | **Fax** 85 3231-4238
60025-100 Fortaleza, CE
vozes.23@vozes.com.br

Livrarias Paulinas
Rua Major Facundo, 332
Tel. 85 3226-7544 / 3226-7398
Fax 85 3226-9930
60025-100 – Fortaleza, CE
livfortaleza@paulinas.com.br

• **ESPÍRITO SANTO**

Livrarias Paulinas
Rua Barão de Itapemirim, 216 – Centro
Tel. 27 3223-1318 / 0800-15-712
Fax 27 3222-3532
29010-060 – Vitória, ES
livvitoria@paulinas.com.br

• **GOIÁS**

Editora Vozes Ltda.
Rua Três, 291
Tel. 62 3225-3077 | **Fax** 62 3225-3994
74023-010 – Goiânia, GO
vozes.27@vozes.com.br

Livrarias Paulinas
Av. Goiás, 636
Tel. 62 3224-2585 / 3224-2329
Fax 62 3224-2247
74010-010 – Goiânia, GO
livgoiania@paulinas.com.br

• **MARANHÃO**

Editora Vozes Ltda.
Rua da Palma, 502 – Centro
Tel. 98 3221-0715 | **Fax** 98 3222-9013
65010-440 – São Luís, MA
livrariavozes@terra.com.br

Livrarias Paulinas
Rua de Santana, 499 – Centro
Tel. 98 3232-3068 / 3232-3072
Fax 98 3232-2692
65015-440 – São Luís, MA
fspsaoluis@paulinas.com.br

• **MATO GROSSO**

Editora Vozes Ltda.
Rua Antônio Maria Coelho, 197A
Tel. 65 3623-5307 | **Fax** 65 3623-5186
78005-970 – Cuiabá, MT
vozes.54@vozes.com.br

• **MINAS GERAIS**

Editora Vozes Ltda.
Rua Sergipe, 120 – loja 1
Tel. 31 3048-2100 | **Fax** 31 3048-2121
30130-170 – Belo Horizonte, MG
vozes.04@vozes.com.br

Rua Tupis, 114
Tel. 31 3273-2538 | **Fax** 31 3222-4482
30190-060 – Belo Horizonte, MG
vozes.32@vozes.com.br

Rua Espírito Santo, 963
Tel. 32 3215-9050 | **Fax** 32 3215-8061
36010-041 – Juiz de Fora, MG
vozes.35@vozes.com.br

Livrarias Paulinas
Av. Afonso Pena, 2142
Tel. 31 3269-3700 | **Fax** 31 3269-3730
30130-007 – Belo Horizonte, MG
livbelohorizonte@paulinas.com.br

Rua Curitiba, 870 – Centro
Tel. 31 3224-2832 | **Fax** 31 3224-2208
30170-120 – Belo Horizonte, MG
gerencialivbelohorizonte@paulinas.com.br

• **PARÁ**

Livrarias Paulinas
Rua Santo Antônio, 278 – Bairro do Comércio
Tel. 91 3241-3607 / 3241-4845
Fax 91 3224-3482
66010-090 – Belém, PA
livbelem@paulinas.com.br

• **PARANÁ**

Editora Vozes Ltda.
Rua Pamphilo de Assumpção, 554 – Centro
Tel. 41 3333-9812 | **Fax** 41 3332-5115
80220-040 – Curitiba, PR
vozes.21@vozes.com.br

Rua Emiliano Perneta, 332 – loja A
Telefax 41 3233-1392
80010-050 – Curitiba, PR
vozes.64@vozes.com.br

Livrarias Paulinas
Rua Voluntários da Pátria, 225
Tel. 41 3224-8550 | **Fax** 41 3223-1450
80020-000 – Curitiba, PR
livcuritiba@paulinas.com.br

Av. Getúlio Vargas, 276 – Centro
Tel. 44 3226-3536 | **Fax** 44 3226-4250
87013-130 – Maringá, PR
livmaringa@paulinas.com.br

• **PERNAMBUCO, PARAÍBA, ALAGOAS, RIO GRANDE DO NORTE E SERGIPE**

Editora Vozes Ltda.
Rua do Príncipe, 482
Tel. 81 3423-4100 | **Fax** 81 3423-7575
50050-410 – Recife, PE
vozes.10@vozes.com.br

Livrarias Paulinas
Rua Duque de Caxias, 597 – Centro
Tel. 83 241-5591 / 241-5636 | **Fax** 83 241-6979
58010-821 João Pessoa, PB
livjpessoa@paulinas.com.br

Rua Joaquim Távora, 71
Tel. 82 326-2575 | **Fax** 82 326-6561
57020-320 – Maceió, AL
livmaceio@paulinas.com.br

Rua João Pessoa, 224 – Centro
Tel. 84 212-2184 | **Fax** 84 212-1846
59025-200 – Natal, RN
livnatal@paulinas.com.br

Rua Frei Caneca, 59 – loja 1
Tel. 81 3224-5812 / 3224-6609
Fax 81 3224-9028 / 3224-6321
50010-120 – Recife, PE
livrecife@paulinas.com.br

• **RIO DE JANEIRO**

Editora Vozes Ltda.
Rua 7 de Setembro, 132 – Centro
Tel. 21 2215-0110 | **Fax** 21 2508-7644
20050-002 – Rio de Janeiro, RJ
vozes.42@vozes.com.br

Rua Frei Luis, 100 – Centro
Tel. 24 2233-9000 | **Fax** 24 2231-4676
25669-900 – Petrópolis, RJ
vendas@vozes.com.br

Livrarias Paulinas
Rua 7 de Setembro, 81-A
Tel. 21 2232-5486 | **Fax** 21 2224-1889
20050-005 – Rio de Janeiro, RJ
livjaneiro@paulinas.com.br

Rua Dagmar da Fonseca, 45 – loja A/E – Madureira
Tel. 21 3355-5189 / 3355-5931
Fax 21 3355-5929
21351-040 – Rio de Janeiro, RJ
livmadureira@paulinas.com.br

Rua Doutor Borman, 33 – Rink
Tel. 21 2622-1219 | **Fax** 21 2622-9940
24020-320 – Niterói, RJ
livniteroi@paulinas.com.br

Carga Nobre Livros Ltda.
Rua Marquês de São Vicente, 225 – Gávea
Tel. 21 2259-0195
22451-041 – Rio de Janeiro, RJ
cnlivros@terra.com.br

Livraria Paz e Bem Ltda. Me.
Av. Rio Branco, 156 – sala 509 – Centro
Tel. 21 9987-0139
20040-006 – Rio de Janeiro, RJ
livrariapazebem@globo.com

• **RIO GRANDE DO SUL**

Editora Vozes Ltda.
Rua Riachuelo, 1280
Tel. 51 3226-3911 | **Fax** 51 3226-3710
90010-273 – Porto Alegre, RS
vozes.05@vozes.com.br

Livrarias Paulinas
Rua dos Andradas, 1212 – Centro
Tel. 51 3221-0422 | **Fax** 51 3224-4354
90020-008 – Porto Alegre, RS
livpalegre@paulinas.com.br

• **RONDÔNIA**

Livrarias Paulinas
Rua Dom Pedro II, 864 – Centro
Tel. 69 3224-4522 | **Fax** 69 3224-1361
78900-010 – Porto Velho, RO
livportovelho@paulinas.com.br

• **SANTA CATARINA**

Editora Vozes
Rua Jerônimo Coelho, 308
Telefax 48 3222-4112
88010-030 – Florianópolis, SC
vozes.45@vozes.com.br

• **SÃO PAULO**

Distribuidora Loyola de Livros Ltda.
Vendas no Varejo
Rua Senador Feijó, 120
Telefax 11 3242-0449
01006-000 – São Paulo, SP
senador@livrarialoyola.com.br

Rua Barão de Itapetininga, 246
Tel. 11 3255-0662 | **Fax** 11 3231-2340
01042-001 – São Paulo, SP
loyola_barao@terra.com.br

Rua Quintino Bocaiúva, 234 – Centro
Tel. 11 3105-7198 | **Fax** 11 3242-4326
01004-010 – São Paulo, SP
atendimento@livrarialoyola.com.br

Editora Vozes Ltda.
Rua Senador Feijó, 168
Tel. 11 3105-7144 | **Fax** 11 3105-7948
01006-000 – São Paulo, SP
vozes.03@vozes.com.br

Rua Haddock Lobo, 360
Tel. 11 3256-0611 | **Fax** 11 3258-2841
01414-000 – São Paulo, SP
vozes.16@vozes.com.br

Rua dos Trilhos, 627 – Mooca
Tel. 11 2693-7944 | **Fax** 11 2693-7355
03168-010 – São Paulo, SP
vozes.37@vozes.com.br

Rua Barão de Jaguara, 1097
Tel. 19 3231-1323 | **Fax** 19 3234-9316
13015-002 – Campinas, SP
vozes.40@vozes.com.br

Livrarias Paulinas
Rua Domingos de Morais, 660 – Vila Mariana
Tel. 11 5081-9330 | **Fax** 11 5081-9366
04010-100 – São Paulo, SP
livdomingos@paulinas.com.br

Rua XV de Novembro, 71
Tel. 11 3106-4418 / 3106-0602
Fax 11 3106-3535
01013-001 – São Paulo, SP
liv15@paulinas.com.br

Av. Marechal Tito, 981 – São Miguel Paulista
Tel. 11 6297-5756 | **Fax** 11 6956-0162
08010-090 – São Paulo, SP
livsmiguel@paulinas.com.br

• **PORTUGAL**

Multinova União Liv. Cult.
Av. Santa Joana Princesa, 12 E
Tel. 00xx351 21 842-1820 / 848-3436
1700-357 – Lisboa, Portugal

Distribuidora de Livros Vamos Ler Ltda.
Rua 4 de infantaria, 18-18A
Tel. 00xx351 21 388-8371 / 60-6996
1350-006 – Lisboa, Portugal

Editora Vozes
Av. 5 de outubro, 23
Tel. 00xx351 21 355-1127
Fax 00xx351 21 355-1128
1050-047 – Lisboa, Portugal
vozes@mail.telepac.pt

Este livro foi composto nas famílias tipográficas
Electra LH e *Goudy Oldstyle*
e impresso em papel *Offset 75g/m²*

FSC
www.fsc.org
MISTO
Papel produzido
a partir de
fontes responsáveis
FSC® C008008

Edições Loyola

editoração impressão acabamento

rua 1822 nº 341
04216-000 são paulo sp
T 55 11 3385 8500
F 55 11 2063 4275
www.loyola.com.br